발밑의 세계사

WORLD HISTORY UNDER FOOT.

페르시아전쟁부터 프랑스혁명까지,
역사를 움직인 위대한 지리의 순간들

발밑의 세계사

이동민 지음

위즈덤하우스

일러두기

- 외래어 인명과 지명은 국립국어원 표준국어대사전의 외래어 표기법 및 용례를 따랐다. 단 표기가 불분명한 일부는 실제 발음을 따라 썼다. 아울러 원어명의 경우 동아시아 문화권은 한자로, 그 외는 영문으로 병기했다.
- 과거 지명이 오늘날과 다를 경우 해당 시대의 명칭으로 쓰되, 오늘날의 지명을 부기했다.
- 인물의 생몰년은 현재 생존해 있는 경우와 특정하기 어려운 경우에는 부기하지 않았다.

지리가 허락한 역사

원고를 한창 작성하던 2022년 2월, 러시아가 '특별 군사작전'을 개시하며 전격적으로 우크라이나를 침공했다. 전쟁 초반 상대를 압도하는 군사력을 갖춘 러시아가 손쉽게 우크라이나를 함락할 것으로 예상되었으나, 현실은 크게 달랐다. 러시아는 전략과 전술, 무기 운용과 보급 등 모든 면에서 수준 낮은 모습을 보이며 기선을 제압하지 못한 반면, 우크라이나는 서방의 지원 아래 투지를 불사르며 끈질기게 상대를 괴롭히고 있다.

이번 러우전쟁에 대해, 수많은 사람이 러시아 대통령 블라디미르 푸틴을 강하게 비판한다. 누구는 그가 국가보안위원회KGB 요원 시절 독일 통일과 소련 붕괴를 경험한 후 이를 갈아왔다고도 하고, 누구는 그가 이성적인 판단을 못 할 만큼 병들었다고도 한다. 그의 강력한 자존심에서 전쟁의 원인을 찾는 사람도 있고, 러시아 내의 지지율을 끌어올리기 위해 무리하게 전쟁을 결심했다고 보는 사람도 있다.

하지만 어떤 전쟁도 지도자 한 사람에게서 모든 원인을 찾을 수 없다. 그리고 러우전쟁은 21세기 벽두에 발발한 미국-아프가니스탄전쟁과 이라크전쟁만큼이나 지정학적 원인이 깊이 얽혀 있다. 지금 세계지도를 펼쳐서 우크라이나를 찾아보자. 유럽의 동쪽 끝이자 러시아의 서쪽 끝에 있는 이 나라는 지중해와 연결된 흑해와 길게 접한 데다가, 흑해의 요지인 크림반도를 차지하고 있다. 또한 국토의 거의 대부분이 평야 지대라 사방으로 통하는 요지 중의 요지다. (우크라이나는 서부에 카르파티아 Carpathia산맥 일부가 걸쳐 있을 뿐이다.) 풍부한 농업 생산성과 막대한 자원 매장량도 매력적이다.

이런 우크라이나를 앞에 둔 채 오랫동안 적대해온 두 세력에는 두 가지 선택지가 있었을 것이다. 이 땅을 완충지로 남기거나, 상대보다 빨리 차지하거나. 그리고 유럽과 러시아는 모두 후자를 택했다. 우선 러시아는 역사적으로 언제나 부동항 확보에 열을 올렸다. 지리적으로 국토에 접한 대부분의 바다가 1년의 절반은 꽁꽁 얼어붙기 때문이다. 하여 흑해를 거쳐 지중해로 진출하는 것은 러시아에 매우 매력적인 선택지였다. 한편 유럽은 소련 붕괴 후 무주공산이 된 동쪽으로 세력을 넓히는 데 집중했다. 특히 서유럽의 관점에서 보았을 때 북쪽의 스칸디나비아삼국 등은 비슷한 이념과 체제, 문화를 공유하는 지역이고, 서쪽은 대서양 건너 미국이 있으며, 남쪽은 이미 자신들이 어느 정도 영향력을 확보한 아프리카다. 즉 남은 진출로는 동쪽뿐이다. 이처럼 각자의 지리적 이유로 두 세력은 우크라이나에서 충돌할 수밖에 없었다. 한마디로 러우전쟁은 지리가 빚어낸 전쟁이다.

—— 역사의 상수

이처럼 지리라는 물리적 현실은 화성 탐사를 계획하고 메타버스를 개발하는 21세기에도 인류의 삶을 좌우한다. 좀 더 정확히 말하면, 지리는 역사 내내 인류의 삶을 지배해왔다. 페르시아는 왜 하필 서쪽으로 진출해 그리스와 충돌했을까. 로마는 단지 이민족의 군사력이 강했기 때문에 무너졌을까. 몽골제국이 세계제국으로 거듭난 것은 오직 칭기즈칸(1162~1227) 개인의 능력 때문일까. 실크로드는 동시대에 존재한 다른 무역로들보다 왜 더 각광받았을까. 임진왜란은 어떻게 동아시아 국제 질서의 씨앗을 뿌렸을까. 나는 이처럼 주요한 역사적 질문의 답을 모두 우리 발밑의 지리에서 찾고자 한다.

무엇보다 개별 세력, 또는 개별 사건을 뛰어넘어 보다 폭넓은 차원에서 지리의 역할에 주목할 것이다. 지리로 촉발된 충돌과 교류의 경험은 지구를 여러 문화권으로 나누었다. 이 문화권은 대외적으로 구분되는 정체성, 대내적으로 공유되는 문화를 특징으로 하는데, 가령 서양과 동양, 기독교 세계와 이슬람 세계 같은 구분이 대표적이다. 세계사는 이러한 문화권의 탄생과 상호 간의 교류, 소멸의 연쇄라 할 만한데, 책의 구성도 이를 잘 보여줄 수 있도록 했다.

1부는 각 문화권의 탄생과 그 배경이 된 지리를 살핀다. 인류 최초의 '동서 충돌'이라 불리는 페르시아전쟁은, 거대한 산맥 때문에 동쪽으로의 진출이 불가능했던 페르시아의 지리적 조건에 크게 영향받았다. 또한 이 전쟁을 통해 여러 세력으로 나뉘어 있던 그리스가 통일된 정체성과 영역성을 구축했고, 이로써 '서구'의 씨앗이 뿌려졌다. 이후 그리스의 뒤를 이어 등장한 로마가 지중해는 물론이고, 유럽대륙마저 지배함으로써 역시 단일한 정체성과 영역성을 갖춘 '유럽'이 탄생하는 계기가 되었다. 한편 저 먼 동쪽에서는 관중關中과 중원中原을 중심으로 천하가 통일되며 '중국', 더 나아가 '동아시아'가 하나의 문화권으로서 고유한 정체성과 영역성을 형성하는 데 성공했다.

2부는 각 문화권을 연결하는 길에 초점을 맞춘다. 실크로드는 그 자체로 지리의 산물인데, 고대인들은 온갖 산맥과 사막, 고원의 틈과 틈을 이어 이 길을 냈다. 실크로드는 각종 상품뿐 아니라 사상의 교차로이기도 했으니, 중앙아시아가 이슬람의 땅이 되는 데 큰 영향을 미쳤다. 특히 몽골제국은 기후변화에 힘입어 팽창을 거듭하며 실크로드의 최전성기를 이끌었다. 그 외 서아시아를 뒤흔든 십자군의 길과 아나톨리아Anatolia 반도부터 흑해 및 발칸Balkan 반도를 잇는 오스만제국의 길이 흥미진진하게 펼쳐진다.

마지막 3부는 지표 공간 위에 인위적으로 그어지는 새로운 선을 따라간다. 이는 오늘날 우리에게 당연시되는 민족국가의 영역이 어떻게 탄생했는지 살피는 과정이기도 하다. 한반도를 강타한 임진왜란은 해양 세력과 대륙 세력의 충돌이라는 점에서 지리에 크게 영향받은 사건으로, 현대 한·중·일의 정체성과 영역성을 형성했다. 즉 오늘날의 동아시아 국제 질서는 이미 16세기에 배태되었다고 볼 수 있다. 비슷한 일이 비슷한 시기 유럽에서도 벌어졌다. 가톨릭과 개신교 간, 개신교 종파 간 충돌로 시작된 삼십년전쟁은 실상 온갖 정치적·경제적 이해관계가 얽혀 있었고, 이는 곧 '영토'와 '주권' 개념으로 구체화했다. 이로써 근대 민족국가가 등장하니, 전후 그어진 국경선은 현대 유럽 지도의 밑바탕이 되었다. 이러한 배경에서 싹튼 민주주의와 민족주의는 전 세계로 퍼져

나가 미국독립전쟁과 프랑스혁명을 촉발했다.

세계사는 이처럼 끊임없이 지리에 영향받아왔다. 위대한 영웅도, 거대한 제국도 영원할 수는 없다. 하지만 태평양은 마르지 않고 알프스산맥은 무너지지 않는다. 산맥과 바다, 하천 같은 지형부터 기후와 자원까지, 지리는 역사의 상수다. 과거에서 미래의 실마리를 찾고자 역사를 돌아볼 때 지리에 주목해야 하는 이유다.

── 지리를 이해하는 다섯 가지 관점

누군가는 지리의 영향력이 적어도 오늘날에는 많이 축소되었다고 주장할지 모른다. 가령 한니발 바르카Hannibal Barca(기원전 247~기원전 181?)는 로마를 공격하기 위해 알프스산맥을 넘어야 했지만, 오늘날 스페인이 이탈리아를 공격한다면 미사일을 쏘는 것으로 끝날 일이다. 미사일은 산맥이나 기후 따위에 굴하지 않는다! 이처럼 과학기술의 발달로 지리가 점차 극복되고 있다는 것이다.

하지만 지리가 여전히 중요한 변수임을 증명하는 사례는 여전히 무궁무진하다. 2021년 3월 지중해와 홍해를 잇는 수에즈운하에 배수량 22만 톤의 초대형 화물선 에버기븐EVER GIVEN호가 좌초되었다. 배를 구조하는 데 6일이 걸렸는데, 그간 전 세계의 물류는 마비되다시피 했고, 유가는 폭등했으며, 관련 기업들의 주가는 폭락했다. 유럽에서 상품을 싣고, 중동에서 석유와 가스를 싣고 아시아로 가려면 수에즈운하를 통과하는 게 최단 항로다. 그게 아니면 아프리카를 우회해야 한다. 이 정도의 지리적 변수를 극복할 정도로 과학기술이 발달하려면 앞으로도 한참은 기다려야 할 것이다.

앞서 이야기한 러우전쟁은 최첨단 과학기술을 총동원한 전면전인데도, 모든 국면에서 지리에 영향받고 있다. 일단 우크라이나가 평야 지대라는 것 자체가 러시아의 전쟁 결정에 일조했을 가능성이 크다. 만약 우크라이나 동부에 산맥이 있었다면, 러시아는 쉽게 전쟁을 일으키지 못했을 것이다. 그렇다고 이러한 지형이 우크라이나에 불리하게 작용하는 것만은 아니다. 서방이 제공한 사거리 2~3킬로미터의 재블린Javelin 대전차미사일을 활용해 뻥 뚫린 개활지에서 러시아 전차를 마음껏 사냥하고 있다.

세계 최강이라는 데 아무도 이의를 제기하지 않을 미군 또한 그 어느 때보다 지리에 주목하고 있다. 2018년 발표한 이후 꾸준히 개정 중인 미래전 대비 군사 교리인 '다영역 작전Multi-Domain Operations'이 대표적이다. 이를 살펴보면, 가상공간과 우주뿐 아니라 지상, 해상, 공중 등 전통적인 지리 공간도 중요하게 다루고 있다.

이처럼 지리는 여전히 중요한 변수다. 따라서 지리를 제대로 이해하는 일은 매우 중요하다. 이에 현대 지리학은 여러 가지 관점을 개발했는데, 책은 그중 다섯 가지를 각 부와 장의 내용에 맞춰 알맞게 활용했다. 첫째는 '지형학'이다. 말 그대로 산맥부터 해안까지, 인간 삶에 영향을 미치는 다양한 지형에 초점을 맞춘다. 둘째는 '기후학'이다. 장기간에 걸쳐 기후가 어떻게 변화했는지, 어느 공간에 분포했는지 등을 살피는데, 기후변화 때문에 최근 들어 가장 주목받는 관점이다. 인간뿐 아니라 다양한 생물의 생태와도 관련된다. 셋째는 '지정학'이다. 지리가 정치와 외교에 미치는 영향에 초점을 맞춘다. 전쟁과 분쟁을 분석하는 데 빠질 수 없어 매우 중요한 관점이다. 넷째는 '군사지리학'이다. 지정학보다 더욱 군사적 행위에 주목한다. 세부적인 전략, 전술을 분석하는 데 많이 쓰인다. 마지막 다섯째는 '문화역사지리학'이다. 지리가 문화와 역사의 전개에 미치는 영향을 분석한다. 기존에는 문화를 전적으로 인간 활동의 결과로만 이해했다면, 문화역사지리학은 지리를 포함한 자연환경도 문화에 영향을 미친다고 설명한다.

똑같은 지리라도 바라보는 관점에 따라 전혀 다른 의미를 띨 수 있다. 항우(기원전 232~기원전 202)에게 오지 파촉巴蜀(오늘날 쓰촨성 일대)을 받은 유방(기원전 247~기원전 195)은 이를 좌천이라고 생각하지 않았다. 관중과 중원으로 이어지는 시작점으로 여기며 천하 통일을 꿈꾸었다. 실제로 유방은 파촉에서 시작해 관중과 중원으로 내처 진격하며 항우를 꺾고 새로운 통일 왕조를 세웠다. 그렇다면 오늘날 우리는, 우리 발밑의 지리에서 어떤 미래를 그려볼 수 있을까.

—— 지리에서 찾은 미래

우리가 사는 한반도는 '화약고'라 불리는 곳 중 하나다. 중국과 미국이 한반도와 타이완을 사이에 놓고 으르렁거리고 있고, 여기에 북한, 일본이 연신 긴장감을 높이는 중이다. 이러한 상황은 근본적으로 반도라는 지리적 특징에서 기인한다. 해양 세력은 대륙으로, 대륙 세력은 해양으로 진출하려 하고, 동시에 상대의 진출을 막아내려 한다. 그 틈에 끼인 반도는 동서양을 막론하고 언제나 충돌의 무대가 되었다. 이탈리아반도에서는 로마와 카르타고가, 발칸반도에서는 이슬람 세계와 유럽이, 한반도에서는 자본주의 진영과 공산주의 진영이 충돌했다.

특히 한반도는 한국전쟁 이후 막대한 군사력이 집중된 탓에 다시 한번 도화선에 불이 붙으면 진화하기도 어렵거니와 그 충격이 상상을 초월할 것이다. 그런 점에서 더욱더 섬세하게 반도의 지리적 환경과 거기에서 비롯된 지정학적 상황을 이해하고 대응할 필요가 있다. 우선 무턱대고 특정 세력의 전략에 종속되어서는 안 된다. 두 세력이 맞붙은 상황에서 어느 한쪽과 손잡는 순간, 다른 한쪽과는 갈등을 빚을 수밖에 없다. 역시 (반도는 아니지만) 우크라이나가 좋은 예다. 러시아의 침공 행위는 비판받아 마땅하지만, 그 맥락을 살펴볼 필요는 있다. 우크라이나가 적극적으로 유럽연합EU과 북대서양조약기구NATO 가입을 추진하는 대신 러시아와 적당히 거리를 두는 정도로 대외 관계를 관리했다면, 과연 러우전쟁이 벌어졌을까.

물론 그렇다고 해서 외부와 단절해서도 안 된다. 이는 현실적이지도 않고, 무엇보다 경쟁력을 깎아먹는 행위다. 반도는 역량에 따라 얼마든지 외부로 확장할 수 있다는 이점이 있다. 이탈리아반도를 통일하며 힘을 다진 로마는 경쟁 상대인 카르타고가 북아프리카에 눈을 돌린 틈에 지중해를 장악하는 데 성공했다. 이처럼 시시각각 변화하는 지정학적 상황에 예민하게 반응한다면, 반도라는 지리적 환경은 큰 경쟁력이 될 수 있다.

무역 분쟁부터 전쟁까지 그 어느 때보다 충돌과 갈등이 빈번한 오늘날, 우리에게 필요한 것은 지리를 올바로 이해하고 활용할 안목이다. 이때 세계사는 그 좋은 예제가 될 수 있다. 각 개인의 삶부터 제국의 흥망까지, 세계사는 지리를 따라 움직여왔다. 국가와 문화권, 문명의 향방은 어떤 땅을 차지하고, 어떤 땅과 이어지며 교류했는지에 따라 달라졌다. 그 결과 오늘날 우리가 사는 세계가 만들어졌다고 해도 크게 틀린 말은 아닐 것이다. 이 책을 읽으며 세계사를 관통하는 지리 이야기에 빠져든다면, 그래서 발밑의 땅과 바다, 평야와 강이 새롭게 보인다면, 궁극적으로 이렇게 기른 안목으로 모두에게 더 나은 미래를 꿈꾼다면, 저자로서 그 이상의 기쁨은 없을 것이다.

2023년 8월
이동민

차례

1부

탄생, 충돌, 분열하는 공간
동서 문명의 기틀을 다진 전쟁들

오리엔트 세계의 지배자, 페르시아 | 지중해 세계의 흙과 물 | 두 세계의 충돌 | 제1차 페르시아전쟁이 시작되다 | 지형을 활용해 승리한 마라톤전투 | 진정한 그리스의 탄생 | 지정학적 필연, 제2차 페르시아전쟁 | 기후까지 활용한 아르테미시온해전 | 300 용사, 협로를 지키고 우회로에 당하다 | 바다 위에 나무 방벽을 세운 살라미스해전 | 서구 문명의 영역성과 정체성

프랑스혁명과 나폴레옹전쟁

프랑스왕국의 기세를 꺾은 칠년전쟁 | 절대왕정을 뿌리부터 흔드는 계몽주의와 자유주의 | 북아메리카에서 울려 퍼지는 자유의 외침 | 〈미국독립선언문〉의 정신 | 프랑스왕국의 지원과 미국의 승리 | 인류 역사상 최초의 민주공화국 | 감옥 문을 열어젖히며 시작된 프랑스혁명 | 내우외환의 위기에 흔들리는 혁명정부 | 혁명 정신을 배신한 황제 나폴레옹 | 혁명 정신을 유럽 곳곳에 전파한 나폴레옹전쟁 | 근대 민족국가의 탄생

WORLD HISTORY UNDER FO T

1부

탄생, 충돌, 분열하는 공간
동서 문명의 기틀을 다진 전쟁들

1장

서구 문명의 근거지, 지중해 세계의 탄생
페르시아전쟁

올림픽의 꽃인 마라톤이 기원전 492년부터 50여 년간 이어진 페르시아전쟁 초기의 마라톤전투에서 기원한다는 사실은 널리 알려져 있다. 역시 페르시아전쟁 도중 벌어진 테르모필레Thermopylae전투에서 아케메네스Achaemenes왕조 페르시아(이하 페르시아)*의 대군에 맞서 분전하다가 최후를 맞은 스파르타의 왕 레오니다스 1세Leonidas I(?~기원전 480)와 용사 300명의 이야기는 서구 사회에서 용기를 상징한다. 무엇보다 페르시아전쟁은 외세의 침략을 막아내고자 발칸반도 남부 곳곳의 폴리스(도시

---

*   흔히 '페르시아', 또는 '페르시아제국'이라 하면 아케메네스왕조가 다스리던 때의 페르시아를 의미한다. 아케메네스왕조가 멸망한 후에는 사산(Sasan)왕조, 사파비(Safavi)왕조 등이 들어섰는데, 이들과 구분하기 위해 종종 '아케메네스왕조 페르시아'라는 명칭을 사용하기도 한다.

국가)들이 똘똘 뭉친 끝에 '그리스'라는 정체성을 형성한 사건이었다. 이는 궁극적으로 서구 문명과 문화의 주춧돌을 쌓는 계기가 되었다.

그렇다면 페르시아전쟁은 왜 일어났을까. 또 압도적인 국력을 과시했던 페르시아는 왜 패배했을까. 이에 대해서는 페르시아의 무리한 확장 정책, 아테네의 민주주의와 그리스 중장보병 전술의 우수성 그리고 그리스인들의 용기 등에서 답을 찾을 수 있을 것이다. 다만 그 전에 페르시아전쟁을 온전히 이해하려면, 페르시아가 왜 다른 곳도 아닌 하필 그리스 방향으로 진출하려 했는지를 살펴보아야 한다. 즉 지중해 동쪽의 에게Aegean해와 아나톨리아반도의 지리적 위치와 지정학적 특성에 주목할 필요가 있다.

─── 오리엔트 세계의 지배자, 페르시아

파르사Farsa(오늘날 이란 파르스Fars주 일대)에서 기원한 페르시아는 아케메네스왕조의 키루스 2세Cyrus II(기원전 600~기원전 530) 치하에서 인접한 메디아Media, 리디아Lydia, 신新바빌로니아왕국 등을 정복하고 대제국으로 성장했다.* 키루스 2세의 아들 캄비세스 2세Cambyses II(?~기원전 522)는 이집트마저 정복했다. 다리우스 1세Darius I(기원전 550~기원전 486)는 서쪽으로 발칸반도 남동부의 트라키아Thracia까지, 동쪽으로 인더스강 일대까지 정복해, 아시아, 유럽, 아프리카 세 대륙에 걸친 세계제

---

* 메디아는 기원전 8세기부터 기원전 7세기까지 오늘날의 이란 북서부, 아프가니스탄 일대, 흑해와 카스피해 사이 지역인 캅카스(Kavkaz) 등지를 다스렸던 왕국이다. 리디아는 기원전 7세기부터 기원전 6세기까지 아나톨리아반도 서부를 다스렸던 왕국이다. 신바빌로니아왕국은 기원전 7세기에 메소포타미아 지역을 다스렸던 왕국이다.

국의 지배자가 되었다.

키루스 2세는 피정복민의 다양한 종교와 풍습을 인정하고 페르시아의 백성으로 존중한다고 선언함으로써, 다양한 민족 집단으로 구성된 세계제국이 영속할 초석을 다졌다. 이는 피정복민을 노예로 부리는 것이 당연시되던 고대 사회에서 혁명과 같은 일이었다. (물론 저항이나 반란을 꾀한 이들은 무자비하게 진압했다.) 이후 캄비세스 2세가 후계자 없이 급서하자 쿠데타로 제위에 오른 다리우스 1세는 화폐와 도량형 통일, 조세와 공물 수취 제도 정비, 도로망 확충 등을 통해 집권 과정에서 초래된 혼란을 극복하고 강력한 중앙집권 체제를 확립했다. 아울러 페르시아의 예언자 조로아스터Zoroaster가 창시한 종교로, 세계를 선과 악의 대립으로 설명하는 조로아스터교를 적극적으로 받아들였다. 특히 자기 자신을 조로아스터교의 유일신 아후라마즈다Ahura Mazda에게 권위를 인정받은 샤한샤Shahansha, 즉 '왕 중의 왕'이라고 선언함으로써 절대적인 황권을 휘둘렀다. 연장선에서 화려하고 웅장한 수도 페르세폴리스Persepolis도 다리우스 1세의 재위기에 건설되었다. 다만 이는 종교적·이념적 수도로서, 페르시아에서 실제 통치와 행정의 중심지는 여러 도시에 퍼져 있었다. 실제로 페르시아의 샤한샤들은 바빌론, 수사Susa, 엑바타나Ecbatana 등의 행정 수도들을 순회하며 통치했다.

세계제국 페르시아의 중심지는 파르사에서 서쪽으로 뻗어나가 메소포타미아 일대를 거쳐 아나톨리아반도를 잇는 긴 축과 포개졌다. 이 지역은 메소포타미아문명의 발상지로, 철기 기술, 상업, 무역 등이 특히 발달했다. 다리우스 2세는 수사에서 메소포타미아 북부를 거쳐 아나톨리아반도 동부의 사르디스Sardis까지 약 2700킬로미터 길이로 뻗어나가는

페르시아의 영토

아케메네스왕조가 다스리던 기원전 500년의 페르시아 영토다. 서쪽으로는 북아프리카 일대까지, 동쪽으로는 힌두쿠시산맥까지, 북쪽으로는 캅카스산맥까지, 남쪽으로는 아라비아사막까지 뻗쳐 있다. 즉 페르시아는 산맥과 사막에 둘러쳐진 상태였다. 하여 남은 진출로는 중앙아시아와 지중해 방면뿐이었다. 다만 중앙아시아 방면은 제국의 중심지와 너무 멀리 떨어져 있을 뿐 아니라, 강력한 유목 민족들이 이미 자리 잡은 상태였다. 결국 페르시아는 지중해로의 확장을 택했다.

왕도王道를 건설했다. 반면 오늘날의 이란 서부에 솟아 있는 자그로스Za-gros산맥 동쪽은 변경으로 여겼던 듯하다. 자그로스산맥에 이어 힌두쿠시산맥, 카라코람Karakoram산맥 등이 자리 잡은 제국의 동부는 매우 험난할뿐더러, 복종시키기 어려운 유목 민족들의 터전이었다. 실제로 다리우스 1세는 기원전 8세기부터 기원전 3세기까지 그 일대를 주름잡은 스키타이Scythai족을 정복하려다가 그들의 청야淸野 전술과 유격 전술에 휘말려 참패했다. 게다가 그 산맥들에 둘러싸인 인더스강 너머는 당시 페르시아인에게 어차피 '세상의 끝'으로 여겨졌다. 이 때문에 키루스 2세는 장남 캄비세스 2세를 후계자로 삼으며 제국의 중심지인 서부를 다스리게 하고, 차남 바르디야Bardiya(?~기원전 522?)는 동부를 관리하는 총독으로 임명했다.

—— 지중해 세계의 흙과 물

페르시아가 역사의 무대에 등장하기 이전부터, 에게해에 연한 발칸반도 남부와 이오니아Ionia(아나톨리아반도 서부의 해안 지대)에서는 그리스 문명이 발달해 있었다. 그리스는 아나톨리아반도 일대에 펼쳐진 오리엔트 세계와는 상이한 곳이었다. 스스로를 신과 영웅의 후예이자 세계의 중심으로 여겼던 그리스인은 그리스어를 사용하지 않는 이민족을 야만인으로 치부했다. 실제로 '야만인'을 뜻하는 영어 단어 'barbarian'의 어원은 '말이 통하지 않는 사람'이라는 뜻의 그리스어 'barbaroi'다. 페르시아가 제아무리 세계제국이라도 이처럼 콧대 높은 그리스는 지배하기 쉬운 대상이 아니었다.[1] 다만 페르시아전쟁 전까지만 해도 그리스는 하나의 정체성을 형성하지 못했다. 독자적인 종교와 언어를 바탕으로 느슨한 동포 의식을 공유했지만, 이오니아인, 아이올리스Aeolis인, 도리스 Doris인, 아카이아Achaea인 등은 서로를 다른 세력으로 여겼다. 이들은 각자 폴리스를 세워 병존했다. 단일한 제국을 세운 페르시아인과는 세계관이 매우 달랐던 그리스인의 기질은 페르시아전쟁의 단초가 되는 이오니아반란에 영향을 미쳤다.

이야기를 풀어가기에 앞서, 그리스인의 기질을 좀 더 깊이 들여다보자. 이를 위해서는 에게해 일대를 아우른 그들의 '영역성'을 이해해야 한다. 우선 고대 그리스 문학을 대표하는 호메로스의 서사시《일리아드》는 기원전 12세기경 아나톨리아반도 북서부의 트로이를 배경으로 벌어진 트로이전쟁을 노래한다. 또한 아테네를 건설한 이오니아인의 명칭은 이들이 기원전 12세기 무렵부터 이오니아에 정착해 밀레투스Miletus, 레베두스Lebedus, 에페수스Ephesus 등의 폴리스를 세운 데서 유래한다. 이오니아의 폴리스들은 에게해와 흑해 일대에서 해상무역에 종사하며 번성했다. 아이올리스인, 도리스인, 아카이아인 등도 이오니아 일대로 진출했다.

그리스인이 본토라 할 수 있는 발칸반도 남부에서 에게해 넘어 이오니아까지 진출한 것은 지리적 조건 때문이었다. 기름지고 광대한 평야 지대를 배경으로 메디아, 리디아, 바빌로니아 등 거대한 왕국이 부침을 거듭했던 오리엔트 세계와 달리, 그리스의 영토는 80퍼센트 가까이가 산악 지대였다. 이때 폴리스들은 산맥 사이의 분지나 해안가에 들어섰으니, 얼마 안 되는 평야 지대를 두고 서로 싸우기보다는 외부로 진출하는 것이 더 나았다. 실제로 폴리스들은 대개 독립적으로, 또 안정적으로 존재했고, 서로 정체성과 풍습, 정치·경제 체제가 상이했다. (물론 이권

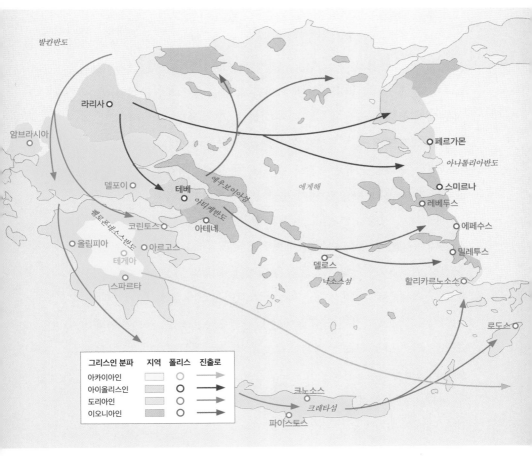

발칸반도

라리사 O

암브라시아 O

O 페르가몬

아나톨리아반도

델포이 O

테베 O

에우보이아섬

에게해

O 스미르나

O 레베두스

펠로폰네소스반도

코린토스 O

아티케반도

아테네 O

O 에페수스

올림피아 O

아르고스 O

O 밀레투스

테게아

델로스 O

스파르타

낙소스섬

할리카르노소스 O

로도스 O

그리스인 분파	지역	폴리스	진출로
아카이아인		O	→
아이올리스인		O	→
도리아인		O	→
이오니아인		O	→

크노소스

크레타섬

파이스토스

고대 그리스인들의 영역과 진출로

발칸반도 남부에 자리 잡은 그리스인들은 산맥이 발달한 지형 때문에 여러 분파로 구분된 상태
였다. 그렇게 나뉜 아카이아인, 아이올리스인, 도리아인, 이오니아인의 네 분파는 경쟁적으로
이오니아해와 아나톨리아반도로 세력을 확장하기 시작했다. 이로써 이오니아반란과 이어지는
페르시아전쟁의 씨앗이 심겨졌다.

확보와 주도권 장악을 위해 종종 충돌하기도 했다.)

그런데 아테네의 독주로 균형이 깨지기 시작했다. 기원전 594년 아테네의 최고 책임자 아르콘archon(집정관)으로 취임한 솔론Solon(기원전 630~기원전 560)은 극심한 빈부격차와 각종 문제를 해결하기 위해, 자유민에게 민회를 구성할 권리를 부여했다. 즉 자유민 스스로 자신들의 문제를 해결할 수 있는 통로를 열어준 것이었다. 이 개혁은 적지 않은 시행착오와 부작용을 유발하기도 했으나, 참주 페이시스트라토스Peisistratos(기원전 600~기원전 527)에게 계승되어 아테네 민주정의 기반을 다지는 데 중대한 영향을 미쳤다. 참주라 하면 흔히 폭군이나 독재자를 떠올리는데, 원래는 혈통이 아닌 실력으로 폴리스의 지도자가 된 자를 일컫는 말이었다. 이러한 참주의 등장은 혈통에 바탕을 둔 군주정이 민주정으로 전환되는 데 이바지했고, 페이시스트라토스가 그 좋은 예였다. 페이시스트라토스는 장기 집권 끝에 추방당했으나, 그의 집권기에 아테네는 상업의 발달로 그리스 세계를 주도할 경제력을 확보했다. 이후 클레이스테네스Cleisthenes(기원전 570~기원전 508)의 개혁으로 민주정을 확립한 아테네는 기원전 506년경 스파르타, 테베 등의 침공을 격파하며 그리스 세계의 최강자로 발돋움했다.

도리스인이 세운 스파르타는 그리스 세계의 패권을 장악하려는 열망이 강했고, 이오니아인이 세운 폴리스인 아테네의 대두를 탐탁지 않게 여겼다. 이를 잘 알고 있던 아테네는 기원전 507년 페르시아 사르디스의 총독 아르타페르네스Artaphernes에게 사절을 보내 동맹 체결을 요청했다. 아르타페르네스는 그 대가로 아테네에 흙과 물을 바치라고 요구했다. 한마디로 복종하라는 것이었다. 아테네는 이러한 굴욕적인 동맹을 한동안 유지할 수밖에 없었다. 스파르타라는 목전의 강대한 적이 아테네에 패한 뒤에도 건재했기 때문이다.

—— 두 세계의 충돌

페르시아는 아나톨리아반도로 진출하면서, 이오니아에도 지배력을 행사하기 시작했다. 다만 이오니아는 페르시아 본토와 거리가 먼 데다가 문화와 풍토가 상이했기 때문에, 아르타페르네스는 자치를 허용하는 방식으로 해당 지역의 폴리스들을 다스렸다. 그런데 아테네에서 민주정이 확립되자, 이오니아에도 페르시아의 지배에서 벗어나 아테네처럼 민주정을 채택해야 한다는 목소리가 퍼져나갔다.

이러한 움직임을 가장 위협적으로 받아들였던 인물은 페르시아의 지지를 받아 밀레투스의 참주가 된 아리스타고라스Aristagoras(?~기원전 497/496)였다. 아리스타고라스는 페르시아에 잘 보여 권력을 강화하기 위해, 아르타페르네스에게 낙소스Naxos섬 원정을 제안했다. 에게해의 중앙에 있는 낙소스섬은 페르시아와 그리스를 잇는 요지였다. 마침 이곳에서 내란이 일어나 원정에 명분을 제공했다. 하지만 페르시아군 지휘관 메가바테스Megabates와 아리스타고라스 간의 불화 끝에 원정이 실패하자, 아르타페르네스는 아리스타고라스를 즉각 교체했다. 그러자 아리스타고라스는 입장을 완전히 바꿔, 민주정의 확산을 주장하며 이오니아인을 선동했다. 그의 선동은 기대 이상의 효과를 거두었다. 결국 기원전 499년 이오니아에서 페르시아를 향한 대규모 반란이 일어났고, 아르타페르네스가 임명한 친페르시아 성향의 참주들은 대부분의 폴리스에서 추방당했다.

밀레투스의 동전
이오니아반란으로 아리스타고라스는, 비록 그가 민주정의 확산을 주장하며 반란을 선동했지만, 사령관이자 지도자로서 막강한 권력을 얻게 되었다. 이후 아리스타고라스는 전비(戰費)를 충당할 세금을 거두고자 자신의 근거지이자 이오니아의 중심지 역할을 한 밀레투스에서 쓰일 동전을 발행했다.

    물론 이오니아 반란군의 힘만으로 페르시아를 대적하기는 어려웠으므로, 아리스타고라스는 그리스의 군사 강국 스파르타에 지원을 요청했다. 하지만 스파르타는 아테네와의 전쟁에서 패한 탓에 국력이 약해진 데다가, 페르시아와의 전쟁은 승산이 없다고 판단해 요청을 묵살했다. 하지만 아리스타고라스는 아테네와 에레트리아Eretria를 설득하는 데는 성공했다. 아테네에는 과거 굴욕을 안긴 페르시아에 대한 적개심 그리고 이오니아에 민주정을 전파할 수 있으리라는 희망이 퍼져 있었다. 기본적으로 스파르타는 도리스인이 세운 폴리스였지만, 아테네는 이오니아인이 세운 폴리스였다. 당연히 아테네는 이오니아의 여러 폴리스와 동포 관계였다. 일찍부터 페르시아를 해상무역의 잠재적인 위협으로 생각하던 에레트리아도 아리스타고라스와 손잡았다.

아테네와 에레트리아의 군사적 지원 덕분에 이오니아 반란군은 한때 사르디스 외곽을 불태우기까지 했다. 하지만 페르시아 정예부대의 역습이 시작되자, 규모는 컸어도 질적 수준이 떨어졌던 반란군은 순식간에 무너졌다. 반란군의 핵심 전력은 창과 방패로 무장하고 청동 갑주를 두른 채 팔랑크스phalanx라 불린 밀집 방진을 이뤄 진군하는 그리스식 중장보병이었다. 하지만 이들은 페르시아 기병대의 뛰어난 기동력을 당해내지 못했다. 당시 그리스식 중장보병은 '전투 장비들을 모두 갖춘 병사'라는 뜻의 '호플리테스hoplite'로 불렸다. 이들은 전투 장비들을 모두 사비로 마련했으므로, 대부분 경제력이 있는 중상류층 시민이었다. 당시 시민은 일정 기간 의무적으로 복무해야 했고, 훈련도 잘 받았기 때문에 전투력이 상당했다. 호플리테스가 즐겨 사용한 전법이 바로 팔랑크스인데, 오른손에는 창을 들어 적을 공격하고, 왼손에는 방패를 들어 자신과 왼편의 동료를 지키는 형태였다. 자연스레 전면에 대한 방어는 탁월했으나, 측면과 후면은 매우 취약했다. 중무장한 보병이다 보니 기동력도 떨어졌다. 페르시아 기병대는 이 약점을 효과적으로 파고들었다.

반란군이 연패하자, 밀레투스를 제외한 이오니아의 폴리스들이 이탈하기 시작했다. 페르시아는 막대한 금전을 뿌리며 폴리스들을 회유하고, 반란 세력의 내분을 유도했다. 결국 아리스타고라스가 살해당하고 밀레투스가 항복하면서 기원전 493년 반란은 막을 내리게 되었다.

밀레투스의 함락은 그리스인들에게 큰 충격을 주었다. 특히 반란을 지원했던 아테네와 에레트리아에는 페르시아가 보복할지 모른다는 위기감이 팽배했다. 다른 폴리스들도 비슷한 걱정을 했다. 바로 이 위기가 그리스 세계에 지정학적 변화를 일으켰다. 이권과 패권을 놓고 이합집산을 계속하며 대립하던 폴리스들이 페르시아라는 거대한 외부의 위협에 맞서 단결하기 시작한 것이었다. 인류 역사상 처음으로 서양(그리스와 지중해 세계)과 동양(페르시아와 오리엔트 세계)이 충돌하는 순간이었다.

—— 제1차 페르시아전쟁이 시작되다

이오니아반란을 진압한 다리우스 1세는 그리스 원정을 결심했다. 이오니아는 페르시아가 아나톨리아반도와 지중해로 진출하기 수 세기 전부터 이미 그리스 세계에 속해 있었다. 이오니아반란은 이러한 맥락 속에서 일어났다. 따라서 그리스를 그냥 두었다가는 언젠가 또다시 페르시아를 위협할지 모를 일이었다. 다리우스 1세는 그리스 북부의 마케도니아*를 먼저 정복한 다음, 그 남쪽의 그리스를 침공한다는 계획을 세웠다. 이오니아반란을 지원했던 아테네와 에레트리아를 징벌하고, 나아가 그리스 전역을 움켜쥐어 해상무역과 제해권의 요지였던 에게해를 페르시아의 내해처럼 만들려는 의도였다. 실제로 기원전 492년 다리우스 1세의 조카이자 사위인 마르도니우스Mardonius(?~기원전 479)가 지휘하는 페르시아군이 마케도니아와 그리스 북부를 속국화하는 데 성공했다. 하지만 원정 중 폭풍우에 함대가 난파당하고 본인도 다쳐 후퇴할 수밖에 없었다.

마르도니우스의 원정을 실패라 단정하기는 어렵다. 마케도니아뿐 아니라 그리스 북부의 테살리아Thessalia와 에피루스Epirus 일대를 손에 넣었

---

* 기원전 7세기 후반 그리스인이 세운 왕국이다. 기원전 4세기 무렵 알렉산드로스 대왕(기원전 356~기원전 323) 때 전성기를 구가하나, 기원전 2세기 로마의 속주로 편입된다.

기 때문이다. 원정에서 입은 피해도 회복할 수 있는 수준이었다. 심지어 그리스 남부 펠로폰네소스Peloponnesos 반도에서 스파르타 다음가는 폴리스였던 아르고스Argos는 페르시아와 힘을 합쳐 그리스 세계의 패권을 쥘 구상까지 하고 있었다.

하지만 이오니아반란을 거치며 '그리스'라는 정체성을 공유하게 된 아테네와 스파르타는 페르시아의 위협에 굴복하는 대신 저항을 선택했다. 두 폴리스는 기원전 491년 항복을 회유하러 온 페르시아 사절단을 처형했다. 심지어 스파르타는 페르시아와 손잡은 아르고스를 침공해 초토화했다. 에레트리아를 비롯한 여러 폴리스가 곧 반反페르시아 전선에 동참했다.

이에 아랑곳없이 승기를 잡았다고 생각한 다리우스 1세는 기원전 490년 페르시아군의 최정예부대인 '불사부대Immortals'를 포함한 3만여 명의 병사와 600여 척의 전함으로 그리스 원정군을 꾸렸다. 불사부대는 페르시아 황실 호위병이자 정예 상비군으로, 귀족의 자제 중에서도 무예가 뛰어난 자만이 들어갈 수 있었다. 헤로도토스(기원전 484?~기원전 430?)가 《역사》에서 이들의 존재를 최초로 남겼다. 나무껍질을 엮어 만든 방패와 은이나 금으로 치장한 창과 활로 무장했고, 화려한 겉옷 아래 철판 갑옷을 입었다. 사기도 높고 훈련도 잘된 이들을 이끌 지휘관은 아르타페르네스와 다티스Datis였다. 이로써 제1차 페르시아전쟁의 막이 올랐다. 페르시아군은 낙소스섬을 제압한 다음 에레트리아를 공격했다. 에레트리아는 페르시아에 포섭당한 몇몇 고위 귀족의 배신으로 개전 6일 만에 함락되고 말았다.

—— 지형을 활용해 승리한 마라톤전투

발칸반도 남부에서도 에게해 쪽으로 돌출된 아티케Attica반도 서부에 자리 잡은 아테네는 험준한 산지로 둘러싸인 분지였기 때문에, 에레트리아를 파괴한 페르시아군이 쉽게 접근할 수 없었다. 아테네 남부에 들어선 항만에 상륙하려면 아티케반도의 해안선을 돌아가야 했다. 따라서 아르타페르네스와 다티스는 아테네에서 북동쪽으로 35킬로미터 정도 떨어진 마라톤평원에 병력을 상륙시켰다. 마라톤평원은 곳으로 보호받는 만입부에 형성된 곳이어서 대규모 병력이 안전하게 주둔할 수 있었다. 그들은 아테네군 주력을 이곳으로 유인한 다음, 그사이 아테네 남부 해안에 정예부대를 상륙시킬 계획이었다.

한편 아테네의 장군 밀티아데스Miltiades(기원전 554~기원전 489)는 페르시아의 대군을 농성전으로 상대하는 대신 야전으로 요격한다는 대범한 계획을 세웠다. 아테네를 둘러싼 험준한 산악 지대를 활용해 적의 전력을 분산시켜 각개 격파한다면, 병력의 열세를 극복하고 승리를 거둘 수 있다는 판단이었다. 반대하는 목소리도 컸지만, 밀티아데스는 농성전을 벌이다가 내분으로 자멸한 에레트리아의 사례를 들면서, 야전의 필요성을 역설했다.

아테네는 다른 폴리스들에 지원군을 요청했지만, 효과는 미미했다. 아테네 북쪽의 플라타이아Plataea가 지원군을 보냈으나, 1000명도 채 되지 않았다. 대對페르시아 강경파 클레오메네스 1세Cleomenes I(기원전 520~기원전 490)의 실각 뒤 내분에 빠져 있던 스파르타가 뒤늦게 파견한 지원군은 때맞춰 도착하지 못했다. 결국 플라타이아의 지원군을 포함한 아테네군 약 1만 명만이 마라톤평원을 향해 진격을 개시했다.

제1, 2차 페르시아전쟁

이오니아반란을 계기로 페르시아는 그리스가 잠재적 위협이 될 수 있음을 깨달았다. 하여 페르시아는 제국의 위용을 만천하에 증명하고, 또 지중해의 패권을 장악하기 위해 그리스를 침공했다. 한편 그리스는 이오니아반란을 지원하고 페르시아와 맞서는 과정에서 여러 분파와 폴리스로 쪼개진 한계를 극복하고 단일한 정체성을 획득할 수 있었다.

기원전 490년 8월에서 9월 사이*에 페르시아 정예부대가 아테네를 습격하기 위해 함선을 타고 마라톤평원을 빠져나갔다. 밀티아데스는 이를 페르시아군을 격파할 절호의 기회로 보았다. 전력이 분산된 데다가 정예부대가 이탈함으로써, 마라톤평원의 페르시아군은 양적·질적 우위를 상실했다. 게다가 아테네군은 페르시아 기병대의 습격에 대비해 마라톤평원에서도 해안보다 약간 높이 솟은 구릉지에 포진했다. 이는 무거운 갑주로 무장한 채 단단한 팔랑크스를 짠 중장보병의 밀어붙이는 힘을 장기로 삼았던 아테네군의 공격력을 극대화했다. 저지대의 페르시아군은 고지대에서 속보로 쇄도해 내려오는 아테네군 앞에 속절없이 무너져내렸다. 페르시아 궁병이 쏜 화살은 아테네군을 빗나가기 일쑤였고, 페르시아 경장보병은 팔랑크스에 짓이겨졌다.

마라톤평원 동쪽을 가득 채운 습지는 페르시아군의 파국을 재촉했다. 아테네군에 밀려나던 페르시아군은 습지에 발이 묶이는 바람에 대오를 가다듬어 역습을 시도하기는커녕, 허우적거릴 뿐이었다. 운이 좋았던 몇몇은 해안에 남아 있던 함선으로 도주할 수 있었지만, 대부분의 페르시아군은 반격도 퇴각도 하지 못한 채 아테네군의 제물이 되고 말았다. 마라톤전투 결과 페르시아군은 1만 5000명 가운데 6000명 이상이 목숨을 잃은 반면에, 아테네군의 사망자는 200명을 밑돌았다.

---

* 마라톤전투가 벌어진 정확한 시기에 대해서는 의견이 다양하다. 고대 그리스의 역법은 오늘날의 역법과 달랐을 뿐 아니라, 폴리스마다 상이한 역법을 사용했기 때문이다. Gongaki, K., Preka-Papadema, P., Kalachanis, K., and Antonopoulos, P., "Astronomical calculation of the dating the historical battles of Marathon, Thermopylae and Salamis based on Herodotus' Description," *Scientific Culture* Vol. 7 Issue 2, 2021, p. 96; Olson, D. W., Doescher, R. L., and Olson, M. S. "The Moon and the Marathon," *Sky & Telescope* Vol. 108 Issue 3, 2004, pp. 39~41.

마라톤평원의 습지

마라톤평원의 동쪽은 지금도 습지로 가득하다. 고지대에서 거센 파도처럼 들이닥치는 아테네군에 밀려 습지에 빠진 페르시아군은 제대로 움직이지 못하고 허우적거리다가 일방적으로 학살당했다.

—— 진정한 그리스의 탄생

아테네군은 마라톤전투에서 값진 승리를 얻었지만, 전쟁은 끝나지 않았다. 앞서 마라톤평원을 떠난 정예부대가 아테네 남부 해안에 상륙한다면, 아테네는 에레트리아의 전철을 밟을 터였다.

전설에 따르면, 마라톤전투 직후 발 빠른 전령이 죽을힘을 다해 아테네로 뛰어가 시민들에게 승전보를 전한 다음 탈진해 숨을 거두었다고 한다. 그런데 실제 벌어진 일은 더욱 대단했다. 마라톤전투 직후 아테네군 전원은 휴식을 치를 겨를도 없이 아테네를 향해 강행군을 시작했다. 페르시아 정예부대보다 간발의 차로 아테네에 먼저 도착한 그들은 고향을 지켜냈다. 아르타페르네스와 다티스는 결국 페르시아군을 철수시켰다. 다리우스 1세는 더욱더 규모가 큰 원정을 계획했지만, 기원전 486년 이집트의 반란을 진압하던 도중 사망하고 말았다.

제1차 페르시아전쟁에서 압도적인 전력 차에도 굴하지 않고 승리를 거둔 아테네를 보며, 전체 그리스 세계는 강력한 외부의 적을 상대로도 독립과 영광을 지켜낼 수 있다는 자신감을 얻었다. 이는 일시적인 현상이 아니었으니, 기원전 478년 에게해 일대에서 페르시아를 완전히 몰아내고자 아테네를 중심으로 결성된 델로스Delos동맹, 기원전 337년 아예 페르시아를 원정하고자 마케도니아가 주도한 코린토스Korinthos동맹이 등장하는 데도 영향을 미쳤다. 이로써 진정한 '그리스'가 탄생했다.

아울러 사실상 단독으로 전쟁을 수행했던 아테네가 그리스 세계를 주도할 명분과 실력을 얻었다. 물론 아테네는 그 전부터 민주정을 확립하고, 스파르타, 테베 등을 격퇴하며 두각을 나타냈다. 다만 페르시아전쟁은 아테네가 그리스 전체의 패권을 쥐고, 정치부터 문화까지 모든 영역을 재편하는 데 결정적으로 이바지한 사건이었다.

—— 지정학적 필연, 제2차 페르시아전쟁

페르시아는 제1차 페르시아전쟁에서 아테네 점령에 실패했을 뿐, 마케도니아, 테살리아, 에피루스 일대를 장악하는 데 성공했다. 즉 제1차 페르시아전쟁은 아테네에는 막강한 침략자를 격퇴한 영웅적인 사건이었을지 몰라도, 페르시아에는 완전히 털어내지 못한 작은 문젯거리 정도였다.

다리우스 1세의 후계자인 크세르크세스 1세Xerxes I(기원전 519?~기원전 465)는 뛰어난 수완을 발휘해 부왕 사후 이집트, 바빌로니아 등 각지에서 일어난 반란을 조기에 진압하고, 강력한 황권을 구축해 제국의 영속성을 확립했다. 그다음 목표는 그리스였다. 그리스는 이오니아반란을 지원했고 다리우스 1세에게 복종하지 않았으며 페르시아군을 격퇴하는 등 제국의 중대한 적이었다. 그리스의 지정학적 중요성 또한 가볍지 않았다. 제국의 동쪽 너머는 지리적으로 접근 자체가 어려운 '문명 밖'의 세계여서 남은 진출로는 결국 서쪽의 지중해밖에 없었다. 이런 점에서 페르시아에 지중해의 입구와 같았던 에개해를 꽉 쥔 그리스는 반드시 뛰어넘어야 할 문턱이었다. 게다가 북아프리카에 기반을 둔 강력한 해양 세력 카르타고가 페르시아에 협조하고 있었다. 크세르크세스 1세는 전쟁광이나 광인이 아니었다. 다리우스 1세의 유지를 이어받아 에개해와 지중해를 장악하고 전 세계에 군림하는 샤한샤로서의 권위를 확고히 하려는 전략적인 판단에 따라 그는 그리스를 정복하고자 했다. 하여 페르시아는 또다시 그리스 침공을 감행했다. 그리고 아테네를 중심으로 한 그리스는 이번에도 페르시아의 침공을 격퇴함에 따라, 지중해 세계의 지정학적 판도와 역사의 흐름을 바꾸었다.

기원전 480년 크세르크세스 1세는 부왕이 동원했던 원정군의 규모를 압도하는 대규모 원정군을 조직해 그리스 원정에 나섰다. 헤로도토스는 크세르크세스 1세가 이끈 병력이 총 500만 명이었다고 기록했는데, 오늘날 연구자들은 6~30만 명 정도로 추산한다. 물론 이 정도도 당대로서는 상상하기 어려운, 그리스의 모든 폴리스가 연합해도 당해내기 벅찰 정도의 대군이었다.

크세르크세스 1세는 그리스 세계의 분열과 사기 저하를 꾀하고자 심리전에도 공을 들였다. 그는 페르시아의 그리스 침공이 임박했다는 정보를 일부러 유출했다. 심지어 체포당한 그리스인 첩자들에게 제국의 화려한 도시와 강대한 군대를 보여준 뒤 돌려보냈다. 페르시아의 국력과 군사력을 과시함으로써, 그리스의 저항 의지를 꺾으려는 계책이었다.

한편 아테네에서는 마라톤전투의 영웅 밀티아데스가 대외 원정 실패로 실각했다. 그는 제1차 페르시아전쟁 때 페르시아에 협조했다는 이유로 기원전 489년 파로스Paros섬을 공격했는데, 오히려 부상한 채 후퇴하고 말았다. 아테네인들은 밀티아데스가 파로스섬의 금에 눈이 멀어 무리한 공격을 감행했다며 감옥에 가뒀고, 부상이 심해진 그는 쓸쓸하게 옥사했다. 이때 밀티아데스의 후임으로 등장한 이가 '아테네 해군의 아버지'로 불리는 테미스토클레스Themistocles(기원전 524?~기원전 459?)였다. 그는 대규모 함대 건설을 추진했는데, 대부분 중장보병 출신이었던 아테네인들은 이러한 해군 양성 계획에 반대했다. 하지만 제1차 페르시아전쟁 당시 페르시아 함대의 공격으로 아테네가 함락될 뻔했던 사실, 그리스와 페르시아 사이에 에게해가 펼쳐져 있다는 지리적 특징 그리고 제2차 페르시아전쟁의 실제 경과를 보았을 때 테미스토클레스의 결정이 옳았음을 알 수 있다.

물론 페르시아 대군을 아테네의 힘만으로 상대할 수는 없었다. 테미스토클레스는 스파르타를 비롯한 여러 폴리스에 동맹 결성을 요청했다. 반페르시아 성향의 폴리스들은 테미스토클레스의 제안에 호응했지만, 그렇다고 아테네가 동맹의 주도권을 쥐기는 원치 않았다. 이에 따라 동맹은 그리스 세계의 연합이라는 뜻을 가진 헬라스Hellas동맹으로 명명되었고, 병력의 지휘권은 스파르타가 쥐게 되었다.

—— 기후까지 활용한 아르테미시온해전

페르시아 함대는 아티케반도 바로 옆에 붙어 있는 에우보이아Euboea 섬(오늘날 에비아Evvoia섬) 동부 해안을 우회하는 대신, 에우보이아섬과 아티케반도 사이를 곧장 통과하고자 했다. 에우보이아섬은 험준한 산악 지대여서 상륙해 거점을 마련할 만한 곳이 아니었고, 그렇다고 우회하자니 항해 거리가 너무 길어졌다. 제1차 페르시아전쟁에서 페르시아군이 패배한 결정적인 원인은 마라톤전투에서의 졸전이 아니라 정예부대를 태운 함대의 아테네 도착이 늦었다는 데 있었다. 따라서 크세르크세스 1세는 육군은 마케도니아에서 라미아Lamia, 테베, 아테네로 이어지는 협곡과 분지를 따라 남하시키고, 함대는 에우보이아섬 북단의 아르테미시온Artemision 앞바다를 지나 말리안Malian만을 거쳐 곧장 아티케반도와 에우보이아섬 사이로 진입해 아테네 해안에 이를 때까지 남하시킨다는 작전을 세웠다.

이 작전을 성공적으로 수행하기 위해 페르시아군은 라미아 남쪽의 테르모필레를 먼저 장악할 필요가 있었다. 테르모필레는 라미아를 넘어가는 길목인 동시에, 말리안만을 지척에 둔 요지였다. 동시에 깎아지른 듯한 산악 지대라 방어에 매우 유리했다. 하필 페르시아군의 주 전력은 평야에서 진가를 발휘하는 기병대였으므로, 그리스군은 테르모필레만 잘 지켜내면 될 터였다. 양측의 수 싸움이 치열한 가운데, 기원전 480년 8월 페르시아군이 땅과 바다 모두에서 테르모필레 인근에 도착했다.

헬라스동맹은 테미스토클레스의 제안에 따라 페르시아군 요격에 나섰다. 우선 스파르타의 왕 레오니다스 1세가 지휘하는 그리스군이 테르모필레에 집결했다. 그 수가 300명으로 알려져 있지만, 실제로는 5000명에서 1만 명으로 추정된다. 200여 척의 전함으로 구성된 그리스 함대 또한 아르테미시온 앞바다에 집결했다.

기원전 480년 7월 중순에서 9월 초 사이*에 페르시아 함대도 아르테미시온 앞바다에 모습을 드러냈다. 아티케반도 북쪽의 마그네시아Mag-nesia반도 근해에서 폭풍을 만나 1200척의 전함 중 400여 척을 잃은 상태였지만, 여전히 그리스 함대의 세 배 규모에 달했다.

그리스 함대의 전력은 페르시아 함대보다 열세였지만, 정보전에서 우위를 점하는 데 성공했다. 스킬리아스Scyllias라는 페르시아 함대의 탈영병이 아르테미시온으로 헤엄쳐 와 자기가 아는 정보를 모두 넘긴 것이었다. 그는 페르시아 함대가 전함 200척으로 구성된 별동대를 에우보이아섬 동쪽으로 우회시켜 그리스 함대를 포위 섬멸하려 한다고 설명했다. 정말 그렇게 된다면 그리스 함대는 꼼짝없이 당할 터였다. 그런데 테미스토클레스는 오히려 절호의 기회가 왔다고 판단했다. 전력이 분산된 페르시아 함대를 각개 격파하자는 그의 의견에 따라 그리스 함대가 먼저 공격에 나섰다. 그렇게 아르테미시온해전의 막이 올랐다.

페르시아 함대는 남아 있는 본대의 규모만으로도 그리스 함대를 압도했다. 하지만 그리스 함대가 밀집대형을 이루며 돌격해 오자 전열이 흐트러지고 말았다. 이 과정에서 그리스 함대는 30여 척의 적함을 나포하기까지 했다. 하늘이 도왔는지 폭풍이 들이쳐 페르시아 함대는 상당

---

* 아르테미시온해전과 테르모필레전투가 일어난 시기도 마라톤전투와 마찬가지로 다양한 의견이 있다. Baker, O. R., "Wanted: A date with Herodotus," *Athens Journal of History* Vol. 8 Issue 3, 2022, pp. 226~228; Gongaki, K. et al., Ibid, 2021, p. 96.

한 피해를 입었고, 별동대는 전멸해버렸다. 사실 여름철의 에게해는 북쪽에서 불어오는 계절풍 때문에 곧잘 폭풍이 발생하는 거친 바다다. 여러 고대 기록도 같은 현상을 기록하고 있다.[2] 페르시아군은 이 사실을 잘 몰랐기 때문에 수많은 전함을 잃고만 셈이었다. 그리스 함대는 이튿날 아테네에서 53척의 전함을 증원받았다. 3일째에는 가장 큰 규모의 전면전이 벌어졌다. 협소한 아르테미시온 앞바다에서 벌어진 난전 끝에, 그리스 함대는 절반 가까운 전함을 잃고도 페르시아 함대의 진출을 막아냈다. 페르시아 함대의 손실은 전함 수백 척에 달했다.

—— 300 용사, 협로를 지키고 우회로에 당하다

한편 테르모필레에 배치된 그리스군 또한 6~30만 명 규모의 페르시아군과 비교하면 초라한 수준으로 1만 명 안팎이었다. 하지만 페르시아군은 테르모필레의 지형 탓에 병력을 대규모로 운영하지 못했다. 길이 워낙 좁아 병력 간에 병목현상이 벌어져 힘이 모이지 않으니, 중장보병으로 짜인 그리스군의 방어선을 뚫을 수 없었다. 특히 그리스 최강의 전사 집단이었던 스파르타군은 불사부대조차 압도하는 용맹을 떨쳤다. 테르모필레전투가 이런 양상으로 계속되었다면, 페르시아군은 손실 누적과 보급 차질에 따른 사기 저하로 패퇴할 수밖에 없었으리라는 연구 결과가 있을 정도다.[3]

하지만 지형을 활용한 그리스군의 우위는 테르모필레 주민 에피알테스Ephialtes(?~기원전 470?)의 배신으로 무너지고 말았다. 페르시아군의 보상금에 눈먼 그는 테르모필레 남쪽 칼리드로모Kallidromo산에 우회로가 있음을 누설했다. 크세르크세스 1세는 휘하 지휘관 히다르네스Hy-

테르모필레

사진 왼편 중앙의 흰 건물은 테르모필레전투 역사정보센터로, 스파르타 전사 300명이 목숨을 바쳐 페르시아군의 전진을 방해한 곳이다. 지금은 바다가 많이 밀려나 넓어 보이지만, 당시에는 해안의 폭이 15미터 안팎에 불과했다.

darnes에게 불사부대를 포함한 2만여 명의 별동대를 지휘해 그리스군의 배후를 치라고 명령했다.

이 사실을 알아차린 레오니다스 1세는 포위망이 완성되기 전에 그리스군의 주력부대가 전선을 이탈하도록 했다. 만약 테르모필레에서 그리스군이 전멸당한다면, 헬라스동맹이 전쟁을 지속하기 어렵다는 판단에서 나온 결정이었다. 그는 근위대 300명을 이끌고 페르시아군을 저지하러 나섰다. 그 밖에 테베 출신의 의용군 등이 가세해 테르모필레에 남은 그리스군은 1500여 명이 되었다. 그들은 필사의 각오로 마지막 전투를

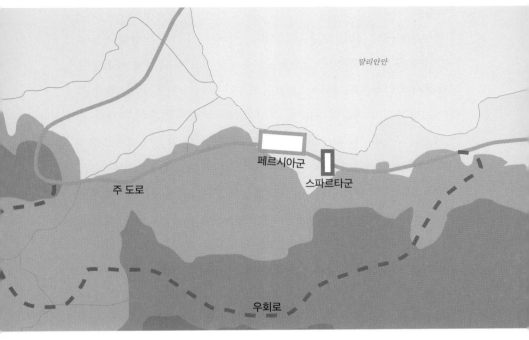

말리안만

페르시아군

스파르타군

주 도로

우회로

테르모필레전투

그리스군은 테르모필레에 모습을 드러낸 페르시아군의 규모를 보고 아연실색했다. 역사가들은 6~30만 명의 페르시아군이 테르모필레에 배치되었다고 보는데, 당시로서는 상식 밖의 규모였기 때문이다. 곧 테르모필레를 지킬지 포기할지를 두고 논란이 일었는데, 스파르타의 왕 레오니다스 1세가 사수를 결의했다. 당시 테르모필레의 그리스군은 스파르타 전사 300명, 그 외 병력 1만여 명으로 구성되어 있었다. 페르시아군은 그리스군이 겁먹고 도망칠 거로 생각해 일부러 4일간 공격하지 않았다. 이후 벌어진 전투에서 그리스군은 협로라는 지리적 이점을 살려 이틀간 철저히 페르시아군을 막아냈다. 하지만 페르시아군이 우회로의 존재를 알게 되면서 전세가 불리해지기 시작했다. 레오니다스 1세는 병력을 보존하고자 모든 그리스군을 후퇴시키고 자신과 스파르타 전사들만 남아 페르시아군의 발목을 잡았다. 그렇게 전투 셋째 날 300명의 전사는 장엄한 최후를 맞았다.

준비했다.

테르모필레의 그리스군은 페르시아군의 시신이 산처럼 쌓일 정도로 치열하게 싸웠다. 하지만 압도적으로 우세한 적군에 완전히 포위당한 상태였기에 기적은 일어나지 않았다. 전투가 길어지자 그리스군의 창은 꺾이고 방패는 부서졌다. 때마침 투입된 불사부대가 최후의 일격을 날려 레오니다스 1세를 비롯한 그리스군의 숨통을 끊었다. 크세르크세스 1세가 페르시아군 2만 명의 목숨을 대가로 테르모필레를 장악한 순간이었다. 그리스군의 사망자는 2000명 정도였다. 페르시아에는 피아를 막론하고 전사자의 시체를 정중히 매장하는 관습이 있었는데, 크세르크세스 1세는 테르모필레전투를 치르며 악착같은 그리스군에 질려버린 나머지, 그들의 시신은 방치하고 레오니다스 1세의 머리는 대로변에 효수하라고 명령했다. 스파르타는 수십 년 뒤에야 전왕의 유골을 수습해 장례를 치를 수 있었다.

—— 바다 위에 나무 방벽을 세운 살라미스해전

페르시아군이 파죽지세로 남하하자, 이 소식을 들은 그리스 함대는 후퇴할 수밖에 없었다. 아르테미시온해전에서 나름대로 잘 싸웠지만 손실이 컸던 데다가, 테르모필레가 뚫린 마당에 굳이 에우보이아섬 북쪽에 남아 있을 필요가 없었기 때문이다. 기원전 480년 9월 아테네가 함락되자, 피란민들은 테미스토클레스를 따라 근해의 살라미스섬으로 서둘러 피신했다.

헬라스동맹 내부에서는 페르시아와의 전쟁을 지속하는 데 반대하는 목소리가 터져 나왔다. 너무나 불리한 전세 때문이기도 했지만, 크세르크세스 1세가 끊임없이 내분을 유도한 결과였다. 테미스토클레스는 이에 흔들리지 않고 페르시아 함대를 살라미스섬과 아테네 사이의 해협에서 분쇄하고자 계획했다. 그는 그리스 본토와 펠로폰네소스반도를 잇는 코린토스지협地峽 근해에 함대를 배치해 전선을 뒤로 물리려는 헬라스동맹 구성원들을 설득, 살라미스섬 근처에 함대를 배치했다. 아르테미시온해전에서 그리스 함대가 선전했던 것처럼 좁은 해협을 잘 활용하면 페르시아 함대를 상대로 승산이 있다고 판단했기 때문이다.

크세르크세스 1세는 어서 살라미스섬을 점령해 완벽한 승리를 거두고 싶은 마음뿐이었다. 하지만 살라미스섬으로 피신한 아테네 시민들의 저항은 수그러들지 않았고, 전함 350척 이상을 지켜낸 그리스 함대의 전력 또한 무시하기 어려웠다. 이런저런 공작에도 헬라스동맹은 분열하지 않았고, 테미스토클레스의 영향력도 건재했다. 이 때문에 페르시아의 속국 할리카르나소스Halikarnassos(오늘날 튀르키예 물라Mugla주 보드룸Bodrum시)의 여왕 아르테미시아 1세Artemisia I는 무리하게 전투를 벌이지 말고, 전세를 관망하며 헬라스동맹이 스스로 무너질 때를 기다려야 한다고 조언했다. 하지만 대규모 원정군을 거느린 크세르크세스 1세에게 보급 문제는 큰 골칫거리였다. 겨울이 오면 길게 늘어진 보급로를 유지하기 힘들 터였다. 크세르크세스 1세는 그 전에 전쟁을 끝내고자 그리스 함대를 살라미스섬에서 유인해내 섬멸할 계획을 세웠다. 물론 그리스 함대는 크세르크세스 1세의 의도대로 움직이지 않고, 살라미스섬에 계속 웅크리고 있었다.

기원전 480년 9월 말경 테미스토클레스의 노예인 시킨노스Sicinnos가 조각배를 타고 페르시아군 진영으로 잠입했다. 수뇌부의 처소를 찾아간

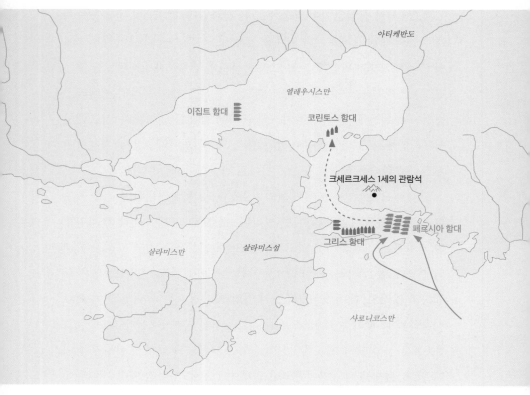

아티케반도

엘레우시스만

이집트 함대

코린토스 함대

크세르크세스 1세의 관람석

페르시아 함대

살라미스만

살라미스섬

그리스 함대

사로니코스만

살라미스해전

그리스 함대는 수적 열세를 극복하고자 지리를 적극적으로 활용했다. 그들은 살라미스섬과 아
테네 사이의 해협에 숨어 페르시아 함대를 기다렸다. 헤로도토스에 따르면 코린토스 함대가 페
르시아 함대를 유인했다고 한다. 자기 무덤이 될지도 모르고 해협으로 들이친 페르시아 함대는
바다가 갑자기 좁아지자 당황해 서로 부딪히며 제대로 싸우지 못했다. 이튿날 그리스 함대가 페
르시아 함대에 맹공을 퍼부었다. 이집트 함대가 페르시아 함대를 도와 살라미스섬 북쪽을 틀어
막았다는 이야기도 있으나, 확인된 것은 아니다.

그는, 헬라스동맹의 내홍 때문에 아테네와 경쟁 관계였던 스파르타 등의 몇몇 폴리스 소속 함대가 야음을 틈타 전장에서 이탈하려 한다는 내용 그리고 테미스토클레스가 연이은 패전과 내분 등에 지쳐 곧 항복하려 한다는 내용이 담긴 서신을 전달했다. 이에 페르시아군은 살라미스섬을 완전히 봉쇄한 다음 내통자들과 함께 저항을 계속하는 그리스 함대를 격멸한다는 계획을 세웠다. 크세르크세스 1세는 그리스의 숨통을 완전히 끊을 장관을 몸소 관람할 생각으로, 전장이 한눈에 내려다보이는 아이갈레오스Aigaleo산에 전망대를 설치하기까지 했다. 하지만 시킨노스의 서신은 페르시아 함대를 살라미스섬 깊숙한 곳으로 유인하기 위한 테미스토클레스의 미끼였다. 헬라스동맹을 분열시키기 위한 공작에 많은 공을 들였던 크세르크세스 1세였지만, 결국 자기 꾀에 자기가 넘어갔던 셈이다.

페르시아 함대가 살라미스섬을 향해 진격하자, 50여 척의 그리스 전함이 북쪽으로 도망치기 시작했다. 그들을 쫓아 좁은 해협으로 진입한 페르시아 함대가 마주한 것은 내홍을 빚기는커녕 질서정연하게 대오를 갖춘 그리스 함대였다. 페르시아 함대는 테미스토클레스의 계략에 빠져 그가 그토록 원했던 전장에 스스로 뛰어든 꼴이 되었다. 뛰어난 기동력으로 넓은 바다를 휘젓는 전투에 능했던 페르시아 함대는 비좁은 데다가 익숙하지도 않은 해협에서 그리스 함대와 난전을 벌였다. 온종일 이어진 살라미스해전에서 페르시아 함대는 200~300척의 전함을 잃었다. 그리스 함대의 손실은 전함 40척 정도에 그쳤다. 페르시아 함대는 크세르크세스 1세가 지켜보는 가운데 패퇴하고 말았다.

—— 서구 문명의 영역성과 정체성

살라미스해전에서 패배한 후에도 페르시아군은 붕괴하지 않았다. 크세르크세스 1세는 부교를 설치해 살라미스섬을 점령하려 했지만, 그리스군의 반격으로 실패했다. 시칠리아섬에서는 페르시아와 손잡은 카르타고가 크게 패했다. 겨울이 되자 우려했던 보급 문제가 심각해졌다. 페르시아는 여러 민족 집단과 속주로 구성된 대제국이었기 때문에, 크세르크세스 1세가 오래 자리를 비우기도 어려웠다.

결국 크세르크세스 1세는 마르도니우스에게 수만 명 규모의 정예부대를 맡겨 그리스 공략을 계속하게 한 뒤, 자신은 나머지 병력을 이끌고 귀국했다. 마르도니우스는 테살리아로 후퇴해 전열을 재정비했다. 그리고 아테네, 스파르타 등지에 사절을 보내 이들을 회유하고 헬라스동맹의 내분을 유도하려 했지만, 성공하지 못했다.

기원전 479년 봄 마르도니우스는 테살리아에서 남진하기 시작했다. 스파르타가 지원군 파견을 머뭇거리자, 아테네 시민들은 또다시 살라미스섬으로 피신했다. 마르도니우스는 플라타이아에 요새를 구축하고 그리스와의 결전을 준비했다. 플라타이아는 친페르시아 성향의 폴리스였던 테베와 가까웠을 뿐 아니라, 평지가 펼쳐져 있어 페르시아 기병대가 활약하기에 유리했다.

기원전 479년 6월 파우사니아스Pausanias(?~기원전 470?)가 이끄는 스파르타군 1만 명이 드디어 북진을 시작했다. 그러자 아테네에서도 아리스테데스Aristedes(기원전 530~기원전 468) 휘하의 중장보병 8000명이 스파르타군과 합류하기 위해 출진했다. 이 외에도 플라타이아, 메가라Megara, 테게아Tegea 등 헬라스동맹 소속 폴리스들의 병력이 페르시아를 격퇴하기 위해 모여들었다.

기원전 479년 8월 파우사니아스가 지휘하는 그리스군은 플라타이아 남부의 구릉지대로 진격했다. 페르시아군의 우세를 상쇄하고자 고지대에서 공격해 내려가기 위해서였다. 그리스군은 페르시아군의 맹공을 받아 위기에 처하기도 했으나, 파우사니아스의 침착한 지휘 아래 대오를 유지하며 공세를 이어갔다. 페르시아군의 기병대와 궁병대는 고지대에서 공격해 오는 그리스군을 상대로 제 위력을 발휘하지 못했다. 결정적으로 난전 중에 마르도니우스가 전사하며 페르시아군의 지휘 계통이 무너지고, 사기마저 땅에 떨어졌다. 페르시아군은 수만 명 이상의 사상자를 내며 플라타이아전투에서 패했다. 헤로도토스는 그리스군의 사망자가 159명에 불과하다고 기록했는데, 그 정도는 아니더라도 피해 규모가 매우 적었을 것이다.

플라타이아전투가 끝난 뒤, 아테네는 에게해를 중심으로 적극적인 세력 확장에 나섰다. 기원전 478년에는 페르시아의 재침공에 대비한다는 명분을 앞세워 에게해 일대의 폴리스들과 델로스동맹을 맺었다. 이를 발판 삼아 에게해에 남아 있던 페르시아군 잔당을 물리치며 아테네는 지중해 동부와 흑해 입구를 지배하는 해양제국으로 발돋움했다. 페르시아와의 충돌은 기원전 449년 칼리아스Callias평화조약이 체결되며 종식되었고, 그렇게 아테네의 최전성기가 도래했다.

지금까지 살펴본 것처럼 페르시아전쟁은 그리스와 페르시아의 충돌 이상의 의미를 지닌다. 즉 페르시아로 상징되는 오리엔트 세계(동양)의 등장 앞에 지중해 세계(서양)가 자신들의 정체성을 형성하고, 곧이어 문명의 주도권을 쥔 사건으로 평가할 만하다.

실제로 페르시아전쟁에서의 패배와 아테네의 팽창으로 에게해 일대와 여러 속주에 대한 페르시아의 지배력은 약화했다. 전 세계를 호령하던 페르시아였지만, 이후 내리막길을 걷기 시작했다. 아테네의 황금기도 반세기 정도 지나 종언을 고했다. 아테네의 독주는 스파르타를 비롯한 폴리스들과의 갈등을 초래했고, 결국 기원전 431년 펠로폰네소스전쟁이 발발했다. 아테네는 전쟁 초반 우세를 점했으나, 역병의 창궐로 전투력을 상실한 끝에 스파르타에 패배했다. 이후 그리스 세계는 대립과 분열을 이어가며 전성기의 활력을 잃고 말았다.

변화는 기원전 330년대 마케도니아에서 시작되었다. 알렉산드로스 대왕이 페르시아와 그리스를 정복한 것이었다. 페르시아는 멸망했고, 아테네, 스파르타 등은 알렉산드로스 대왕이 세운 헬레니즘제국에 복속되었다. 이로써 그토록 충돌하던 그리스 세계와 오리엔트 세계가 새로운 지배자 앞에 하나로 융합해 이후 문명의 토대를 이루니, 역사의 간지奸智라 할 만하다.

2장

중국 통일과 동아시아 문명의 개화
초한전쟁

기원전 206년 발발해 중국을 달군 초한전쟁은 한국인에게도 유명한 사건이다. 한漢나라 고조高祖 유방의 뛰어난 용인술과 타인의 조언을 경청하고 실천한 소통 능력, 대국을 읽고 민심을 살필 줄 알았던 지도력 등은 오늘날까지 긍정적으로 평가받고 있다. 그의 맞수인 초楚나라 지도자 항우 또한 '힘은 산을 뽑고 기개는 세상을 덮었도다'라는 뜻의 시구 '역발산기개세力拔山氣蓋世'로 상징되는 무용과 용맹함, 우미인虞美人(?~기원전 202?)과의 로맨스 등으로 여전히 회자하고 있다. 유방의 천하통일을 도운 한신韓信(기원전 231?~기원전 196)과 장량張良(?~기원전 186), 번쾌樊噲(?~기원전 189), 초나라 최고의 책사로 항우의 곁을 지킨 범증範增(기원전 278?~기원전 204) 등 초한전쟁에서 활약했던 수많은 인물의 이야기도 한국인에게 절대 낯설지 않을 것이다. 초한전쟁에 기원을 두는 '금의환향', '사면초가', '배수진' 등의 고사성어나 관용구도 일상에서 널리 쓰이고 있다.

초한전쟁은 대중문화에도 많은 영향을 미쳤다. 한국의 장기는 '한漢'과 '초楚'를 새긴 말에서 알 수 있듯이 초한전쟁을 소재로 한다. 역시 초한전쟁을 배경으로 쓰인 중국의 고전소설《초한지》는 오늘날까지 여러 판본으로 출간되며 한·중·일 세 나라에서 널리 읽히고 있다. 동명의 영화로도 널리 알려진 중국의 경극 〈패왕별희〉 또한 초한전쟁의 이야기를 다룬 작품이다. 그 밖에도 영화 〈서초패왕西楚覇王〉, 드라마 〈초한전기楚漢傳奇〉 등 초한전쟁을 다룬 각종 창작물이 꾸준히 제작되며 인기를 누리고 있다.

그런데 초한전쟁을 제대로 이해하려면 다양한 인물 간의 관계뿐 아니라, 중국이라는 거대한 공간을 살펴보아야 한다. 유방과 항우의 대두는, 그 직전까지 중국을 다스린 진秦나라의 지정학적 상황과 관계가 있다. 또한 '금의환향'이라는 고사성어는 항우의 부족한 지정학적 안목을 대변한다. 한편 유방은 고대 중국의 중심지였던 관중을 장악해 항우를 꺾을 수 있었다. 궁극적으로 초한전쟁은 '한족漢族'이나 '한자漢字' 등의 용어가 시사하듯 한 왕조의 성립과 함께 '중국'이 등장하는 중요한 계기가 되었다. 이처럼 초한전쟁은 지정학적 차원에서 중요한 의미를 지닌 사건이었다.

—— 관중의 진나라, 양쯔강의 초나라

진나라는 관중에 수도 함양咸陽(오늘날 산시성 셴양시)을 세우고 이를 발판 삼아 강국으로 부상했다. 관중은 경제가 발달하고 많은 사람이 모여 살던 고대 중국의 중심지로, 험준한 친링秦嶺산맥 등에 둘러싸여 있어 방어에 유리한 동시에 산맥 곳곳에 놓인 관문만 통과하면 중원은 물론이고 이민족과도 쉽게 교류할 수 있는 요지였다. 중원은 관중의 동쪽, 황허강 중류의 남쪽 지역으로, 농업 생산성이 매우 뛰어나 고대 중국에서 가장 비옥한 땅이었다. 다만 사방으로 탁 트여 있어 그만큼 침입도 잦았다. 이런 지리적 특징 때문에 관중과 중원은 중국 역사에서 종종 짝을 이뤄 등장한다.

진나라는 관중을 기반으로 삼아 전국시대의 경쟁자인 초楚나라, 한韓나라, 제濟나라, 조趙나라, 위魏나라, 연燕나라의 육국六國*을 제압하고 중국을 통일하는 데 성공했다. 하지만 엄격함을 넘어 가혹하기까지 했던 일방적이고 강압적인 법치주의, 분서갱유로 대표되는 사상 탄압, 무리한 토목공사 등 극단적인 중앙집권화의 부작용이 불거졌다. 이로써 시황제라는 카리스마 넘치는 인물이 사망하자마자 곳곳에서 농민반란이 벌어졌다. 특히 소작농 출신의 진승陳勝(?~기원전 208)과 그의 친구 오광吳廣(?~기원전 208)이 주도한 난이 거셌다. 그들은 장초張楚, 즉 장대한 초나라의 재건을 내세워 진나라에 불만을 품은 세력을 끌어모았다. 이 과정에서 진승은 "세상에 왕후장상의 씨가 따로 있느냐王侯將相寧有種乎"라는

---

* 통일 왕조라기보다는 여러 부족, 또는 제후국의 연합체에 가까웠던 주(周)나라는 기원전 771년부터 이민족의 침입에 제대로 대처하지 못하며 제후국들 위에 군림할 권위를 잃어버렸다. 결국 기원전 221년 진나라가 중국을 통일할 때까지 여러 제후국이 이합집산하는 혼란기가 이어졌다. 주나라의 권위가 형식적으로나마 남아 있어 제후국들이 주나라를 보호한다는 명분을 내세웠던 기원전 5세기 중후반까지의 시기를 춘추시대 그리고 주나라의 형식적인 권위마저 실추되어 제후국들이 각각 왕조를 자처한 이후의 시기를 전국시대라 부른다. 전국시대에는 진나라와 육국, 즉 전국칠웅(戰國七雄)이 중국의 패권을 놓고 경쟁했다.

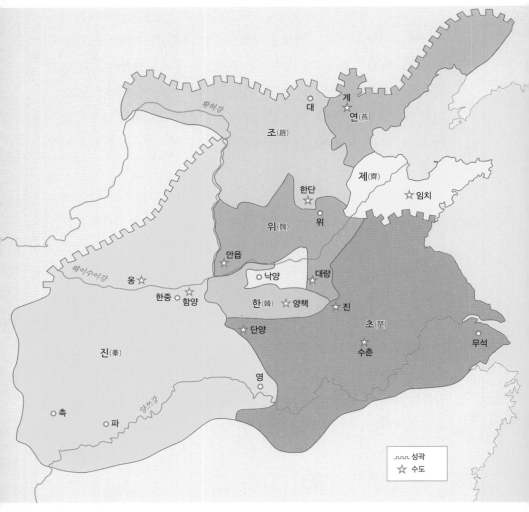

황허강

대

계

연(燕)

조(趙)

제(齊)

한단
☆

위

☆ 임치

위(魏)

안읍
☆

낙양
○

대량

웨이수이강

옹 ☆

한중 ○ 함양
☆

한(韓)

양책
☆

진
☆

초(楚)

진(秦)

단양
○

무석
○

수춘
☆

영
○

양쯔강

촉
○

파
○

∿∿∿ 성곽
☆ 수도

전국칠웅의 영토

전국시대 중엽인 기원전 260년 진나라와 육국의 영토다. 관중에 기반을 둔 진나라는 한나라(기원전 230), 조나라(기원전 228), 위나라(기원전 225), 초나라(기원전 223), 연나라(기원전 222), 제나라(기원전 221) 순으로 경쟁국들을 멸망시키며 천하를 통일했다.

유명한 말을 남겼다. 진나라는 가까스로 난을 진압했지만, 그 과정에서 수많은 장수가 육국의 후예를 자처하거나 새 왕을 옹립하는 식으로 독립해버렸다. 진나라 말기의 분열과 혼란 속에서 자체적으로 일어난 군벌들도 적지 않았다. 거야鉅野(오늘날 산둥성 허쩌菏澤시 쥐예巨野현)에서 도적들을 모아 봉기한 팽월彭越(?~기원전 196)이 대표적인 사례다. 이렇게 중국은 또다시 분열하고 말았다.

항우와 유방은 이러한 시대적 배경 속에서 거대 군벌로 성장할 수 있었다. 항우는 전국시대 말기 진나라군을 물리친 적이 있었던 초나라의 명장 항연項燕(?~기원전 223)의 손자였다. 양쯔강 유역을 차지한 초나라는 춘추전국시대를 통틀어 가장 강력한 세력이었다. 그런데 고대 중국에서 양쯔강 유역은 황허강 유역과 완전히 다른 문화권으로 여겨졌다. 양쯔강 유역에 문명을 세운 사람들은 상商나라와 주나라의 주류 집단이었던 화하華夏족(한족의 원류)과는 언어도 정체성도 달랐고, 따라서 화하족은 그들을 월越이라는 이름의 이민족으로 대했다. 이 때문에 초나라는 국력이 강했어도 이민족이나 오랑캐 무리로 취급받았다. 한마디로 초나라인들은 지역감정의 피해자였다. 그렇다 보니 항연의 손자인 항우는 초나라인들에게 크게 지지받았고, 더 나아가 (화하족이 세운) 진나라를 향해 울분을 품은 초나라 병사들에게 절대적인 충성을 약속받으며 패왕으로 거듭날 수 있었다.

게다가 초나라에는 미개척지가 많았다. 호수와 늪지대, 삼림으로 가득한 이곳에서 이민족과 무법자, 반체제 세력들이 무장 집단을 이루며 난립했다. 이처럼 근거지가 황허강과 중원에서 멀리 떨어진 오지인 데다가 미개척지인 덕분에, 진나라가 천하를 통일한 후에도 무장 집단들은 명맥을 이어갈 수 있었다. 이들은 항우가 강력한 군벌로 성장하는 데 원동력을 제공했다. 즉 항우의 탁월한 군사적 업적과 전설적인 무용은 그 개인의 자질뿐 아니라 초나라 일대의 지정학적 상황에 영향받은 것이었다.

── 시대의 풍운아, 항우와 유방

항우가 두각을 드러낸 것은 숙부 항량項梁(?~기원전 208)이 진승·오광의 난에 편승하면서부터다. 항량은 자신이 항연의 아들임을 내세워 사람들을 끌어모으고 반진 감정을 북돋웠다. 곧이어 초나라 왕가의 후손인 웅심熊心(?~기원전 205)을 회왕懷王으로 옹립하며 초나라 재건을 선포하고, 이를 명분 삼아 강력한 군대를 자기 휘하에 두었다. 이 과정을 함께한 이가 바로 조카 항우였다.

그런데 진나라 장군 장한章邯(?~기원전 205)이 항량을 잡아 죽이고, 요지인 거록巨鹿(허베이성 싱타이邢臺시 쥐루현)에서 조나라를 포위하자, 회왕은 위기를 타개하기 위해 송의宋義(?~기원전 207)라는 자를 상장군으로 임명해 조나라를 돕게 했다. 아울러 함양에 가장 먼저 입성하는 자를 관중왕(관중의 왕)으로 임명하겠노라 약조했다. 이것이 항우의 야망을 자극했다. 기원전 207년 그는 자신이 보좌하던 송의를 암살하고 초나라의 병권兵權을 장악함으로써, 초나라의 일개 장수에서 실권자로 급부상했다. 물론 이는 일종의 쿠데타로, 훗날 그의 정통성을 흔드는 요인이 된다.

같은 해 12월 벌어진 거록대전에서 항우는 장한을 꺾는 이변을 연출했다. 진나라가 비록 쇠퇴했다고는 하나, 장한은 뛰어난 군사적 재능을 발휘해 장초를 멸망시킨 다음, 위나라를 멸망시키고 제나라, 조나라 등을 위협하고 있었다. 즉 육국은 부활한 게 무색할 정도로 수세에 몰려 있었다. 그런데 거록대전으로 전황이 뒤집혔다. 거록대전의 패배와 환관 조고趙高(?~기원전 207)의 모함으로 정치적 위기에 몰린 장한은 결국 항우에게 항복했다. 그러면서 초나라는 육국의 주도권을 확실히 쥘 수 있었고, 그 꼭대기에는 초나라의 병권을 장악한 항우가 있었다.

앞서 설명했듯이 양쯔강 유역에 자리 잡은 초나라는 물산이 풍부하고 교통이 편리한 요지였으나, 미개척지가 많아 늘 반란 세력의 거점이 되었고, 무엇보다 국력과 별개로 언제나 비주류 취급을 당해왔다. 이러한 지정학적 환경을 배경 삼은 항우는 진나라 말기라는 혼란한 시대를 만나 거칠게 투쟁하는 삶을 살 수밖에 없었다. 그렇게 다져온 힘이 발휘되어 결국 항우는 초나라의 실질적인 일인자로 등극할 수 있었다.

한편 유방은 초나라 지역이었던 패현沛縣 풍읍豐邑(오늘날 장쑤성 쉬저우新沂시 페이현) 출신의 건달이었다. 하지만 배포가 크고 인망이 두터웠던 덕분에, 고향에서 정장亭長이라는 말단 관직을 얻는 데 성공했다. 유방을 도와 한나라 건국에 지대한 공을 세웠던 소하蕭何(기원전 257?~기원전 193), 조참曹參(?~기원전 190), 하후영夏侯嬰(?~기원전 172), 번쾌 등이 바로 이때 형성한 인맥이었다. 즉 유방은 주류 세계의 시선에서는 건달에 불과했지만, 진나라의 공권력이 미치지 않는 비주류 세계에서는 나름대로 영향력 있는 인물이었다.

관리가 된 유방은 진나라의 토목공사에 동원될 죄수들을 인솔하던 중 몇 명이 탈주하자 처벌을 피해 도주한 끝에 산적이 되었다. 이후 기원전 209년 진승·오광의 난으로 각지에서 반란이 일어나는 와중에, 유방

또한 소하, 조참 등에게 패공沛公으로 추대받아 풍읍에서 거병했다. 거병 초기 유방은 동향 사람 옹치雍齒(?~기원전 192)의 배신으로 풍읍을 잃는 등 위기를 맞으나, 항량 휘하에 들어가 풍읍을 되찾는 데 성공했다. 자연스레 항우와 더불어 항량의 수족이 된 유방은 어느 전선에서나 선봉장을 맡아 전공을 쌓았다. 그뿐 아니라 한나라 명문 귀족 가문 출신의 장량, '미치광이 서생'으로 불린 역이기酈食其(기원전 268~기원전 203) 등 이름난 지략가들을 포섭하며 명성을 드높이고 세력 기반을 닦았다.

—— 고대 중국의 지정학적 중심지, 관중

회왕은 거록대전이 일어나기 전에 이미 함양에 가장 먼저 입성하는 자를 관중왕으로 삼겠다고 약속했다. 앞서 관중을 고대 중국의 중심지라고 설명했는데, 정확한 위치는 오늘날의 산시성 중부와 허난성 서부에 걸쳐 있는 분지 일대다. 북동쪽에서 동쪽으로 이어지는 타이항太行산맥, 남쪽의 친링산맥 등에 둘러싸여 있고, 황허강의 큰 지류인 웨이수이渭水강이 흐르는 황투黃土고원이 펼쳐져 있다. 이러한 지리적 이점 때문에 방어에 유리할 뿐 아니라, 토양이 비옥하고 용수 확보도 쉬워 예로부터 농업 생산성과 인구 부양력이 우수했다. 게다가 동쪽의 함곡관函穀關, 서쪽의 대산관大散關, 남쪽의 무관武關, 북쪽의 소관蕭關을 거쳐 동부의 평야 지대, 즉 중원과 쓰촨분지 및 서부의 여러 나라, 즉 서역西域과 통하는 교통의 요지기도 했다. 실제로 '관중'이라는 지명 자체가 네 관문의 가운데 있다는 데서 유래했다.

한마디로 관중은 고대 중국의 중심지였다. 관중의 중심지인 장안長安(오늘날 산시성 시안西安시)은 주나라의 도읍이었고, 진나라의 도읍 함양

관중

관중에 펼쳐진 평야와 저 멀리 친링산맥에 포함된 룽(龍)산이 보인다. 관중은 물이 많고 땅이
기름진 동시에 여러 산맥으로 보호된 곳이었다. 하여 고대 중국에서는 '황제의 땅'이라고 불렸
다. 한마디로 관중왕은 곧 황제와 다름없는 칭호였다.

은 웨이수이강을 경계로 장안 서쪽에 인접했다. 진나라는 전국시대에
함양으로 천도하며 서역의 이민족이라는 평가를 불식하고, 강대국으로
부상하는 발판을 마련할 수 있었다. 이후 한나라, 수나라, 당나라 등 천
하통일에 성공한 나라들도 관중을 도읍으로 삼았다. 요컨대 관중은 기
원전 11세기 중엽 주나라가 건국될 때부터 979년 중국을 재통일한 송나
라가 황허강 이남의 개봉開封(오늘날 허난성 카이펑시)에 도읍을 둘 때까
지 무려 2000년 가까이 중국 문명의 요람이었다.

따라서 관중을 차지한다는 것은 중국 전역을 지배할 기틀을 다진다
는 의미였다. 다만 거록대전 전만 하더라도 초나라뿐 아니라 육국 전체
가 진나라를 상대로 수세에 몰려 있었기 때문에, 회왕의 약조는 요원한

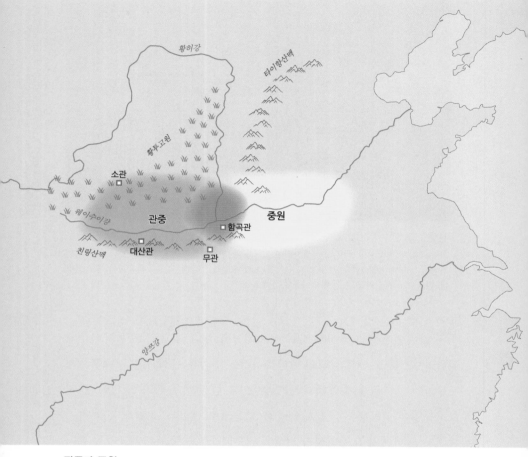

관중과 중원

관중은 황허강의 가장 큰 지류인 웨이수이강 일대, 중원은 황허강이 북쪽으로 꺾어지기 직전인 동부 일대 지역이다. 중국 역사에서 매우 중요한 곳들로, 모두 농업 생산성이 뛰어나고 교통의 요지였기 때문에 수많은 나라가 차지하고자 애썼다. 특히 관중은 산맥들로 둘러싸여 있어 방어에 유리했다. 주요 관문 네 곳을 표시했다.

일로 여겨졌다.

그런데 항우가 사실상의 쿠데타로 초나라의 병권을 장악하고 거록대전으로 육국 전체의 주도권까지 손에 넣자 상황이 달라졌다. 그가 관중왕이 되는 건 시간문제로 보였다. 하지만 정작 관중을 먼저 평정한 인물은 항우가 아닌 유방이었다. 항우가 장한을 격파하고 그의 항복을 받아내는 동안 황허강 남쪽에서 세력을 확장한 유방이 먼저 관중에 입성한 것이었다. 유방의 관중 평정은 이후 초한전쟁 과정에서 아무도 예상하지 못했던 지정학적 격변을 일으키며 항우의 발목을 잡는 결과를 낳게 된다.

—— 관중왕의 명분을 얻고 몸을 낮춘 유방

항우가 거록대전을 치르는 동안 유방은 초나라 서부를 방어하고, 여건이 갖추어지면 서진하는 일종의 후방군 역할을 맡았다. 그런데 거록대전으로 진나라와 육국의 군사력이 황허강 이북으로 집중되자, 유방은 별다른 견제를 받지 않고 서진할 수 있었다. 그러면서 너무나 쉽게 관중에 입성했다.

기원전 207년 8월 무관을 돌파한 유방은 함양으로 진격했다. 유방은 장량과 역이기의 조언에 따라 진나라 장수들을 매수, 포섭하는 한편, 휘하 병력의 기강을 엄히 세움으로써, 저항을 최소화하며 빠른 속도로 관중에 다가갈 수 있었다. 유방의 관중 입성이 초읽기에 들어가자, 항우도 관중왕의 지위를 노리고 병력을 급히 서쪽으로 돌렸다.

이 무렵 진나라 조정은 극심한 분란에 빠져 있었다. 기원전 210년 시황제가 순행 도중 병사하자, 그의 오른팔이었던 승상 이사李斯(기원전

284~기원전 208)와 조고, 막내아들 호해胡亥(기원전 229~기원전 207)는 비밀리에 유서를 조작하는 한편, 황태자인 부소扶蘇(?~기원전 210)를 제거했다. 이로써 황제가 된 호해는 국정을 이사와 조고에게 맡겨둔 채 향락에 빠져 방탕한 생활을 이어갔다. 권력을 독차지하고자 이사에게 누명을 씌워 참형을 받게 한 조고는 연달아 호해마저 암살하고, 진나라 황족인 자영子嬰(기원전 242~기원전 206)을 황제로 삼았다. 직후 황제 대신 진왕秦王으로 자기 자신을 격하한 자영은 사실 조고에 대한 복수심을 품은 자였다. 하여 즉위식 직전 조고를 암살하니, 안타깝게도 그때는 이미 유방이 함양까지 닿은 상황이었다. 결국 자영은 함양 앞에 진을 치고 있는 유방에게 스스로 나아가 항복했다. 최초로 천하를 통일한 진나라가 허무하게 몰락하는 순간이자, 관중에 누구보다 먼저 입성한 것은 물론이고, 진왕의 항복까지 받아낸 유방이 관중왕에 등극하는 순간이었다.

유방은 자영을 진왕으로서 정중히 대하며 신변을 보호했다. 장량과 번쾌의 조언을 받아들여 약탈과 방화, 강간 등의 행위를 엄금했고, 그 자신도 아방궁의 금은보화를 봉인한 채 궁 밖에 진영을 두는 등 검소하고 모범적으로 행동했다. 고대에는 전쟁의 승자가 패자를 상대로 살인, 인신매매, 약탈, 방화, 강간 등의 범죄행위를 저지르는 일이 드물지 않았다. 당연히 진나라는 옛 육국이 보복하려 들지 모른다는 두려움으로 가득했다. 그런데 유방은 보복은커녕 함양의 유지들이 가져온 선물조차 정중히 사양했다.

아울러 유방은 약법삼장約法三章이라는 새로운 법령을 공표했다. 살인자를 사형에 처하고, 남에게 상해를 입힌 자와 도둑질한 자를 죄의 경중에 맞게 처벌한다는 세 조항만 남기고, 진나라의 모든 법령을 폐지한다

유방

'한고조'라고 쓰여 있다. 유방은 지정학적 안목에 힘입어 천하통일에 성공하고 한나라를 세웠다. 이로써 관중과 중원, 한족과 한자를 중심으로 하는 중국의 영역성과 정체성의 기초를 닦았다. 상관주(上官周, 1665~1752), 〈한고조유방(漢高祖劉邦)〉, 《만소당화전(晚笑堂畵傳)》, 1743.

는 내용이었다. 법치주의가 당연시되는 현대 사회와 달리 고대 중국인들은 복잡한 법체계에 대한 이해도가 크게 낮았다. 이 때문에 진나라의 강압적인 법치주의는 백성의 반감을 샀고, 따라서 약법삼장은 유방에게 덕망 있는 지도자라는 명성을 가져다주었다.

한편 오랫동안 유방을 도와온 소하가 함양 입성 후 진나라의 각종 공문서와 기밀문서를 입수했다. 소하는 이렇게 얻은 자료와 정보를 바탕으로 내정을 효과적으로 관리해 유방이 초한전쟁에서 승리를 거두는 데 크게 이바지했다. 그 덕분에 유방의 천하통일 이후 일등 공신에 봉해졌다. 이러한 이유들로 유방은 민심을 확보했다. 요컨대 함양 점령군의 수장을 넘어, 백성의 지지를 받는 덕망 있는 관중왕으로 자리매김하는 데 성공한 것이었다.

하지만 유방은 바로 관중왕에 오르지 못했다. 실질적인 군사적 패권을 항우가 쥐고 있었기 때문이다. 항우는 기원전 206년 12월 함양 인근의 홍문鴻門에서 유방과 우호를 다진다는 명목으로 연회를 열었다. 하지만 실상은 유방을 암살하기 위한 자리였다. 실제로 범증이 항우의 사촌동생 항장項莊에게 칼춤을 추는 척하며 유방을 암살하도록 지시했다. 하지만 과거 장량에게 목숨을 빚진 항우의 백부 항백項伯(?~기원전 192)이 은혜를 갚는다며 이를 막아섰다. 게다가 장량의 신호를 받은 번쾌가 무장을 갖추고 연회장에 난입해, 유방은 그저 항우를 위해 관중을 평정했을 뿐인데 왜 핍박하냐며 거세게 항의했다. 항우는 번쾌의 호방한 기개가 마음에 들었는지 술과 고기를 내리고 자리를 파했다. 이처럼 유방은 장량과 항백, 번쾌 덕분에 간신히 암살을 모면했다. 다만 기원전 206년 1월* 항우가 제후왕을 봉할 때 유방은 관중왕이 아닌, 오지였던 파촉 및 파촉과 관중을 잇는 한중漢中을 다스리는 한왕漢王에 임명되었다. 일종의 좌천이었던 셈이다.

하지만 관중왕이 될 명분과 자격은 여전히 유방에게 있었다. 특히 유방이 함양에 입성하며 보여준 행보와 그런 유방을 탄압한 항우의 태도가 대비되면서, 민심은 더더욱 유방에게 쏠렸다. 이러한 점에서 관중은 유방을 난세의 영웅을 넘어 한나라 고조로 만들어준 땅이었다고 보아도

---

* 이 꼭지에 언급된 연월은 당시의 역법을 따랐다. 시황제가 진나라의 역법으로 채택한 전욱력(顓頊曆)은 정월을 1월이 아닌 10월로 삼았다. 즉 매해가 10월에 시작해 9월에 끝났다. 전욱력은 기원전 104년 한나라 무제(武帝, 기원전 157~기원전 87)가 정월을 1월로 삼는 새 역법인 태초력(太初曆)을 도입할 때까지 쓰였다. 따라서 항우가 제후왕을 봉한 206년 1월은 항우가 연회를 연 기원전 206년 12월 이후다.

틀린 말은 아닐 것이다.

—— 스스로 변방을 택한 갓 쓴 원숭이, 항우

항우는 진나라와 육국 간의 역학 관계를 거록대전으로 한 방에 뒤집을 만큼 군사적 재능이 탁월했지만, 덕망 있는 지도자의 면모를 갖추지 못했다. 항우는 항복한 진나라의 장군들인 장한章邯(?~기원전 205), 사마흔司馬欣(?~기원전 203), 동예董翳(?~기원전 203)를 포용했지만, 그들 휘하의 20만 병사는 신안新安(오늘날 허난성 뤄양洛陽시 신안현)에서 모두 죽여버렸다. 항우가 함양에 입성하고 한 달가량 지난 기원전 206년 11월의 일이었다.

그다음 달에 항우는 자영을 죽였다. 그리고 유방과 달리 약탈과 파괴를 일삼았다. 아방궁을 불태우고 각종 금은보화를 약탈하는 것은 물론이고, 진나라의 궁녀와 후궁을 납치하기까지 했다. 민가도 이러한 혼란을 피하지 못했다. 항우는 함양을 초토화했고, 아방궁은 무려 3개월이나 불타며 잿더미가 되었다.

유방이라는 덕망 있는 지도자에게 감화했던 백성은 항우의 행보를 도저히 용납할 수 없었다. 초나라 지역에서 나고 자란 항우는 거록대전을 승리로 이끈 용전분투로 일개 장수에서 제위를 넘보는 자리까지 올라갔다. 하지만 관중에서 보여준, 당대의 기준으로도 용인하기 어려운 만행은 항우에게 폭군이라는 낙인을 찍었다. 항우는 이후로도 정치적 정통성은 물론이고, 지정학적 우위마저 스스로 저버리는 행보를 이어가며 자신의 무덤을 파 내려갔다.

기원전 206년 1월 항우는 회왕을 초나라 황제인 의제義帝로 옹립했

항우

'서초패왕'이라고 쓰여 있다. 항우는 뛰어난 군사적 능력에 비해 지정학적 안목이 부족했다. 그는 진나라 멸망 후의 혼란을 수습하고 대권을 잡는 데 성공했으나, 자신의 근거지이자 초나라 지역인 변방 서초에 머무르기를 고집했다. 애초에 항우가 초나라의 부활을 내세운 만큼 명분은 좋았지만, 천하를 운영하기에는 불리한 곳이었다. 실제로 이는 항우가 몰락하는 단초가 되었다. 상관주, 〈서초패왕항우(西楚霸王項羽)〉,《만소당화전》, 1743.

다. 그러고는 진나라처럼 권력의 단일함을 강조하는 중앙집권 대신, 여러 제후국이 나눠 다스리는 지방분권의 꼴로 통치 체제를 재편했다. 이때 항우는 스스로 서초西楚라는 제후국의 왕이자 다른 제후국들의 지배자인 서초패왕이 되었고, 옛 육국의 왕족과 실력자, 자신의 조력자들을 그 외 18개 제후국의 왕으로 봉했다. 그런데 이러한 분봉分封 체제는 지정학적으로 적지 않은 문제를 내포하고 있었다.

우선 서초의 위치를 살펴보자. 서초는 초나라 지역, 특히 양쯔강 유역에 들어섰다. 그곳이 항우의 근거지였기 때문이다. 그는 함양을 파괴한 후 '금의환향'과 '금의야행錦衣夜行'을 외치며 팽성彭城(오늘날 장쑤성 쉬저우시)을 도읍으로 삼았다. 당시에도 관중을 버리고 변방 중의 변방인 팽성을 기반으로 삼겠다는 계획에 반대하는 이들이 있었다. 이들을 향해

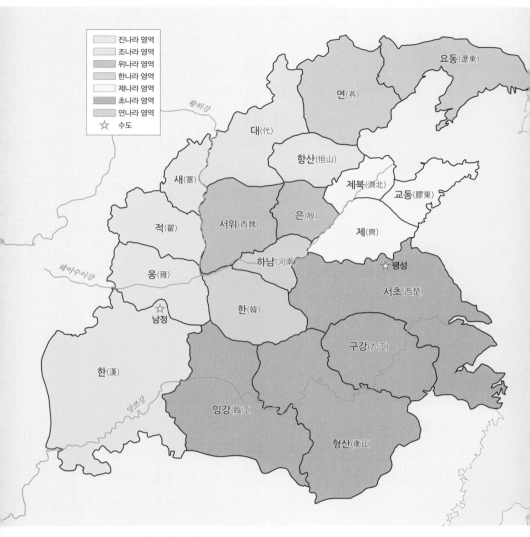

범례:
- 진나라 영역
- 조나라 영역
- 위나라 영역
- 한나라 영역
- 제나라 영역
- 초나라 영역
- 연나라 영역
- ☆ 수도

황허강

요동(遼東)

연(燕)

대(代)

항산(恒山)

제북(濟北)

교동(膠東)

새(塞)

서위(西魏)

은(殷)

제(齊)

적(翟)

웨이수이강

옹(雍)

하남(河南)

☆ 팽성

서초(西楚)

한(韓)

남정 ☆

구강(九江)

한(漢)

임강(臨江)

양쯔강

형산(衡山)

서초와 18제후국의 영역

진나라를 완전히 무너뜨린 항우는 기원전 206년 천하를 19개 나라로 나누었다. 그러면서 자신은 초나라 지역이었던 서초에 자리를 잡고, 나머지 나라는 18명의 제후에게 분봉했다. 서초는 천하의 중심과는 거리가 먼 곳이었으니, 이러한 세력 재편은 항우의 부족한 지정학적 안목을 보여준다. 한편 유방은 오지 중의 오지인 한의 왕으로 봉해졌다.

항우는 비단옷을 입고 밤길을 다니는 것처럼, 자랑할 만한 일을 티 내지 않으면 무슨 의미가 있냐고 호통쳤다. 이처럼 천하를 통일하고 고향과 같은 팽성으로 돌아가는 일 자체가 항우에게는 큰 자랑거리였다.

물론 초나라와 팽성의 위치는 천하를 통치할 중심지로는 적절하지 못했다. 앞서 설명했듯이 초나라 지역은 이민족의 땅으로 여겨졌고, 특히 팽성은 관중에서 남동쪽으로 700킬로미터 이상 떨어져 있었다. 한마디로 변방이었다. 즉 충분히 고대 중국의 중심지인 관중을 차지할 수 있었는데도 서초의 왕이 되어 팽성을 도읍으로 삼은 항우의 결정은, 그에게 천하통일을 이룰 만한 지정학적 안목이 부족했음을 보여준다. 이는 당대에도 현명하지 못한 조치로 여겨졌던 듯하다. 한생韓生이라는 인물이 이러한 행태에 대해 "초나라 사람은 마치 관을 쓴 원숭이 같다楚人沐猴而冠"라며 조롱했다가 항우의 분노를 사 목숨을 잃기도 했다.

다만 항우는 자신의 강력한 군사력을 믿었던 듯싶다. 그는 서초보다 규모가 작은 18개의 제후국을 충분히 통치할 수 있다고 생각했다. 또한 서초는 관중이나 중원과 달리 이민족의 침략에서 비교적 안전한 편이었으니, 이 또한 이점이라고 보았다. 그런 점에서 항우에게 분봉 체제는 나름대로 설득력이 있었다. 하지만 항우의 군사력이 아무리 강력하더라도, 서초와 팽성의 위치는 제후국들을 효율적으로 통치하기 어려울 정도로 변방이었다. 더불어 항우가 패권을 쥘 수 있었던 까닭은 거록대전 등에서 보여준 강력한 군사력 때문이었지, 그가 지도자로서의 정통성을 가졌기 때문은 아니었다. 항우는 애초에 왕족이 아닌 평민 출신으로, 군공을 쌓아 장수가 된 자였다. 게다가 신안대학살, 함양 파괴 등으로 악명이 자자했다. 무엇보다 분봉 체제 수립 직후 의제를 암살해 자신의 정통성을 스스로 무너뜨렸다. 이러한 상황에서 제후국들을 효과적으로 지배하려면 결국 군사력으로 압도하는 수밖에 없었다.

그런데 항우는 변방인 서초와 팽성을 근거지로 삼음으로써 군사력을 효과적으로 투사하지 못하게 되었다. 그나마 자신에게 호의적인 제후국들의 군사력마저 분산되었다. 한편 제후국의 왕들 또한 항우의 입김으로 옹립되었으므로, 정통성이 부족해 영지를 완전히 장악하지 못했다. 이는 각지의 반란과 내분으로 비화했다. 그리고 앞서 설명한 이유들로 항우가 이러한 혼란을 잠재우지 못하면서, 제후국들은 점차 그에게 등을 돌리게 되었다. 한마디로 악순환이 반복되었다. 분봉에서 배제되자 유방에게 의탁해 이후 초한대전에서 서초의 후방을 교란했던 팽월, 구강왕이었으나 항우와 마찰을 빚어 역시 유방과 손잡은 영포英布(?~기원전195) 등의 행적이 대표적이다.

—— 길을 파악하고 인재를 모으다

관중왕의 지위에 욕심부리지 않은 데다가, 부하들의 목숨 건 기지로 암살을 간신히 모면한 유방은 파촉과 한중을 다스리는 한왕에 봉해졌다. 파촉 또한 워낙 변방이라 사실상 유배에 가까운 조치였다. 실제로 중국 역사 내내 유배지로 종종 쓰였는데, 험준한 산맥으로 둘러싸인 분지여서 교통이 매우 불편했기 때문이다. 그러면서도 관중을 넓게 잡으면 파촉과 한중이 포함되기에, 항우로서는 유방에게 관중을 주었다는 명분을 챙길 수 있었다. 이렇게 해서 항우는 유방을 '합법적'으로 제거했다.

유방은 자신의 도읍을 한중 근처의 남정南鄭(오늘날 산시성 한중시 난정현)으로 정했다. 갑자기 오지에서 생활하게 된 병사들은 탈영하기 일

포사도

외진 산악 지대에 놓인 길을 잔도라고 한다. 파촉과 관중을 잇는 잔도 중 그나마 가장 컸던 길이 포사도다. 하지만 물살이 센 강가를 지나는 데다가 좁기는 마찬가지였으므로, 포사도 또한 대규모 인원이 오가기 어려운 길이었다. 유방은 포사도를 끊으며 자신의 야망을 숨겼다.

쑤였다. 이처럼 상황은 어려웠지만, 유방은 파촉과 관중을 이어주는 한중을 얻었다는 데서 역전의 가능성을 보았다. 실제로 한중은 유방이 관중으로 진출할 지리적 발판이 되어주었다. 특히 소하가 함양에서 챙겨놓은 공문서와 기밀문서 덕분에 유방은 한중을 거쳐 관중으로 나아갈 경로들을 한눈에 파악할 수 있었다.

파촉과 한중은 워낙 오지였기에 항우의 감시와 견제에서 벗어날 수 있다는 장점도 제공했다. 유방은 장량의 조언에 따라 외부와 이어지는 잔도棧道 가운데 가장 컸던 포사도褒斜道를 파괴했다. 이로써 병사들의 탈영을 막는 한편, 항우에게 자신은 파촉과 한중을 벗어날 의도가 없다고 믿게 했다.

또한 유방은 한중에서 한신이라는 최고의 군사령관을 얻었다. 항우 밑에서 최말단 무관직에 머물러 있던 한신은 유방이 남정에 입성할 무렵 탈주해 그의 밑으로 들어갔다. 이후 소하의 눈에 들어 대장군이 되었다. 한신은 유방에게 항우는 천하를 통일할 인물이 못 된다고 고하며, 특히 관중을 버린 지정학적 실패, 의제를 죽이고 약탈과 파괴를 일삼는 정치적 실패를 꼬집었다. 그러면서 신속하게 관중으로 진출해 점령한 다음, 제후국들을 포섭한다면 항우를 격파할 수 있다는 대전략을 제시했다. 결국 유방은 유배당한 지 5개월이 지난 때 한중을 벗어나 관중으로 발을 내디뎠다. 진나라에 이어 천하를 통일할 한나라의 등장이었다.

—— 승리를 돕고 패배를 만회케 하는 공간의 힘

항우는 옹왕 장한, 새왕 사마흔, 적왕 동예에게 관중을 지배하고 유방을 견제하도록 했다. 그들은 모두 진나라 출신으로, 실제 분봉받은 땅도 진나라 지역이어서 삼진왕三秦王으로 불렸다. 그런데 신안대학살을 잊지 않은 백성은 그들이 부하 20만 명의 목숨을 팔아 왕이 되었다며 배신자 취급했다. 이처럼 민심이 흉흉한 가운데, 애초에 관중과 멀리 떨어진 서초의 항우는 북쪽 제나라 지역에 들어선 제후국들의 반란을 진압하느라 관중에 신경 쓸 여력이 없었다.

기원전 206년 8월 유방은 고도故道 등 불태우지 않고 남겨둔 잔도를 따라 관중으로 진출해 장한을 격파하고 사마흔, 동예의 항복을 받아냈다. 유방은 투항한 병사들을 포용하고 사면령을 내리는 한편, 옛 진나라 황실의 토지와 재산을 백성에게 분배하고 농지와 행정구역을 재편함으로써 관중에 대한 지배력을 강화했다. 기원전 205년 2월에는 한나라의

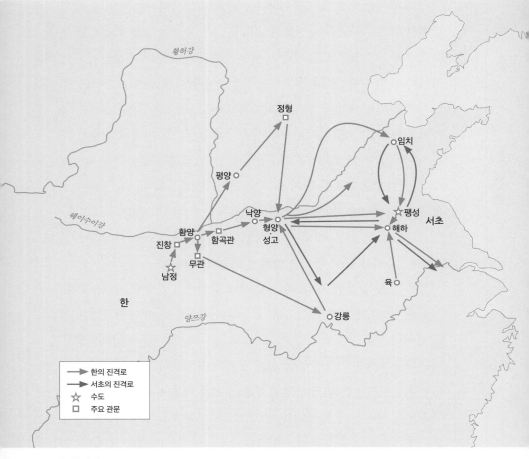

황허강

정형

임치

평양

웨이수이강

낙양

함양

함곡관   성고   형양

진창

무관

남정

한

양쯔강

팽성 ☆

해하   서초

육

강릉

→ 한의 진격로
→ 서초의 진격로
☆ 수도
□ 주요 관문

초한전쟁

기원전 206년부터 기원전 202년까지 계속된 초한전쟁에서 한과 서초의 주요 진격로다. 유방은 관중을 거쳐 중원으로 진출하는 동시에, 한신을 시켜 북벌을 단행했다. 워낙 군사적 능력이 뛰어났던 항우는 한때 유방을 절체절명의 위기에 몰아넣기도 하지만, 이미 관중과 중원을 차지한 상대를 꺾기에는 역부족이었다. 즉 초한전쟁의 승패는 항우가 서초에 틀어박힐 때 이미 정해졌던 셈이다.

사직단社稷壇을 세웠다. 원래 관중왕으로서의 명분을 가지고 있던 유방은, 이제 사직까지 세움으로써 관중을 한나라의 중심지로 삼았다.

유방은 계속해서 동쪽으로 진출해 여러 제후국을 정복하거나, 호응을 얻어냈다. 이때 항우의 의제 암살은 제후국들이 유방의 편에 서는 데 중요한 명분이 되었다. 기원전 205년 봄 무려 56만 명 규모의 연합군을 결성한 유방은 서초에 대한 공세를 감행했다.

이 무렵 항우는 제나라 지역의 반란을 진압하고자 팽성을 비워둔 상태였다. 제왕 전영田榮(?~기원전 205)을 패사시킨 항우는, 다시 한번 대대적인 약탈과 파괴를 저질러 잔존 반란 세력과 백성의 강력한 저항을 받아 고전하는 중이었다. 이 틈을 타 유방은 기원전 205년 4월 팽성을 장악했다. 그런데 이번에는 유방 또한 휘하 병력을 제대로 통제하지 못해 팽성에는 각종 범죄와 주색잡기가 끊이지 않았다. 팽성 점령이 생각보다 쉬워 방심한 탓도 있었고, 무엇보다 대군인데도 급조되어 지휘 체계가 뚜렷하지 않은 탓이 컸다. 이에 항우는 3만 명 규모의 정예부대를 꾸려 점령당한 팽성을 쳤고, 유방의 대군은 괴멸당했다. 얼마나 크게 패했던지, 유방을 호위하는 병사가 단 한 명도 남아 있지 않을 정도였다. 유방이 도망치는 데 방해가 된다며 도주하는 마차 밖으로 훗날 한나라의 2대 황제 혜제惠帝가 될 큰아들 유영劉盈(기원전 210~기원전 188)과 큰딸을 던져버린 일은 유명하다.*

---

* 실제로는 던지지 않고, 마차에서 내리라고 발로 찼다는 설이 가장 유력하다. 유방이 탄 마차를 몰던 하우영(夏侯嬰, ?~기원전 172)의 간곡한 설득으로 두 자녀는 계속 마차에 남을 수 있었다. 다만 유방의 아버지와 정실부인 여치(呂雉, 기원전 241~기원전 180)는 항우에게 포로로 잡히고 말았다.

팽성대전의 참패로 한나라는 막대한 피해를 보았고, 유방과 손잡았던 제후국들도 다시 항우에게 머리를 조아렸다. 승기를 잡은 항우는 패퇴하는 유방을 추격했지만, 한나라군은 중원의 중심지인 낙양洛陽(오늘날 허난성 뤄양시)에서 동쪽으로 약 80킬로미터 떨어진 형양滎陽(오늘날 허난성 싱양시)과 성고成皋(오늘날 허난성 궁이鞏義시) 일대에서 가까스로 적군을 따돌렸다. 이는 후방 지원을 맡았던 소하가 원래 근거지였던 파촉은 물론이고 관중에서도 병력과 물자를 착실히 끌어와 지원해준 덕분이었다. 실제로 유방은 관중에서 팽성대전에서 입은 손실을 만회하고 군사력을 강화할 수 있었다. 지리적으로 진출과 방어에 모두 유리한 요지이자, 지정학적으로 정치와 경제의 중심지였던 관중의 가치를 알아본 유방의 안목이 틀리지 않았음이 증명된 순간이었다.[1] '유방이 항우에게 100번 패배하는 고초를 견딘 끝에야 천하를 거머쥐었다' 같은 세간에 널리 알려진 인식과 달리, 팽성대전 이후 한나라는 관중을 기반으로 삼아 초나라와 대등한 수준에서 전쟁을 이어갔다.

형양과 성고에서의 전투에 즈음해 유방이 팽월과 영포를 포섭한 것 또한 지정학적으로 서초에게 불리했다. 팽월의 세력 범위와 영포의 영지는 서초와 가까웠다. 서초는 한나라와 손잡은 저 둘이 후방을 위협하고 교란함에 따라, 군사적 행동이 크게 위축될 수밖에 없었다. 관중을 장악한 유방과 달리, 변방일 뿐 아니라 백성의 지지마저 약했던 서초의 항우는 팽월과 영포의 견제로 그 입지가 더욱 축소되었다.

—— 유방의 특급 작전과 항우의 최후

힘을 회복한 유방은 한신에게 북벌을 명했다. 항우와의 결전에 집중하기 위해 북쪽의 제후국들을 미리 제압하려는 의도였다. 이에 한신은 기원전 205년부터 기원전 203년까지 북쪽의 모든 제후국을 파죽지세로 정복했다. 그 과정에서 위나라 지역을 받은 위왕의 군대를 황허강 건너편에 묶어둔 채 신속한 우회기동으로 격파하고, 조나라 지역을 받은 조왕의 20만 대군을 타이항산맥의 지형을 활용해 하루아침에 격파하는 등 한신의 지리적 안목이 빛을 발했다.[2] 결국 기원전 203년 12월 한신은 서초의 머리 위, 즉 제나라 지역까지 손에 넣었다. 이로써 한나라는 서초를 전방위에서 포위하게 되었다.

사실 유방은 팽성대전 이후 서초와 팽팽히 맞서고 있었기에 한신을 제대로 지원하지 못했다. 즉 한나라의 성공적인 북벌은 전적으로 한신의 공이었다. 이처럼 존재감이 커진 한신이었기에 유방, 항우와 더불어 천하를 삼분하고자 독립을 꿈꿀 만했다. 실제로 한신의 부하였던 괴철蒯徹은 유방을 배신하고 독자적인 세력을 꾸리자며 여러 차례 건의했다. 항우도 점점 불리해지는 전황을 타개할 방법으로 한신의 독립을 부추겼다. 하지만 한신은 유방을 배신하지 않았다. 이로써 유방은 한신이 가져다준 광대한 영토와 실전 경험을 충분히 쌓은 정예부대를 독식할 수 있었다.

이로써 서초는 고립되었다. 기원전 203년 광무廣武(오늘날 허난성 정저우鄭州시)에서 유방과 대치한 항우가 팽성대전에서 인질로 잡은 유방의 아버지를 삶아 죽이겠다고 협박한 것도 모자라, 다시 한번 유방의 암살을 시도한 데서 당시 그의 상황이 매우 절박했음을 알 수 있다. 결국 항우는 같은 해 9월 울며 겨자 먹기로 홍구鴻溝(오늘날 허난성 카이펑시 인근의 운하)를 기준으로 서쪽은 한나라가, 동쪽은 서초가 차지한다는 강화조약을 맺을 수밖에 없었다. 제아무리 전쟁에서 잔뼈가 굵은 항우라지만, 지정학적으로 완전히 수세에 몰린 까닭에 불가피한 선택이었다. 이에 따라 유방과 항우는 모두 철군했고, 그 과정에서 인질로 잡혀 있던 유방의 가족들도 석방되었다.

그런데 휘하의 장량과 진평陳平(?~기원전 178)이 유방에게 강화조약을 파기하고 서초를 완전히 멸망시켜야 한다고 간청했다. 특히 장량은 서초를 멸망시킨 뒤 토지를 분배하겠다고 약속한다면, 한신과 팽월 등의 충성을 얻으리라고 조언했고, 유방은 이를 수용했다. 때마침 서초 내부에서도 전체 병력을 통솔하는 주은周殷이 항우에게 반기를 들고 팽월에게 붙는 일이 벌어졌다.

이런 악조건에서도 항우는 쉽게 기세를 꺾지 않았다. 기원전 202년 항우는 고릉固陵(오늘날 허난성 저우커우周口시 타이캉太康현)에 약 3만 명의 병력을 매복시켜, 유방의 10만 대군을 괴멸시켰다. 유방은 대군을 이용해 서초를 둘러싸려 했으나, 포위망이 치밀하지 못한 점을 간파한 항우에게 역으로 공격당한 것이었다. 하지만 대세를 거스를 순 없었다. 그 사이에 한나라군의 기병대장 관영灌嬰(?~기원전 176)이 팽성을 함락시키고 말았다. 해하垓下(오늘날 안후이성 쑤저우蘇州시)로 퇴각한 항우는 기원전 202년 12월 한나라군과 치열한 전투를 벌인 끝에 자살로 생을 마감했다. 그렇게 서초는 멸망했다. 같은 해 2월 유방은 한나라의 황제로 즉위했다. 이는 중국에 두 번째 통일 왕조가 들어선다는 것 이상의 의미를 지닌, '중국의 탄생'이라고 일컬을 만한 사건이었다. 한나라는 이후 문자(한자)부터 민족(한족)까지 중국의 정체성이 형성되는 데 결정적인 영향을 미쳤다. 그 시작에는 오지 파촉에서 한중을 거쳐 관중으로 진출한 유방의 지정학적 안목이 있었다.

—— 동아시아 문명의 영역성과 정체성

황제가 된 유방은 무리한 중앙집권화의 부작용으로 몰락한 진나라를 거울삼아 군국제郡國制라 불리는 절충안을 실시했다. 경제적·정치적 중심지였던 관중과 중원, 군사적 요지였던 북부의 국경 지대 등에는 군현을 두어 중앙정부의 직할령으로 삼고, 공신이나 토착 세력의 영향력이 강한 지역은 제후국으로 삼아 왕을 봉하는 제도였다. 주나라 때의 봉건제적 요소가 여전히 남아 있었지만, 한나라의 군국제는 엄연히 군현제를 받아들였을 뿐 아니라, 직할령의 비중도 주나라나 서초보다 월등히 많았다.

이후 유방은 팽월, 영포, 한신 등 반기를 들 위험이 있는 자들을 숙청한 뒤, 그들의 영지를 황족에게 나눔으로써 통일 왕조로서 한나라의 기반을 다졌다. 한나라는 이후 7대 황제인 무제 재위기에 군현제를 확립했다. 이로써 부족이나 제후국의 느슨한 연합체에서 벗어나, 전체 중국을 온전히 통일할 수 있었다. 제도의 측면에서도 완전히 새로운 중국을 탄생시켰던 셈이다.

이처럼 한나라의 건국으로 중국은 완전히 통일되었다. 대부분의 중국인은 한족이고, 중국의 문자는 한자인 이유다. 한나라에서 완성된, 황제를 정점으로 하는 군현제와 관료제 체제는, 뒤이어 통일 왕조의 바통을 이어받을 수나라, 당나라, 송나라, 명나라, 청나라의 토대가 되었고, 오늘날 '중화인민공화국'의 국가 시스템에도 영향을 미쳤다. 한나라의 도읍이 있었던 관중(장안)과 중원(낙양)은 송나라가 멸망할 때까지

1000년 이상 중국의 중심지로 번영했다.* 그뿐이 아니었다. 한나라 이후 유교와 도교, 한자, 천자 통치 등을 중심으로 하는 중국 문화가 사방으로 퍼져나가면서 동아시아라는 거대한 문화권의 기틀이 만들어졌다. 결론적으로 유방과 항우의 지정학적 안목의 차이가 초한전쟁의 승패를 넘어, 중국과 동아시아의 형성으로 이어졌다고 하겠다.

---

*   유방이 세운 한나라를 전한(前漢)이라고 한다. 유방은 관중에 속한 장안을 도읍으로 삼았다. 전한은 8년 대신 왕망(王莽, 기원전 45~23)의 쿠데타로 멸망했으나, 23년 방계 황족인 유수(劉秀, 기원전 5~57)가 왕조를 되살리니, 이를 후한(後漢)이라고 한다. 유수는 후한의 초대 황제(한나라의 16대 황제)인 광무제(光武帝)가 되어, 중원에 속한 낙양을 도읍으로 삼았다.

3장

유럽 문명의 바탕이 된 로마의 굴기
포에니전쟁과 갈리아전쟁

한나라의 등장으로 동양 세계가 통합된 모습으로 역사에 모습을 드러내는 와중에, 지중해에서도 큰 변화의 물결이 일었다. 앞서 1장에서 그리스 세계가 페르시아전쟁을 계기로 오리엔트 세계와 구별되는 영역성과 정체성을 형성, 결국 서구 문명의 요람으로 자리매김하는 과정을 살펴보았다. 로마는 그 바통을 이어받아 지중해 넘어 전체 유럽을 장악함으로써, 서양 세계를 더욱더 구체화했다. 지금도 대부분의 서양인이 고대 그리스·로마 문명을 서구 문명의 기원으로 생각하는 이유다.

그렇다면 로마는 어떻게 유럽을 단일한 문화권으로 아우를 수 있었을까. 기원전 유럽에는 로마인 외에도 켈트족, 게르만족 등 다양한 민족 집단이 존재했다. 게다가 북아프리카의 해양 대국 카르타고는 로마가 등장하기 전부터 지중해의 제해권을 장악한 상태였다. 로마가 이처럼 쟁쟁한 경쟁자들을 물리치고 지중해와 유럽을 장악, 서구 문명의 영역성과 정체성을 정의한 데는 두 전쟁이 계기가 되었으니, 각각 기원전 264년과 기원전 58년 시작된 바다의 포에니Poeni전쟁, 땅의 갈리아Gallia 전쟁이었다.

—— 켈트족과 카르타고가 양분한 땅과 바다

5만 년 전 현생인류가 유럽에 진출한 이후, 수만 년에 걸친 이주와 교류 끝에 유럽인이 만들어졌다. 그 구성을 살펴보면 그리스인, 켈트족, 게르만족, 라틴족 등으로, 이들은 언어와 풍습이 서로 달랐다.

로마가 세계제국으로 성장하는 기원 전후 무렵까지, 오늘날 우리가 '유럽'이라고 생각하는 지중해와 그 북쪽 대륙은 크게 두 세력이 양분하고 있었다. 땅은 켈트족이, 바다는 카르타고가 지배했다. 그중 다신교의 특징을 가진 켈트 신화를 믿고 켈트어파로 분류되는 언어를 구사한 켈트족은 브리타니아(오늘날 그레이트브리튼제도)를 포함한 유럽 전역에 분포해 있었다. 켈트족은 사납고 용맹한 전사였다. 이들은 기원전 4세기에 로마를 비롯한 이탈리아반도 전역을 대대적으로 약탈했고, 기원전 3세기에는 쇠퇴해가던 그리스를 침공해 델포이 신전까지 약탈했다. 그렇다고 켈트족이 마냥 호전적이기만 한 것은 아니어서, 에트루리아Etruria,* 그리스, 로마, 이집트 등과 교역하며 부를 쌓기도 했다.

한편 지중해 동쪽의 에게해 일대에서는 특히 크레타섬을 중심으로

---

* 이탈리아반도 중부, 오늘날의 토스카나주에 에트루리아인이 세운 나라다. 12개 도시의 연합체였는데, 점차 강성해지는 로마에 하나둘씩 복속되었다.

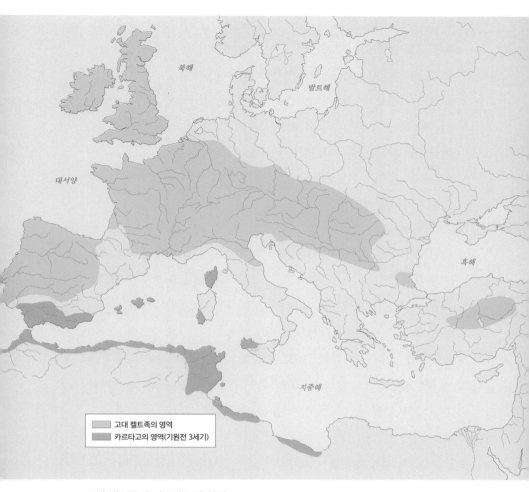

북해

발트해

대서양

흑해

지중해

| | 고대 켈트족의 영역 |
| | 카르타고의 영역(기원전 3세기) |

고대 켈트족과 카르타고의 영역

로마가 득세하기 전 유럽의 땅은 켈트족이, 바다는 카르타고가 차지한 상태였다. 공교롭게도 땅과 바다를 잇는 이탈리아반도에 근거지를 둔 로마는 포에니전쟁과 갈리아전쟁을 통해 저 두 세력을 물리치고 전체 유럽을 통일했다.

기원전 27세기 무렵부터 에게문명이 발달했다. 에게문명은 오리엔트 세계에 영향받았는데, 그 흐름이 서쪽으로 이어져 기원전 14세기 무렵이 되면 그리스 본토에서도 문명이 발달하기 시작했다.

그러면서 지중해와 아라비아반도가 만나는 곳, 즉 오늘날의 레바논과 시리아 해안 일대가 무역의 요지로 자리매김했다. 기원전 30세기부터 이곳에서 살아온 페니키아인은 티레Tyre, 시돈Sidon, 비블로스Byblos, 아르와드Arwad 등의 무역도시를 건설하고, 기원전 12세기부터 지중해 각지에 식민도시를 세웠다. 이 식민도시들은 오늘날 지중해 연안에 존재하는 여러 도시의 기원이 되었다.

페니키아인은 식민도시를 해상무역의 거점으로 삼아 막대한 부를 쌓았는데, 대표적인 곳이 바로 카르타고였다. 트로이전쟁 직후를 배경으로 하는 카르타고 여왕 디도Dido와 트로이 왕자 아이네이아스Aeneias의 사랑 이야기는 여러 예술작품의 소재로 쓰였는데, 사실 카르타고는 그보다 500여 년 뒤인 기원전 750년경 건설되었다. 카르타고의 첫 번째 도시이자 수도인 카르타고는 오늘날 튀니지의 수도 튀니스Tunis 근처 해안에 들어섰다. 당시 그곳은 지리적으로 축복받아 농업에 적합한 기름진 땅으로 가득했고,[1] 광물자원도 풍부했다. 이를 바탕으로 카르타고는 농산물, 광물, 공예품 등을 수출하면서 강대한 세력으로 발달할 수 있었다. 기원전 3세기에 이르러 카르타고는 히스파니아Hispania(오늘날 이베리아반도) 남부 및 이탈리아반도 인근의 코르시카섬과 사르데냐섬, 시칠리아섬 일부까지 지배하며, 지중해 무역을 사실상 독점하는 해양제국이 되었다.

—— 땅과 바다를 잇는 반도국, 로마

이처럼 켈트족과 카르타고가 나눠 차지한 땅과 바다를 반도라는 지리적 이점을 살려 이은 세력이 바로 로마다. 전설에 따르면 아이네이아스를 조상으로 둔 로물루스Romulus와 레무스Remus가 늑대의 젖을 먹고 자라나 로마를 건국했다고 한다. 하지만 역사학자들은 기원전 750년경 오늘날의 로마시 일대에 몰려든 라틴족이 세운 도시가 로마의 기원이라고 본다.

이탈리아반도의 지형은 한반도와 비슷한 동고서저다. 즉 동쪽은 산맥으로, 서쪽은 평야로 가득하다. 가령 대리석 산지로 유명한 동쪽의 아펜니노Apennino산맥은 해발고도 2000미터가 넘는 고봉만 20개에 가까운 험산준령險山峻嶺이지만, 그곳에서 발원한 테베레Tevere강은 서쪽으로 흘러 너른 평야를 기름지게 한다. 또한 북쪽의 험준한 알프스산맥은 유럽과의 경계가 되어, 이탈리아반도만의 정체성과 개성이 형성되게 해주었다. 이런 이유들로 이탈리아반도 서쪽에는 수천 년 전부터 리구리아Liguria인, 에트루리아인, 라틴족 등 다양한 세력이 안정적으로 뿌리내렸고, 이 중에서 에트루리아인이 가장 강력했다.

라틴족은 기원전 8세기경 테베레강 하류의 라티움Latium에 자리 잡았다. 비옥한 충적평야가 펼쳐진 라티움은 많은 사람이 농사지으며 모여 살 수 있는 곳이었다. 특히 일곱 개의 언덕이 솟아 있는 곳은 테베레강이 범람하더라도 안전해 도시를 세우기에 안성맞춤이었다. 바로 이곳에 로마가 세워졌다.

기원전 506년 에트루리아에 공격당한 로마는, 이미 기원전 8세기부터 동맹 관계(라틴동맹)에 있던 주변의 라틴족 도시들과 힘을 합쳐 적을 몰아냈다. 이후 로마가 주도권을 잡으며 세력을 확장하기 시작했다. 로마는 기원전 4세기경 켈트족의 침공으로 초토화되었지만, 지리적 이점을 바탕으로 재기에 성공했다. 기원전 338년 로마는 라틴동맹의 다른 도시들을 굴복시키고 라티움을 완전히 장악한 것을 시작으로, 이탈리아반도의 다른 세력들마저 모두 정복했다.

기원전 280년 로마는 큰 위기를 맞았다. 그리스 북서부에 있는 에페이로스Epeiros의 왕 피로스 1세Pyrros I(기원전 319~기원전 272)가 이탈리아반도 정복을 꿈꾸며 로마를 침공한 것이었다. 2만 명이 넘는 중장보병과 코끼리까지 동원한 피로스 1세는 로마군을 격파했지만, 그 과정에서 큰 피해를 입어 이탈리아반도 정복을 포기했다. (여기에서 무의미한 승리를 일컫는 '피로스의 승리'라는 표현이 탄생했다.) 피로스 1세는 이후에도 로마와 시칠리아섬을 침공했으나, 동맹이 이탈하거나 카르타고에 공격당하는 등의 이유로 결국 뜻을 이루지 못했다. 그의 사후 로마는 이탈리아반도 전역을 완전히 장악하는 데 성공했다.*

---

* 이탈리아반도를 통일하는 과정에서 로마의 정체(政體)는 여러 번 바뀌었다. 본래 왕국이었던 로마는 기원전 500년에서 기원전 450년 사이에 공화국이 되었다. 그 계기나 과정에 대해서는 여러 학설이 있지만, 정설은 없다. 공화국이 된 로마의 지도자는 투표로 선출된 1년 임기의 두 집정관이었는데, 그들은 한 달씩 교대로 통치했다. 이때 귀족들의 모임으로 강한 권한을 가진 원로원과 적절하게 협조해야 했다. 정체뿐 아니라 사회도 크게 변화했다. 적대적인 세력들과 싸우며 쌓은 전공으로 발언권을 키운 평민은 귀족과 동등한 권리를 요구하며 신분 상승을 위한 노력을 이어갔다. 결국 기원전 287년 제정된 호르텐시우스(Hortensius)법에 따라 로마의 평민은 귀족과 동등한 권리를 보장받는 시민으로 발돋움했다. 바로 이 시민으로 구성된 군단(Legion)은 로마가 세계제국이 되는 원동력이 되었다.

—— 바다 대신 땅을 선택한 카르타고의 근시안

이탈리아반도를 통일한 로마의 다음 목표는 지중해였다. 북쪽의 험준한 알프스산맥 너머는 켈트족의 땅이었다. 그들과 처절하게 싸워 이긴들 영토를 넓히는 것 외에 다른 이익을 기대하기는 어려웠다. 반면 지중해는 수백 년 전부터 페니키아인, 그리스인 등이 무역을 벌여 쌓은 막대한 부로 가득했다. 알프스산맥 북쪽의 땅보다 진출하기 쉽다는 지리적 이점, 경제적으로 얻을 것이 많다는 지정학적 이점은 로마를 지중해로 이끌었다. 물론 그러기 위해서는 먼저 카르타고를 꺾어야 했다.

로마와 카르타고의 충돌은 매우 간접적인 계기로 불거졌다. 기원전 264년 용병 부대 마메르티니Mamertini가 시칠리아섬 북동쪽 끝에 있는 폴리스 메사나Messana를 침략했다. 이에 위협을 느낀 시칠리아섬 남동쪽의 폴리스 시라쿠사이Syrakusai가 메사나의 마메르티니를 공격하자, 평소 시라쿠사이와 경쟁 관계였던 카르타고가 마메르티니를 지원했다.

그런데 정작 마메르티니는 카르타고에 복속될 것을 우려해 로마에 동맹을 요청했다. 이러한 혼란상을 지중해 진출의 기회로 판단한 로마는 메사나에서 카르타고 군대를 몰아내고 시라쿠사이를 굴복시켜 동맹을 맺었다. 이로써 지중해 세계의 지정학적 판도를 바꿀 포에니전쟁이 시작되었다.

시칠리아섬의 지배권을 둘러싼 제1차 포에니전쟁이 시작될 무렵 카르타고의 해군력은 로마의 해군력보다 월등히 강했다. 하지만 로마 해군은 코르부스Corvus라는 간이 다리를 아군 전함과 적함 사이에 놓은 다음 백병전에 능한 병사들을 돌입시키는 전법을 써 카르타고와의 해군력 격차를 상쇄했다. 코르부스는 '까마귀'라는 뜻인데, 적함과 닿는 부분

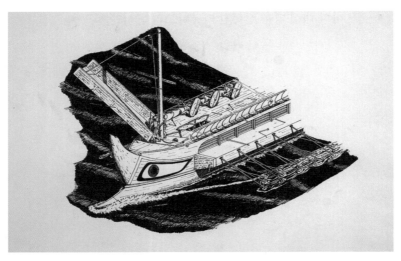

코르부스

적이 쏘아대는 화살을 뚫고 전진하는 로마의 전함이다. 뱃머리 부분에 다리처럼 생긴 구조물이 도르래에 매달려 있는데, 이것이 바로 코르부스다. 그 앞에 큰 못이 달려 있어 적함에 떨어뜨리면 단단히 박혔다. 이후 병사들이 적함으로 건너가 백병전을 벌였다.

에 달린 큰 못이 까마귀의 부리나 발톱 같다고 해 붙여진 이름이다. 이 못 때문에 한번 설치된 코르부스는 쉽게 제거할 수 없었다. 빠른 속도로 전함을 이동시키며 적함에 화살을 퍼붓는 전법으로 싸워온 카르타고 해군은 코르부스를 건너 난입하는 로마 병사들에게 속수무책으로 당했다. 기원전 255년경까지 로마 해군은 코르부스를 앞세워 카르타고 해군을 상대로 연승 행진을 이어갔다.

지중해에서 승기를 잡은 로마는 기원전 256년 카르타고 본토를 공격했다. 특히 집정관 마르쿠스 아틸리우스 레굴루스Marcus Atilius Regulus(?~기원전 249?)가 지휘하는 1만 5000명의 로마군은 수도 카르타고까지 진격하는 기염을 토했다. 다만 적진 한가운데서의 싸움은 쉽지 않은 일이라, 오히려 레굴루스가 포로로 잡히며 기세가 크게 꺾였다. 그는 강화조약을 주선한다는 조건으로 석방되었는데, 실제로 두 진영 사이에서 관련 논의가 진행되었으나, 로마가 가혹한 조건을 제시한 탓에 끝내 성사되지 못했다.

한편 카르타고 해군은 코르부스에 대한 파훼법을 개발했다. 그들은 함대를 조직적으로 움직여 로마 전함이 코르부스를 쓰기도 전에 포위하는 식으로 대응했다. 결국 기원전 255년 이후 로마 해군은 코르부스를 포기했다. 강력한 무기를 잃어버린 로마 해군은 기원전 250년 이후 카르타고의 명장이자 한니발의 아버지인 하밀카르 바르카Hamilcar Barca(기원전 270?~기원전 228)가 지휘하는 카르타고 해군에 시칠리아섬을 완전히 내주고 말았다. 이로써 로마는 지중해의 제해권을 상실했다.

카르타고는 육지에서도 반격을 개시했다. 본토와 식민도시들에서 병력을 충원한 카르타고는 기원전 255년 기병대와 코끼리 부대를 앞세워 본토의 로마군을 섬멸하는 데 성공했다. (바로 이때 레굴루스가 포로로 잡혔다.)

이처럼 전쟁이 계속될수록 전황은 카르타고에 유리해지는 듯했다. 그런데도 제1차 포에니전쟁은 카르타고의 패배로 끝났다. 바로 '땅' 때문이었다. 카르타고의 정권을 장악했던 지주 계급은 지중해 대신 북아프리카로 눈을 돌렸다. 이들은 지중해의 제해권은 포기하더라도, 당시 비옥했던 북아프리카의 땅을 확보해 자신들의 기득권을 지키고 싶어 했다. 실제로 그들은 카르타고 해군 일부를 빼돌려 북아프리카 원정에 나서기까지 했다.[2] 그사이에 로마 해군은 재건에 성공했다. 땅(북아프리카)

에 집중한 카르타고의 지정학적 판단과 바다(지중해)에 집중한 로마의 지정학적 판단의 차이가 전쟁의 판도를 뒤집은 것이었다. 이는 훗날 벌어질 제2차 포에니전쟁의 향방에도 큰 영향을 미쳤을 뿐 아니라, 장기적으로는 서구 문명이 지중해를 핵심 영역으로 삼아 꽃피게 되는 계기가 되었다.

기원전 242년 시칠리아섬 근해에서 로마 해군이 약체화된 카르타고 해군을 섬멸했다. 이듬해 로마와 카르타고 사이에 맺어진 강화조약에 따라 카르타고는 시칠리아섬을 포기하고 거액의 배상금을 토해내야 했다. 결국 지중해 서부에서 카르타고의 영향력은 축소되고, 시칠리아섬을 발판으로 삼아 로마가 그 빈자리를 파고들기 시작했다.

── 코끼리는 왜 알프스산맥을 넘었을까

제1차 포에니전쟁이 끝나자 카르타고는 극심한 혼란에 빠졌다. 전쟁에 패한 카르타고가 용병들에게 약속한 대가를 지급하지 못하자, 그들은 사르데냐섬에서 반란을 일으켰다. 그곳은 로마와 카르타고가 강화조약을 맺으며 설정한 중립 지대였지만, 하밀카르는 반란 진압을 위해 어쩔 수 없이 군대를 파견했다. 곧 이를 알아챈 로마가 강화조약 위반을 운운하며 사르데냐섬뿐 아니라 그 위의 코르시카섬까지 가져간 데 더해 배상금까지 추가로 요구했다. 한때 지중해의 패권국이었던 카르타고로서는 굴욕이 아닐 수 없었다. 카르타고는 절치부심하는 심경으로 히스파니아를 수복하며 서서히 국력을 회복해갔다.

로마는 카르타고를 견제하고자 그들의 진출을 히스파니아 북동부를 흐르는 이베르Iber강(오늘날 에브로Ebro강) 이남으로 제한하는 이베르조약을 강제했다. 그리고 히스파니아 동부의 사군톰Saguntum(오늘날 스페인 발렌시아주 사군토Sagunto시)을 친로마 성향의 도시로 만들었다. 사군톰은 항구도시였기에, 로마의 히스파니아 진출 통로가 될 수 있었다. 그렇게 히스파니아로 진출한 로마는 그다음 목표로 카르타고 본토를 노릴 터였다. 이에 한니발이 기원전 219년 사군톰을 공격하며 제2차 포에니전쟁의 막이 올랐다.

제1차 포에니전쟁으로 카르타고 해군은 거의 와해한 상태였다. 따라서 지중해를 건너 로마 본토를 공격하는 방안은 현실성이 없었다. 반면에 히스파니아는 카르타고가 확실히 장악했을 뿐 아니라, 충분한 병력과 물자를 제공할 수 있는 땅이기도 했다. 한니발은 히스파니아 북부의 피레네산맥을 넘어 갈리아(오늘날 프랑스 일대) 남단을 통과한 다음 이번에는 알프스산맥을 넘어 로마 본토를 직격한다는 작전을 세웠다. 기원전 218년 5월 한니발은 대규모 병력과 함께 카르타고에서 출발했다. 헬레니즘 시대의 그리스 역사학자 폴리비오스Polybios(기원전 203~기원전 120?)에 따르면 그 규모가 보병 9만 명, 기병 1만 2000명, 코끼리 21마리였다고 한다.[3] 반면에 그보다 후대의 로마 역사학자 티투스 리비우스Titus Livius(기원전 64/59~17)는 피레네산맥을 넘을 당시 한니발의 병력이 4만 6000명이었다고 기록했다.[4]

사실 육로를 통해 로마 본토를 공격한다는 것은 거의 불가능한 일이었다. 제해권을 로마에 뺏긴 탓에 어쩔 수 없이 선택한 대안이었을 뿐이다. 근시안적 이익에 빠져 지중해의 지정학적 가치를 살피지 않은 카르타고 기득권이 초래한 비극이었다. 이 때문에 한니발은 3000킬로미터가 넘는 거리를 행군하는 것은 물론이고, 기나긴 보급로까지 유지해야

알프스산맥
오늘날 프랑스와 이탈리아 국경에 있는 프티생베르나르(Petit Saint Bernard)고개로, 해발고도가
2000미터 이상이다. 그나마 다른 고개들에 비해 넓었기 때문에 한니발은 적의 매복을 감수하
고 이 길을 택했다. 이 고개를 넘으면 바로 이탈리아반도가 나온다.

했다. 코끼리까지 포함된 대군을 이끌고 알프스산맥을 넘는다니, 누가
상상이나 했을까.

하지만 한니발은 기어이 알프스산맥을 넘었다. 그는 로마의 지배력
이 비교적 약했던 이탈리아반도 동부의 아펜니노산맥을 따라 남하를 계
속했다. 그러다가 적절한 지점에서 서쪽으로 방향을 틀어 로마를 침공
할 계획이었다.

기원전 216년 8월 로마군 8만 명이 카르타고군을 저지하기 위해 칸
나에Cannae평원(오늘날 풀리아Puglia주 일대)으로 집결했다. 아우피두스
Aufidus강(오늘날 오판토Ofanto강) 이북에 펼쳐진 칸나에평원은 아펜니노

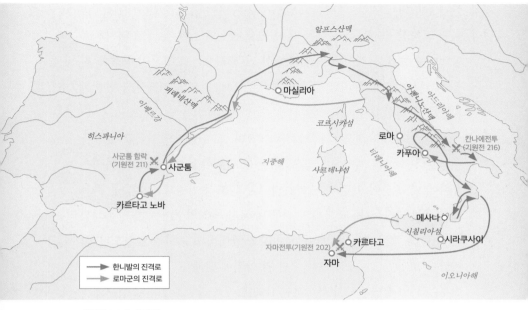

제2차 포에니전쟁

제1차 포에니전쟁의 결과 지중해의 제해권을 잃은 카르타고군으로서는 로마까지 걸어서 진격할 수밖에 없었다. 카르타고군을 이끈 한니발은 기적처럼 알프스산맥을 넘어 로마 본토를 공격했다. 하지만 마땅한 보급로가 없었기 때문에 곧 독 안에 든 쥐 신세가 되었다. 한편 로마는 지중해를 통해 카르타고 본토를 침공하며 제2차 포에니전쟁에서도 승리했다.

산맥 남부의 요지로, 한니발이 반드시 지나쳐야 할 장소였다. 칸나에평원에 도착한 한니발은 본대를 폭이 좁고 종심이 깊은 형태로 배치하고 양익에 기병대를 배치했다. 서쪽에서 진격해 오는 로마군이 동쪽에 진을 친 카르타고군 본대와 맞붙어 고착된 틈에, 양익의 기병대를 진출시켜 포위 섬멸한다는 계획이었다.

한니발의 계획은 정확히 맞아떨어졌다. 로마군도 양익에 기병대를 두었으나, 우익의 기병대는 아우피두스강과 로마군 본대 사이의 비좁은 공간에 발이 묶이고 말았다. 카르타고군 좌익의 기병대는 이들을 빠르게 격파한 다음, 로마군 본대의 뒤를 빙 돌아 좌익의 기병대마저 분쇄했다. 이렇게 해서 카르타고군은 로마군을 완벽하게 포위 섬멸했으니, 살아남아 도망친 로마군의 수가 1만 명 안팎에 불과할 정도였다. 칸나에전투는 포위 섬멸전의 교과서적인 사례로, 오늘날에도 전쟁사 연구에서 중요하게 다뤄지고 있다.

—— 지정학적 안목으로 지중해의 패자가 된 로마

물론 로마가 곧바로 무너진 것은 아니었다. 동요하는 민심을 수습하는 한편, 이탈리아반도 남부의 여러 세력을 회유해 한니발과 동맹을 맺지 못하도록 막았다. 특히 기원전 211년 로마는 나폴리 북쪽의 카푸아Capua를 점령해 이탈리아반도의 지배력을 어느 정도 회복했다. 그러자 이탈리아반도 남부에 사실상 고립된 한니발은 병력 충원과 물자 보급에 어려움을 겪을 수밖에 없었다. 기원전 210년에는 마르쿠스 클라우디우스 마르켈루스Marcus Claudius Marcellus(기원전 268~기원전 208)가 시칠리아섬을 완전히 장악해 한니발의 해상 보급로마저 차단했다.

한편 로마는 한니발이 로마 원정에 나선 직후부터 카르타고의 심장부였던 히스파니아 원정을 준비했다. 한니발의 보급로를 끊는 동시에 빈집을 차지하는 일석이조의 효과를 노린 것이었다. 로마군은 기원전 211년 사군툼을 함락한 직후 카르타고군에 크게 패했지만, 원정군 사령관 푸블리우스 코르넬리우스 스키피오Publius Cornelius Scipio(기원전 235~기원전 183)의 뛰어난 지휘 아래 기원전 207년 히스파니아 전역을 장악하는 데 성공했다. 이로써 바다(지중해)를 빼앗긴 카르타고는 땅(히스파니아)마저 잃고 말았다.

로마가 한니발을 이탈리아반도에 묶어두고, 히스파니아를 정복할 수 있었던 이유는 결국 지중해를 장악한 데서 찾을 수 있다. 땅을 걸어 이동하는 것보다 배를 타고 바다로 이동하는 것이 빠를 수밖에 없다. 병사들이 지치는 것도 막을 수 있고, 보급도 유리하다. 이런 이유로 로마는 한니발이 미처 손쓰기도 전에 지중해를 통해 대군을 급파, 히스파니아를 장악할 수 있었다. 즉 한니발의 패배는 제1차 포에니전쟁에서 카르타고가 바다 대신 땅을 선택한 순간 정해졌다고도 볼 수 있다.

기원전 204년 카르타고는 북아프리카 본토까지 공격당하며 멸망을 코앞에 두게 되었다. 그런데 집정관이 된 스키피오가 한니발의 철수와 배상금 지급이라는 조건을 내걸며 강화조약 체결을 종용했다. 카르타고가 적극적으로 협상에 임하는 사이 한니발은 이탈리아반도에서 카르타고 본토로 무사히 철수할 수 있었다. 그러자 카르타고의 태도가 돌변했다. 그들은 협상을 중단하고 다시 전쟁을 선포했다. 하지만 기원전 202년 자마Zama(오늘날 튀니지 실리아나Siliana주 실리아나시 일대)에서 스키피오와 맞붙은 한니발은 참패하고 말았다. 이듬해 카르타고는 로마와 강화조약을 맺었다. 그들은 로마에 막대한 배상금을 지급하는 것은 물론이고, 북 아프리카를 제외한 모든 영토를 토해내야 했다. 게다가 로마의 허락 없 이는 전쟁을 벌일 수 없는 등 내정간섭에 시달리게 되었다.

한편 한니발은 패전 후에도 패장으로 처벌받는 대신 요직을 이어갔 으나, 기원전 195년 카르타고의 부흥을 우려한 로마의 강요 때문에 결 국 추방당하고 말았다. 각지를 떠돌던 그는 아나톨리아반도까지 흘러가 그곳에서 최후를 맞이했다. (자살설이 가장 유력하다.)

제2차 포에니전쟁에서 패배한 뒤에도 카르타고는 전성기에 비할 바 는 아니지만 부흥했다. 앞서 설명했듯 카르타고 본토는 지리적으로 농 업과 광업, 수공업에 유리했기 때문이다. 그러던 중 기원전 154년경부 터 카르타고는 남쪽에서 침공해 온 누미디아Numidia*와 전쟁을 벌였다. 그러자 로마는 허락받지 않고 전쟁을 벌였다는 빌미로 기원전 149년 카 르타고를 침공했다. 제3차 포에니전쟁의 시작이었다.

사실 제3차 포에니전쟁은 전쟁이라 부를 수 없을 정도로 일방적이었 다. 카르타고는 부흥했다고는 하나 로마를 상대할 힘은 잃은 지 오래였 다. 기원전 146년 수도 카르타고를 함락한 로마군은 25만 명의 카르타 고인을 학살한 뒤 땅에 소금을 뿌려 불모지로 만들었다. 이로써 수백 년 간 지중해를 지배했던 카르타고는 역사의 뒤안길로 사라졌다. 곧이어 누미디아까지 복속시킨 로마는 북아프리카를 완전히 차지하게 되었으

---

* 베르베르(Berber)인이 오늘날의 알제리 일대에 세운 왕국이다. 점점 친로마 성향이 강해지다 가 기원전 25년 로마의 속주가 되었다. 3세기에는 그리스도교가 널리 전파될 정도로 로마에 크게 영향받았지만, 로마가 분열하고 힘이 약해지자 7세기 들어 이슬람 세력에 편입되었다.

니, 7세기 후반 이슬람 세력이 부흥할 때까지 1000년간 지배를 이어갈 터였다.

포에니전쟁으로 이전까지 페니키아인의 활동 무대였던 지중해는 로마인의 바다가 되었다. 무엇보다 북아프리카를 기반으로 삼았던 카르타고가 멸망함으로써, 서구 문명의 주도권은 로마가 있는 유럽이 쥐게 되었다. 이러한 점에서 스키피오가 받은 '아프리카누스Africanus'라는 칭호는 개인의 영예를 넘어, 서구 문명의 핵심 영역이 북아프리카가 아닌 유럽으로 넘어갔음을 상징하는 은유라고도 볼 수 있을 것이다.

—— 대륙에 그어지는 전선

로마인은 알프스산맥 넘어 펼쳐진 드넓은 땅을 갈리아라고 불렀다. 그곳에는 켈트족의 여러 분파가 국가를 이루지 못한 채 부족 단위로 흩어져 삶을 이어가고 있었다.

기원전 2세기 무렵 갈리아의 켈트족은 중대한 도전에 직면했다. 포에니전쟁에서 승리하며 지중해의 패권을 쥐게 된 로마가 히스파니아와 본토를 잇는 육로를 확보하고자 갈리아 남부의 해안 지대를 장악하러 나섰기 때문이다. 그 결과 로마는 이탈리아반도 북부에 갈리아 키살피나 Gallia Cisalpina 속주, 알프스산맥 남서부에서 갈리아 남부를 거쳐 히스파니아 북동부까지 이어지는 회랑에 갈리아 나르보넨시스Gallia Narbonensis 속주를 세웠다.

한편 게르만족이 갈리아 동쪽의 라인강 일대까지 진출했다. 그러면서 기원전 60년을 전후해 헬베티아Helvetia(오늘날 스위스 일대)에 살고 있던 켈트족의 한 분파인 헬베티Helvetii족이 게르만족에 밀려 서쪽으로 이

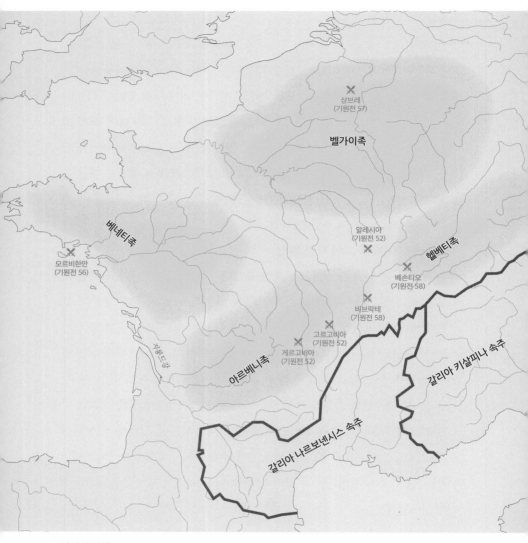

상브레
(기원전 57)

벨가이족

베네티족

알레시아
(기원전 52)

헬베티족

모르비한만
(기원전 56)

베손티오
(기원전 58)

비브락테
(기원전 58)

고르고비아
(기원전 52)

게르고비아
(기원전 52)

갈리아 키살피나 속주

아르베니족

갈리아 나르보넨시스 속주

가룬느강

갈리아전쟁

기원전 58년 시작된 갈리아전쟁 직전의 갈리아 지도다. 이탈리아반도와 히스파니아를 잇는 로마의 두 속주 위로 켈트족의 여러 분파가 살아가고 있었다. 땅을 생활공간으로 인식한 그들과 점령 및 지배의 대상으로 인식한 로마는 충돌할 수밖에 없었다. 갈리아에 살고 있던 주요 분파와 갈리아전쟁의 주요 전투를 표시했다.

동하기 시작했다. 훗날 게르만족의 대이동으로 서로마제국이 멸망하는데, 이미 이때부터 그들의 이동은 유럽의 지정학적 질서를 크게 흔들어 놓았던 셈이다.

헬베티족은 남서쪽으로 이동해 오늘날 프랑스 남서부의 지롱드Gironde강 일대에 자리 잡으려 했다. 그러려면 로마의 갈리아 나르보넨시스 속주를 지나칠 수밖에 없었다. 더군다나 헬베티아와 로마 사이에는 알프스산맥이라는 천연 장애물이 자리 잡고 있었지만, 지롱드강 유역과 갈리아 나르보넨시스 속주 사이는 지리적으로 뻥 뚫려 있었다. 즉 헬베티족이 지롱드강 유역에 정착한다면, 로마로서는 바로 옆에 새로운 위협이 생기는 것과 마찬가지였다.

이러한 이유로 갈리아 키살피나 속주와 갈리아 나르보넨시스 속주의 총독이었던 율리우스 카이사르(기원전 100~기원전 44)는 속주를 지나가게 해달라는 헬베티족의 요청을 일언지하에 거절했다. 그런데도 헬베티족이 속주의 북쪽 경계에 인접한 길을 따라 이동하자, 카이사르는 이들과의 전쟁을 준비했다. 이로써 바다(지중해) 다음으로 땅(유럽)을 차지하기 위한 로마의 새로운 전쟁이 시작되었으니, 이를 갈리아전쟁이라 한다.

카이사르 휘하의 로마군은 수십만 명에 달하는 헬베티족에 비해 수적으로 열세였다. 하지만 로마는 국가였고, 헬베티족은 부족이었다. 즉 전술과 보급, 장비 등 모든 면에서 체계를 갖춘 로마의 군사력은 헬베티족을 압도했다. 우수한 갑주와 무기, 공성 병기를 갖춘 로마군은 유기적인 지휘 체계 아래 일사불란하게 움직였고, 빈틈없이 짜인 보급 체계는 장기간에 걸친 원정을 가능하게 해주었다.

기원전 58년 카이사르는 오늘날의 프랑스 동부 일대인 아라르Arar강 (오늘날 손Saone강), 베손티오Vesontio(오늘날 두주Doubs주 브장송Besançon시), 비브락테Bibracte(오늘날 손에루아르Saône-et-Loire주 오툉Autun시)에서 헬베티족을 연이어 격파했다. 헬베티족으로서는 첫발도 제대로 못 뗀 셈이었다. 카이사르는 로마 종속을 조건으로 헬베티족과 강화조약을 맺었다. 이후 헬베티족을 따라 서진하던 다른 켈트족까지 물리친 카이사르는 휘하 병력을 베손티오 일대에 주둔시켜 갈리아를 통제했다.

로마군의 베손티오 주둔은 오늘날의 벨기에 일대에 살았던 켈트족 분파인 벨가이Belgae족에 중대한 위협으로 여겨졌다. 로마군의 북진을 우려한 그들은 게르만족까지 끌어들여 연합군을 구성한 다음 로마군을 공격할 채비를 갖췄다. 그러자 카이사르가 먼저 벨가이족을 쳤다. 켈트족은 그 수가 많았지만, 부족 연합체였던 탓에 로마군보다 조직력, 지휘 체계 등이 열악했다. 센강을 도하한 카이사르는 거침없이 진격해 상브르Sambre강에 닿았다. 오늘날로 치면 파리에서 출발해 벨기에와 맞닿은 프랑스 북동부의 국경 지대까지 이동한 것인데, 당시 로마군의 진군 및 보급 능력이 얼마나 뛰어났는지 알 수 있다. 그곳에서 벨가이족과 맞붙은 로마군은 고전을 면치 못했다. 벨가이족은 켈트족 중에서도 호전적이고 용맹한 데다가 수도 많았다. 한때 로마군은 우익이 붕괴하며 본진이 점령당할 위기에 처하기도 했다. 하지만 때마침 후방의 보급로를 통해 세 개 군단이 증원되며 카이사르는 간신히 승리할 수 있었다.

이후 벨가이족의 영역은 로마의 차지가 되었다. 이 기세를 몰아 로마는 브리타니아와 마주한 갈리아 서쪽의 해안 지대까지 정복했다. 로마가 갈리아를 평정하자 동쪽의 게르만족은 인질까지 보내며 복종했다.

이로써 로마는 불과 2년 만에 갈리아를 평정하는 데 성공했다.

—— 통일된 땅, 통일된 힘

하지만 갈리아의 평화는 오래가지 못했다. 기원전 56년 갈리아 북서부의 브르타뉴반도 일대에 살던 베네티Veneti족이 반란을 일으켰다. 이를 진압한 카이사르는 같은 해 가을 게르만족의 침입까지 성공적으로 격퇴했다.

이듬해 카이사르는 브리타니아 원정을 감행했고, 1년 만에 그곳의 켈트족에 항복을 받아냈다. 비록 갈리아의 혼란한 상황 때문에 로마군은 곧 철수했지만, 카이사르의 원정은 한 세기 후 브리타니아 남부가 로마의 속주로 편입되는 데 발판으로 작용했다. 그리고 이는 훗날 잉글랜드라는 영역과 문화가 탄생하는 데 영향을 미쳤다.

갈리아 북동부의 벨가이족이 반란을 준비하고 있음을 간파한 카이사르는 기원전 54년 선제공격을 감행했다. 카이사르는 일부러 휘하 군단을 분산 배치해 벨가이족을 유인하고 쪼갠 다음 각개 격파했다. 이후 반란을 예방한다는 명목으로 잔혹한 보복을 가했다.

로마의 잔혹한 처사에 분노한 켈트족은 갈리아 남부의 세벤Cévennes산맥 일대에 살던 아르베니Arverni족의 지도자 베르킨게토릭스Vercingetorix(기원전 82?~기원전 46)의 지도하에 기원전 52년 대대적인 반란을 일으켰다. 베르킨게토릭스는 갈리아의 구릉과 삼림 지대를 활용한 유격전으로 로마군에 적지 않은 손실을 입혔다. 심지어 게르고비아Gergovia(오늘날 프랑스 오베르뉴Auvergne 레지옹 일대)에서는 산악 지형을 활용해 로마군을 격파하기까지 했다.

하지만 반란 세력은 기본적으로 부족 연합체였던 탓에 한계가 뚜렷했다. 여차하면 점령지를 내주고 작전상 후퇴를 할 수 있었던 로마군과 달리, 켈트족은 자신의 땅을 빼앗기면 부족의 존립 자체가 어려웠다. 이 때문에 베르킨게토릭스의 유격전은 로마군을 괴롭힐 수는 있어도, 갈리아에서 완전히 몰아내지는 못했다. 게다가 일단 후퇴한 로마군은 더 강력하게 재정비해 돌아왔으니, 전황은 켈트족에 점점 더 불리해졌다. 결국 베르킨게토릭스는 서쪽의 알레시아Alesia(오늘날 프랑스 루아레Loiret주 오를레앙Orléans시 일대)로 퇴각했고, 카이사르는 그곳에 거대한 요새를 지었다.

위기에 빠진 베르킨게토릭스를 구원하기 위해 수십만 명의 켈트족이 알레시아에 몰려들었다. 그러면서 알레시아 내부의 켈트족과 외부의 켈트족이 로마군 요새를 포위했다. 수적으로 압도적인 켈트족의 공세에 로마군은 고전했지만, 카이사르는 요새의 적재적소에 병력을 배치하고, 무너진 곳은 재빨리 수습하며 방어에 성공했다. 동시에 기병대와 별동대를 우회시켜 적의 후방을 공격했다. 켈트족은 중구난방의 지휘 체계와 느슨한 결속력이라는 약점을 이번에도 극복하지 못했다. 결국 압도적인 수적 우세에도 켈트족은 패배했고, 갈리아는 로마에 완전히 복속되고 말았다.

처음부터 차지한 땅의 면적만 놓고 본다면 유럽의 지배자는 켈트족이 되었을지 모른다. 로마가 이탈리아반도 너머의 일부 지역과 히스파니아 정도를 차지했다면, 켈트족은 전 유럽에 걸쳐 분포했기 때문이다. 하지만 최후의 승자는 로마였다. 로마는 땅을 단순히 삶의 터전 정도로 여겼던 켈트족과 달리, 점령과 지배의 대상으로 보았다. 땅에 대한 이러

재현된 알레시아 요새

베르킨게토릭스와 8만 명의 켈트족이 알레시아에서 농성을 벌이자 카이사르는 5만 명의 병력을 이끌고 가 그들 주변에 목책을 쌓아 포위했다. 동시에 베르킨게토릭스를 구하기 위해 접근하는 켈트족 지원군 25만 명을 막아내고자 바깥쪽으로도 목책을 쌓았다. 이 이중의 목책을 알레시아 요새라고 한다. 로마군의 수가 상대적으로 적었고, 사진에서 보이듯 주변이 평야였기 때문에 목책 주변에 참호와 해자, 온갖 함정을 설치했다.

한 이해는 켈트족의 느슨한 부족 연합체보다 훨씬 선진적이었던 국가체제와 어우러지면서, 로마가 전 유럽으로 진출하는 원동력이 되었다.

갈리아전쟁을 승리로 이끈 카이사르는 스스로 종신 독재관의 자리에 올랐다. 로마는 비상시에 독재관 1인을 선출해 국가의 전권을 부여했다. 물론 오늘날의 독재자와는 매우 달랐다. 무엇보다 임기 제한(6개월, 또는 문제 해결 시까지)이 있었고, 행한 일에 책임져야 했으며, 무능하면 해임될 수 있었다. 독재관은 자신의 권한을 당면한 문제 해결에만 사용했고, 문제가 해결되는 즉시 물러났다. 그래서 독재관이 장기 집권한 경우는 거의 없었다. 그런데 갈리아전쟁 승리로 최고의 인기를 구가하던 카이사르가 전례를 깨고 임기 없는 종신 독재관이 된 것이었다. 비록 그는 정적들에게 암살당했지만, 이 종신 독재관의 자리는 곧 황제의 탄생을 불러왔으니, 이로써 로마는 공화국에서 벗어나 제국이 되었다.

지정학적으로도 갈리아전쟁은 로마가 이탈리아반도에서 완전히 빠져나와 제국에 어울릴 만한 넓은 영토를 차지하는 계기였다. 로마가 손에 넣은 갈리아는 브리타니아와 게르마니아(오늘날 독일 일대)로 진출할 지리적 발판이었다. 이로써 동유럽을 제외한 남부와 서부 유럽이 로마라는 하나의 제국에 종속되며, 균일한 문화권을 이루게 되었다. 이런 점에서 갈리아전쟁이 오늘날까지 이어지는 유럽의 영역성과 정체성을 만들었다고 할 만하다. 한편 갈리아전쟁에 패하며 몰락한 켈트족의 흔적은 오늘날 스코틀랜드 같은 유럽의 일부 지역에서만 찾아볼 수 있다.

—— 유럽의 영역성과 정체성

'로마는 하루아침에 이루어지지 않았다'라는 격언이 있다. 이탈리아반도의 일개 도시에 불과했던 로마가 유럽, 더 나아가 서구 문명의 영역적 토대를 마련한 제국으로 성장하는 데는 수백 년이 넘는 세월이 필요했다.

로마가 융성하는 데 결정적으로 영향을 미친 사건이 바로 포에니전쟁과 갈리아전쟁이었다. 포에니전쟁을 통해 로마는 지중해의 패권을 장악했다. 이에 따라 지중해는 북아프리카(카르타고)의 바다가 아닌 유럽(로마)의 바다가 되었다. 이어진 갈리아전쟁을 통해 켈트족의 땅이었던 유럽은 로마의 땅이 되었다.

476년 서로마제국이 멸망한 이후 유럽을 온전히 통일한 국가는 두 번 다시 등장하지 못했다. 하지만 그렇다고 해서 '유럽'이 사라진 것은 아니었다. 히스파니아에 이슬람 왕국이 들어서고 오스만제국이 강성한 순간에도 지중해는 유럽의 바다로 남았다. 유럽의 문화도 로마 문화를 바탕으로 발전했다. 알파벳과 라틴어, 로마법, 예술과 건축, 그리스도교 등 유럽 문명의 토대를 이루는 여러 요소가 로마에 기원을 둔다. 즉 오늘날 우리가 알고 있는 유럽의 모습은 로마가 그 땅과 바다를 지배하면서 형성되었다. 이러한 점에서 포에니전쟁과 갈리아전쟁은 로마가 제국으로 발돋움한 계기를 넘어, 유럽 자체를 구축한 역사적 사건이었다.

4장

기후변화와 분열하는 유럽
훈족의 서진과 서로마제국의 멸망

　3세기 들어 로마는 곳곳에서 발생한 피지배 민족의 반란과 국경을 혼란하게 한 이민족의 침입, 군대의 황제 폐립廢立 등으로 휘청거렸다. 아예 이 시기를 정의하는 '3세기의 위기'라는 말이 있을 정도다. 이를 극복하기 위해 285년 제국의 동방은 황제가, 서방은 부황제가 다스리는 체제가 도입되었다. 너무 거대해진 제국을 황제 일인이 통치할 수 없다고 판단했기 때문이다. 이듬해에는 제국 서방의 부황제가 황제로 승격되며 황제 두 명이 다스리는 체제가 완전히 자리 잡았다. 293년부터는 두 명의 황제를 두 명의 부황제가 보좌하는 4제 통치가 시작되며 3세기의 위기를 어느 정도 극복했다.

　그런데 324년 네 황제 중 한 명이었던 콘스탄티누스 1세Constantinus I (272~337)가 단독 통치를 부활시켰다. 그의 사후 로마는 사산왕조 페르시아와의 전쟁에서 영토를 잃고, 다시 두 명의 황제를 두는 등 혼란을 겪었다. 때마침 중앙아시아에 살던 훈족이 서진하고, 이에 밀린 게르만족이 파도처럼 밀려들자, 로마의 지배하에 안정적으로 통일되어 있었던 유럽은 송두리째 흔들리기 시작했다. 게르만족의 남하로 군사력을 대거 소진한 로마는 결국 395년 동로마제국과 서로마제국으로 쪼개졌다. 특히 서로마제국은 게르만족을 정규군으로 흡수하는 등의 노력을 기울였는데도 100년을 채 버티지 못하고 476년 멸망했다. 이후 유럽은 끊임없이 사분오열하며 여러 나라로 분열된 채, 두 번 다시 통일되지 못했다.

일련의 사건은 유럽이라는 지리적 스케일scale*에만 국한해서 볼 일이 아니다. 그 배후에는 전 세계적인 규모의 기후변화가 있었다. 대개 훈족의 서진은 그들의 조상인 흉노족이 한나라 무제의 정벌 때문에 고향인 몽골 일대에서 쫓겨난 결과로 설명된다. 그런데 흉노족은 500년 가까이 중국을 괴롭힌 강력한 세력이었다. 오죽하면 시황제가 그들을 막고자 만리장성을 쌓았을까. 그런 흉노족이 근거지를 포기할 정도로 순식간에 무너졌다는 설명은 어딘가 이상하다. 여기에는 숨은 원인이 있으니, 바로 기후변화다. 즉 기후변화로 몽골 일대가 척박해져 목축에 어려움을 겪는 상황에서 한나라 무제마저 대규모로 공격해 오니, 이를 버티지 못하고 살기 좋은 땅을 찾아 서쪽으로 이동한 것이었다.

---

* '스케일'은 보통 '범위', '단위'를 뜻하는 단어로, '저울', '척도', '축척'을 의미하기도 한다. 다만 지리학에서 스케일은 지역, 국가, 대륙, 문화권 등의 지표 공간을 인식하고 분류하는 틀이나 단위를 뜻한다. 따라서 스케일을 어떻게 설정하는지에 따라 특정 공간의 의미와 그곳에서 나타나는 사회적·문화적 현상이 달라진다. 예를 들어 한국과 일본은 국가라는 스케일에서는 명백히 구별되지만, 동아시아 문화권이라는 스케일에서는 하나의 공간으로 묶인다.

기후변화는 고대에도 전 세계적으로 일어나는 현상이었다. 흉노족이 고향을 떠나고 수 세기가 흐른 뒤에는 로마가 기후변화로 고난을 겪었다. 그러면서 고향을 떠나 유라시아를 유랑하며 독기를 품을 대로 품은 세력(훈족)과 거대하지만 이미 무력해진 세력(로마)이 만나 큰 파도를 일으켰다. 유럽의 분열은 바로 이 동서양 충돌의 결과였다.

—— 동아시아를 덮친 기후변화

훈족의 조상은 중국 북부와 몽골, 중앙아시아 동부 일대를 아우르는 광대한 영역에 분포했던 유목 민족인 흉노족으로 알려져 있다. (흉노족은 보통 튀르크계로 여겨지나 이견도 존재한다.) 흉노족은 기원전 200년 백등白登산(오늘날 산시성 다퉁大同시 북쪽)에서 유방의 원정군을 섬멸하고 수십 년간 한나라의 상국上國 행세를 할 정도로 위세가 대단했다. 그들은 싸움에만 능한 집단이 아니었다. 비록 고유의 문자 체계를 발달시키지는 못했지만, 고대의 동서 교역로를 장악해 막대한 경제적 이익을 취했다. 이를 바탕으로 뛰어난 금속가공 기술을 발전시켰으니, 흉노족의 무기와 갑옷은 당대 최고 수준이었다. 금, 옥, 비취 등을 정교하게 가공해 만든 공예품 또한 지극히 아름답고 예술적 가치가 높아, 오늘날에도 주요 문화재로 인정받고 있다.

흉노족이 이처럼 거대하고 강력하며 수준 높은 세력으로 발돋움할 수 있었던 데는 지리가 한몫했다. 몽골과 중앙아시아의 기후와 지형은 유목 민족이 활동하는 데 매우 적합하다. 우선 건조기후, 정확히는 스텝기후가 나타난다. 스텝기후는 연 강수량이 250~500밀리미터로, 수목이 자라기에는 어렵지만 풀이 자라는 데는 큰 문제가 없다. 그래서 숲 대신 광대한 초원(스텝)이 발달하는 특징을 보인다. 게다가 몽골과 중앙아시아는 그 지형이 광활한 평원이다. 이런 지리적 환경은 농경이 발달하기에는 적합하지 않아도,* 유목에는 최적의 조건이다. 실제로 흉노족의 목축 생산성은 매우 높은 수준이었다. 게다가 그들은 어린 시절부터 말타기와 활쏘기를 일상적으로 해온 전사였기 때문에 인구는 적어도 전투력이 막강했다. 그들의 활은 자연스레 중국(한나라)을 향했는데, 물론 유목민족이었기 때문에 땅을 빼앗는 대신 식량을 약탈하거나 공물을 뜯어내는 전략을 택했다. 아울러 흔한 경우는 아니었지만, 일부 지역에서는 직접 농사짓기도 했고, 때때로 중국의 농민을 납치하거나 이주를 받아들여 농사일에 부리기도 했다.[1]

한편 한나라는 기원전 195년 유방이 사망하자 그의 정실부인인 여치가 권력을 쥐었다. 그는 15년간 멋대로 황제를 두 명이나 갈아치우고 제후로 봉해진 유방의 아들들을 살해한 뒤 자신의 친족들을 그 자리에 앉히는 등 국정을 농단했다.

그런데도 한나라는 쇠퇴하기는커녕 5대 황제 문제文帝(기원전 203~기원전 157)와 6대 황제 경제景帝(기원전 188~기원전 141) 재위기를 거치며 착실하게 발전했다. 이 또한 지리, 특히 기후의 덕이 컸는데, 온난 습윤한 기후가 도래해 농업 생산성과 경제력이 증가한 것이었다.[2] 문제와 경제는 국력 신장과 국방력 강화에 힘을 쏟되, 흉노족과의 불필요한 충돌을 최대한 피하고 내치에 전념했다. 동시에 제후의 권력을 최소화함으

---

*   농사에 필요한 연 강수량은 700~1000밀리미터다. 다만 스텝기후여도 토양이 특별히 비옥한 경우, 최근에는 기술 발달에 힘입어 대규모 농사를 짓기도 한다. 우크라이나가 대표적이다.

로써, 두 황제는 한나라를 상나라, 주나라와는 차별화되는 중앙집권적 통일 왕조 체제로 완전히 전환하는 데 성공했다.[3] 이때 한나라의 국력 신장과 체제 안정을, 후세인들은 문제와 경제의 시호를 따 '문경지치文景之治'라 칭송했다. 그사이 흉노족은 한나라가 바치는 공물과 사치품에 탐닉하며 오히려 경제적으로 종속되었다.[4]

하필 기원전 100년 무렵부터 흉노족의 근거지인 몽골의 기후가 눈에 띄게 한랭해지기 시작했다.[5] 위도가 높은 지역에서 살아가던 흉노족은 한랭화에 특히 취약했다. 지금도 몽골은 기온이 떨어지면 급속히 황폐해져 자라나는 풀의 양이 크게 줄어든다. 서리까지 내리면 스텝의 면적 자체가 축소된다. 당연히 흉노족의 경제적 기반이었던 목축업이 치명타를 입었다. 그런 상황에서 농업이라고 가능했을까. 얼마 안 되었던 흉노족의 농지는 소출을 거의 내지 못했다. 한나라의 역사서인《한서漢書》는 기원전 88년 여름에 폭우와 서리가 계속되어 흉노족의 농사가 완전히 초토화되었다고 기록하고 있다. 이로써 흉노족의 전투력 또한 크게 약해졌다.[6] 한마디로 흉노족과 한나라의 국력과 군사력 격차는, 중국과 몽골에서 정반대로 진행된 기후변화 때문에 역전되었던 셈이다.

—— 흉노족의 서진과 훈족의 탄생 비화

때를 맞춰 기원전 2세기 중반부터 시작된 한나라 무제의 원정에 흉노족은 연패를 거듭했다. 수십 년간 국력을 키워온 한나라와 달리 기후변화의 직격탄을 맞은 흉노족의 힘은 예전 같지 못했다. 게다가 그 전의 문제는 지정학에도 눈이 밝아 흉노족의 부가 동서 교역로에서 나옴을 꿰뚫었다. 하여 이를 무력화하고자 장건張騫(?~기원전 114)을 중앙아시아

실크로드를 지키는 한나라의 감시탑

감시탑이 설치된 돈황(敦煌)은 오늘날 간쑤성 주취안(酒泉)시에 있었던 오아시스 도시로, 한
나라와 흉노족이 충돌하는 요지이자 실크로드의 주요 길목이었다. 기후변화로 힘을 잃은 흉
노족은 한나라의 강력한 군사적·외교적 압박을 버티지 못하고 서쪽으로 밀려나기 시작했다.

로 파견해 또 다른 교역로를 개척했으니, 이것이 바로 실크로드다. 또한
월지月支 같은 중앙아시아의 나라들과 연합해 흉노족을 동서에서 포위
했다.

　흉노족은 결국 도망치듯 서진하기 시작했다. 그러면서 중앙아시아
북부와 캅카스 일대에서 살아가던 여러 민족 집단과 통혼했다. 그 결과
흉노족의 외모는 금발벽안金髮碧眼, 적발녹안赤髮綠眼 등으로 묘사될 정도
로 크게 달라졌다. 그렇게 여러 세대가 지나자 흉노족의 후예, 또는 흉노
족과 관계 맺은 중앙아시아의 민족 집단들을 통틀어 훈족이라 부르게
되었다.

그렇다면 흉노족의 전성기는 이대로 끝난 것일까. 2012년 일군의 연구자가 중국 칭하이青海성 하이시몽골족티베트족海西蒙古族藏族자치구의 우란烏蘭현과 두란都蘭현에 있는 수령 2000년 이상 된 노간주나무의 나이테를 분석했다. 그 결과 3세기에 접어들면서 중앙아시아 스텝의 기후가 이전보다 눈에 띄게 온난 습윤해졌음이 드러났다.[7] 즉 춥고 건조한 기후가 끝나고 따뜻하고 습한 기후가 찾아왔다는 것이다. 이 500여 년만의 기후변화로 훈족은 기회를 얻었다. 게다가 흉노족의 기마 궁술은 수백 년의 시간을 거쳐 훈족에 그대로 전수되었다. 중앙아시아 스텝에 풀이 무성하게 자라면서 우수한 말과 풍부한 식량을 얻게 된 훈족은 조상 못지않은 강력한 기마민족으로 거듭났다.

그런데 4세기가 되어 중앙아시아의 기후는 또다시 급변했다. 강력한 엘니뇨-남방진동南方振動으로 338년부터 377년까지 중앙아시아는 사상 최악의 가뭄을 겪었다. 남동태평양과 서태평양 사이의 기압은 서로 역상관관계로, 마치 시소처럼 한쪽이 높아지면 다른 한쪽은 낮아진다. 이를 남방진동이라고 한다. 엘니뇨는 남아메리카의 페루와 에콰도르에 면한 열대 해상 수온이 지나치게 높아지는 현상이다. 따라서 엘니뇨가 발생하면 남동태평양의 기압이 낮아지므로, 남방진동에 따라 서태평양의 기압은 높아진다. 경우에 따라 서태평양 넘어 인도양까지 영향받기도 한다. 그러면 중앙아시아에 가뭄이 들 수 있다. 4세기에 정확히 이런 일이 벌어졌다. 앞서 언급한 우란현과 두란현의 노간주나무 나이테에도 이 시기에 극심한 가뭄이 발생했다는 증거가 새겨져 있다.[8] 훈족은 피폐해진 중앙아시아 스텝을 떠나 또다시 서쪽으로 이동해야 했다. 그들 앞에는 용맹한 전사였으나, 국가를 이루지 못했던 게르만족이 버티고 있

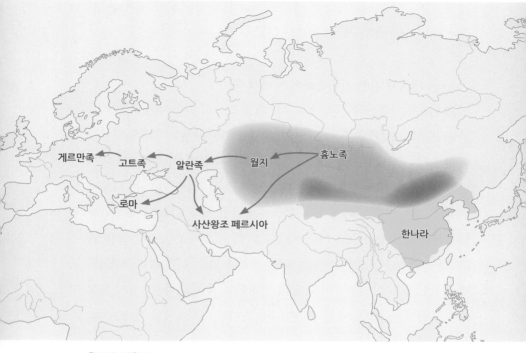

훈족의 진출로

기원전 2세기 기후변화와 한나라의 견제로 힘을 잃은 흉노족은 새 보금자리를 찾아 중앙아시아 쪽으로 서진했다. 이후 현지의 여러 민족 집단과 통혼한 끝에 훈족이 탄생했다. 3세기의 살기 좋은 기후가 무색하게 4세기에 다시 한번 척박한 기후가 훈족의 영역을 엄습했고, 그 결과 훈족 또한 그들의 선조 흉노족처럼 서진할 수밖에 없었다. 고향을 떠난 절박함과 흉노족 때부터 이어진 강력한 기마 궁술로 무장한 그들은 수많은 나라와 세력을 물리치며 유럽까지 가닿았다.

었다. 그리고 게르만족보다 더 서쪽에 자리 잡고 있던 로마는 제국이었
으나, 이미 전성기를 지나고 있었다.

── 제국의 적은 기후변화와 자연재해?

기후변화는 흉노족뿐 아니라 로마의 운명에도 결정적인 영향을 미
쳤다. 기원전 2세기부터 400여 년간, 즉 흉노족이 한랭한 기후에 시달렸
던 때 로마는 살기 좋고 농사짓기 좋은 기후를 누렸다. 이 무렵 유럽에서
만들어진 유물 따위를 조사하면 대기 중 탄소-14의 양이 다른 때보다
현저히 높다. 탄소는 핵에 있는 양성자가 여섯 개다. 그런데 그 주위를
도는 중성자의 수가 서로 다른 '동위원소'가 15개나 존재한다. 그중 탄
소-14는 지구의 질소가 우주선宇宙線과 충돌해 만들어져 땅이나 식물 등
에 흡수된 것으로, 일조량과 그 양이 비례한다. 즉 탄소-14의 양이 많았
다는 것은 그만큼 햇볕이 잘 내리쬤다는 뜻이다.

또한 역시 같은 시기에 생성된 그린란드의 빙핵氷核을 살펴보면 염소
의 농도가 상대적으로 낮다. 대기의 온도가 0도 아래로 내려갈 때, 대기
중에 생기는 얼음 결정을 빙정氷晶이라고 한다. 빙핵은 이 빙정의 핵이
다. 그리고 빙핵 속 염소의 농도와 기온은 반비례한다. 즉 염소 농도가
낮았다는 것은 기온이 높았다는 뜻이다. 결론적으로 기원 전후 로마의
기후는 1년부터 1750년까지의 평균치보다 1도 정도 높을 만큼 온난 습
윤했다. 그 이유는 활발한 태양 활동으로 추정된다.[9] 아울러 거대한 화산
활동 같은 자연재해도 없어 기후가 안정적으로 유지되었다.

로마는 이처럼 온난 습윤한 기후와 줄어든 자연재해 속에서 번영을
구가할 수 있었다. 풍년이 이어지고 농업 생산성이 향상되면서 인구가

증가함은 물론이고, 경제적 번영까지 누렸다. 그 결과 로마의 시민계급을 구성했던 중소 자영농이 수혜를 입었다. 주머니 사정이 넉넉해진 데다가 사회적으로도 좋은 대우를 받게 된 그들은 우수한 무기와 갑주를 갖춰 정예 군단병으로 거듭났다. 전근대 시대에는 시민 개개인이 무기와 갑주, 말 등을 장만해 군인의 임무를 다했으니, 따라서 경제력을 갖춘 상류층이 많을수록 자연스레 병사나 장교의 질도 높아질 수밖에 없었다. 이렇게 로마는 부국강병을 이루었다. 로마가 카르타고, 그리스, 이집트, 갈리아 등을 정복하며 유럽을 통일한 제국으로 성장할 수 있었던 원동력은 바로 축복받은 기후가 가져다준 경제적 번영이었다.

하지만 3세기 이후 닥쳐온 또 한 번의 기후변화는 로마에 악조건으로 작용했다. 당시 유럽의 대기 중 탄소-14의 양을 조사하면 매우 감소했음을 알 수 있는데,[10] 흑점이 증가해 태양 활동이 약해졌기 때문이다.[11] 일조량이 줄어들자 그린란드의 빙상이 커지며 북대서양의 수온이 낮아졌고, 그 결과 온난 습윤했던 로마의 기후는 한랭하게 변해갔다. 특히 북대서양에 인접한 로마 서부가 큰 피해를 보았다.[12] 반대로 북대서양과 멀리 떨어진 로마 동부는 상대적으로 피해가 적었다.

235년부터 285년까지 이어진 네다섯 번의 대규모 화산 활동은 막대한 화산재를 대기 중에 퍼뜨려 기후의 한랭화 속도를 한층 높였다.[13] 로마의 화산 활동이라 하면 보통 폼페이를 파괴한 79년의 베수비오산 분화를 떠올리겠지만, 정작 역사를 뒤바꾼 화산 활동은 그 뒤에 일어났던 셈이다.

기후의 한랭화로 로마의 농업 생산성은 매우 감소했고, 자연스레 인구 부양력과 경제 또한 쇠퇴하기 시작했다. 광활한 곡창지대가 펼쳐져 있어 '로마의 빵 바구니'라 불렸던 이집트도 기후변화의 영향으로 3세기 이후 곡물 생산량이 꾸준히 줄어들었다.[14]

이러한 기후변화로 중소 자영농이 큰 타격을 입었다. 그들은 곧 소작농으로 전락했고, 땅과 노동력을 흡수한 대지주만이 세력을 키워갔다. 이로써 빈부격차가 심화하고 시민계급이 몰락하자 로마의 사회 분위기는 매우 흉흉해졌는데, 무엇보다 군단병이 부족해지며 안보마저 무너지기 시작했다. 이런 상황에서 정복 전쟁을 계속하기란 불가능했으니, 결국 로마 경제의 바탕을 이루는 노예 공급까지 감소했다. 이렇게 로마는 제국을 지탱한 활력을 빠르게 잃어갔다.

3세기부터 게르만족의 국경 침입과 약탈도 빈번해졌다. 갈리아전쟁을 계기로 크게 쇠퇴한 켈트족과 달리 게르만족은 꾸준히 세력을 유지했는데, 로마가 쇠퇴하자 갈리아 방면으로 끊임없이 침입했다. 224년 건국된 사산왕조 페르시아도 로마의 남동부 영토를 잠식하는 등 거대한 위협으로 떠올랐다. 게다가 235년부터 284년까지 장군들이 멋대로 황제를 자청하며 쿠데타를 일삼은 '군인 황제 시대'가 도래하면서 로마는 완전한 혼란에 빠지고 말았다.

—— 분할 통치라는 묘책, 또는 미봉책

앞서 설명했듯이 로마가 바로 무너진 것은 아니었다. 3세기의 위기는 일단 수습되었으니, 그 주인공은 로마의 43대 황제 디오클레티아누스Diocletianus(244~311)였다. 그는 원로원과 속주 총독이 가진 권한을 줄이고, 황제의 권력을 강화하는 전제정체를 확립했다. 연장선에서 속주를 재편하고 병권을 확실히 장악하는 한편, 군제와 재정을 개혁해 로마의

4제 통치

네 명의 황제가 서로 어깨를 두르고 있다. 디오클레티아누스는 황제 한 명이 드넓은 제국 전체를 다스릴 수 없다는 현실을 기꺼이 받아들이고 자신의 권력을 나누었다. 이 4제 통치 체제는 제국의 혼란을 수습하고 중흥의 계기를 마련했다. 산마르코(San Marco)대성당의 남서쪽 모퉁이에 있는 조각상이다.

활력을 되살렸다.

디오클레티아누스가 시도한 개혁 중 가장 과감하고, 또 효과적이었던 것은 제국의 분할 통치였다. 자신은 제국을 총괄하면서도 비교적 안정적이었던 로마 동부를 직할령으로 삼아 다스리고, 게르만족의 침입에 시달리며 쇠퇴해가던 로마 서부에는 전투에 능한 황제를 두되 본인에게 통제받게 하는 식이었다. 아울러 동서의 두 황제 밑에는 역시 제국의 일부를 맡아 다스릴 부황제를 두어, 로마를 사실상 네 명의 황제가 함께 통치하도록 했다.

디오클레티아누스가 305년 은퇴하며 다시 로마가 혼란해지자 대제 大帝 콘스탄티누스 1세가 324년 단독 통치를 부활시키며 정국을 안정시켰다. 그 과정에서 그리스도교를 공인하고, 훗날 콘스탄티노플로 불릴 비잔티움(오늘날 튀르키예 이스탄불주 이스탄불시)으로 수도를 옮기는 등 로마의 부흥을 위해 여러 노력을 기울였다.

이렇게 해서 로마는 3세기의 위기를 가까스로 넘기나, 한계 또한 명확했다. 우선 디오클레티아누스가 도입한 4제 통치는 훗날 로마가 분열할 실마리를 제공했다. 아울러 콘스탄티누스 1세의 비잔티움 천도는 로마의 중심지가 이탈리아반도를 포함한 유럽의 서부에서 발칸반도, 아나톨리아반도 등을 포함한 유럽의 동부로 완전히 이동했음을 보여주었다.

—— 로마 영토 안으로 들어온 최초의 게르만족

중앙아시아를 떠나 서진하던 훈족은 4세기 중반에 이르러 흑해에 도착했다. 그 무렵 흑해 서쪽 연안에는 게르만족의 분파이자 뛰어난 전사 집단이었던 서西고트Goth족이 살고 있었다. 하지만 빛과 같은 속도로 적진을 치고 빠지며 신묘한 기마 궁술로 사정없이 공격하는 훈족의 공격 앞에 서고트족은 속수무책으로 무너졌다. 훈족은 적이 추격해 오면 잽싸게 달아나다가, 순식간에 말머리를 돌려 화살 비를 쏟아붓는 전법으로 서고트족을 괴롭혔다.

400여 년 전 게르만족의 서진으로 켈트족이 밀려났듯이, 서고트족 또한 375년 동쪽에서 몰려오는 훈족을 피해 서쪽으로 이동했다. 그렇게 밀려나 도착한 곳에서 서고트족이 만난 것은 이상적인 기후에 힘입어 번영을 구가하며 켈트족을 몰아낸 로마가 아닌, 거친 기후와 사회구조적 모순이 겹친 끝에 쇠퇴해가는 로마였다.

376년 서고트족은 로마에 사정을 설명하고는 도나우강 일대에 정착했다. 그런데 로마는 사회의 기강이 해이해진 데다가 행정력마저 약해진 탓에 이들을 제대로 관리하지 못했다. 새 보금자리에서도 기아에 시달린 서고트족은 378년 반란을 일으켰고, 같은 해 8월에는 콘스탄티노플에서 북서쪽으로 약 200킬로미터 떨어진 하드리아노폴리스Hadrianop-olis(오늘날 튀르키예 에디르네Edirne주 에디르네시)에서 로마의 정예부대를 격파했다. 로마는 할 수 없이 서고트족과 포이두스foedus를 맺었다. 포이두스란 황제에게 충성을 바치고 군사력을 제공하는 대가로 일정 지역의 점유와 자치를 인정받는, 영토에 기반을 둔 동맹 관계였다. 이에 따라 서고트족은 발칸반도 북서부 일대인 일리리쿰Illyricum에 정착했다. 게르만족이 로마의 영토 안에 정식으로 유입된 첫 번째 사례였다.

포이두스의 핵심이 군사력 제공인 만큼, 서고트족은 로마의 내정, 특히 군사 부문에 본격적으로 영향을 미치기 시작했다. 이에 따라 로마군에서 게르만족 용병이나 군인의 비중이 증가했고, 심지어 게르만족 출신 장군이나 군사 지도자도 생겨났다. 그뿐이 아니었다. 서고트족의 로마 이주는 다른 게르만족 분파의 침입이나 이주를 가속화한 계기가 되었고, 그중 일부도 포이두스를 체결했다. 이는 200년 전만 해도 상상도 못 할 일이었다. 동아시아와 중앙아시아의 기후변화로 서쪽으로 이동한 훈족과 이들을 피해 남하한 게르만족, 역시 기후변화로 이에 제대로 대응하지 못한 로마의 상황이 맞물려 유럽의 지정학적 판도가 극적으로 변화하고 있었다.

—— 동서로 쪼개진 로마

로마의 50대 황제 테오도시우스 1세Theodosius I(347~395)가 죽자 그의 장남 아르카디우스Arcadius(377~408)와 차남 호노리우스Honorius(384

~423)가 제국을 분할 승계했다. 이로써 로마는 동로마제국과 서로마제국으로 분열하고 말았다. 로마라는 단일 국가에 지배받는 통일된 영역이었던 유럽이 크고 작은 국가나 세력, 지역으로 쪼개지기 시작한 신호탄이었다.

서로마제국은 동로마제국보다 더욱 취약한 여건에 놓여 있었다. 기후변화 탓에 황폐했고, 너른 평야 지대인 갈리아 및 완만한 언덕들로 가득한 라인강과 도나우강 일대를 포함하고 있어 게르만족의 침입을 방어하기에도 불리했다.

호노리우스는 게르만족과 로마인의 혼혈이었던 섭정 플라비우스 스틸리코Flavius Stilicho(359~408)의 도움과 군사적 재능 덕분에 서고트족의 왕 알라리쿠스 1세Alaricus I(370~410)의 대대적인 침공을 막아내고 서로마제국을 지켜낼 수 있었다. 하지만 알라리쿠스 1세와의 전쟁이 길어지면서 서로마제국은 피폐해졌다. 게다가 두 로마의 국경에 걸쳐 있는 일리리쿰의 영유권 분쟁으로 황제 간의 갈등까지 깊어갔다.

408년 스틸리코가 권력 다툼에 밀려 실각한 뒤 처형당하자 알라리쿠스 1세는 그의 복수를 명분 삼아 서로마제국을 침공했고, 410년에는 그가 지휘한 군대가 로마시까지 약탈했다. 이 무렵부터 히스파니아와 북아프리카에서도 게르만족의 여러 분파가 대대적으로 서로마제국을 공략하기 시작했다. 서로마제국은 이처럼 동시다발적인 외세의 침입을 막아낼 역량이 고갈된 상태였다. 급한 불을 끄기 위해 서로마제국은 역설적으로 게르만족 용병을 대거 채용해 병력을 충원했고, 그 결과 서로마제국 내에서 게르만족의 영향력이 더욱 커졌다.

반면에 동로마제국은 서로마제국보다 국력도 군사력도 강했다. 기후

테오도시우스 성벽

콘스탄티노플에는 고대에 쌓은 성벽들뿐 아니라 콘스탄티누스 1세가 세운 성벽도 있었다. 테오도시우스 성벽은 이 모든 성벽을 포함해 콘스탄티노플의 가장 바깥쪽을 크게 둘러쌌다. 특히 해자는 기본이고, 삼중으로 성벽을 쌓아 가히 난공불락으로 불릴 만했다. 안쪽 성벽일수록 더 거대하고 두꺼워 공격자에게는 여간 까다로운 장애물이 아닐 수 없었다.

변화의 피해를 덜 받은 덕분에 경제력도 탄탄했고, 로마인을 중심으로 구성된 강력한 군대도 보유하고 있었다. 동로마제국에 발달한 카르파티아Carpathia산맥, 발칸산맥 등도 방어에 큰 이점으로 작용했다.

동로마제국은 테오도시우스 2세Theodosius II(401~450)의 지도하에 차근차근 국력을 키워갔다. 그의 섭정인 플라비우스 안테미우스Flavius Anthemius(370~414)는 어린 나이로 즉위한 황제를 잘 보좌하며, 콘스탄티노플에 '테오도시우스 성벽'이라 불리는 난공불락의 삼중 성벽을 쌓았다. 이 성벽은 5세기 초반 하루가 멀다고 침공해 오는 외적들에게서 동로마제국을 지켜낸 일등 공신이었다. 동시에 테오도시우스 2세는 기민한 외교력으로 이민족들과 동맹을 맺어가며 제국의 안전을 꾀했고, 두 번에 걸쳐 사산왕조 페르시아의 침공을 격퇴하기도 했다.

── 신의 채찍, 신의 재앙, 신의 심판자

5세기 초반 드디어 훈족이 로마 앞에 모습을 드러냈다. 그들의 목표는 수백 년 전 조상들이 한나라를 상대로 그랬듯이 로마를 속국화해 식량을 약탈하고 공물을 뜯어내는 데 있었다. 훈족은 당대 최강의 전사 집단이었지만 총병력이 5만 명을 밑도는 등 로마를 완전히 지배하기에는 인구가 적었다. 훈족은 성인 남성이 곧 군인이었으므로, 총병력이 5만 명이라면 전체 인구는 30~40만 명 정도 되었을 것이다.[15] 훨씬 전인 기원전 2세기 초반의 로마시 인구만 100만 명이 넘었으니, 인구 차이가 너무 컸다. 게다가 농경지와 도시가 발달한 로마는 스텝을 선호하는 훈족에 그리 매력적인 삶터도 아니었다.

422년 훈족의 지도자 루아Ruga(367~434)는 사산왕조 페르시아와 적대 관계인 동로마제국에 평화 유지를 조건으로 거액의 상납금을 받아냈다. 당시 훈족은 지정학적으로 매우 유리한 위치를 점하고 있었다. 동로마제국은 아나톨리아반도에서 오늘날의 이란 일대를 지배한 사산왕조 페르시아와 칼끝을 맞대고 있는 형국이었는데, 훈족은 바로 그 반대편에, 즉 유럽 남동부에 진을 치고 있었다. 동로마제국의 배후를 칠 수 있는 위치였으니, 상납금은 이러한 이점을 활용한 훈족의 외교적 성과였다. 433년 루아는 서로마제국의 장군이자 권신權臣 플라비우스 아에티우스Flavius Aetius(396~454)에게 군사력을 지원하는 대가로 판노니아 세쿤다Pannonia Secunda(오늘날 세르비아 및 보스니아 헤르체고비나 일대)를 받아내기까지 했다.

　서로마제국은 국고가 바닥나고 반란과 외침이 계속되는 상황에서도 흔들릴지언정 쉽게 망하지 않았다. 하지만 서로마제국의 운명은 훈족의 전설적인 지도자 아틸라(406~453)의 등장으로 꺾이고 말았다. 훈족을 규합해 거대한 제국을 일으킨 아틸라는 로마 전체를 완전히 집어삼키고자 자신이 복속시킨 게르만족 분파 등 이민족까지 동원해 대규모 원정에 나섰다.

　443년 발칸반도를 침공한 아틸라는 병력 철수를 조건으로 동로마제국에서 거액의 공물을 받아냈다. 하지만 한숨 돌리며 전열을 재정비한 동로마제국이 약속을 지키지 않자 아틸라는 447년 수도 콘스탄티노플 침공을 단행했다. 동로마제국은 발칸산맥을 따라 요새와 방어 시설을 구축했지만, 훈족은 비교적 지세가 완만하고 방어 시설도 빈약했던 발칸반도의 동쪽으로 신속하게 남하했다. 훈족은 동로마제국의 요새들을 잽싸게 우회하며 불필요한 충돌은 철저히 회피하되, 일단 전투가 벌어지면 악착같이 약탈하고 불살랐다.

　아틸라는 콘스탄티노플 근처까지 진격했지만 끝내 함락하지는 못했다. 난공불락의 삼중 성벽을 파괴할 수단도 없었거니와 이질과 말라리아가 창궐했기 때문이다. 하지만 아틸라의 신속하면서도 파괴적인 공세는 동로마제국의 사기를 제대로 꺾었다. 전염병은 아틸라의 공세를 늦추었을 뿐 패퇴시키지 못했고, 동로마제국에도 심각한 피해를 입혔다. 결국 동로마제국은 이전보다 훨씬 많은 공물을 아틸라제국에 바쳐야 했을 뿐 아니라, 도나우강 하류의 나이수스Naissus(오늘날 세르비아 니샤바 Nishava구 니시Niš시) 일대까지 넘겨주어야 했다.

동로마제국에서 공물을 뜯어내는 데 성공한 아틸라는 칼끝을 서쪽으로 돌렸다. 451년 갈리아 북부를 침공해 대대적인 약탈을 벌이고 여러 도시를 초토화했다. 약체화된 서로마제국과 새로 생긴 여러 게르만족 분파의 나라들은 훈족의 공세 앞에 결속하지 못한 채 지리멸렬했다. 이들을 규합한 이는 이탈리아반도에서 서로마제국의 정예부대를 이끌고 올라온 아에티우스였다. 451년 6월 카탈라우눔Catalaunum(오늘날 프랑스 샹파뉴아르덴Champagne-Ardenne 레지옹 일대)에서 서로마제국과 아틸라제국의 일전이 벌어졌다. 어린 시절 훈족 밑에서 포로 생활을 한 적이 있어 그들을 잘 알고 있던 아에티우스는 궁기병대를 효과적으로 상대하기 위해 기병과 궁병 위주로 병력을 편성했다. 아에티우스의 작전은 효과를 거두었다. 서로마제국군이 마지막으로 군대답게 싸운 카탈라우눔전투는 무승부로 끝났고 훈족은 철수했다.

아틸라는 이듬해 이탈리아반도를 침공했다. 훈족은 알프스산맥의 산세가 비교적 덜 험한 이탈리아반도 북동단의 트리에스테Trieste 방면에서 진격해 왔다. 아퀼레이아Aquileia에서 서로마제국의 저항을 고전 끝에 진압한 훈족은 이탈리아반도 북부를 철저히 유린했다. 1년 전과 달리 게르만족을 소집하지 못한 아에티우스는 아틸라의 침공을 격퇴하지 못했다. 메디올라눔Mediolanum(오늘날 이탈리아 롬바르디아Lombardy주 밀라노시)을 점령한 뒤 파죽지세로 남하하던 아틸라는 이탈리아반도를 휩쓴 기근과 말라리아 창궐이라는 악재를 만난 끝에 교황 레오 1세Leo I(390~461)의 중재로 서로마제국과 강화조약을 맺었다. 서로마제국은 레오 1세의 외교력 덕분에 멸망을 면했고, 아틸라 또한 전리품을 챙길 만큼 챙겼으므로 더는 욕심 부리지 않고 물러났다.

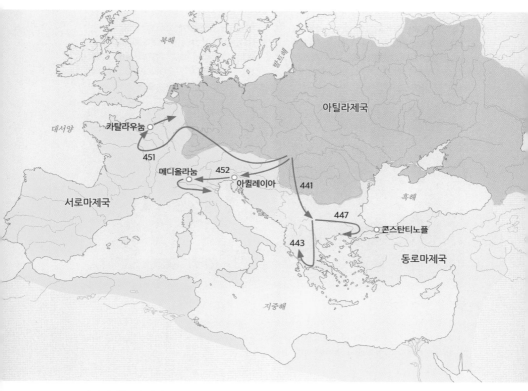

북해

발트해

아틸라제국

대서양

카탈라우눔

451

메디올라눔

452

아퀼레이아

441

447

흑해

콘스탄티노플

서로마제국

443

동로마제국

지중해

아틸라제국의 진격로

'신의 채찍'으로 불린 아틸라는 발칸반도와 콘스탄티노플부터 이탈리아반도와 유럽 깊숙한 곳까지 로마를 마음껏 유린했다. 물론 아틸라의 목표는 로마를 점령하는 것이 아니었다. 그럴 만한 수의 병력도 없었고, 흉노족 때부터 이어져온 훈족의 전통과도 맞지 않았다. 그는 엄청난 무력을 앞세워 로마를 속국화해 안정적으로 식량과 공물을 뜯어내고자 했다.

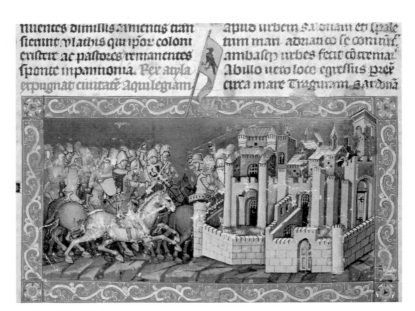

불타는 아퀼레이아

이탈리아반도로 통하는 길목에 있었던 아퀼레이아는 로마제국의 여러 도시 가운데서도 매우 크고 부유한 곳이었다. 하지만 5세기 중반 아틸라가 이끄는 훈족의 침공으로 파괴되고 말았다. 14세기에 헝가리왕국에서 제작된 그림이다.

── 서로마제국의 멸망과 분열하는 유럽

453년 아틸라가 젊은 아내와 결혼한 첫날밤에 급서하며 아틸라제국은 허무하게 해체되었다. 아틸라는 압도적인 카리스마로 제국을 휘어잡은 인물이었기 때문에, 그가 사라지자 복속했던 여러 세력이 반기를 들며 이탈했다. 마침 동로마제국의 신임 황제 마르키아누스Marcianus(392~457)가 아틸라제국에 대한 공물 상납을 중단하고 일전을 벌일 준비 중이었기 때문에, 훈족은 흩어지기 바빴다.

아에티우스가 454년 정적의 손에 암살당한 뒤 지도자를 잃은 서로마제국은 2~3년이 멀다고 황제가 바뀌는 내분의 소용돌이에 빠져버렸다. 군인 황제 시대가 다시 도래한 듯했다. 아니, 군인 황제 시대의 로마는 혼란했다고는 하나 그래도 세계제국의 힘이 남아 있었다. 하지만 아에티우스 사후의 서로마제국은 사실상 빈껍데기나 다름없었다. 이 와중에 게르만족의 여러 분파가 계속해서 영토를 잠식하며 내정간섭을 일삼았다.

서로마제국은 476년 게르만족 출신 용병 대장 오도아케르Odoacer(435~493)가 정변을 일으키고 황제를 폐위한 끝에 멸망하고 말았다. 당시 서로마제국은 황제가 될 명분을 가진 황족조차 부족한 상황이었고, 결국 오도아케르는 스스로 왕이 되어 동로마제국을 상국으로 섬겼다. 서로마제국의 장군 시아그리우스Syagrius(430~487), 율리우스 네포스Julius Nepos(430?~480) 등이 재건을 시도했지만 실패했다. 동로마제국이 게르만족의 분파인 동ﮔ고트족을 앞세워 눈엣가시처럼 여겼던 오도아케르 왕국을 멸망시키자 서로마제국의 영토는 무주공산으로 전락했다.

서로마제국의 멸망 후 언어와 풍습, 문화가 서로 달랐던 게르만족의 여러 분파가 주인 잃은 땅으로 물밀듯이 밀려들었다. 그들이 크고 작은 나라를 세우자 로마의 지배로 하나의 영역성과 정체성을 띠었던 유럽은 잘게 쪼개졌다. 특히 각 나라는 알프스산맥, 피레네산맥 같은 험준한 산지와 구릉지로 서로 단절된 채 시간이 갈수록 이질성이 심화했다. 게르만족의 영향력이 강했던 중부와 북부 유럽은 오늘날의 영국, 독일, 네덜란드 등 게르만계 국가들로 분화해갔다. 남부 유럽은 로마의 영향력과 게르만족의 영향력이 뒤섞이며 오늘날의 스페인, 이탈리아, 프랑스 등 다양한 색깔의 국가들로 분화해갔다. 이 과정에서 로마의 언어였던 라틴어 또한 유럽 내의 다양한 언어로 갈라졌다. 기후변화가 촉발한 훈족

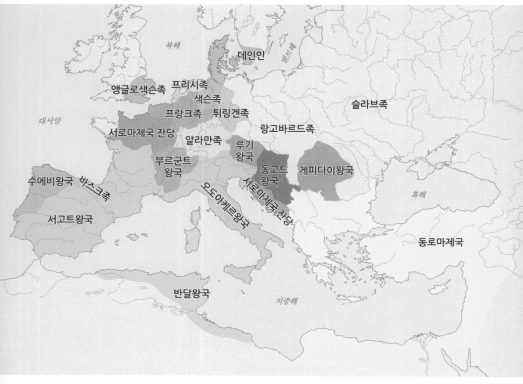

서로마제국 멸망 후의 유럽

476년 서로마제국이 멸망하자 유럽은 게르만족의 여러 분파가 세운 수많은 나라로 사분오열되었다. 모두 게르만족에 속해 있기는 하나 서로 언어와 풍습, 문화가 달랐고, 강, 산맥 등으로 단절되며 이들 나라는 시간이 흐를수록 이질성이 심화했다. 이때 형성된 틀이 중세와 근세를 지나 근대 민족국가들의 영역으로 이어졌다.

의 서진, 이에 따른 게르만족의 남하, 서로마제국의 멸망이 연쇄적으로 작용하며, 말 그대로 세상이 뒤집힌 것이었다.

지금까지 살펴본 것처럼 하나의 세계관으로 묶여 서구 문명의 토대가 되었던 유럽이 분열한 배후에는 기후변화가 있었다. 로마가 아직 이탈리아반도의 공화국이었던 시절, 기후변화로 척박해진 고향 몽골을 떠났던 흉노족은 중앙아시아에서 수 세대에 걸쳐 힘을 회복했다. 하지만 중앙아시아마저 기후변화로 살기 어려워지자 흉노족의 대를 이은 훈족 또한 서진했고, 그러자 지금의 북유럽 일대에 살았던 게르만족이 이에 밀려 로마를 향해 남진했다. 당시 로마, 특히 서로마제국 또한 기후변화로 농업 생산성이 추락하며 전체적인 국력이 약해진 탓에 이를 효과적으로 막아내지 못했다. 훈족마저 침공하자 서로마제국은 힘없이 무너졌고, 무주공산이 된 빈 땅에는 수많은 게르만계 국가가 들어섰다. 이 분열상이 오늘날 유럽 지도의 밑그림이 되었다.

어느 지리학자는 광대한 평야가 발달하고 황허강과 양쯔강을 운하로 이을 수 있었던 중국의 지형 그리고 험준한 산맥과 구릉이 발달하고 하계망河系網이 복잡한 유럽의 지형 차이가 통일된 중국과 분열된 유럽의 차이로 이어졌다고 설명했다.[16] 즉 중국은 천연 장애물이 없어 동부의 드넓은 평야에서 발생한 소출을 거대한 운하를 통해 중앙으로 가져와 통일 왕조를 유지할 수 있었지만, 여러 산맥으로 나뉜 데다가 하천도 길게 이어지지 못했던 유럽은 언어도 문화도 다른 여러 나라로 분화할 수밖에 없었다는 것이다. 분명 일리 있는 설명이다. 다만 중국과 유럽의 상이한 지정학적 판도에는 지형적 특성뿐 아니라, 기후변화라는 요인 또한 영향을 미쳤다고 봄이 타당하다.

WORLD HISTORY UNDER FOOT

2부

교차하는 길

이슬람 문명과 실크로드

5장

실크로드가 바꾼 중앙아시아의 색

불교에서 이슬람으로

오늘날의 우즈베키스탄, 키르기스스탄, 투르크메니스탄, 카자흐스탄, 아프가니스탄, 중국의 신장웨이우얼新疆維吾爾자치구 등지를 아우르는 중앙아시아는 실크로드가 지나는 동서 문명 교류의 땅이었다. 이곳을 통해 가히 전 세계가 관계했는데, 동아시아 끝 한반도에도 그 흔적이 남아 있다. 바로 8세기 만들어진 석굴암의 불상으로, 중앙아시아를 통해 전해진 헬레니즘 미술과 간다라Gandhara 미술의 영향이 잘 드러난다. 헬레니즘 미술은 알렉산드로스 대왕의 동진을 계기로 그리스 미술과 오리엔트 미술이 혼합되어 탄생했고, 이것이 다시 인도반도의 토착 미술과 뒤섞이며 간다라 미술이 탄생했으니, 교류의 땅이라는 중앙아시아의 특징이 미술에도 반영되었던 셈이다.

석굴암 불상의 문명 교류사가 시사하듯 중앙아시아는 본래 불교의 땅이었다. 중앙아시아는 기원전부터 불교가 퍼진 지역이었고, 특히 한반도의 종교와 문화에 절대적인 영향을 미친 대승불교가 탄생한 곳이었다. 간다라 미술의 탄생지이자 불교의 성지로도 잘 알려진 간다라(오늘날 파키스탄 북서부 및 아프가니스탄 남부 일대)도 인도가 아닌 중앙아시아에 있다.

그렇다면 문명 교류의 무대는 왜 하필 중앙아시아였을까. 우선 고대에는 항해술과 조선술이 발달하지 않아 해로를 통한 교류가 제한되었다. 그렇다면 육로를 통해야 할 텐데, 북쪽의 시베리아는 사람들이 오갈 만한 곳이 아니었다. 그보다 약간 아래의 키질쿰Kyzylkum사막과 고비사막 또한 일부 오아시스를 잇는 길 외에는 오가기가 매우 어려웠다. 남쪽의 동남아시아는 열대우림이 우거진 탓에, 그보다 약간 위의 히말라야산맥, 헝돤橫斷산맥, 티베트고원은 이동로가 너무 좁고 험준한 탓에 역시 교류가 힘들었다.

반면에 그 사이, 타림Tarim분지에서 카스피해로 이어지는 중앙아시아의 광대한 공간은 스텝과 오아시스로 가득해 대규모 상단의 장거리 이동에 어려움이 없었다. 스텝의 유목 민족은 동서 간의 문화와 문물을 매개했고, 오아시스 주변에는 무역도시가 발달했다. 중앙아시아의 톈산天山산맥, 파미르Pamir고원, 힌두쿠시산맥 등은 매우 험준하지만 중간중간 통로가 있어 이동에 큰 문제가 없었다. 이런 지리적 이유들로 중앙아시아는 이미 기원전부터 문명 교류의 무대가 되었고, 고대 인도 왕조들은 파미르고원과 힌두쿠시산맥을 넘어 중앙아시아까지 지배했다. 그 외 차마고도茶馬古道라 해 중국 서부와 티베트고원, 인도반도를 지나며 동아시아와 남아시아를 잇는 오래된 교역로가 있었으나, 동서양을 잇는 실크로드에 비하면 문명 교류에 미친 영향은 제한적이었다.

또 한 가지 의문은 원래 불교 문화권이었던 중앙아시아가 언제, 어떻게 이슬람 문화권으로 바뀌었는지다. 중앙아시아에는 불교 성지와 유적이 매우 많이 남아 있다. 이들은 과거 이곳에 불교가 번성했음을 묵묵히 증명한다.

중앙아시아의 주요 종교가 바뀐 데는 창시 이래 급속히 전파되었던 이슬람의 동방 진출이 영향을 미쳤다. 그 과정에서 이슬람 세력이 중앙아시아의 중국 세력과 경쟁해 승리하며, 지금의 종교 지도가 완성되었다. 그 직접적인 계기는 이슬람과 중국 두 세력 사이에서 처음이자 마지막으로 벌어진 대규모 무력 충돌인 탈라스Talas전투였다.

—— 불교의 땅, 고대 중앙아시아

마우리아Maurya왕조, 쿠샨Kushan왕조 등 불교를 숭상했던 고대 인도 왕조의 핵심 영역은 인더스강 유역을 중심으로 한 인도반도 중북부와 중앙아시아 일대였다. 그렇다 보니 자연스레 중앙아시아로 불교가 널리 확산되었다. 특히 간다라는 불교가 중앙아시아를 거쳐 유라시아의 동서로 전파되는 중계지였다. 실크로드를 타고 다양한 종교가 교차했던 중앙아시아에서도 불교는 7~8세기까지 가장 대표적인 종교였다. 비록 2001년 탈레반에 파괴당했지만, 거대한 위용을 자랑했던 아프가니스탄 바미안Bamiyan주의 석불만 보아도 당시 불교가 얼마나 융성했을지 짐작할 수 있다. 중앙아시아의 불교는 그리스 일대까지 전파되어 헬레니즘 문화에도 영향을 미쳤다. 물론 중앙아시아의 불교 문화도 실크로드를 따라 유입된 그리스, 페르시아 등의 문화에 영향받으며 변용하고 발전

부처와 낙원

4세기경 간다라에서 만들어진 부조로
부처가 설파한 낙원을 묘사하고 있다.
유럽 미술이 조각에 흰색 대리석을 활
용했다면, 간다라 미술은 현지에서 많
이 나는 흑청색 돌을 주로 사용했다. 파
키스탄의 카이베르파크툰크와(Khyber
Pakhtunkhwa)주에서 발견되었다.

했다.

고대 인도의 역대 왕조 중에서 30년 등장한 쿠샨왕조는 북쪽으로 진
출해 오늘날의 아프가니스탄 동부, 타지키스탄, 키르기스스탄, 우즈베
키스탄 등을 지배했다. 그 결과 쿠샨왕조는 중앙아시아의 토속 문화 및
실크로드를 통해 유입된 문화에 많은 영향을 받았다. 대표적으로 실크
로드를 따라 전해진 조로아스터교 등에 영향받은 대승불교가 쿠샨왕조
시대에 탄생했다. 대승불교에 미친 조로아스터교의 영향 중 가장 대표
적인 것이 바로 보살이다. 조로아스터교는 현실적인 도움, 정의를 위한
투쟁, 천상의 구제자, 중생 구원 등의 특징을 지니는데, 이것들이 대승불
교에서 보살로 구체화되었다. 이는 좀 더 원시 불교에 가까우며 개인의
수행을 강조한 상좌부上座部불교(부파部派불교)와 구별되는 특징이다. 이

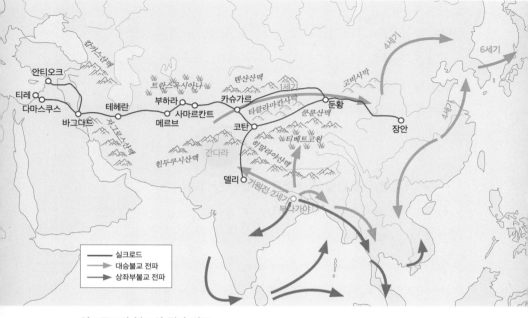

실크로드와 불교의 전파 경로
중앙아시아를 가운데 두고 동양과 서양을 이어주며 문명의 교류를 담당한 실크로드의 주요 경
로다. 산맥과 사막을 피해 만들어졌음을 알 수 있다. 중국 중원부터 아라비아반도의 지중해 연
안까지 이어지는데, 그 너머로도 여러 무역로가 존재해 동쪽으로는 일본까지, 서쪽으로는 로마
까지 연결되었다. 한편 인도반도 북부의 부다가야(Bodh Gaya)에서 탄생한 불교는 간다라와
실크로드를 통해 동쪽으로, 또 남쪽으로 전파되었다.

후 대승불교는 실크로드를 따라 1세기 후반 한나라에 전해져 3~4세기 무렵에는 유교, 도교와 더불어 중국의 주류 사상으로 자리 잡았고, 그 이후 한반도와 일본, 베트남*에까지 전파되었다. (상좌부불교는 스리랑카, 미얀마, 태국, 라오스, 캄보디아 등 동남아시아로 전파되었다.) 그러면서 동아시아는 유불선儒佛仙, 즉 유교, 대승불교, 도교가 지배하는 문화권으로 굳어졌다.

—— 기후변화에 힘입어 중국을 통일한 당나라

한나라가 멸망한 220년 이후 중국은 위진남북조魏晉南北朝 시대를 맞아 크게 분열했다. 위진남북조 시대는 세부적으로 삼국 시대(220~280), 서진西晉의 통일 시대(265~317), 동진東晉 및 오호십육국五胡十六國 시대(304~439), 남북조 시대(420~589)의 네 시대로 다시 나뉜다. 삼국시대는《삼국지연의》의 배경이 되는 때로, 위, 촉, 오가 천하 패권을 두고 자웅을 겨루었다. 그중 위가 나머지 두 나라를 제압하며 천하통일을 이루지만, 공신 사마의司馬懿(179~251)의 손자 사마염司馬炎(236~290)이 건국한 서진에 멸망당했다. 서진이 이민족의 난으로 멸망하자, 사마염의 아들 중 한 명인 사마예司馬睿(276~322)가 동진을 건국했다. 그 외에도 북쪽의 이민족들이 세운 13개 나라와 한족이 세운 세 개 나라가 난입해

---

* 베트남은 흔히 동남아시아 국가로 여겨지지만, 고대부터 중국의 영향을 강하게 받아 유교, 대승불교, 도교, 한자 등 문화적으로 동아시아 국가들과 동질적인 요소가 많다. 따라서 동아시아 국가로 분류하는 경우도 적지 않다. Nguyen, Q. H., Michal, V., Julia, K., Elena, R., and Tatyana, C., "Religion, culture and Vietnam seen from a cultural-religious point of view," *European Journal of Science and Theology* Vol. 4, 2020, pp. 138~140.

서로 경쟁했다. 이들 나라는 이민족 왕조의 북조와 한족 왕조의 남조로 재편되어 양립했다. 결국 북조의 마지막 왕조인 북주北周의 왕위를 물려받은 문제文帝(541~604)가 581년 수나라를 세우고 남조의 마지막 왕조인 진陳나라를 멸망시키며 다시 한번 천하를 통일했다. 583년 수나라는 중앙아시아를 지배하던 튀르크계 유목 민족 돌궐의 내분에 개입해 동서로 분열시키며, 세력을 공고히 했다.

수나라는 2대 황제 양제煬帝(569~618)의 폭정으로 멸망하지만, 618년 건국된 당나라가 통일 왕조의 바통을 이어받으며 중국은 분열을 피했다. 300년 가까이 이어진 당나라는 이전의 한나라는 물론이고, 이후의 송나라, 명나라에 비해서도 광대한 영토를 지배하며 강력한 영향력을 발휘했던 강대국이었다.

당나라의 번영은 기후변화에 힘입은 것이기도 했다. 7세기 초반부터 중국의 기후가 온난 습윤해지며 당나라에는 이모작이 보편화되었다.[1] 농업 생산성의 증가로 인구가 늘고 경제가 발달하자, 당나라의 국력은 한나라를 능가했다.

안정적으로 강력한 힘을 발휘하게 된 당나라는 과거 한나라 무제가 그랬듯이 영토 확장에 나섰다. 그 주된 방향은 중국의 북쪽과 서쪽 방면의 중앙아시아였다. 중앙아시아는 중국과 적대 관계를 이어왔던 유목 민족들의 근거지인 동시에 실크로드가 지나는 곳이었다. 중앙아시아를 차지한다면 유목 민족들을 복속시켜 심각한 위협을 제거할 뿐 아니라, 동서 교역로인 실크로드를 통해 막대한 부까지 얻을 터였다. 실제로 실크로드를 따라 이뤄진 당나라와 위구르족의 견마絹馬무역은 거대한 이윤을 창출했다. 견마무역이란 말 그대로 당나라와 유목 민족이 비단과 말을 교환했던 무역이다. 이로써 당나라는 위구르족의 무력을 통제 및 활용할 수 있었고, 위구르족은 막대한 부를 쌓을 수 있었다.

한편 수나라가 지고 당나라가 떠오르는 혼란기에 중국을 압도한 세력은 동東돌궐이었다. 당나라 태종太宗(599~649)이 626년 쿠데타로 제위에 오르자 군벌 양사도梁師都(570~628)가 반기를 들었는데, 동돌궐은 그의 편에 서서 당나라의 도읍인 장안 근처까지 들이쳤다. 태종은 동돌궐의 지도자 일릭 카간Ilig Kaghan(?~634)에게 막대한 공물을 바치며 강화 조약을 맺어야 했다. (카간은 튀르크계와 몽골계 유목 민족이 황제를 가리키던 칭호다.)

하지만 때마침 시작된 기후변화와 동돌궐의 분열은 중앙아시아 동부의 지정학적 질서를 뒤흔들었다. 627년 동돌궐의 영역이었던 몽골에 시베리아기단의 이상 발달로 자연재해인 주드dzud가 불어닥쳤다. 주드는 대략 10년 주기로 시베리아와 중국 동북부를 뒤덮는 한랭한 기단인데, 기온이 영하 40도 이상 떨어진다. 당시 이례적일 만큼 강력한 주드로 스텝의 풀이 전부 말라 죽으며 돌궐의 경제와 식량, 전투력을 떠받쳤던 가축이 대량 폐사했다. 몽골을 휩쓴 혹한과 폭설, 가뭄이 얼마나 심했던지, 당나라 사신 정원숙鄭元璹(?~646)은 동돌궐이 3년 안에 멸망할 것이라고 조정에 보고할 정도였다.[2] 엎친 데 덮친 격으로 627년에는 동돌궐에 복속했던 여러 유목 민족이 반기를 들었고, 동돌궐 지배층도 내분으로 쪼개졌다.

당나라 태종은 이러한 호기를 그냥 흘려보내지 않았다. 630년 이정李靖(571~649)이 이끄는 당나라군이 침공하자, 자연재해와 내분으로 힘이 빠진 동돌궐군은 수적 우위와 방어의 이점을 살리지 못한 채 참패했다.

2002년 몽골을 덮친 주드
주드는 단순히 춥기만 한 날씨가 아니다. 풀을 전부 말려 죽이기 때문에, 어떠한 생물도 목숨을 부지하기 어렵다. 식량부터 이동과 전투까지 모든 것을 가축에 의존한 과거 몽골에서 이는 특히 큰 문제였다. 아무리 강성한 세력이라도 강력한 주드를 겪은 후에는 힘을 잃을 수밖에 없었다.

결국 포로로 잡힌 일릭 카간이 634년 장안에서 사망하면서 동돌궐은 멸망했다.

한편 서西돌궐은 달두 카간Tardu Kaghan(?~603)의 지도로 카스피해 동안까지 영토를 확장했다. 달두 카간은 사산왕조 페르시아의 영토를 빼앗기 위해 한때 동로마제국과 동맹을 맺을 정도로 기세등등했지만, 600년 수나라 원정에 실패한 뒤 603년 사망했다.

달두 카간 사후 서돌궐은 권력 공백에 따른 혼란과 내분이 이어지며 쇠퇴하다가 659년 무너졌다. 이후 683년 돌궐은 당나라에서 독립해 자신들의 제국을 재건했지만, 8세기 초반 또다시 내분에 휘말린 끝에 744년 완전히 멸망했다.

—— 지정학적으로 유일한 선택지, 서진

돌궐이 몰락하자 그들이 지배했던 중앙아시아로 당나라가 쇄도했다. 중앙아시아는 호시탐탐 세력 확장의 기회를 노리던 당나라에 거의 유일한 선택지였다. 북쪽의 시베리아는 거리가 먼 데다가 불모지였고, 남쪽의 동남아시아는 험준한 산맥, 열대우림으로 접근이 어려웠다. 백제와 고구려를 멸망시킨 뒤 한반도를 지배하려던 시도는 신라의 저항과 발해의 건국으로 무산되었다. 일본은 바다 너머에 있었다. 하여 남은 출로는 서쪽의 중앙아시아뿐이었다. 게다가 그곳에는 막대한 이익을 가져다줄 실크로드가 있었다! 물론 중앙아시아의 톈산산맥, 파미르고원, 힌두쿠시산맥 등도 험준했지만, 이미 기원전부터 실크로드를 따라 크고 작은 길들이 개척된 상태였다.

광대한 중앙아시아는 중국과는 언어도 문화도 풍습도 다른 지역이었기 때문에, 당나라는 각지를 기미부주羈縻府州라는 자치령으로 삼은 다음 안서도호부安西都護府에 예속시켰다. 도호부는 조정이 파견한 일종의 총독인 절도사節度使가 다스리는 지방 행정단위로, 중앙에서 통제가 가능했다. 이렇게 함으로써 당나라는 중국을 넘어 중앙아시아까지 지배하는 명실상부한 세계제국으로 거듭날 수 있었다.

당나라의 위세는 6대 황제 현종玄宗(685~762) 재위기에 정점에 달했다. 현종은 돌궐을 평정하고 티베트고원을 지배했던 토번吐蕃을 압도하며 중앙아시아 동부를 장악했다. 실크로드를 장악한 당나라는 막대한

북정도호부
(北庭都護府)

안북도호부
(安北都護府)

안동도호부
(安東都護府)

돌궐

거란족

발해

선우도호부
(單于都護府)

안서도호부
(安西都護府)

신라

농우도
(隴右道)

하북도
(河北道)

하동도
(河東道)

관내도
(關內道)

하남도
(河南道)

토번

경기도
(京畿道)

도기도
(都畿道)

산남서도
(山南西道)

산남동도
(山南東道)

회남도
(淮南道)

검남도
(劍南道)

강남동도
(江南東道)

검중도
(黔中道)

강남서도
(江南西道)

안남도호부
(安南都護府)

영남도
(嶺南道)

당나라의 행정구역

수나라를 꺾고 천하 대권을 쥔 당나라는 기후변화와 내분으로 동궐이 몰락하자 중앙아시아로
쇄도했다. 그래서 영토가 서쪽으로 삐죽 튀어나온 듯한 모양이 되었다. 당나라는 자치령을 세워
중앙아시아를 다스렸는데, 세금을 가혹하게 매기고 온갖 폭정을 일삼아 이민족의 원성을 샀다.
한편 이런 자치령은 중앙정부 몰래 군사력을 키울 절호의 환경이 되어 훗날 거대한 반란의 씨앗
이 되었다.

부를 축적할 수 있었고, 수도 장안에는 서역의 진기한 문물과 사치품이 넘쳐났다.

한편 당나라가 장악하면서 중앙아시아에서 불교의 영향력이 더욱 커졌다. 중앙아시아를 거쳐 중국으로 전파된 불교가 당나라의 세력 확장을 따라 중앙아시아에 역으로 전파되었던 셈이다.

—— '상인의 종교' 이슬람의 탄생

중앙아시아 동쪽에서 당나라가 세력을 확장하던 무렵 서쪽에서는 세계사의 흐름을 크게 바꿀 대사건이 벌어지고 있었다. 바로 이슬람의 탄생이었다.

6세기 무렵 아라비아반도에서는 상업과 무역이 크게 발달했으니, 동로마제국과 사산왕조 페르시아의 오랜 충돌이 그 원인이었다. 아라비아반도의 상인들은 홍해와 아라비아해, 페르시아만을 누비며 동로마제국과 사산왕조 페르시아 사이의 중계무역을 담당했다. 그들의 본거지는 아라비아반도 서부의 무역도시 메카Mecca였다. 메카는 항구도시 제다Jeddah와 인접한 데다가 분지에 있어 외침을 방어하기에 유리했고, 사막에 둘러싸여 있지만 지하수가 풍부해 생활하는 데 무리가 없었다. 돈과 사람이 모여들면서 메카는 국제도시로 발돋움했다. 하지만 아랍인들은 아직 통일된 나라를 이루지 못한 채 서로 다른 원시종교를 숭배하는 여러 부족으로 나뉘어 있었다.

그 와중에 이슬람을 창시한 예언자 무함마드(570~632)는 630년 메카에 입성한 뒤 아라비아반도를 이슬람의 땅으로 통일해나갔다. 구심점 없이 흩어져 있던 아랍인들이 이슬람으로 일치단결하면서 강력한 이슬람제국이 처음으로 모습을 드러냈다. 신앙으로 무장한 아랍인들은 성전 聖戰을 위해서라면 죽음도 두려워하지 않는 용감무쌍한 전사가 되었다. 무함마드의 직계 후계자인 정통 칼리파khaliifa들은 이슬람제국의 팽창을 위한 정복 전쟁에 나섰다.

칼리파란 이슬람에서 정치와 종교의 최고 지위를 겸하는 군주를 뜻한다. 아울러 정통 칼리파란 무함마드가 사망한 632년부터 661년까지 이슬람제국을 다스렸던 네 명의 칼리파를 가리킨다. 무함마드의 사촌 동생인 4대 칼리파 알리 이븐 아비 탈리브Ali ibn Abi Talib(601~661)가 암살당하며 정통 칼리파 시대는 막을 내렸다. 이후 알리의 지지자와 그를 암살한 무아위야 1세Muawiyah I(602?~680?)가 세운 우마이야Umayya왕조 (661~750)의 지지자들은 이슬람의 양대 종파인 시아파와 수니파로 분열했다. 이처럼 이슬람제국은 신앙을 중심으로 뭉쳤다가, 권력 다툼을 이유로 분열했다. 실제로 일반적인 의미에서 이슬람제국은 무함마드가 사망한 632년부터 우마이야왕조가 멸망한 750년까지의 이슬람 왕조를 가리킨다.

—— 종교적 열심으로 나선 호랑이 사냥

이슬람제국의 칼끝은 아라비아반도에 접해 있던 동로마제국과 사산 왕조 페르시아라는 두 제국을 향했다. 무함마드가 아라비아반도를 통일할 무렵 이들은 이미 '이빨 빠진 호랑이' 신세로 전락해 있었다.

동로마제국은 6세기 말에서 7세기 초에 접어들며 흑사병의 대유행, 사산왕조 페르시아와의 오랜 전쟁 등으로 크게 쇠퇴했다. 특히 게르만 족이 멸망한 서로마제국의 빈자리를 채우러 서유럽으로 대거 이동하자,

동유럽 일대에 퍼져 살던 슬라브족이 게르만족의 원래 터전을 향해 남하했다. 동로마제국으로서는 상대해야 할 적이 또 하나 늘어난 꼴이었다. 그런데 사산왕조 페르시아는 그런 동로마제국보다 힘이 없었다. 로마의 66대 황제인 헤라클리우스 1세Heraclius I(575~641)는 대대적인 개혁으로 동로마제국을 일신한 뒤 사산왕조 페르시아를 상대로 연승을 거두며 회복 불능의 타격을 입혔다. 하지만 동로마제국의 국력 손실 또한 만만치 않았다.

그 와중에 힘을 모은 이슬람제국은 자연스레 주변 지역 정복을 통한 영토 확장에 나섰고, 이슬람 전파라는 종교적 사명은 이를 촉진하는 굳건한 명분으로 작용했다. 오랜 전쟁으로 피폐해진 동로마제국과 사산왕조 페르시아는 종교적 열정에 불타오르는 이슬람제국의 맹공을 당해내지 못했다. 게다가 이슬람제국은 피정복민의 민심을 얻는 데 성공했다. 이슬람으로 개종한 자를 우대한 데다가 이교도의 문화와 관습도 어느 정도 용인하는 등 관용을 베풀었기 때문이다. 기나긴 전란에 지칠 대로 지친 동로마제국과 사산왕조 페르시아의 백성 중에는 새로운 신앙인 이슬람에 열광하는 이들이 적지 않았다. 결국 651년 사산왕조 페르시아가 먼저 멸망했다. 이로써 1000년 이상 조로아스터교가 지배하던 서아시아가 이슬람 문화권에 편입되었다. 동로마제국은 멸망은 피했으나, 오늘날의 이집트에서 리비아에 이르는 북아프리카 동부와 레반트Levant라 불린 동지중해 연안을 모두 이슬람제국에 내주어야 했다.

이로써 지중해까지 세력을 넓힌 이슬람제국은 661년 중대한 전환을 맞이했다. 정통 칼리파 시대가 종식되고 우마이야왕조가 그 뒤를 이은 것이었다. 우마이야왕조는 더 많은 돈, 더 강한 힘을 얻고 영역을 더욱

물탄의 동전

우마이야왕조가 오늘날의 파키스탄에 해당하는 지역, 특히 물탄(Multan)을 원정한 기념으로 715년경 발행한 동전이다. 이로써 두 가지 사실을 알 수 있는데, 첫째, 우마이야왕조의 영토가 굉장히 넓었다는 것, 둘째, 우마이야왕조를 통해 불교 문화와 이슬람 문화가 자연스레 혼합되었다는 것이다.

넓히는 데 몰두했다. 그 대상은 서로마제국 멸망 이후 수많은 게르만계 국가가 난입한 북아프리카 서부와 서유럽 그리고 실크로드가 지나는 중앙아시아였다. 실제로 우마이야왕조는 북아프리카와 이베리아반도 전역을 정복하는 데 성공했다. 이를 계기로 이베리아반도는 1492년까지 이슬람 세력이 지배했고, 그 결과 이슬람은 오늘날 스페인과 포르투갈의 문화가 탄생하는 데 많은 영향을 미쳤다. 이처럼 거칠 것 없어 보였던 우마이야왕조의 기세는 732년 프랑크Frank왕국과 벌인 투르Tours-푸아티에Poitiers전투에서 패배하며 수그러들었다. 프랑크왕국은 게르만족의 한 분파인 프랑크족이 갈리아에 세운 왕국으로, 9세기까지 존속했다. 오늘날의 독일, 프랑스, 이탈리아가 프랑크왕국에서 기원했다. 프랑크왕국이 필사의 각오로 이슬람제국을 막아낸 투르와 푸아티에는 오늘날 프

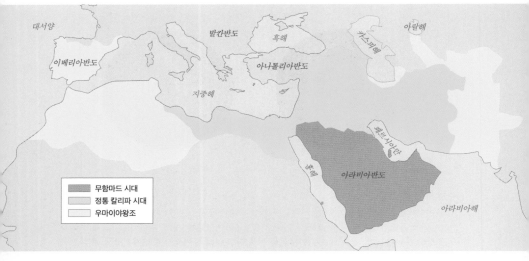

지도 범례:
- 무함마드 시대
- 정통 칼리파 시대
- 우마이야왕조

지도 지명: 대서양, 이베리아반도, 발칸반도, 흑해, 아나톨리아반도, 카스피해, 아랄해, 지중해, 페르시아만, 홍해, 아라비아반도, 아라비아해

이슬람제국

아라비아반도에서 탄생한 이슬람은 곧 아랍인들의 강력한 구심점이 되었다. 신앙으로 무장한 그들은 복음 전파와 영토 확장에 집중했다. 특히 무함마드 시대부터 정통 칼리파 시대를 지나 우마이야왕조 시대까지 100여 년간 단일한 세력을 유지하니, 이를 이슬람제국이라 부른다. 이슬람제국은 서쪽으로는 이베리아반도까지, 동쪽으로는 중앙아시아 남부까지 차지했다.

랑스의 남서부 지역이다.

한편 우마이야왕조의 중앙아시아 원정은 705년 호라산Khorasan(오늘날 이란 동북부) 총독 쿠타이바 이븐 무슬림 알바힐리Qutayba ibn Muslim al-Bahili(669~715)의 주도로 시작되었다. 우마이야왕조는 730년대 말에 이르러 인더스강과 시르다리야Syr Dar'ya강 유역까지 진출함으로써 남쪽으로는 인도반도와 인접했고 북쪽으로는 실크로드가 지나는 비옥한 평야 지대인 트란스옥시아나Transoxiana(오늘날 우즈베키스탄 남동부 일대)까지 진출했다.

—— 당나라와 이슬람제국, 실크로드에서 충돌하다

당나라와 우마이야왕조가 실크로드의 지배자를 꿈꾸며 모두 중앙아시아로 진출했으니, 그 두 세력의 충돌은 당연한 결과였다. 사실 당나라와 이슬람제국은 650년 무렵부터 서로 외교 사절을 보내며 교류해왔다. 한편 717년에는 당나라가 톈산산맥 일대에 살던 튀르크계 유목 민족인 카를루크Kharluk족과 연합해 우마이야왕조의 동진을 저지하기도 했다. 다만 두 세력이 외교적으로 갈등을 봉합하며 무력 충돌이 더는 발생하지 않았다. 하지만 당나라와 우마이야왕조의 영토가 사실상 붙어 있다시피 한 이상 충돌의 가능성이 완전히 사라진 것은 아니었다.

우마이야왕조는 750년 아부 알아바스 알사파흐Abu al-Abbas al-Saffah(722~754)가 일으킨 반란으로 몰락하고, 곧 아바스Abbas왕조가 이슬람 세계를 이끌게 되었다. 아부 알아바스의 근거지는 우마이야왕조의 중심지였던 아라비아반도보다 동쪽인 호라산 일대였기 때문에 중앙아시아에 대한 관심이 훨씬 컸다. 수도를 다마스쿠스Damascus에서 좀 더 동쪽에 있는 바그다드로 천도한 배경에도 중앙아시아와의 연결 고리를 강화하려는 의도가 깔려 있었다. 747년 본격적으로 동진을 시작한 아부 알아바스는 같은 해 토번과 동맹을 맺었다. 토번으로서는 당나라를 견제할 연합군이 필요했고, 아부 알아바스도 중앙아시아에 익숙한 연합군이 필요했기 때문이다. 이후 기세를 몰아 페르가나Fergana까지 진출하며 중앙아시아에 대한 지배력을 키웠다. 페르가나는 우즈베키스탄 남동단의 고도古都로, 이곳에서 톈산산맥을 넘으면 실크로드의 중요한 길목이자 당나라가 차지한 타림분지가 펼쳐진다. 이로써 아바스왕조는 당나라의 목전까지 진출했다.

750년을 전후로 당나라도 대대적인 서진을 시작했다. 그보다 10여 년 앞서 토번이 파미르고원 북부까지 진출한 것이 직접적인 계기였다. 토번은 파미르고원 북부 일대의 20여 개국을 속국으로 삼은 데다가 당나라의 원정을 세 차례나 격퇴했다. 토번이 중앙아시아에 진출해 당나라의 속국들을 흡수한 다음 이슬람 세력과 연합한다면, 당나라의 중앙아시아 및 실크로드 지배는 치명타를 입을 터였다. 이에 따라 당나라 현종은 안서도호부에 소속되어 군공을 세워온 고구려 유민 출신 고선지高仙芝(?~755)를 일종의 유격 부대 사령관인 행영行營절도사에 임명하며 토번 격퇴를 명했다.

747년 고선지는 정예부대 1만 명을 데리고 당나라 국경을 넘었다. 지리적으로 멀리 떨어져 보급이 어려운 중앙아시아를 원정하려면 소수로 구성된 정예부대를 동원하는 게 유리하다고 판단했기 때문이다. 고선지는 산간지대에서도 신속하게 물자를 운송하고 기동전을 수행할 수 있도록 보병도 말을 타게 했다. 이를 승마보병이라 한다. 다만 기병이 전투시에도 말을 타고 있는 것과 달리, 승마보병은 말을 타고 전장까지 이동할 뿐, 싸울 때는 말에서 내렸다.[3]

이처럼 만반의 준비를 한 고선지는 평균 해발고도가 6000미터 이상 되는 파미르고원으로 진격해 토번군의 거점인 연운보連雲堡(오늘날 아프가니스탄, 타지키스탄, 파키스탄의 국경이 맞닿는 와칸Wakhan회랑 일대)를 쳤다. 연운보는 파미르고원의 험준한 계곡을 따라 설치된 난공불락의 요새였다. 1만 명의 토번군이 연운보를 지켰고, 일대의 모든 병력을 합치면 무려 10만 명에 달했다. 고선지는 이에 아랑곳하지 않고 부대를 세 개로 쪼개 연운보를 동시다발적으로 기습하는 양동작전을 벌여 하루 만에 함락시켰다. 연운보 함락은 토번에 파미르고원 북부를 지배할 지리적 거점의 상실을 의미했다. 난공불락으로 여겨졌던 연운보가 함락되자 고선지의 이름은 중앙아시아 전역으로 퍼져나갔다. 고선지는 기세를 몰아 실크로드가 지나는 요지인 소발률국小勃律國(오늘날 파키스탄 길기트발티스탄Gilgit-Baltistan주 길기트Gilgit시 일대)을 정벌했다. 고선지는 이후 파미르고원 일대의 여러 나라를 평정해 다시 당나라에 복속시켰다.

—— 들불처럼 번져가는 반당 정서

750년 현종은 아바스왕조를 견제하고 실크로드에 대한 지배력을 강화하고자 안서도호부의 절도사로 승진한 고선지에게 석국石國(오늘날 우즈베키스탄 타슈켄트Tashkent주 일대) 평정을 명했다. 석국이 당나라를 이반하고 아바스왕조에 조공을 바쳤기 때문이다. 고선지가 석국과 분쟁 중이었던 페르가나와 동맹을 맺고 수도를 포위하자, 석국은 항복할 수밖에 없었다. 고선지는 석국의 왕과 그 일가를 장안까지 압송했다. 그런데 당나라 조정은 순순히 항복한 석국의 왕을 참수했다. 이 행태는 석국이 속해 있던 트란스옥시아나 일대의 반당 정서를 고조시켰다.

부왕의 끔찍한 최후를 목격한 석국의 왕자는 장안을 탈출해 사마르칸트Samarkand에 주둔하고 있던 아바스왕조의 장군 지야드 이븐 살리흐 알쿠자이Ziyad ibn Salih al-Khuzai(?~752/753)에게 도움을 청했다. 이븐 살리흐는 호라산의 총독으로, 아부 알아바스의 최측근인 아부 무슬림 알쿠라사니Abu Muslim al-Khurasani(718~755)의 부하였다. 우마이야왕조보다 중앙아시아를 향한 열망이 강했던 아바스왕조가 이 절호의 기회를 놓칠 리 없었다. 아부 무슬림이 보기에 당나라를 그냥 두었다가는 자신의 권력 기반인 트란스옥시아나를 잃을지 몰랐고, 반대로 당나라를 격퇴한다면 이름을 높일 것이 분명했다. 하여 아부 무슬림은 이븐 살리흐를 석국 지원군의 사령관으로 임명하는 한편, 고조된 반당 정서를 이용해 트란스옥시아나 일대의 유목 민족과 중소 왕국들을 포섭했다. 그중에는 오랫동안 당나라의 용병 노릇을 하던 카를루크족도 포함되어 있었다.

751년 고선지는 아바스왕조와 동맹을 맺고 당나라에 또 반기를 든 석국을 다시 한번 공격했다. 그러자 기다렸다는 듯이 이븐 살리흐가 대규모 병력을 이끌고 당나라군 요격에 나섰다. 실크로드를 따라 펼쳐지는 문명 교류의 대서사시에 거대한 전환을 불러올 전투가 막을 올리려 하고 있었다.

—— 탈라스전투와 이슬람 세계로 편입되는 중앙아시아

751년 7월 고선지의 당나라군과 이븐 살리흐의 아바스왕조군이 탈라스강 근처의 평원에서 격돌했다. 톈산산맥의 지맥인 탈라스키알라타우Talassky Alatau산맥(오늘날 키르기스스탄 북부)에서 발원해 무윤쿰Muyun-kum사막(오늘날 카자흐스탄 남부의 잠빌Zhambyl주)까지 흐른 뒤 대수층으로 스며드는 탈라스강 근처에는 탈라스성城이라는 무역도시가 번성했다. 이곳은 당나라와 아바스왕조의 경계에 인접했을 뿐 아니라, 지리적으로 남쪽의 톈산산맥과 북쪽의 무윤쿰사막 사이에서 일종의 통로 역할을 한 요지였다.

탈라스전투는 탈라스성에서 일어난 공성전이 아니라 그 인근에서 일어난 야전이었다. 사료에는 전장이 탈라스강 부근이라고만 기록되어 있을 뿐 정확한 위치에 대한 정보가 부족하다. 다만 오늘날 학계에서는 키르기스스탄 탈라스주 포크로브카Pokrovka 마을 인근의 평원이었을 가능성이 크다고 본다.[4] 탈라스전투에서 양측이 동원한 병력의 규모 또한 정확히 알려져 있지 않다. 다만 고선지 휘하에는 당나라군뿐 아니라 당나라에 복속된 이민족 병력도 다수 포함되어 있었다. 당시 당나라는 험난한 산악 지형과 보급 문제 때문에 중앙아시아 전선에서 소수의 정예부대를 주로 활용했으므로, 고선지는 아바스왕조와의 전투에 필요한 병력을 확보하기 위해 이민족을 대거 끌어들일 수밖에 없었을 것이다.

고선지는 과거 연운보, 소발률국 등을 정벌했을 때처럼 정예부대를 중심으로 신속하고 종심이 깊은 기습 기동을 시도했다. 하지만 아바스왕조와 내통하고 있던 카를루크족 첩자들이 이븐 살리흐에게 고선지의 작전을 누설한 탓에 전혀 먹혀들지 않았다. 그 결과 전투가 길어져 당나라군과 아바스왕조군은 5일이나 대치하며 전투를 이어갔다.

그러던 중 카를루크족 병력이 아바스왕조와의 밀약에 따라 당나라군의 배후를 기습했다. 페르가나 또한 당나라를 배반했다. 아바스왕조군

탈라스강

포크로브카 마을 근방의 풍경이다. 듬성듬성 가옥이 들어서 있는데, 과거에는 완전히 평야였을 것이다. 중앙아시아의 판도를 바꾼 탈라스전투가 바로 이곳에서 벌어졌다. 당시 아바스왕조는 당나라를 꺾고 중앙아시아를 이슬람 세계로 편입시켰다.

에 우세를 점하지 못한 채 지지부진한 대치를 이어가던 당나라군은 배후에서 동맹군이 기습해 오자 혼란에 빠져 급속히 와해했다. 결국 당나라군은 괴멸했고, 고선지를 비롯한 불과 수천 명만이 간신히 목숨을 건진 채 퇴각할 수 있었다.

험준한 산맥과 고원을 넘나들며 중앙아시아를 평정하고 강대한 토번까지 무력화했던 고선지의 신화는 탈라스전투에서 빛이 바랬다. 그 주된 까닭은 중앙아시아의 지정학적 질서의 변화였다. 8세기 초반부터 우마이야왕조가 동진함에 따라 중앙아시아 일대에는 이슬람 세력의 영향

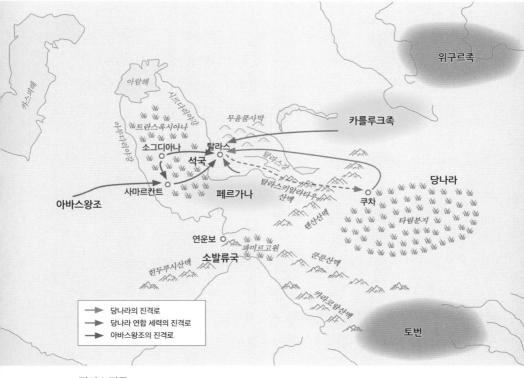

탈라스전투

탈라스전투 전황을 표시한 지도다. 고선지가 앞서 평정한 소발류국과 석국의 위치를 보면 알 수 있듯이 당나라군은 험난한 톈산산맥과 힌두쿠시산맥, 파미르고원을 넘나들며 중앙아시아의 주도권을 쥐었다. 그에 비하면 탈라스는 평야 지대인 트란스옥시아나에 있어서 어찌 보면 당나라군에 더욱 쉬운 전장이었다. 하지만 막상 탈라스전투가 벌어지자 연합 세력이었던 페르가나와 카를루크족이 당나라군을 배신하는 변수가 발생했다. 그 둘의 위치상 당나라군은 속수무책으로 당할 수밖에 없었고, 결국 탈라스전투는 아바스왕조군의 승리로 끝났다.

력이 강해졌다. 게다가 당나라의 석국 왕 살해는 중앙아시아의 주도권이 당나라에서 아바스왕조로 넘어가는 결정적인 계기로 작용했다. 카를루크족과 페르가나의 배신은 이를 상징적으로 보여주는 사건이었다. 즉 탈라스전투의 승패는 전술이나 병력 수준의 차이보다는 중앙아시아의 변화하는 지정학적 질서에 의해 결정되었다고 볼 수 있다.

—— 당나라의 자멸

탈라스전투에서 패배했다고 당나라가 곧바로 무너진 것은 아니었다. 당나라는 혼란을 수습한 뒤 753년부터 755년까지 토번을 거세게 밀어붙여 멸망 직전까지 몰았다.

하지만 755년 겨울에 시작된 안사安史의 난은 당나라를 뿌리까지 뒤흔들었다. 안사의 난은 절도사였던 안록산安祿山(703~757)과 그의 부하 사사명史思明(?~761)이 일으킨 대규모 반란이었다. 당시 당나라의 내치는 환관과 외척의 득세로 매우 문란했다. 그 와중에 권력 다툼까지 끊이질 않아 반란이 일어나지 않는 게 이상할 정도였다. 부패 세력 중 하나로, 실크로드 교역을 통해 막대한 부를 쌓은 안록산은 뇌물과 아첨으로 현종의 총애를 얻어 평로平盧절도사(산둥반도 일대), 범양范陽절도사(오늘날 베이징과 허베이성 일대), 하동河東절도사(오늘날 산시성 일대)를 겸직하게 되었다. 이렇게 당나라 본토의 핵심부인 화북華北 지방을 차지한 안록산은 황제가 될 야심을 품고 740년부터 중앙아시아의 여러 부족과 중소 왕국을 포섭해 반란을 준비했다. 밖에서 보기에는 번영을 구가하는 당나라였지만, 그 안은 기득권의 부정부패, 절도사의 과도한 권한과 병권, 무리한 중앙아시아 원정의 부작용 등으로 썩고 있었다.

결국 안록산은 755년 간신을 토벌한다는 명분으로 반란을 일으켜 연燕나라를 세우고 스스로 황제의 자리에 올랐다. 다른 곳도 아닌 본토의 심장부에서 대규모 반란이 일어나자 당나라는 속수무책으로 당할 수밖에 없었다. 안록산의 영향력이 중앙아시아까지 미치다 보니 반란의 규모는 걷잡을 수 없을 정도로 커졌다. 고선지는 반란 진압 중에 억울한 누명을 쓰고 처형당했다. 반란군이 장안까지 장악하자 토번과 위구르족이 기회를 놓치지 않고 당나라를 침략했다. 763년 간신히 반란을 진압하기까지, 당나라는 인구 70퍼센트를 잃을 정도로 쪼그라들었다. 이후 세계제국의 위용을 회복하지 못한 당나라는 8세기 후반에서 9세기 초반까지 타림분지 서쪽의 영역을 대부분 잃었고, 결국 907년 멸망했다.

탈라스전투 이후 아바스왕조는 트란스옥시아나 동쪽으로 영토를 더 확장하지 않았다. 톈산산맥, 파미르고원 같은 워낙 거대하고 험준한 천연 장애물이 존재했기 때문이기도 하고, 안사의 난을 계기로 토번과 위구르족의 힘이 막강해졌기 때문이기도 했다. 한편 탈라스전투로 세력을 키운 아부 무슬림은 아바스왕조의 2대 칼리파 아부 자파 알만수르Abu Jafar al-Mansur(714~775)에게 견제받다가 755년 암살당하고 말았다.

—— 이슬람 문명의 영역성과 정체성

당나라가 몰락하자 수백 년에서 길게는 1000년 가까이 중앙아시아의 정신세계를 지배했던 불교의 영향력 또한 급감했다. 그 빈자리는 중앙아시아의 새로운 강자로 떠오른 아바스왕조가 전파한 이슬람이 채웠다. 8세기 후반 이후 이슬람은 실크로드를 따라 급격히 확산하며 중앙아시아를 이슬람 문화권으로 바꿔놓았다. 계속해서 동쪽으로 뻗어나간 이슬람은 타림분지의 위구르족 그리고 황투고원 서부 닝샤寧夏(오늘날 산시성과 간쑤성 일대)의 후이回족까지 무슬림으로 개종시켰다. '이슬람'의 한자식 표기는 '회교回敎'인데, 후이족의 개종 과정에서 유래했다.

탈라스전투를 계기로 이슬람을 받아들인 튀르크계 유목 민족 일부는 과거 흉노족의 후예인 훈족이 그랬듯이 서쪽으로 이주해 셀주크Seljuk제국, 오스만제국 등 튀르크계 이슬람 왕조를 세웠다. 이들은 동로마제국을 멸망시키고 아나톨리아반도와 발칸반도까지 진출했다. 즉 탈라스전투를 통해 동방으로 퍼져나간 이슬람은 수백 년 뒤 서방으로 돌아와 또다른 이슬람의 역사를 써 내려갔다. 이러한 점에서 탈라스전투는 훗날 유럽과 아라비아반도, 북아프리카의 역사와 지정학적 질서까지 배태한 계기였다고 볼 수 있다.

탈라스전투는 제지술이 유럽으로 전파된 계기이기도 했다. 아바스왕조는 제지공 출신의 당나라 포로에게서 제지술을 습득했다. 757년 사마르칸트에 제지 공장이 세워졌는데, 그곳에서 만든 종이의 명성은 오늘날에도 대단하다. 제지술이 아바스왕조의 영토를 따라 서쪽으로 전파되면서 8세기 말에는 바그다드가 종이 생산의 중심지로 거듭났다. 제지술은 12세기 이후 유럽 전역으로 전파되었다. 종이는 쉽게 부스러져 실용성이 낮은 파피루스나 동물 가죽으로 만들어 극도로 비싼 양피지와는 비교할 수 없을 정도로 효율적인 기록 매체였다. 제지술 덕분에 책의 보급이 이전보다 훨씬 쉬워졌고, 교육과 학문 또한 급속히 발달했다. 즉 탈라스전투는 9세기부터 13세기까지 이슬람 문화권에서 세계 최고 수준의 인문학과 과학기술이 꽃피우게 한 밑거름인 동시에, 16세기 이후 서유럽을 들썩인 르네상스와 과학혁명의 시발점이었던 셈이다.

6장

길을 둘러싼 두 신성함의 대립
십자군전쟁의 다중스케일적 접근

1095년 11월 교황 우르바누스 2세Urbanus II(1035~1099)는 프랑스왕국 중부의 클레르몽Clermont(오늘날 프랑스 퓌드돔Puy-de-Dôme주 클레르몽페랑Clermont-Ferrand시)에서 그리스도인들을 향해 이교도의 손에 떨어진 성지 예루살렘을 되찾아야 한다고 목소리를 높였다. 이 연설에 호응한 유럽 각지의 기사들은 성지 탈환을 위해 머나먼 예루살렘으로 원정을 떠났다. 이후 1291년까지 200여 년간 계속된 십자군전쟁의 서막이었다.

십자군전쟁은 성지, 즉 예루살렘을 되찾는다는 명분에서 시작된 만큼 '땅'과 밀접한 관계가 있었다. 그리스도교 문화권과 이슬람 문화권의 대립은 물론이고, 유럽의 복잡다단한 지정학적 상황, 동로마제국의 영토 상실과 몰락, 이슬람 세계의 분열 등 여러 지정학적 원인이 얽히고설키며 십자군전쟁이 일어났다. 그리고 이 십자군전쟁은 세계사의 향방을 바꿔놓았다. 따라서 십자군전쟁은 '그리스도교 대 이슬람' 같은 이분법적인 구분을 넘어, 다중스케일적인 접근multiscalar approach을 통해 해석할 필요가 있다.[1]

'지표 공간을 인식하고 분류하는 틀이나 단위'라는 스케일의 의미는 앞서 4장에서 살펴보았다. 오늘날 지리학계에서는 지표 공간에서 일어나는 각종 현상을 다양한 스케일 간의 상호 관련성을 바탕으로 분석하는 다중스케일적인 접근이 주목받고 있다. '국가' 등 한 가지 스케일만 고집하면 자칫 다른 스케일과 관련된 문제나 그 원인을 간과할 수 있기 때문이다.

앞서 살펴본 4장의 내용을 예로 들면, 로마가 두 제국으로 쪼개졌다가 끝내 멸망한 것은 게르만족의 남하와 로마의 정치적 혼란이라는 유럽 스케일로만 설명할 수 없다. 거기에는 훈족의 서진이라는 중앙아시아 스케일, 흉노족과 한나라의 충돌이라는 중국 스케일, 전 세계적인 기후변화라는 환경 스케일이 모두 영향을 미쳤다. 이처럼 여러 차원의 스케일을 복합적으로 활용할수록 역사적 진실에 좀 더 가까이 다가갈 수 있다.

——— 봉건혁명과 쇠퇴하는 가톨릭교회: 서유럽 스케일

476년 서로마제국이 멸망한 이후 서유럽은 크고 작은 게르만계 국가들의 난립으로 극심하게 분열했다. 이 국가들을 통일한 이가 프랑크왕국의 샤를마뉴Charlemagne(742~814)였다. 800년 교황은 샤를마뉴의 위업을 인정해 서로마제국의 황제로 삼았다. 물론 그렇다고 해도 중세 초기 서유럽의 경제력과 군사력은 강력한 중앙집권 체제하에서 용병으로 구성된 정예부대와 강력한 함대를 갖춘 동로마제국 그리고 실크로드를 장악해 막대한 부를 축적하고 중앙아시아의 유목 민족을 주축으로 꾸린 정예 기병대 맘루크Mamluk를 거느린 이슬람 세계와는 비교하기 어려운 형편이었다.

저들에 맞서기 위해 프랑크왕국은 봉건제를 도입했다. 봉건제하에서 군주는 봉신(영지를 받은 귀족)의 토지 세습권과 소유권을 인정 및 보호했고, 그 대가로 봉신은 군주에게 세금을 바치고 병역의 의무를 졌다. 이처럼 군주와 봉신의 쌍무적 계약 관계에 바탕을 둔 봉건제는 왕권을 제한하지만, 저렴한 비용으로 강력한 기병 전력을 확보하게 해준다는 장점이 있었다. 게다가 봉신들의 권력이 분산되니 반란의 위험이 줄면서 체제의 안전성이 점차 높아졌다. 11세기에 봉건제가 서유럽 전역에 정착되고 농업 생산성이 급증하면서 인구가 크게 늘었다. 이러한 변화를 '봉건혁명feudal revolution'이라고 부른다.

그런데 봉건혁명의 진전에 따라 영지를 둘러싼 군주와 봉신들의 대립이 심해졌다. 영지의 생산성이 아무리 증가하더라도 늘어나는 인구를 모두 먹여 살릴 수는 없었기 때문이다. 더불어 명문 귀족의 자제 중에서 계승 서열이 낮거나 권력 다툼에서 패해 제대로 된 영지와 재산을 물려받지 못하는 이들이 생겨났다. 일례로 11세기 후반 이탈리아왕국* 남부와 시칠리아섬을 정복한 로베르 기스카르Robert Guiscard(1015~1085)의 장

---

* 프랑크왕국이 분열되며 탄생한 중(中)프랑크왕국에 속해 있다가 855년 분리된 왕국이다. 이후 962년 신성로마제국이 건국되면서 통합되었다. 다만 통합 뒤에도 왕국으로서 존속되었다. 1789년의 프랑스혁명 이후 유럽의 세력 관계가 재편되는 가운데 1801년 소멸되었다.

작위를 받는 기사

왕이 기사에게 작위를 내리고 있다. 이때 기사는 작위뿐 아니라 영지를 받았다. 기사는 영지를 소유해 세습할 수 있었고, 또 그곳에서 세금을 거둘 수 있었다. 그 대가로 왕이 원할 때 언제든 세금을 바치고 병력을 보내야 했다. 이것이 바로 봉건제의 가장 기본적인 원칙이었다. 14세기에 제작된 프랑스 매듭기사단(Ordre du Nœud) 법령집의 한 페이지다.

남 보에몽 드타랑트Bohémond de Tarente(1058~1111)는 탁월한 능력과 확실한 혈통에도 불구하고 아버지의 영지를 대부분 이복동생에게 빼앗기고 허송세월했다. 이처럼 영지 상속 경쟁에서 밀려난 귀족들은 용병이 되거나 심지어 떼강도로 전락하기까지 했다. 장자상속제의 도입으로 문제는 더욱 심화했다. 경쟁에서 도태되어 땅과 권력을 잃은 보에몽과 같은 귀족과 기사들은 동방에서 새로운 기회를 찾고자 십자군전쟁에 뛰어들었다.

한편 중세 유럽인의 그리스도교 신앙은 현대인이 상상하는 것보다 훨씬 신실했다. 그들은 그리스도교 교리에 따른 죄의 용서와 구원을 궁극적인 삶의 목표로 여겼다. 하지만 10세기 들어 프랑크왕국이 몰락하자, 서로마제국 계승을 공인함으로써 상부상조했던 가톨릭교회는 세속에서의 권력 기반을 크게 상실했다. 독실한 신앙과는 별개로 봉건제하의 군주나 영주는 교황이 아닌 자신의 이해관계에 충실했다. 프랑크왕국의 뒤를 이어 탄생한 신성로마제국의 황제들조차 교황을 보호하기는커녕 권력 강화를 위해 교황령이 있는 이탈리아왕국을 침공하는가 하면 교황과 권력 투쟁을 벌이기까지 했다. 봉건혁명으로 세력을 키운 영주들이 유럽의 땅을 손에 넣은 상태에서, 반대로 땅을 충분히 갖지 못했던 가톨릭교회는 급속히 힘을 잃었고, 성직 매매가 횡행하는 등 부패와 타락마저 만연했다.

11세기의 교황들은 가톨릭교회의 위기를 인식하고 교회개혁에 나섰다. 그 대표적인 인물이 바로 그레고리우스 7세Gregorius VII(1020~1085)였다. 그는 성직 매매 엄단, 성직자의 독신 의무 도입, 평신도(군주나 영주)의 성직자 서임 금지 등을 골자로 한 강력한 교회개혁을 추진했다.

1077년에는 황권을 강화하려는 신성로마제국의 하인리히 4세Heinrich IV (1050~1106)와 이에 반발하는 제후들의 대립을 이용해, 황제를 파문함으로써 끝내 굴복시켰다. 하지만 교회개혁은 만만찮은 반발을 일으켰다. 이에 수많은 이단 종파가 탄생해 적지 않은 귀족이 빠져들었다. 이러한 행태는 가톨릭교회는 물론이고, 세속 권력의 권위마저 흔들었다. 그 와중에 하인리히 4세는 1084년 로마를 침공해 그레고리우스 7세를 폐위하기까지 했다. 11세기 말이 되자 교황은 이 모든 혼란을 수습할 묘책을 하루빨리 마련해야 했다. 한편 교황은 평신도인 군주와 영주들을 파문할 권력을 가졌고, 비록 정교회라는 다른 종파로 갈라져 나가기는 했지만 같은 그리스도교 세력인 동로마제국과 연결되어 있었다.

—— 부활을 꿈꾸는 상처 입은 독수리: 동로마제국 스케일

고대 로마의 진정한 후예라고 할 수 있는 동로마제국은 중세 유럽의 최강자였다. 서유럽의 봉건제와 달리 중앙집권제를 유지했던 동로마제국은 지중해와 흑해, 아나톨리아반도를 잇는 교역로를 통해 막대한 부를 축적했다. 동로마제국의 강력한 중장기병과 잉글랜드인, 노르만Norman인* 등으로 구성된 용병 부대는 당시 유럽에서 손꼽히는 강병이었다. 동로마제국의 해군 또한 유럽 최강이었다. 동로마제국의 과학기술 수준과 문화적 소양도 서유럽과는 비교하기 어려울 정도로 뛰어났다.

---

* 스칸디나비아반도 일대에 살았던 북방 게르만족으로, 바이킹이 바로 이들이다. 8세기 이후 유럽 각지로 퍼져 수많은 국가를 세웠다. 원래 명칭은 노르드(Nord)인인데, 정착한 곳에 따라 노르만인(프랑스), 데인(Danes)인(잉글랜드) 등으로 불렸다.

하지만 동로마제국은 유럽의 관문이라는 지정학적으로 탁월한 입지 때문에 끊임없이 외침에 시달려야 했다. 남동쪽 방면에서는 이슬람 세력과 지난한 전쟁을 이어가야 했고, 캅카스 방면에서는 호전적인 유목 민족들이 끊임없이 국경을 침범했다. 지중해 방면에서는 여러 게르만족 분파와의 대립이 계속되었다.

동로마제국은 8세기에 접어들어 흑사병의 창궐과 이슬람 세력의 발흥 등으로 광대한 영토를 잃고 침체했지만, 9세기 이후 대대적인 개혁에 성공해 중흥기를 맞이했다. 하지만 11세기 중후반에 이르러 또다시 위기에 직면했다. 우선 제국의 북방, 즉 도나우강 하류의 흑해 연안을 근거지로 삼은 튀르크계 유목 민족인 페체네그Pecheneg인이 1040년대 이후 발칸반도를 침략하기 시작했다. 비슷한 시기에 노르만인 용병 출신의 로베르가 동로마제국과 이슬람 세력, 교황령 등이 충돌한 틈을 타 본래 동로마제국의 영토였던 이탈리아왕국 남단과 시칠리아섬을 정복한 뒤 동로마제국의 제위까지 노렸다. 하지만 무엇보다도 심각한 위협은 1037년 중앙아시아에서 이주해 온 튀르크족이 세운 새로운 이슬람 왕조, 즉 셀주크제국이었다. 1071년 이들과 만지케르트Manzikert(오늘날 튀르키예 무슈Muş주 말라즈기르트Malazgirt시 일대)에서 맞붙었다가 참패한 동로마제국은 아나톨리아반도 대부분을 상실했다.

1081년 즉위한 로마의 109대 황제 알렉시오스 1세Alexios I(1056/1057~1118)는 화폐 개혁과 친인척의 요직 기용 등을 통해 재정난을 해소하고 황권을 강화한 다음, 페체네그인, 노르만인 등을 격퇴해 동로마제국을 중흥하는 업적을 남겼다. 하지만 영토도 국력도 크게 줄어든 동로마제국의 힘만으로는 사방에서 몰려드는 외적의 침공을 막아내는 데 한계

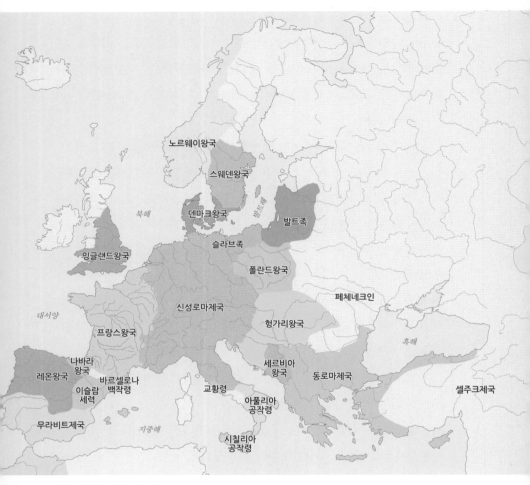

노르웨이왕국

스웨덴왕국

덴마크왕국

발트족

잉글랜드왕국

북해

슬라브족

폴란드왕국

페체네크인

대서양

신성로마제국

프랑스왕국

헝가리왕국

흑해

나바라
왕국

세르비아
왕국

동로마제국

레온왕국

바르셀로나
백작령

교황령

셀주크제국

이슬람
세력

아풀리아
공작령

무라비트제국

지중해

시칠리아
공작령

발트해

쯔그라드는 동로마제국

페체네그인의 침공과 셀주크제국의 굴기로 동로마제국이 많은 영토를 빼앗긴 1100년의 유럽 지
도다. 지도의 아풀리아공작령과 시칠리아공작령이 로베르가 강탈한 영토로 이때는 그의 아들들
에게 상속된 상태였다. 동로마제국의 위기를 타개하고자 당시 황제였던 알렉시오스 1세는 교황
에게 손을 내밀었다.

가 뚜렷했다. 셀주크제국을 몰아내고 아나톨리아반도를 수복하는 일은 동로마제국의 지상 과제로 떠올랐지만, 사실상 불가능한 일이었다. 동로마제국에는 강력한 동맹이 필요했다. 알렉시오스 1세가 찾은 동맹은 바로 교황이었다.

—— 강대한 제국 이면의 분열상: 이슬람 세력 스케일

이민족과 이교도에게 관용을 베풀며 이슬람 문화의 화려한 꽃을 피웠던 아바스왕조는 10세기에 접어들어 분열하기 시작했다. 거대한 제국을 다스리기 위해 각지에 파견한 총독들의 세력이 강해지며 반기를 드는 자들이 생겨났기 때문이다. 맘루크와 튀르크족 용병들은 지방 총독이나 반란 세력의 군사력으로 변질했고, 이들 스스로 칼리파에게 반기를 들고 할거하는 경우까지 생겨났다. 이렇게 영토가 분열되면서 권력 기반을 잠식당한 아바스왕조는 전체 이슬람 세계를 통제할 힘을 잃었고, 심지어 칼리파가 반란군에 참수당하거나 맞아 죽는 일까지 발생했다.

이 틈을 타 시아파 무슬림들은 909년 이집트, 레반트, 북아프리카 일대를 다스리는 파티마Fatima왕조를 세우고 칼리파를 옹립했다. 옛 우마이야왕조의 잔존 세력도 929년 이베리아반도에서 칼리파를 옹립하며 후後우마이야왕조를 일으켰다. 페르시아만 일대에서 독자적인 세력을 형성한 알리 이븐 부야Ali ibn Buya(891/892~949)는 932년 부와이Buyid왕조를 세운 뒤 945년 바그다드를 장악하고 섭정을 자청하며 아바스왕조를 조종했다. 이로써 아바스왕조의 칼리파는 종교적 권위만 남은 꼭두각시로 전락했다.

이슬람 세계의 분열은 여기서 그치지 않았다. 트란스옥시아나에서 착실히 세력을 키워오던 토그릴 베그Toghril Beg(995~1063)가 1055년 바그다드에 입성해 부와이왕조를 멸망시켰다. 아바스왕조의 칼리파에게 술탄 칭호를 받은 그는 수니파 무슬림의 보호자를 자처하며 셀주크제국을 세웠다. 이슬람 세계에서 칼리프는 종교적 지배자고 술탄은 정치적 지배자인 만큼, 토그릴의 건국은 명분이 충분했다.

이후 셀주크제국은 1070년대에 접어들어 동로마제국에서 아나톨리아반도의 대부분을, 파티마왕조에서 레반트 일대를 빼앗았다. 하지만 셀주크제국은 이슬람 세계를 완전히 통일하지는 못했다. 우선 레반트를 수복하기 위한 파티마왕조의 반격이 거셌고, 그 와중인 1075년 셀주크제국의 황족 술라이만 이븐 쿠탈므쉬Sulaymān ibn Qutalmïsh(?~1086)가 동로마제국에서 아나톨리아반도 북서부의 도시 니케아Nicaea(오늘날 튀르키예 부르사Bursa주 이즈니크Iznik시)를 빼앗아 1077년 룸 술탄국Sultanate of Rum을 세우며 독립했다. 이때 '룸'은 '로마'로, 옛 동로마제국의 영역에 나라를 세웠기 때문에 이런 이름을 붙였다. 사실 서구 문명의 문화적·지리적 기반을 닦은 로마의 후예라는 명분은 그리스도교 세계는 물론이고, 이슬람 세계에서도 중요한 의미를 지녔다. 동서양 문명을 모두 아우른다고 과시할 수 있었기 때문이다. 이처럼 이슬람 세력 스케일에서 벌어진 다양한 세력의 준동은 십자군전쟁을 이해하는 중요한 요소다.

—— 튀르크족이 빼앗은 그리스도교 세계의 중심: 예루살렘 스케일

십자군전쟁을 제대로 이해하려면 성지 스케일로도 들여다보아야 한다. 예루살렘 일대는 7세기 초반에 이미 이슬람제국의 영향권 아래에 들어와 있었다. 당시 우마이야왕조, 아바스왕조 등은 그리스도인의 예루

중세 유럽의 세계관

1300년경 잉글랜드왕국에서 만들어진 세계지도 〈헤리퍼드 마파 문디(Hereford Mappa Mundi)〉다. 중앙에 예루살렘이 있고 북쪽에는 아시아, 남동쪽에는 유럽, 남서쪽에는 아프리카가 있다. 당시 유럽인들의 그리스도교적 세계관을 잘 보여준다. 이런 꼴의 지도를 'T–O 지도'라고도 부르는데, 지중해를 'T' 모양으로, 전체 대륙(또는 그 바깥쪽의 대서양)을 'O' 모양으로 그렸기 때문이다.

살렘 순례는 물론이고, 예배당 건설까지 허용했다. 그들의 주머니에서 나오는 수입이 짭짤했기 때문이다.

그런데 토그릴은 중앙아시아에서 이주해 왔다 보니, 아랍과 유럽의 문화와 지정학적 질서에 익숙하지 않았다. 따라서 셀주크제국은 피정복민이나 이교도에게 관용을 베푸는 데 미숙했고, 1071년 예루살렘을 정복한 뒤에는 그리스도인의 예루살렘 순례를 금지했다. 순식간에 그리스도교 세계의 중심지를 빼앗긴 그리스도인들은 극도의 분노와 혼란에 사로잡혔다. 마침 셀주크제국이 아나톨리아반도에서 동로마제국을 내쫓으면서 학살, 약탈, 강간 등을 저질렀다는 소문이 돌았고, 결국 전체 그리스도교 세계는 셀주크제국에 대한 적개심 그리고 '이교도 야만인'의 손에서 성지를 되찾아야 한다는 열망으로 끓어올랐다. 성지 스케일에서 일어난 지배 세력의 변화는 그리스도교 세계 스케일에서 십자군전쟁의 불길이 퍼져나가게 했다.

게다가 셀주크제국은 예루살렘을 비롯한 레반트 일대를 확고하게 장악하지도 못했다. 셀주크제국 치하의 예루살렘에서는 지방 총독들의 내분이 계속되었고, 파티마왕조의 위협도 이어졌다. 1098년에는 파티마왕조가 예루살렘을 탈환하기까지 했다. 사방에서 예루살렘을 향한 성전의 불길이 타오르고 있던 11세기 말, 이슬람 세력은 십자군의 침공에 효과적으로 맞서 싸울 준비를 다지기는커녕 분란만 이어가고 있었다.

—— 성지순롓길이자 무역로이며 군용로가 된 십자군의 길

1095년 은자 피에르Pierre l'Ermite(1050?~1115?)라는 프랑스왕국 출신의 수도자가 우르바누스 2세의 호소에 호응해 최초의 십자군을 결성했다. 주로 빈민과 몰락 귀족, 평민들로 구성된 탓에 '농민 십자군'이라고 불린 이들은, 군대라고 할 수 없을 정도로 규율과 기강이 문란했고 보급 체계도 허술했다. 그들은 각지에서 약탈을 일삼는 등 극심한 민폐를 끼쳤다. 이 때문에 농민 십자군의 원정은 정식 십자군전쟁에 포함하지 않는다.

진정한 제1차 십자군 원정은 2년 뒤에 시작되었다. 유럽 전역에서 수만 명에 달하는 영주와 기사가 자발적으로 무장한 채 동방으로 향했다. 그중에는 명문 대귀족도 있었지만, 영지와 재산을 상속받지 못한 가난한 기사들이 상당수 포함되어 있었다. 그들은 1097년 콘스탄티노플에 집결을 완료했다. 도나우강을 건너 육로를 따라 걸어온 기사들도 있었지만, 대부분은 이탈리아반도에서 배를 타고 콘스탄티노플로 향했다.

알렉시오스 1세는 십자군을 아나톨리아반도 탈환의 선봉대로 써먹기 위해 이들을 융숭하게 대접하고 보급품을 넉넉하게 제공했다. 작전의 주도권을 둘러싸고 마찰이 빚어지기도 했지만, 알렉시오스 1세는 막대한 선물 공세를 퍼부으며 십자군의 충성 맹세를 받는 데 성공했다.

1097년 5월 십자군은 동로마제국의 지원군 2000명과 더불어 룸 술탄국의 수도 니케아에 도착했다. 농민 십자군의 추태를 알고 있던 룸 술탄국의 술탄 킬리지 아르슬란 1세Kilij Arslan I(1079~1107)는 십자군을 과소평가한 나머지 니케아를 떠나 아나톨리아반도 동부의 영토 분쟁을 해결하러 가 있었다. 십자군은 이 틈을 놓치지 않고 니케아를 포위해 같은 해 6월 함락했다. 이 과정에서 두각을 드러낸 지도자급 기사들로는 앞서 소개한 보에몽, 고드프루아 드부용Godefroy de Bouillon(1060~1100), 보두앵 드불로뉴Baudouin de Boulogne(1065~1118), 레몽 4세 드툴루즈Raymond IV

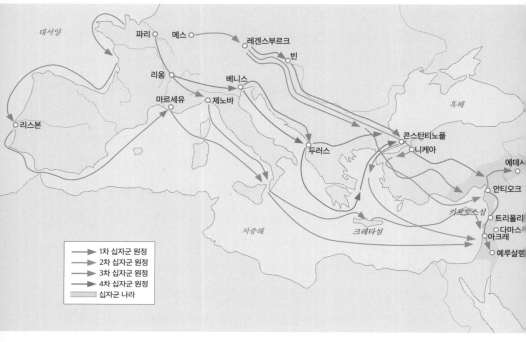

대서양

파리 ○　메스 ○

레겐스부르크 ○

빈 ○

리옹 ○　　베니스 ○

마르세유 ○　제노바 ○

흑해

리스본 ○

두러스

콘스탄티노플 ○
니케아 ○

에데사 ○

안티오크 ○

키프로스 섬
트리폴리 ○
다마스
아크레 ○
예루살렘

지중해

크레타섬

→ 1차 십자군 원정
→ 2차 십자군 원정
→ 3차 십자군 원정
→ 4차 십자군 원정
　십자군 나라

십자군의 원정 경로

총 아홉 차례의 십자군 원정 중 가장 주요했던 앞선 네 차례의 원정 경로를 표시한 지도다. 유럽 곳곳에서 일어난 십자군은 육로와 해로를 따라 예루살렘을 향해 나아갔다. 그들은 모두 성전 탈환을 목표로 내세웠으나, 실상은 정치적·경제적 이해관계가 강력하게 작용했다.

de Toulouse(1052~1105) 등이 있었다. 이들 제1차 십자군 원정의 지도자 격 인물들은 백작, 공작 등의 작위를 가진 영주였지만, 그들도 상속 관계나 권력 기반 등에 문제가 있었다.

니케아 함락은 알렉시오스 1세에게는 아나톨리아반도를 탈환할 수 있다는 희망을, 십자군에는 성지를 되찾을 수 있다는 믿음을 심어주었다. 십자군은 알렉시오스 1세의 지원을 받으며 아나톨리아반도 남동쪽으로 진군을 계속했다. 알렉시오스 1세는 별다른 기반이 없었던 보에몽에게 특히 지원을 아끼지 않았다. 십자군은 룸 술탄국 군대의 기습 공격으로 적지 않은 피해를 입기도 했지만, 결국 모두 물리치는 데 성공했다. 1097년 10월에 이르러 십자군은 아나톨리아반도 남동쪽 끝에 있는 항구도시이자 초기 그리스도교 포교의 중심지였던 안티오크Antioch(오늘날 튀르키예 하타이Hatay주 안타키아Antakya시)를 포위했다.

견고한 성벽으로 둘러싸인 안티오크는 도시 자체가 난공불락의 요새였다. 콘스탄티노폴에서 멀어진 탓에 보급 문제도 불거졌다. 게다가 겨울이라 주변을 약탈해 물자를 충당하기도 어려웠다. 레몽 4세는 속전속결로 안티오크를 공략하려 했으나, 도시를 차지하려는 야심을 품고 있던 보에몽이 그를 제지했다. 십자군의 다른 고위 기사들도 병력의 피로 누적, 안티오크 공략의 어려움 등을 이유로 보에몽의 의견에 힘을 보탰다. 결국 십자군은 장기 공성전에 돌입했다.

당시 십자군은 가축의 분뇨에 섞여 나온 곡식 낟알을 주워 먹을 정도로 심각한 식량난에 봉착했다. 1098년 1월에는 보급 문제를 이유로 동로마제국의 지원군이 안티오크에서 퇴각했다. 하지만 셀주크제국의 토후국들이 할거하고 파티마왕조가 예루살렘 탈환을 노리는 등 이슬람 세력의 분열로 십자군은 기회를 얻게 되었다.

　이 무렵 보에몽은 동로마제국군이 부재한 상황을 이용해 독자적인 세력을 구축하고자 시도했다. 보에몽은 알렉시오스 1세가 병력을 충분히 보내주지 않고 있으니, 십자군은 그에게 충성해야 할 필요가 없으며, 안티오크 함락을 주도한 기사가 도시를 차지해야 한다고 주장했다. 또한 안티오크 인근의 이슬람 세력들이 반격을 준비하고 있다는 소식을 이용해 위기감을 조성했다. 동시에 안티오크 내부의 수비대 장교를 회유하는 데 성공했다. 이로써 보에몽은 십자군의 지지를 등에 업고 1098년 6월 야습을 감행해 안티오크에 잠입한 뒤 성문을 열어젖혔다. 이로써 무려 8개월 만에 안티오크를 점령한 십자군은 지사知事를 참수하고 학살과 약탈을 자행했다. 그리고 이어진 모술Mosul의 지사 케르보가Kerbogha(?~1102)의 반격 또한 성공적으로 격퇴했다. 케르보가는 유능한 군인이었고 십자군보다 훨씬 많은 병력을 지휘했지만, 그의 부하들은 여러 세력으로 분열되어 있었다. 게다가 피에르 바르텔레미Pierre Barthéemy(?~1099)라는 기사가 (후일 거짓으로 판명되었지만) 십자가에 못박힌 그리스도의 옆구리를 찔렀다는 성창聖槍을 찾아냄으로써 십자군의 사기는 하늘을 찔렀다. 케르보가는 1098년 7월 십자군과 싸워 참패했고 목숨만 겨우 부지했다. 보에몽은 소원대로 안티오크를 차지했다. 그는 안티오키아Antiochia(안티오크의 라틴어 명칭) 공작 보에몽 1세로 즉위하며 안티오키아공국을 세웠다.

　한편 보두앵은 병력 500명을 데리고 십자군 본대에서 이탈해, 안티오크 동쪽의 에데사Edessa(오늘날 튀르키예 샨르우르파Şanlıurfa주 샨르우르파시)로 향한 뒤 그곳의 토호인 토로스Thoros(?~1098)를 포섭해 그의 사위가 되었다. 본래 친동로마제국 인사였던 토로스는 셀주크제국에 충성을 바친 대가로 에데사의 지배권을 얻었다. 그런데 무능한 데다가 아르메니아 사도 교회를 신봉하던 에데사의 아르메니아인들에게 동로마제국의 정교회 신앙을 강요하던 토로스는 1098년 반란에 휘말려 살해당했다. 이는 당연한 귀결이었는데, 아르메니아인들의 신앙이 대단했기 때문이다. 그들은 로마가 그리스도교를 국교로 선포하기 100여 년 전인 301년에 이미 아르메니아 사도 교회를 국교로 선포했다. 그 자부심이 매우 강했고, 로마가 몰락한 뒤 이슬람 세력이 부흥하는 혼란기에도 끝까지 신앙을 포기하지 않았기 때문에, 아르메니아인들을 개종시키기란 매우 어려운 일이었다. 다행히 보두앵은 토로스와 달리 온유하고 유능한 데다가 아르메니아인들에게 우호적이었다. 그는 민중의 지지를 등에 업고 에데사백국을 세우며 에데사 백작 보두앵 1세로 즉위했다.

—— 적의 시체를 먹는 악전고투 끝에 성지를 탈환하다

안티오크를 점령한 십자군은 또다시 혼란에 빠졌다. 그들은 알렉시오스 1세가 성지 탈환을 지원하기 위해 대군을 이끌고 남하하리라는 소문을 굳게 믿고 있었다. 하지만 아나톨리아반도를 상당 부분 수복한 알렉시오스 1세는 더는 십자군을 도울 마음이 없었고, 군사적 지원을 해달라는 십자군 사절단의 요청도 거절했다. 십자군은 어쩔 수 없이 교황에게 지원을 요청했으나 그 또한 묵살당했다. 1098년 11월 십자군은 어떠한 지원도 받지 못한 채 예루살렘 탈환을 위해 안티오크에서 남하하기 시작했다. 보에몽 1세는 안티오키아공국에 잔류했고, 고드프루아와 레몽 4세가 십자군을 지휘했다.

십자군의 예루살렘 진군은 말로 설명하기 어려울 정도로 고난의 연속이었다. 겨울철인 데다가 기근까지 닥쳐 현지에서 먹을거리를 구할 수 없었고, 보급로가 길어져 동로마제국에서 보내는 각종 물자는 늦어지기 일쑤였다. 십자군은 적군의 시체를 먹을 정도로 극심한 기아에 시달렸다. 게다가 성지로 가는 길목에 있는 아르카Arqa(오늘날 레바논 트리폴리Tripoli주 트리폴리시 북쪽)를 점령하는 데 무려 3개월이나 소비했다. 이 와중에 알렉시오스 1세는 사절을 보내 십자군의 충성 맹세를 빌미로 안티오크 등의 점령지를 내놓을 것과 본인이 인솔하는 병력이 합류할 때까지 전선을 유지한 채 기다릴 것을 요구했다. 이를 받아들일지 말지 십자군 내부에서 의견이 분분했으나, 1099년 5월 십자군은 아르카를 포기하고 알렉시오스 1세가 개입하기 전에 신속히 남하해 예루살렘을 점령하자고 결론 내렸다.

1099년 6월 예루살렘에 도착한 십자군의 총병력은 2만 명이 채 되지 않았다. 게다가 예루살렘 수비대가 물에 독을 푸는 바람에 식수마저 부족했다. 엎친 데 덮친 격으로 1년 전 셀주크제국에서 예루살렘을 탈환한 파티마왕조가 성지로 지원군을 보낼 계획까지 세웠다. 전령과 전서구傳書鳩를 붙잡아 파티마왕조의 계획을 간파한 십자군은 예루살렘 공략을 서둘렀다. 1099년 7월 9일 십자군은 서유럽이 자랑하던 공성 병기를 앞세워 예루살렘 남쪽과 북쪽 성벽을 동시에 공격했다. 예루살렘 수비대는 남쪽 성벽은 잘 방어했지만, 북쪽 성벽이 끝내 뚫리며 십자군이 순식간에 성내로 쏟아져 들어왔다. 한편 파티마왕조가 시아파 무슬림의 나라라는 점에서 적대시한 예루살렘 주변의 수니파 무슬림 토호들은 십자군을 응원하고 지원하기까지 했다. 7월 15일 십자군은 예루살렘을 마

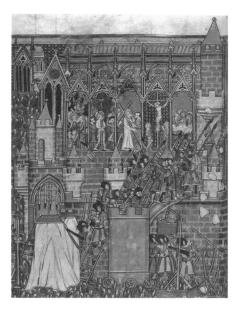

십자군의 예루살렘 탈환

1099년 십자군이 예루살렘을 탈환했다. 적군의 시체를 먹을 정도로 열악한 상황에서 전투에 뛰어든 십자군이었지만, 신앙의 힘과 강력한 공성 병기를 앞세운 끝에 승리를 거두었다. 이후 예루살렘은 그리스도교 세계의 중심지뿐 아니라 지중해 무역의 중심지로 거듭났다. 14세기에 프랑스왕국에서 제작된 십자군 일대기의 한 페이지다.

침내 점령했다. 8월에는 예루살렘에서 남서쪽으로 약 50킬로미터 떨어진 아슈켈론Ashkelon에서 파티마왕조의 지원군을 요격했다.

십자군은 탈환한 성지에서 전리품을 얻고 분풀이하느라 바빴다. 수만 명에 달하는 무슬림과 유대인이 십자군에 목숨과 재산을 빼앗긴 뒤에야 학살과 약탈이 금지되었다. 동로마제국과 교황의 직접적인 지원 없이 악전고투 끝에 성지를 수복한 십자군은 자신들이 정복한 땅에 나라를 세웠다. 성지 탈환의 영웅이었던 고드프루아가 '성묘 수호자'라는 이름의 예루살렘 통치자로 선출되면서 예루살렘왕국이 탄생했다. 1102년에는 레몽 4세가 보에몽 1세 등을 견제하려는 동로마제국의 지원을 받아 트리폴리 일대에 트리폴리백국을 세웠다. 이로써 제1차 십자군 원정의 결과로 예루살렘 함락 이전에 세워진 안티오키아공국, 에데사백국을 포함해 네 개의 십자군 국가가 탄생했다. 서유럽의 그리스도인들은 지중해를 통해 성지순례에 나섰고, 수백 년간 끊어졌던 레반트 일대와의 교역을 재개했다. 이때 항구도시 베네치아공화국과 제노바공화국이 성지순례자와 물품을 실어 나르는 일을 도맡으며 새로운 지정학적 거점으로 떠올랐다.

—— 이슬람 세계라는 바다 위 작은 섬, 십자군 국가

제1차 십자군 원정으로 세워진 십자군 국가들의 출발은 순탄치 않았다. 우선 인접한 이슬람 세력들에 계속해서 공격받았다. 고드프루아는 예루살렘을 헌납하라는 교황의 요구에 시달렸다. 애초에 십자군전쟁이 교황의 호소에서 시작된 만큼 이를 거절할 명분을 찾기 어려웠던 고드프루아는 이집트를 정벌해 새로운 영토를 확보한 뒤 예루살렘을 헌납하겠다고 답했다. 하지만 고드프루아는 이집트 원정을 준비하던 1100년 갑자기 세상을 떠났다. 그러자 교황의 대리인이었던 대주교 다고베르토 다피사Dagoberto da Pisa(1050~1105)의 호소에 호응해 십자군 국가를 지원하고자 1101년 콘스탄티노플에 일군의 십자군이 집결했다. 그들은 알렉시오스 1세의 조언을 듣지 않고 공명심만 앞세워 룸 술탄국을 정면에서 들이받았다가 킬리지 아르슬란 1세의 반격으로 궤멸당했다. 한편 보에몽 1세는 1103년 토후국인 다니슈멘드Danishmends왕조와 전투를 벌였다가 패배하고 포로로 붙잡혀 막대한 몸값을 지불하고 나서야 간신히 풀려났다. 이후 안티오키아공국을 호시탐탐 노리던 동로마제국을 공격하기도 했으나, 이 또한 실패한 채 섭정에게 국정을 맡기고 세상을 떠났다.

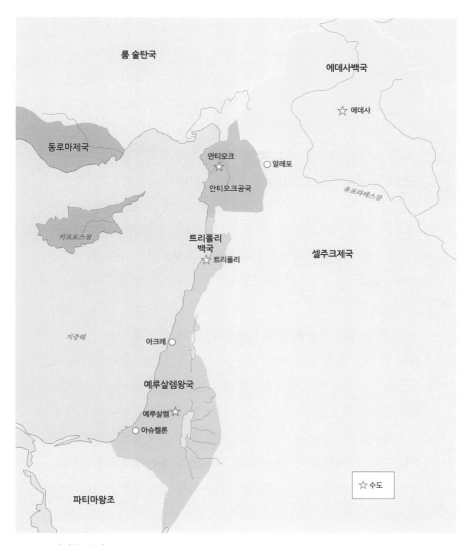

룸 술탄국

에데사백국

☆ 에데사

동로마제국

안티오크
☆
안티오크공국

○ 알레포

유프라테스강

키프로스섬

트리폴리
백국
☆ 트리폴리

셀주크제국

지중해

아크레 ○

예루살렘왕국

예루살렘 ☆
○ 아슈켈론

☆ 수도

파티마왕조

십자군 국가

트리폴리백국이 세워진 1102년에서 30여 년이 지난 1135년의 예루살렘 일대 지도다. 트리폴리백국 외 예루살렘왕국, 안티오크공국, 에데사백국이 들어서 있다. 사방으로 룸 술탄국, 셀주크제국, 파티마왕조에 포위되어 있어, 1150년부터 하나둘씩 무너지기 시작했다.

예루살렘 등지에서 벌어진 학살과는 별개로, 짧게는 50년에서 길게는 200년 가까이 유지된 십자군 국가들은 현지의 무슬림과 유대인을 최대한 포용하려고 노력했다. 국가를 유지하기 위해 주변의 무슬림 토후들과 동맹을 맺기도 했다. 하지만 십자군 국가들은 서유럽과 너무 멀리 떨어져 있었고, 지배층인 기사들의 수는 십자군 국가를 동방에 존재하는 그리스도교의 땅으로 공고히 하기에도, 여러 종교가 융합된 새로운 문화권을 탄생시키기에도 턱없이 적었다. 12세기 중반이 되어 셀주크제국은 내분 끝에 수많은 토후국으로 분열했는데, 그들은 이교도가 세운 십자군 국가들을 그냥 두지 않았다. 1150년 가장 먼저 에데사백국이 셀주크제국에서 갈라져 나온 토후국 장기Zengid왕조의 공세를 이기지 못하고 멸망했다.

—— 단결하는 이슬람 세계와 계속되는 십자군전쟁

1145년 서유럽의 그리스도인들은 십자군 국가들을 구하고자 제2차 십자군 원정을 개시했다. 이때부터 십자군전쟁은 각종 이권을 챙기려는 각국의 군주들이 주도하는 국제전 스케일로 비화했다. 군주들은 십자군전쟁을 통해 영토를 확장하고 속국을 확보해 유럽과 성지 모두에서 영향력을 키우는 한편, 이교도 귀족들을 제거하고 봉신들에 대한 통제력을 강화하고자 했다. 하지만 제2차 십자군 원정은 십자군 국가들이 들어서는 것을 보며 기사들을 신뢰하지 못하게 된 동로마제국에서 제대로 지원받지 못했고, 참여한 군주들의 이해관계가 복잡하게 얽히고설키며 제대로 공조하지도 못했다.

반면에 이슬람 세력은 분열하지 않았다. 장기왕조의 지도자 누르 앗

딘Nur ad-Din(1118~1174)은 오늘날의 시리아와 이라크 남부 지역을 통합한 뒤 십자군과 맞서 싸웠다. 아라비아반도의 지정학적 상황에 무지했던 십자군은 1148년 7월 십자군 국가들과 우호적인 관계를 맺고 있던 다마스쿠스를 공략했다가, 누르 앗딘의 반격으로 실패하고 이듬해 퇴각했다. 한때 우마이야왕조의 수도였던 다마스쿠스는, 이슬람제국이 분열하며 수많은 이슬람 세력 간에 뺏고 뺏기는 요지가 되었다. 1148년 당시에는 무인 앗딘 우느르Mu'in ad-Din Unur(?~1149)라는 장군이 다스리고 있었다. 십자군의 공격이 임박하자 그는 누르 앗딘에게 도움을 청했다. 결국 다마스쿠스는 1155년 장기왕조의 영토가 되었다. 이처럼 십자군이 힘을 쓰지 못하는 사이, 성지의 주인마저 바뀌고 말았다. 1171년 파티마왕조를 멸망시키고 이슬람 세계를 통합한 아이유브Ayyūb왕조의 초대 술탄 '살라딘Saladin' 살라흐 앗딘Salah ad-Din(1137~1193)이 1187년 예루살렘왕국에서 예루살렘을 탈환한 것이었다.

잃어버린 성지를 되찾고자 1189년 시작된 제3차 십자군 원정은 신성로마제국 황제 프리드리히 1세Friedrich I(1122~1190), 잉글랜드왕국의 사자심왕the Lionheart 리처드 1세Richard I(1157~1199), 프랑스왕국의 왕 필리프 2세Philippe II(1165~1223) 등이 참여해 규모가 매우 컸다. 하지만 전 유럽에 무용을 떨쳤던 노령의 프리드리히 1세가 아나톨리아반도 남동부에서 강을 건너다가 익사하자 신성로마제국의 십자군은 철수했고, 필리프 2세도 리처드 1세와의 불화 끝에 원정 도중 귀국했다. 리처드 1세는 제3차 십자군 원정에서 전설적인 용명을 떨쳤지만, 아이유브왕조를 홀로 상대하기에는 역부족이었다. 리처드 1세는 결국 1192년 그리스도인의 성지순례를 허용한다는 조건으로 살라딘과 강화를 맺고 철수했다.

뒤바뀐 예루살렘의 주인

하틴(Hattin)전투에서 살라딘이 이끄는 아이유브왕조의 군대와 십자군이 충돌하고 있다. 오늘날 이스라엘 북부의 티베리아스(Tverias)에서 벌어진 이 전투에서 살라딘이 대승을 거둔 끝에 예루살렘의 주인이 다시 바뀌었다. 13세기에 잉글랜드왕국에서 제작된 수도승 연대기의 한 페이지다.

한편 동로마제국은 알렉시오스 1세의 뒤를 이은 요안니스 2세Johannes II(1087~1043)와 마누엘 1세Manuel I(1118~1180)의 선정과 개혁 그리고 십자군과 이슬람 세력 사이에서 취한 교묘한 외교 전략 덕분에 아나톨리아 반도의 해안 지대와 서부를 탈환하고 지중해 동부의 제해권을 되찾는 등 중흥했다. 하지만 마누엘 1세의 늦둥이 아들 알렉시오스 2세Alexios II(1169~1183)가 당숙인 안드로니코스 1세Andronikos I(1118~1185)에게 제위를 찬탈당한 뒤 또다시 내분의 소용돌이에 빠져들었고, 1185년에는 불가리아제국까지 부활해 동로마제국을 위협했다. 불가리아제국의 시초는 중앙아시아에서 발원한 튀르크계 반농·반유목 민족인 불가르Bulgars족이 681년 건설한 불가리아제국이었다. 이후 정교회를 받아들이고 착실히 세력을 키워갔으나, 1014년 동로마제국의 침공을 받아 멸망한 상태였으니, 그 부활은 일종의 복수에 가까웠다.

이후의 십자군전쟁도 성지 탈환이라는 목적을 이루지 못한 채 변질했다. 아이유브왕조의 중심지인 이집트 정복을 목표로 1202년 시작된 제4차 십자군 원정에서 십자군은 지중해의 제해권을 노린 베네치아공화국의 꾐에 넘어가 콘스탄티노플을 침공했다. 연이은 외침과 내분으로 국력이 피폐해진 동로마제국은 십자군과 베네치아공화국군의 공격을 당해내지 못했고, 1204년 콘스탄티노플이 함락되며 동로마제국은 십자군이 세운 라틴제국(발칸반도 남부 및 콘스탄티노플 일대)과 동로마제국의 잔존 세력이 세운 이피로스Epirus공국(발칸반도 서부 일대), 니케아제국(아나톨리아반도 서부 일대), 트라페준타Trapezountas제국(아나톨리아반도 북부 해안 지대 일대)으로 분열했다. 1261년 니케아제국의 미하일 8세 Mihail VIII(1223~1282)가 라틴제국을 멸망시키고 동로마제국을 재건하나, 발칸반도 남부만 겨우 지배할 정도로 쪼그라들었으니, 과거의 영광을 두 번 다시 되찾지 못했다.

이어진 제5~9차 십자군 원정도 유럽 각국의 군주들과 교황이 서로 반목한 끝에 모두 실패로 끝났다. 1258년 아바스왕조가 몽골제국의 침공으로 멸망했지만, 십자군은 이조차 기회로 활용하지 못했다. 몽골제국의 침략을 피한 이집트가 이슬람 세력의 근거지로서 굳건했기 때문이다. 아이유브왕조를 이어받은 맘루크왕조는 십자군은 물론이고, 1260년 감행된 몽골제국의 침공마저 격퇴하고 이집트와 아라비아반도를 통일했다. 강력한 맘루크왕조의 대두는 구심점 없이 이합집산을 반복하던 십자군 국가들에 사형선고나 다름없었다. 안티오키아공국과 트리폴리백국은 몽골제국에서 갈라져 나온 일 칸국Il Khanate과 동맹까지 맺으며 맘루크왕조에 맞섰지만, 1268년과 1289년에 각각 멸망했다.

이후 1271년 시작된 제9차 십자군 원정은 이듬해 아나톨리아반도 남쪽 앞바다의 키프로스Kypros왕국에서 맘루크왕조와 치열하게 싸운 끝에 와해했다. 이것이 최후의 십자군 원정이었다. 사실 키프로스왕국은 그 자체로 십자군의 분열을 상징하는 곳이었다. 키프로스섬은 원래 동로마제국의 영토였는데, 제3차 십자군 원정 중 리처드 1세가 빼앗았다. 이후 그는 자신이 후원했던 기 드 뤼지냥Guy de Lusignan(1150~1194)을 이곳의 왕으로 삼았다. 대의보다는 사적인 이해관계를 우선시한 행동이었다. 이런 사연이 있는 곳에서 십자군 원정은 대단원의 막을 내렸으니, 의미심장하다. 마지막으로 이미 오래전에 예루살렘을 잃은 채 아크레Acre에서 항전하던 예루살렘왕국마저 1291년 맘루크왕조의 침공으로 멸망하면서, 십자군전쟁은 종지부를 찍고 말았다.

—— 완벽히 그리스도교 세계가 된 서유럽

서유럽과 이슬람 세계의 다중스케일적 원인들이 성지 탈환의 이름 아래 얽히고설킨 십자군전쟁은 결국 십자군의 실패로 끝났다. 십자군은 이슬람 세계 스케일에서 벌어진 지정학적 분열을 기회로 성지를 일시 탈환하고 십자군 국가들까지 세웠지만, 이들은 끝내 레반트 일대를 그리스도교 문화권으로 물들이거나, 아예 새로운 문화권으로 재편하지 못했다. 물론 그렇다고 해서 아무 일도 일어나지 않은 것은 아니었다. 200여 년간 계속된 십자군전쟁의 결과, 서유럽과 이슬람 세계 스케일 안에서 수많은 변화가 발생했다.

우선 서유럽 스케일에서는 수많은 영주가 십자군전쟁에서 전사하거나 막대한 전비를 감당하지 못한 채 몰락했다. 봉건혁명으로 시작된 영주들의 전성기는 십자군전쟁을 기점으로 서서히 쇠퇴했다. 십자군전쟁을 직접적으로 촉발한 주체인 교황의 권위도 크게 실추되었다. 반면에 병력과 물자를 실어 나르고, 십자군 국가들과 서유럽 간의 교역을 담당하며, 군자금 융통 과정에서 금융업을 발달시킨 베네치아공화국, 제노바공화국 등은 크게 발전했다. 십자군전쟁 이후 지중해 동부의 제해권은 동로마제국에서 이들 국가로 넘어갔고, 이는 중세 시대에 쇠퇴한 지중해 무역 부활의 신호탄이 되었다.

영주들이 힘을 잃자 자연스레 왕권이 강화되었다. 그 시작을 알린 이는 프랑스왕국의 왕 필리프 4세Philippe IV(1268~1314)였다. 그는 십자군전쟁의 실패로 교황의 권위가 추락한 틈에 교황청을 프랑스왕국 남부의 아비뇽Avignon으로 강제 이전했다. 이를 아비뇽 유수幽囚라 부르는데, 말 그대로 교황을 잡아 가둔 사건이었다. 자신의 권력을 지키고 프랑스왕국의 영토를 확장하기 위해 더 많은 군비가 필요했던 필리프 4세는 가톨릭교회에 세금을 부과했다. 이에 교황청이 크게 반발하자, 1309년 병력을 보내 교황 보니파시오 8세Bonifacio VIII(1230~1303)를 납치해 와 자기 뜻을 관철했다. 아비뇽 유수는 1377년 교황 그레고리오 11세Gregorio XI(1329?~1378)가 교황령 수호를 빌미로 로마로 돌아가며 끝났다. (1년 후 그레고리오 11세가 죽자 교황청은 독자적으로 교황을 선출했고, 이에 반발한 프랑스왕국이 따로 교황을 선출하며 가톨릭은 분열하고 말았다.)

아비뇽 유수의 연장선에서 필리프 4세는 십자군전쟁을 주도했던 성전기사단Knight Templar을 해체하고 그 재산을 몰수했다. 앞서 설명했듯 제1차 십자군 원정으로 십자군은 예루살렘을 탈환했지만, 병력이 충분치 않아 언제든 다시 빼앗길 수 있는 상황이었다. 이들과 성지순례자들을 보호하기 위해 1119년 프랑스왕국의 기사 위그 드파앵Hugues de Payens(1070~1136)을 필두로 9인의 기사가 힘을 합쳤다. 이 소식을 들은 예루살렘왕국의 보두앵 2세Baudouin II(?~1131)는 성지가 있는 언덕에 그들의 거처를 마련해주었는데, 그 자리가 솔로몬성전의 터였기에 성전기사단으로 불리게 되었다. 이후 교황이 이들의 활동을 인정해주며, 십자군전쟁을 대표하는 기사단으로 우뚝 섰다. 이런 성전기사단을 없앴다는 것은 교황이든 십자군이든 왕 의외의 권력을 인정하지 않겠다는 뜻이었다. 이로써 필리프 4세는 프랑스왕국이 중앙집권 국가로 거듭날 수 있는 기틀을 마련했다. 이를 지켜본 서유럽의 군주들은 도시 시민, 상공업자 등과 손잡고 왕권 강화와 중앙집권 체제 확립을 시도했다.

십자군전쟁으로 부활한 지중해 무역은 동방의 사치품뿐 아니라 아바스왕조에서 번영한 인문학과 자연과학까지 서유럽에 소개했다. 아라비아숫자도 이때 서유럽에 소개되어 서구의 수학 발달을 촉진했다. 이슬람 세계의 연금술, 점성술 등은 서구의 화학, 천문학 등이 꽃피는 데 결정적인 영향을 미쳤다. 아울러 이슬람 세계의 고대 그리스 철학 연구는 중세 스콜라 철학의 발달에 크게 이바지했다.

한편 성지 탈환이라는 십자군의 목표는 (설사 그것이 실패했더라도) 서유럽을 온전한 그리스도교 문화권으로 묶어냈다. 일례로 제2차 십자군 원정에 참여한 잉글랜드왕국군은 악천후로 이베리아반도에 잠시 상륙했을 때, 포르투갈왕국과 협조해 이슬람 세력이 지배하던 리스본을 되찾았다. 포르투갈왕국은 이베리아반도 북서부에 존재했던 아스투리아스Asturias왕국의 가신이 9세기에 세운 포르투갈백국에서 기원했다. 아스투리아스왕국의 뒤를 이어 들어선 레온Leon 왕국에 지배받다가 1139년 독립했는데, 이베리아반도의 이슬람 세력과 끊임없이 충돌하며 그리스도교 신앙을 지켜왔다. 그런 만큼 리스본 수복은 현지 그리스도인들이 일으킨 영토 회복 운동 레콩키스타Reconquista(재정복)의 중요한 분기점이 되었다. 아울러 1147년 독일왕국의 십자군이 덴마크왕국, 스웨덴왕국과 공조해 일으킨 북방 십자군은 오늘날 핀란드, 라트비아, 에스토니아 등이 있는 발트해 연안 지역을 그리스도교 문화권으로 편입시켰다. 유럽 각지에 산재하던 이 외의 여러 비그리스도교 지역 또한 십자군전쟁을 계기로 그리스도교 문화권에 흡수되었다.

—— 튀르크족이 차지한 이슬람 세계의 중심지

동로마제국 스케일에서 십자군전쟁은 결과적으로 재앙에 비유할 만했다. 십자군의 힘을 빌려 잃어버린 영토를 되찾으려 했던 동로마제국은 결과적으로 십자군전쟁 때문에 돌이킬 수 없을 정도로 쇠락했다. 1000년 이상 로마 문화권에 속해 있었고 그리스도교의 역사에서도 중요했던 아나톨리아반도는 십자군전쟁 이후 이슬람 문화권의 땅이 되었다. 이로써 동로마제국의 유산은 아나톨리아반도와 발칸반도 대신 동유럽으로 전해지게 되었다.

십자군전쟁은 이슬람 스케일에도 여러 가지 변화를 일으켰다. 성공적이었던 제1차 십자군 원정은 분열되어 있던 이슬람 세계에 장기왕조, 아이유브왕조, 맘루크왕조 같은 강력한 통일 왕조가 들어서는 계기로 작용했다. 살라딘은 적인 십자군에까지 관용을 베푼 위대한 지도자로 오늘날까지 존경받는데, 그의 아량 또한 이슬람 세계의 통일에서 비롯되었다고 할 수 있다.

한편 이슬람 세계의 중심지였던 아라비아반도는 십자군에 이어 몽골 제국의 침략까지 받으며 쑥대밭이 되었다. 이는 동쪽의 튀르크족에 하늘이 내린 기회로 작용했다. 1299년 아나톨리아반도 내륙의 작은 토후 국으로 시작한 오스만제국은 십자군전쟁, 몽골제국의 침략 등으로 쇠퇴하고 분열된 아나톨리아반도와 아라비아반도를 차례차례 정복해갔다. 결국 15세기 들어 이슬람 세계의 대부분은 물론이고, 동로마제국의 영역까지 지배하는 대제국으로 거듭났다. 이러한 점에서 십자군전쟁은 튀르크족이 이슬람 세계를 장악하고 그리스도교 세계와 대치하는 르네상스 시대 이후의 지정학적 질서를 배태한 계기였다고 볼 수 있다.

200년 가까이 이어진 십자군전쟁은 그리스도교 세계와 이슬람교 세계 간의 적대감을 심화했다. 이는 다양한 역사적·경제적·지정학적 요인과 맞물리며 오늘날까지 이어지고 있다. 지난 2000년 교황 요한 바오로 2세John Paul II(1920~2005)는 십자군전쟁을 그리스도교의 과오로 인정하고 사죄했다. 십자군전쟁이 빚어낸 대립과 갈등의 지정학적 스케일이, 1000년 가까이 흐른 21세기에 들어서야 용서와 화합의 지정학적 스케일로 옮겨가고 있는 것은 아닐까.

7장

팍스 몽골리카와 실크로드의 부흥
기후와 인구로 보는 몽골제국 팽창사

세계사에 가장 큰 영향을 미친 인물은 누구일까. 관점에 따라 다양한 답이 나오겠지만, 많은 사람이 몽골제국을 세운 정복자 칭기즈 칸을 꼽을 것이다. 그는 여러 집단으로 나뉘어 있던 몽골족을 통일해 그 영역성과 정체성을 형성했을 뿐 아니라, 유라시아를 동서로 아우르는 사상 최대 규모의 세계제국인 몽골제국의 토대를 쌓았다. 그럼으로써 유라시아를 넘어 전 세계의 지정학적 질서를 크게 바꿔놓았고, 무엇보다 실크로드의 전성기를 이끌었다.

그렇다면 칭기즈 칸은 어떻게 몽골에 세계사를 뒤흔든 거대한 제국의 씨앗을 심을 수 있었을까. 그 답은 13세기 지구를 강타했던 기후변화와 세계 각지의 지정학적 분열상에서 찾을 수 있다.

—— 기후변화가 기름 부은 몽골족의 분열

12세기 몽골은 유목 민족의 땅이었다. 그중 몽골족은 본래 몽골과 만주의 경계에 솟은 다싱안링大興安嶺산맥과 샤오싱안링小興安嶺산맥 일대의 수렵·채집민이었으나, 9세기 위구르제국이 몰락하면서 서쪽의 스텝으로 이주해 유목을 시작했다. 야생의 동식물을 거둬 식량으로 삼는 수렵·채집에 비해 엄연히 식량을 생산하는 유목은 인구 부양력이 월등했지만, 굉장히 고된 일이었다. 수많은 가축이 먹을 풀을 얻기 위해 스텝을 끊임없이 돌아다녀야 했고, 주기적으로 주드가 불어닥치는 혹독한 겨울도 견뎌야 했다. 몽골족은 초지와 철광석을 얻기 위해 케레이트Kereyid족, 나이만Nayimann족, 콩기라트Qonggirad족, 메르키트Merkid족 등의 여러 유목 민족과 항쟁해야 했다.*

심지어 몽골족은 종종 여러 오복oboq과 울루스ulus로 나뉜 동족끼리 싸우기도 했다. 오복과 울루스는 몽골족 고유의 집단 단위로, 혈연관계를 바탕으로 하는 씨족이나 부족과 다르다. 가령 칭기즈 칸이 속한 보르지긴Borjigin 오복의 경우, 그가 태어난 가문인 보르지긴뿐 아니라, 아무런 혈연관계가 없는 수많은 유목 민족 가문까지 포함했다. 다만 보르지긴이 지배적인 위치에 있었기 때문에 보르지긴 오복으로 불렸을 뿐이다. 이 오복들이 모여 국가라 부를 만큼 더 큰 집단을 이룬 것이 울루스다.[1] 하여 오복과 오복, 울루스와 울루스가 충돌하면 많은 피가 흘렀다.

---

* 모두 몽골족이 평정하기 전 몽골 이곳저곳에 흩어져 살던 유목 민족들이다. 케레이트족은 몽골 중북부의 항가이(Khangai)산맥 일대에, 튀르크계 유목 민족인 나이만족은 몽골 서부에, 콩기라트족은 오늘날 러시아와 중국의 경계를 따라 흐르는 아르군(Argun)강 일대에, 메르키트족은 몽골 북부 일대에 살았다.

기후변화는 몽골족의 분열에 기름을 부었다. 2014년 발표된 몽골의 시베리아잣나무 나이테 분석 연구에 따르면, 1115년부터 1139년까지, 1180년부터 1190년까지 몽골은 극심한 가뭄에 시달렸다.[2] 이 때문에 가축을 제대로 기를 수 없어 식량난에 시달린 몽골의 유목 민족들은 생존을 위해 더욱 격렬하게 투쟁할 수밖에 없었다.

여진족이 중국 북부와 만주를 정복해 세운 금나라는 몽골족의 통합을 막고자, 그 분파 중에서 실크로드 무역으로 부를 축적하며 강대한 세력으로 발돋움한 타타르Tatar족을 이용했다. 사실 여진족과 타타르족은 공통점이 있었다. 둘 다 대표적인 반半농·반半유목 민족으로, 유목에 전적으로 의존하지 않았다는 점이다. 몽골족, 튀르크족 등 스텝에 사는 대부분의 유목 민족은 기후 때문에 아예 농사짓지 않거나, 매우 제한적으로만 농사지으며 유목과 무역으로 먹고살았기 때문에, 서로를 향한 이질감이 꽤 컸을지 모른다.[3] 실제로 두 세력이 곧 충돌하니, 그 중심에 칭기즈 칸의 증조부 카불 칸Khabul Khan(1100~1148)이 있었다. 그는 몽골족을 통합해 카묵 몽골Qamuq Mongol 울루스를 건설한 보르지긴 오복의 지도자로, 한때 금나라의 침공을 막아낼 정도로 기세등등했는데, 타타르족과도 충돌하게 되었다. 이에 금나라가 타타르족을 지원하며 싸움이 커졌고, 결국 카불 칸의 후계자 암바가이 칸Ambaghai Khan(?~1156)이 타타르족에 포로로 잡힌 뒤 금나라에서 처형당함으로써 몽골족의 통합은 일단 좌절되었다.

—— '전 세계의 군주' 칭기즈 칸의 탄생

카불 칸의 손자 예수게이Yesugei(1134~1171)는 타타르족과의 항쟁을 이끌며 명성을 떨쳤다. 그는 콩기라트족 지도자 데이 세첸Dei Seichen의 딸 보르테Börte(1161~1236)와 훗날 칭기즈 칸이 될 어린 장남 테무친Temujin 사이의 정략 약혼을 주선하는 등 보르지긴 오복의 세력 강화를 시도하던 중 타타르족에 독살당했다. 하루아침에 지지 기반을 잃은 테무친은 각지를 방랑하다가 1178년 보르테와 결혼하며 몽골 동부의 케룰렌Kherlen강 근처에 정착했다. 그 직후 메르키트족의 공격을 받아 세력을 크게 잃고 보르테까지 빼앗기며 절체절명의 위기에 빠진 테무친은 재기하기 위해 몽골의 유력 오복인 자다란Jadaran의 지도자 자무카Jamukha(1158~1206?)와 의형제를 맺는 한편, 1182년에는 예수게이의 의형제였던 케레이트족의 지도자 토오릴To'oril(1131~1203)과 동맹을 맺었다. 자무카는 테무친 못지않게 군사적 능력이 뛰어났고, 케레이트족은 세련된 통치 체제를 갖춘 강력한 세력이었다. 테무친은 자무카, 토오릴, 데이 세첸 등 든든한 동맹자들의 도움을 받아 메르키트족을 격퇴하고, 1189년 카묵 몽골 울루스의 칸으로 추대되었다.

하지만 이듬해인 1190년 테무친은 카묵 몽골 울루스의 패권을 노린 자무카와의 싸움에서 참패해 다시금 떠돌이 신세로 전락했다. 그런데 몽골 일대의 지정학적 질서가 바뀌며, 테무친은 다시 한번 재기할 기회를 잡을 수 있었다. 1196년 금나라는 케룰렌강 일대에서 소요를 일으킨 몽골족을 타타르족을 앞세워 정벌했다. 그런데 이 과정에서 타타르족의 유력 족장 메구진 세울투Megujin SeUltu(1133~1196)가 약탈 혐의로 금나라군에 징계받은 데 불만을 품고, 케룰렌강 일대의 다른 몽골족들을 선동해 대대적인 반란을 일으켰다. 금나라의 토벌로 타타르족이 패퇴하자 1197년 테무친은 기회를 놓치지 않고 토오릴과 더불어 타타르족 잔당을 기습해 물리쳤다. 금나라 조정은 자발적으로 타타르족을 격파한 공을 인정해 테무친과 토오릴에게 각각 자오드 코리jaud quri와 옹 칸Ong Khan이라는 작위를 내렸다. 자오드 코리는 백부장으로, 오늘날로 치면 중대장 정도다. 아주 특별한 지위는 아니었지만, 테무친으로서는 처음으로 안정적인 세력 기반을 마련했던 셈이다. 옹 칸은 금나라가 내린 한자 이름 '왕한王汗'의 몽골어 발음이다.

그런데 옹 칸이 타타르족 토벌에 나선 틈을 타 나이만족, 메르키트족 등이 케레이트족을 공격함으로써 몽골은 또다시 전란의 소용돌이에 빠져들고 말았다. 금나라로서는 타타르족의 반항을 짓밟은 데다가, 몽골까지 분열하니 북방의 위협을 완전히 제거한 듯했다. 하지만 몽골의 분열로 득을 본 것은 금나라가 아닌 테무친이었다. 테무친은 옹 칸, 데이세첸 등과 협력해 나이만족, 메르키트족 등 이빨을 드러낸 유목 민족들을 격파한 뒤 복속시켰다. 테무친의 탁월한 지도력과 금나라에서 작위를 받았다는 명분, 케레이트족의 선진적인 통치 체제가 결합하면서 분열을 거듭하던 몽골이 통일되기 시작했다. 다만 그러면서 테무친과 옹 칸 사이에 알력이 심해졌다. 그 과정에서 테무친은 옹 칸에게 참패해 죽기 직전까지 몰리기도 했지만, 결국 1203년 역습에 성공해 최후의 승자가 되어 케레이트족을 흡수했다. 이어서 1206년에는 숙적이 된 자무카마저 제거했다. 당시 몽골족은 독선적이고 강압적인 자무카 대신 포용적인 테무친의 편을 들어주었다.

1206년 '대大몽골국'이라는 뜻을 가진 예케 몽골 Yeke Mongol 울루스, 즉 몽골제국을 세운 테무친은 '전 세계의 군주'라는 뜻을 가진 '칭기즈 칸'으로 추대되었다. 이로써 중국의 북쪽 너머에 있는 광대한 스텝에서 유

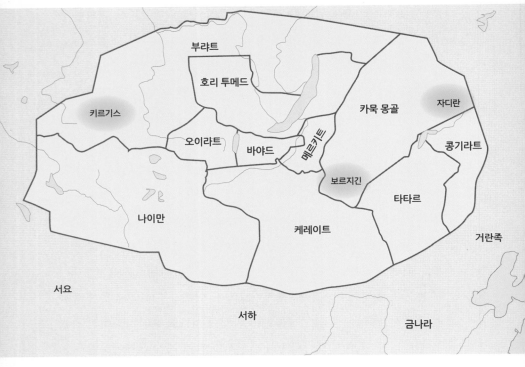

키르기스

부랴트

호리 투메드

오이라트 바야드

메르키트

카묵 몽골 자디란

콩기라트

보르지긴

나이만

케레이트

타타르

거란족

서요

서하

금나라

칭기즈 칸이 통일한 몽골제국

1206년 칭기즈 칸은 몽골의 여러 세력을 규합해 예케 몽골 울루스, 즉 몽골제국을 세웠다. 이로써 여러 세력으로 나뉘어 몽골 곳곳에 흩어져 살던 유목 민족들이 뭉치며 새로운 영역성과 정체성을 형성하게 되었다. 칭기즈 칸은 이를 발판 삼아 곧 세계제국 건설에 돌입했다.

목 생활을 하던 사람들은 몽골인의 정체성을 획득했다. 그러면서 케레이트족, 나이만족, 메르키트족 등의 유목 민족들이 몽골제국에 속한 울루스들로 흡수, 재편되었다. 칭기즈 칸이 오늘날 몽골인들에게 절대적인 존경과 지지를 받는 까닭은 그가 이룩한 세계제국 건설이라는 위업뿐 아니라, 그를 통해 몽골인의 영역성과 정체성이 온전한 형태로 자리 잡을 수 있었기 때문이다.

—— 가뭄이 그치고 비가 내리니 말이 살쪘다

칭기즈 칸은 여러 하위 울루스, 특히 통치 체제 면에서 가장 앞서 있던 케레이트족의 영토와 세력을 바탕으로 몽골제국을 일신하고 통일성을 다져갔다. 특히 칭기즈 칸이 1206년 도입한 천호제千戶制는 몽골제국의 기틀이 되었다. 천호제는 일종의 행정구역 체제로, 몽골제국을 95개의 천호로 나눈 다음, 그 아래 백호百戶, 십호十戶 등을 두었다. 사실 이는 흉노족, 여진족, 케레이트족 등 몽골이나 만주의 유목 및 반농·반유목 민족의 전통에서 유래한 것인데, 다만 칭기즈 칸은 자신의 측근과 공신들이 천호장을 맡게 함으로써 경쟁과 충돌을 이어오던 몽골의 수많은 세력을 강력하게 통제하는 데 성공했다. 더불어 법령 야삭Yasaq은 몽골제국의 통치 체제를 한층 치밀하게 해주었고, 친위대 케식Khishig의 강력한 무력은 칭기즈 칸이 중앙집권화된 권력을 확고하게 행사할 수 있도록 뒷받침했다.

몽골제국의 깃발 아래 단결한 몽골인들의 다음 목표는 스텝 지대 일대의 유목 및 수렵·채집 민족들을 흡수하는 것이었다. 칭기즈 칸의 지도하에 강력한 제국으로 거듭나 힘이 넘쳤을 뿐 아니라, 동시에 수십 년간 이어진 가뭄 탓에 당시 몽골인들은 유목할 수 있는 새로운 땅이 절실했다. 이에 칭기즈 칸은 키르기스Kirghiz족, 오이라트Oirat족 등을 복속시키는 한편,* 1217년에는 수렵·채집 생활을 이어가던 몽골제국 외부의 몽골족까지 완전히 흡수했다. 몽골제국의 위세가 커지자 1209년과 1211년에는 위구르족과 카를루크족이 스스로 복속했다. 1218년에는 거란족이 실크로드의 요지에 세운 서요西遼까지 멸망시킴으로써 몽골제국은 중앙아시아 서쪽으로 뻗어나갈 지리적 발판을 확보했다.

1210년대 이후 몽골의 기후가 급격히 변화했다. 태양의 활동이 약해져 기온이 떨어지며, 1211년부터 1215년까지 몽골에는 '우기'라 불릴 정도로 유사 이래 가장 많은 양의 비가 내렸다.[4] 그 덕분에 예전과는 비교할 수 없을 정도로 무성하게 풀이 자랐으니, 특히 오아시스 주변은 목축이 가능할 정도였다. 자연스레 몽골인의 경제적·군사적 기반이었던 가축이 급증하면서 인구 부양력도 증가했다. 튼튼하고 강인한 군마가 많아지면서 몽골제국의 기병대는 병사 한 명이 세 마리가 넘는 말을 번갈아 타면서 상식을 뛰어넘는 기동력을 발휘했고, 이는 장거리 원정에서 빛을 발했다. 기온이 낮아지기는 했지만, 비가 워낙 많이 와 한랭화의 영향을 충분히 상쇄했다. 몽골의 기후변화는 수 세기 전 동돌궐을 파멸시켰지만, 몽골제국에는 축복이었던 셈이다. 영토가 통합됨에 따라 철광석 같은 자원의 수급량 또한 비약적으로 증가했다. 이로써 몽골제국

---

* 키르기스족은 몽골 서북부의 예니세이(Enisey)강 상류에 살던 튀르크계 유목 민족이다. 오늘날 키르기스스탄의 주요 구성원이다. 역시 예니세이강 상류에 살던 오이라트족은 반수렵·반유목 생활을 하던 몽골족 분파로, 칼무크(Kalmuck)족으로도 불린다. 몽골제국에서 이어지는 원나라가 쇠망하자 세력을 키워 15세기에는 전 몽골을 지배했다.

은 대대적인 장거리 원정에 나설 힘을 충분히 확보했다.

—— 동쪽 끝에서 서쪽 끝까지, 거침없는 몽골제국의 팽창

실제로 몽골제국의 팽창은 1210년대부터 본격화되었다. 이때 한 가지 주의할 점은 칭기즈 칸의 본래 의도가 농경민의 영토를 정복해 세계 제국을 건설하는 데 있지 않았다는 것이다. 옛 흉노족과 훈족이 그랬듯이 칭기즈 칸은 주변 지역을 정벌해 속국으로 삼아 공물을 뜯어내는 한편, 실크로드의 요지를 확보하고자 했다. 오랫동안 몽골족을 핍박해온 금나라에 대한 복수심도 팽창의 중요한 동기였다. 일례로 금나라 세종世宗(1123~1189)은 몽골족의 힘을 미리 빼둔다는 이유로 3년에 한 번씩 원정을 시행해 몽골족 남성을 학살하거나 노예로 끌고 가는 감정減丁 정책을 펼쳤다. 이러한 일을 잊지 않은 몽골인들의 금나라를 향한 복수심은 뼈에 사무칠 정도였다.[5]

이런 상황에서 몽골을 기름지게 한 기후변화는 몽골제국 팽창에 절호의 기회가 되었다. 반대로 금나라는 기후변화 때문에 큰 피해를 입었다. 낮아진 기온은 동아시아의 계절풍과 만나 중국 북부에 극심한 가뭄을 일으켰다. 하필 금나라는 송나라와 오랫동안 대치하며 국력을 소모해온 상태였다. 금나라는 960년 세워진 북송을 1127년 멸망시켰는데, 한족이 세운 통일 왕조가 여진족이 세운 이민족 왕조에 무너진 큰 사건이었다. 다만 북송의 잔존 세력은 어렵사리 찾은 황족을 새 황제로 추대하고 임안臨安(오늘날의 저장성 항저우杭州시)을 수도로 삼아 남송을 일으켰다. 이로써 금나라와 송나라의 질긴 악연은 계속해서 이어졌다. (남송은 1234년 몽골제국과 연합해 금나라를 무너뜨리는데, 그 직후부터 40여 년간 몽골제국 및 그 후예인 원나라와 천하통일의 대권을 놓고 충돌한 끝에 1279년 멸망했다.) 여기에 더해 지도층의 내분까지 불거진 금나라는 기후변화의 직격탄을 얻어맞으며 급속히 쇠퇴하기 시작했다. 타타르족이라는 장기짝까지 없앤 탓에 금나라는 몽골제국의 군사적 위협에 제대로 대응할 수 없었다.

칭기즈 칸은 1211년 금나라 침공을 개시했다. 초반에는 단단한 성채와 요새에 막혀 고전을 면치 못했지만, 금나라의 강압적인 통치에 질린 거란족이 병력은 물론이고, 공성 병기와 전술을 지원하며 전세가 달라졌다. 몽골제국의 명재상 야율초재耶律楚材(1190~1244)도 바로 이때 영입된 거란족이었다. 1215년 몽골제국은 드디어 금나라의 수도 중도中都(오늘날 베이징시)를 점령했다. 하지만 금나라는 북송의 수도였던 개봉으로 천도해 저항을 이어갔다.

금나라와의 치열한 전쟁을 이어가던 1218년 몽골제국은 중앙아시아에서 예상치 못한 일을 겪었다. 멸망한 서요 너머의 호라즘Khorezm제국과 무역 협정을 체결하러 간 몽골제국의 상단이 귀국길에 재물을 노린 현지의 지방 총독에게 살해당한 것이었다. 호라즘은 중앙아시아에서 아무다리야Amu Dar'ya강 하류 지역을 일컫는데, 그곳의 토착 이슬람 세력이 1077년 세운 호라즘제국은 원래 튀르크계 맘루크왕조, 셀주크제국, 서요를 상국으로 섬기던 군소 제후국이었다. 그런데 셀주크제국이 멸망한 12세기 중반 이후 급속히 힘을 키워, 사건이 벌어졌을 때는 오늘날의 이란과 그 북쪽 아랄해 일부를 지배할 정도로 세력을 넓힌 상태였다.

자신들의 힘을 너무 과신했던 것일까. 호라즘제국의 술탄 무함마드 2세 Muhammad II(1169~1220)는 사죄와 배상을 요구하는 몽골제국의 사신을 되려 모욕하고 죽였다. 분노한 칭기즈 칸은 금나라 방면의 전선을 유지할 정도로만 병력을 남긴 채, 10~15만 명의 대군을 이끌고 친히 호라즘 제국 정벌에 나섰다. 세계지도를 다시 그리고 세계사의 향방을 바꿀, 중앙아시아와 동양 세계의 충돌이 시작된 순간이었다.

당시 호라즘제국은 워낙 빨리 팽창한 탓에 여러 피지배 민족을 효과적으로 통제할 법령과 제도, 권위 등을 제대로 갖추지 못한 상태였다. 그 병력 또한 대부분 충성심에 한계가 있는 용병으로 구성되었다. 게다가 호라즘제국을 이슬람 세계의 종주국으로 키우려는 야심 탓에 무함마드 2세는 군사력을 동쪽의 중앙아시아 방면이 아닌 서쪽의 바그다드 방면에 집중적으로 배치했다. 2세기에 걸친 쇠퇴기를 극복하기 위해 몸부림치던 아바스왕조가 호라즘제국을 눈엣가시로 여겼기 때문에 언뜻 합리적인 판단이었다.

칭기즈 칸은 1219년 가을 트란스옥시아나 동쪽의 발하슈Balkhash호에 병력을 모은 뒤 시르다리야강 방면으로 진격했다. 무함마드 2세가 넓은 전선에 대규모 병력을 분산 배치하는 과오를 저지르는 바람에, 호라즘제국군은 탁월한 기동력을 발휘하는 몽골제국군에 각개 격파당하고 말았다. 몽골제국군은 유목 민족의 관습에 따라 저항하는 자들을 학살하고 도시를 초토화했다. 다만 전문 지식이나 기술을 가진 사람들은 몽골제국에 그들의 능력을 이식하고자 살려주었다. 1220년 봄에는 호라즘제국의 수도 사마르칸트를 함락했으니, 간신히 화를 면한 무함마드 2세는 카스피해의 외딴섬으로 도주했다가 그곳에서 숨을 거두었다. 이듬해 몽골제국군은 호라즘제국의 옛 수도 구르간지Gurganj(오늘날 우즈베키스탄 호레즘Khorazm주 우르겐치Urgench시)까지 장악했다. 무함마드 2세

적을 뒤쫓는 몽골제국군

달리는 말 위에서 활을 쏘는 모습이 인상적이다. 몽골제국은 막강한 기병대를 활용해 적진을 공략하고 영토를 넓혀갔다. 최초의 세계사 책으로 불리는 《집사(集史, *Jami al-Tawarikh*)》의 한 페이지다. 《집사》는 일 칸국의 재상이자 역사가인 라시드웃딘(Rashid ud-Din, 1247~1318)이 몽골제국의 역사를 망라한 책이다.

의 아들로 술탄 자리를 이어받은 잘랄 웃딘 멩구베르디Jalal al-Din Mengu-Berdi(1199~1231)가 잔존 세력을 긁어모아 맹렬히 저항했지만, 전세를 뒤집기에는 역부족이었다. 결국 1231년 잘랄 웃딘이 피난처를 전전하는 와중에 사망하자 호라즘제국은 멸망했다.

이로써 칭기즈 칸이 65세를 일기로 세상을 떠난 1227년, 몽골제국은 동북아시아의 동쪽 끝부터 카스피해 동안까지 아우르는 거대한 제국으로 거듭나 있었다. 고대부터 동서 교류의 무대였던 중앙아시아의 대부분이 몽골제국의 깃발 아래 통일된 것이었다.

── 유목과 농경의 영역을 아우르는 세계제국

칭기즈 칸의 유언에 따라 삼남 오고타이Ogotai(1186~1241)가 후사를 이었다. 칭기즈 칸이 죽기 몇 달 앞서 전사한 첫째아들 주치Juchi(1182~1227)의 장남 바투Batu(1205~1255), 차남 차가타이Chaghatai(1183~1241) 그리고 1227년부터 1229년까지 섭정을 맡았던 삼남 툴루이Tului(1191~1232)는 각각 몽골제국의 북서부, 남서부, 중·동부에 자리 잡은 울루스의 칸이 되었다. 오고타이는 카안Qa'an이라는 칭호를 받았다. '칸'의 의미가 '왕'에 가까웠다면, '카안'은 몽골제국의 여러 울루스를 아우르며 군림하는 '황제'나 '천자'의 뉘앙스를 띠었다. 몽골제국의 세계제국화를 상징하는 이 칭호는 오고타이의 후계자들에게도 계승되었다.

오고타이 카안은 수도를 몽골제국 서쪽 끝의 오논Onon강 인근에서 중앙의 카라코룸Karakorum(오늘날 몽골 오보르항가이Ovorkhangai주 하르호링Kharkhorin군)으로 옮겼다. 카라코룸은 교통이 편리하고 가축 사육에도 유리한 곳이었다. 실제로 새 수도는 실크로드의 요지로 번영을 누렸고, 몽골제국에 막대한 경제적 이익과 충분한 군마를 제공했다. 카라코룸으로의 천도는 몽골제국이 카묵 몽골 울루스의 영역을 넘어 몽골과 중앙아시아 전체를 아우르는 세계제국임을 천명했을 뿐 아니라, 중앙집권화를 가속화하고 군사력 및 경제력을 확충하는 데 크게 이바지했다. 이로써 힘을 축적한 몽골제국은 다시 한번 세력 확장에 나섰다.

몽골제국은 1231년 호라즘제국의 잔당을 소탕하며 아라비아반도 북쪽의 카스피해 일대를 완전히 장악했고, 1234년 남송과 연합해 금나라를 멸망시켰다. 이로써 몽골제국의 영토는 유목민의 땅인 중앙아시아의 스텝을 넘어 농경민의 영역까지 확대되었다. 명실상부한 세계제국의 탄생이었다. 이후 몽골제국의 전쟁은 약탈과 파괴, 복수에 치중하는 유목민의 방식보다는 영역을 흡수하는 농경민의 방식으로 진행되었다. 이에 따라 점령지를 초토화하는 대신 생산 활동이 이어질 수 있도록 보존했고, 적이라도 항복하면 무조건 죽이는 대신 세금을 바치며 살아가도록 했다. (물론 어느 정도 차별은 있었다.)

1235년 바투 칸은 오고타이 카안의 명을 받아 동유럽 원정을 단행했다. 키예프Kiev공국, 노브고로드Novgorod공화국 등 여러 나라로 분열된 데다가,* 광대한 평야와 스텝 지대가 펼쳐져 있어 몽골제국군이 활약하기에 안성맞춤이었던 동유럽은 순식간에 쑥대밭이 되었다. 그곳의 나라들은 몽골제국의 맹공을 당해내지 못하고 각개 격파당한 끝에 복속되거나 속국으로 전락했다. 동유럽을 평정한 바투 칸은 서방 원정을 지속해 1241년에는 폴란드왕국과 헝가리왕국의 중장기병을 섬멸했다. 유럽의 중장기병은 몽골제국의 기병보다 기동력이 떨어졌고, 봉건제하에서 이

---

* 원래 동유럽은 9세기 무렵 이곳까지 진출한 노르드인이 주축이 되어 슬라브족과 함께 세운 키예프 루스(Kievan Rus')의 영역이었다. 키예프 루스는 흑해 무역으로 번영했는데, 십자군전쟁으로 지중해 무역이 각광받자 쇠퇴했다. 이후 키예프(오늘날 우크라이나 키이우Kyiv시), 노브고로드(오늘날 러시아 노브고로드주 벨리키노브고로드Veliky Novgorod시) 등 주요 도시를 수도 삼은 여러 제후국으로 쪼개졌다. '루스'는 슬라브족의 조상, 또는 그들이 살던 영역을 지칭하는 용어로, 오늘날의 러시아 서부와 우크라이나, 벨라루스 일대에 해당한다. Plokhy, S., *The Origins of the Slavic Nations: Premodern Identities in Russia, Ukraine, and Belarus*, Cambridge University Press, 2006, pp. 126~129.

합집산하던 유럽의 군주와 영주들은 바투 칸의 침공에 맞서 일치단결하지 못했다. 도나우강까지 진격한 바투 칸은 대대적인 약탈과 파괴, 살육을 벌이며 악명을 드높였다. 유럽 전역을 전란의 소용돌이로 몰아넣었던 아틸라의 재림으로 여겨진 바투 칸의 원정은 1241년 오고타이 카안이 사망함에 따라 일단락되었다. 다만 오고타이 카안의 맏아들이자 후계자인 귀위크 카안Güyük Qa'an(1206~1248)이 1246년 교황청에 사절단을 보내 몽골제국에 복속할 것을 종용했다.

툴루이 칸의 장남이자 귀위크 카안의 후계자인 몽케 카안Möngke Qa'an(1209~1259)의 치세에 이르러 몽골제국의 힘은 절정에 달했다. 그는 몽골제국의 분열을 막고 카안의 권력을 강화하기 위해 울루스의 칸이나 속령의 수령이 가진 권한을 대폭 제한했다. 한편 1258년에는 동생 훌라구Hulagu(1218~1265)를 시켜 아바스왕조를 공격했다. 아바스왕조의 마지막 칼리파 알무스타심 빌라흐Al-Musta'sim Billah(1213~1258)는 중흥에 성공한 아바스왕조의 저력과 이슬람 세력의 지원을 믿고 항전했지만, 별다른 도움을 받지 못한 채 패배를 거듭했다. 결국 훌라구는 바그다드를 점령한 뒤 알무스타심을 처형하고 바그다드를 초토화했다. 이슬람 세계는 1260년 맘루크왕조의 술탄 루큰 알딘 바이바르스Rukn al-din Baybars(1223/1228~1277)가 몽골제국군을 예루살렘 북쪽의 아인잘루트Ain Jalut로 유인한 뒤 기습 격파함으로써 풍전등화의 위기를 간신히 넘길 수 있었다. 이후 이슬람 세계의 중심지는 맘루크왕조의 근거지인 이집트로 옮겨갔다가, 오스만제국이 강성해진 16세기가 되어서야 다시 아라비아반도로 돌아왔다.

몽케 카안은 1258년 남송 원정도 단행했다. 몽골제국군은 양쯔강을

바그다드를 공략하는 몽골제국군

칭기즈 칸 사후에도 몽골제국은 확장을 멈추지 않았다. 몽케 카안 시절 몽골제국은 아바스왕조를 무너뜨리고 바그다드를 점령했다. 그림에 묘사된 것처럼, 몽골제국군은 기병대뿐 아니라 뛰어난 공성 무기도 능수능란하게 다루었다. 해자를 가로지르는 부교가 눈에 띈다. 《집사》의 한 페이지다.

우회하고자 운남성 방면으로 침공해 사천성까지 진격했는데, 조어성釣魚城(오늘날 쓰촨성 충칭重慶시)에서 남송군이 험준한 산악 지형과 요새를 활용해 격렬히 저항한 데다가 전염병까지 도는 바람에 1259년 강화조약을 맺을 수밖에 없었다. 한편 오고타이 카안 때인 1231년부터 전쟁을 이어오던 고려를 완전히 복속할 요량으로 1253년 이래 수차례에 걸쳐 대대적인 원정을 감행했다. 고려 조정은 강화도로 피란하면서까지 결사항전했지만, 국토 전역이 초토화되다시피 하면서 결국 1259년 항복해 몽골제국의 속국이 되고 말았다.

—— 몽골제국의 분화와 원나라 건국

1259년 병사한 몽케 카안의 계승권을 둘러싸고 그의 두 동생 쿠빌라이Khubila(1215~1294)와 아리크부카Arikbukha(1219~1266) 사이에 분쟁이 벌어졌다. 본래 카안이 될 정통성은 아리크부카에게 있었지만, 1260년 쿠빌라이가 군대를 동원해 멋대로 카안에 즉위했다. 이후 몽골제국의 유력자들을 포섭하고, 아리크부카와의 전투에서 연승을 거둔 끝에 쿠빌라이는 1264년 카안 자리를 완전히 찬탈했다. (아리크부카가 1260년부터 1264년까지 카안으로 재위했고, 쿠빌라이는 그 이후에 재위했다고 보는 견해도 있다.) 혼란이 수습되자 쿠빌라이 카안은 1267년 남송 침공을 재개해 1270년대에 그 영토 대부분을 장악했는데, 그 와중인 1271년에는 국호를 대원大元으로 개칭하고 황제의 자리에 올랐다. 1279년 드디어 남송을 멸망시키고 중국을 모두 손에 넣은 후에는 아리크부카와의 내전으로 황폐해진 카라코룸에서 금나라의 수도였던 중도로 천도하고, 그 이름을 대도大都로 바꿨다.

쿠빌라이 카안의 원나라 세조世祖 즉위는 몽골제국이 네 개의 울루스로 재편되는 결정적인 계기가 되었다. 쿠데타를 지지해준 울루스들의 칸에게 그 대가로 카안이 독점했던 농경민의 땅을 소유하고 다스릴 권한을 양보했기 때문이다. 이에 따라 몽골제국은 카안의 울루스로 중국을 차지한 원나라, 서남아시아의 일 칸국, 중앙아시아 서부에서 오늘날의 우크라이나나 러시아 일부까지 아우르는 킵차크 칸국Kipchak Khanate, 트란스옥시아나의 차가타이 칸국이라는 네 개의 독립된 울루스로 나뉘었다. (원나라를 제외하고, 초대 칸이 속한 핵심 씨족의 이름을 따 각각 훌라구 울루스, 주치 울루스, 차가타이 울루스라고도 한다.) 몽케 카안이 염원한

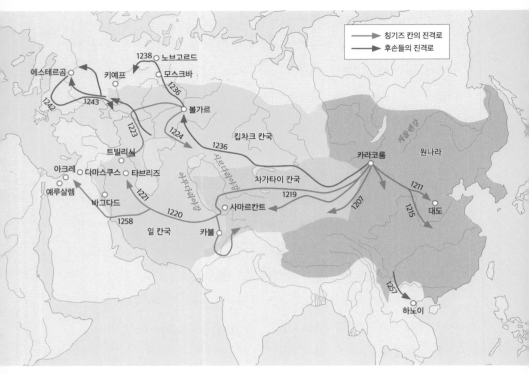

몽골제국의 진격로와 분화

1210년을 전후로 원정을 본격화한 칭기즈 칸은 가까운 금나라는 물론이고 중앙아시아를 통과해 아라비아반도까지 뻗어나갔다. 그의 사후에도 몽골제국의 팽창은 멈추지 않아 서쪽으로는 발칸반도와 아라비아반도까지, 동쪽으로는 한반도까지 침공했다. 이로써 유라시아의 끝과 끝을 잇는 거대한 세계제국을 건설한 몽골제국은 1279년 원나라 건국을 계기로 (원나라를 포함한) 네 개의 독립된 울루스로 나뉘었다.

몽골제국의 온전한 통일은 그의 죽음과 후계자 다툼으로 끝내 이뤄지지 못했던 셈이다.

과거의 연구자들은 이를 몽골제국의 완전한 분열로 여겼다. 하지만 오늘날에는 마치 영연방처럼 카안을 중심으로 하는 느슨한 울루스 연합체로 이해한다.[6] 실제로 세 울루스는 원나라의 카안을 군주로 추앙했고, 원나라에 공물을 보낸 다음 하사품이나 지원금을 받았다. 무엇보다 형식적이기는 해도 칸을 추대하고 승인할 권한이 여전히 카안에게 있었다. 원나라와 울루스들 간의 교류도 자유로웠다. 이처럼 몽골제국은 단일한 통치 체제를 바탕으로 하는 중앙집권적 제국에서 원나라의 카안을 정점으로 하는 느슨한 연합체로 변화했다.

── 세계를 잇는 하나의 길

몽골제국의 변화와 별개로, 세계는 동서를 아우르는 세계제국의 등장 덕분에 '팍스 몽골리카Pax Mongolica'라 불리는 세계사의 한 국면에 들어섰다. 무자비한 파괴와 학살을 자행한 몽골제국이었지만, 그들이 중앙아시아를 통일하고 유라시아의 끝과 끝을 아우르면서 역설적이게도 동서 교류는 한층 촉진될 수 있었다. 아틸라의 사망 직후 와해한 아틸라 제국과는 달리, 칭기즈 칸과 몽골제국의 카안들은 야율초재 등의 조언을 받아들여 농경민을 흡수하고 거대한 제국을 유지하는 데 필수적인 법률과 제도를 마련했다. 그러면서 점차 피정복민을 약탈의 대상이 아닌 보호해야 할 백성으로 간주하기 시작했다. 제국이 성숙함에 따라 악명 높은 학살과 파괴 행위는 극적으로 줄어들거나 금지되었다. 몽골제국은 광대한 영토를 효과적으로 다스리기 위해 각지에 역참과 도로를 건설했고, 이는 우리나라를 비롯해 세계 각국의 교통망 발달에 많은 영향을 미쳤다.

　몽골제국이 장악하고 관리한 덕분에 실크로드는 역사상 보기 드물 정도로 안전한 길이 되었고, 자연스레 무역이 활발해졌다. 무역이 선사하는 경제적 이익에 일찍 눈뜬 칭기즈 칸과 그의 후계자들은 실크로드를 따라 이동하는 상인들을 적극적으로 보호했다. 일례로 트란스옥시아나 서부를 다스리며 원나라의 흥망성쇠를 지켜본 히바 칸국Khiva Khanate*의 칸이자 역사학자 아불 알가지 바하두르Abu al-Ghazi Bahadur(1603~1604)는 칭기즈 칸의 치세의 중앙아시아를 "황금 쟁반을 머리에 인 채 아무런 위협도 폭행도 당하지 않고 해 뜨는 땅에서 해지는 땅까지 안전하게 여행할 수 있는 땅"으로 묘사했다.

　합리적인 세금과 은본위 지폐의 도입도 무역을 촉진했다. 이에 따라 몽골제국은 경제적으로 크게 부유해졌다. 원나라가 몰락한 뒤 칭기즈 칸의 후손을 자처하며 중앙아시아에 대제국을 건설한 티무르(1336~1405)와 인도반도를 통치한 마지막 이슬람 왕조 무굴Mughul제국 등도 칭기즈 칸과 몽골제국의 후예임을 자처하지 않았던가. 이처럼 몽골제국 등장에 따른 자유롭고 활발한 동서 교류의 시대를 팍스 몽골리카라고 한다.

---

* 당시 아랄해와 바이칼호 사이의 스텝, 즉 오늘날의 우즈베키스탄 일대에는 몽골인과 튀르크족의 혼혈 집단이 살고 있었는데, 이들이 바로 우즈베크인이다. 그들이 세운 대표적인 이슬람 왕조로, 킵차크 칸국의 잔존 세력이 트란스옥시아나 서부에 일으킨 히바 칸국, 그보다 동쪽에 역시 킵차크 칸국 출신의 무함마드 샤이바니(Muhammad Shaybani, 1451~1510)가 일으킨 부하라 칸국(Bukhara Khanate), 그보다 더 동쪽인 페르가나분지 일대에 들어선 코칸트 칸국(Kokand Khanate)이 있었다.

팍스 몽골리카 시대에 세계를 향한 사람들의 견문과 이해 또한 극적으로 확장되었다. 수많은 저술가와 학자가 몽골제국의 영역인 유라시아를 동서로 횡단하며 평소 상상만 하던 세계를 직접 경험하고 기록할 수 있었기 때문이다. 라시드웃딘, 마르코 폴로(1254~1324), 이븐바투타Ibn Battuta(1304~1368), 랍반 사우마Rabban Sauma(1220~1294), 조반니 드플라노 카르피니Giovanni de Plano Carpini(1185~1252), 기욤 드뤼브룩Guillaume de Rubrouck(1220~1293) 등이 몽골제국 곳곳을 누비며 그 지리와 역사, 문물과 풍습을 기록으로 남겼다. 특히 폴로의 원나라 기행문인 《동방견문록》은 동방의 지리와 문물을 서구에 소개함으로써 폭발적인 관심을 불러일으켰고, 그 결과 지리상의 발견을 촉진했다고 평가받는다. (다만 부정확하거나 누락된 정보 때문에 《동방견문록》의 신빙성에 의문을 제기하는 연구자들도 있다.[7]) 쿠빌라이 카안 또한 광대한 제국을 효율적으로 통치하고자 《대원일통지大元一統志》라는 세계지리지를 편찬했다.

물론 그 이전에도 헤로도토스, 장건, 고선지 같이 이역만리를 경험하거나 기록한 이들이 있었다. 가령 통일신라의 승려 혜초慧超(704~787)는 해로를 따라 인도반도에 도착해 불교 성지를 순례하고, 현지의 여러 나라를 답사해 《왕오천축국전往五天竺國傳》을 썼다. 이후 육로로 서역을 돌아본 다음 당나라에 들어가 각종 불경을 번역했으니, 동서 교류의 한 획을 그었다고 평가받는다. 하지만 이는 소수의 사람만이 경험했던 일로, 단편적인 세계 인식의 한계를 뛰어넘지 못했다. 그런데 팍스 몽골리카 시대에는 유라시아의 동서 횡단이 가능해지면서, 유럽과 이슬람 세계는 동아시아 세계를, 동아시아 세계는 유럽과 이슬람 세계를 비로소 연속적·전체적으로 인식할 수 있었다. 유럽인들이 몽골제국을 거쳐 유입된

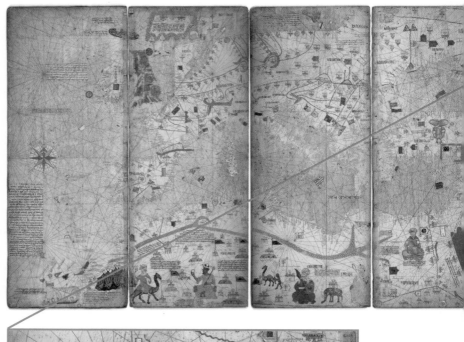

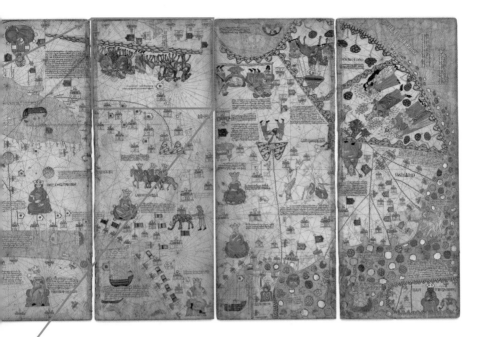

실크로드 위의 폴로 일행

폴로가 실크로드를 따라 원나라로 향하고 있다(네모). 몽골제국은 넓은 영토와 실크로드를 통해 세계를 하나로 이어주었다. 그러면서 인류의 세계 인식이 크게 달라졌는데, 이는 당시 제작된 세계지도나 지리지에 잘 드러난다. 중세 유럽 최고의 지도 제작 장인들이 모인 마요르카 지도학파(Majorcan cartographic school)의 대표작으로, 14세기에 만들어진 〈카탈루냐 아틀라스(Catalan Atlas)〉가 좋은 예다. 여전히 예루살렘을 중앙에 두고 있기는 하지만, 아프리카의 말리 제국부터 몽골제국까지 세계 각국이 충실하게 묘사되어 있다.

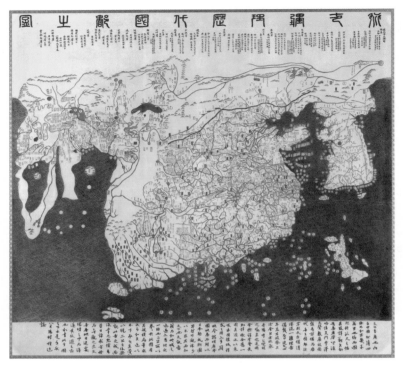

혼일강리역대국도지도

몽골제국이 만든 '하나의 세계'는 조선에도 영향을 미쳤다. 태종 때 만들어진 〈혼일강리역대
국도지도〉를 보면 오늘날의 세계지도와 생각 이상으로 비슷함을 알 수 있다.

진기한 물품과 폴로의 《동방견문록》에 열광하며 T-O 지도 너머의 광
대한 세계로 눈을 돌린 까닭도, 1402년 조선에서 만들어진 〈혼일강리역
대국도지도混壹疆理歷代國都之圖〉가 유럽과 아프리카를 재현한 까닭도 팍스
몽골리카 시대와 절대 무관하지 않다.

—— 몽골제국은 있어도 몽골문명은 없다

14세기 이후 몽골제국은 몰락하기 시작했다. 일 칸국은 9대 칸 아부 사이드 바하두르Abu Sa'id Bahadur(1305~1335)가 후사를 남기지 못하고 사망하자 내분에 빠져 분열하다가 이듬해 멸망했다. 차가타이 칸국도 내분으로 힘을 잃고 1402년 티무르제국에 흡수되었다. 킵차크 칸국은 루스인의 저항과 티무르제국의 압박을 이기지 못하고 쇠퇴하다가, 1502년 모스크바대공국과 킵차크 칸국에서 갈라져 나온 크림 칸국Crimean Khanate의 계속된 공세로 멸망했다.* 원나라는 1368년 한족 왕조인 명나라에 밀려 만리장성 북쪽으로 쫓겨났다. 다만 그 후에도 대원이라는 국호를 이어가며 명나라를 위협하다가, 1635년 청나라에 항복했다. 몽골제국의 명맥이 만리장성 북쪽으로 쫓겨난 원나라, 즉 북원이 멸망한 17세기 초반까지 이어졌다고는 하나, 팍스 몽골리카 시대는 1360년대에 사실상 종결되었다. 서구 문명의 지리적 토대를 쌓은 로마나 동아시아 문명의 구심점 역할을 해온 중국의 역대 통일 왕조와 달리, 몽골제국은 광대한 영역을 완전히 '몽골화'하지 못한 채 역사의 뒤안길로 사라졌다.

몽골제국은 왜 유라시아를 몽골 문명의 요람으로 변모시키지 못했을까. 중세를 대표하는 지리학자이자 역사학자인 이븐 할둔Ibn Khaldun(1332~1406)은 몽골인이 스텝을 벗어나 농경 및 도시 문화에 안주하

---

* 모스크바대공국은 키예프 루스에서 갈라져 나온 수많은 제후국 중 하나다. 처음에는 세력이 가장 미미했으나, 몽골제국이 몰락하는 시기에 힘을 키워 루스 동북부를 통합하며 현대 러시아의 기틀을 닦았다. 크림 칸국은 1430년 크림반도에 들어선 나라다. 크림반도에는 예로부터 수많은 유목 민족이 뒤섞여 살았다. (타타르족을 폭넓게 정의할 때 이들까지 뭉뚱그려 포함하기도 한다.) 이들은 킵차크 칸국이 들어서며 이주해 온 몽골인들과 동화되었는데, 그중 일부가 독립해 크림 칸국을 세웠다.

면서 패기와 도전 정신을 잃고 몰락했다고 논했다. 강압적·차별적이었던 몽골제국의 피정복민 정책, 통치 체계의 미숙함 등이 몽골제국의 몰락을 초래했다는 주장도 있다. 동서 교류의 와중에 흘러 들어온 흑사병도 몽골제국에 적잖은 타격을 입혔다. 심지어 유목 생활로 건강하고 균형 잡힌 식생활을 유지하다가 갑자기 누리게 된 경제적 풍요 덕분에 폭음과 과식, 운동 부족에 빠져 건강을 망친 지배층의 수명 단축이 몽골제국의 몰락으로 이어졌다는 연구도 있다.[8] 개인적으로는 고등학교 시절역사 교과서에서 힘만 셌던 몽골제국이 수준 높은 문화를 가졌던 한족에 동화, 흡수되었다는 이야기를 읽은 기억이 선명하다.

이러한 논의들은 나름의 의의와 설득력을 갖추고 있다. 다만 몽골제국이 문화나 통치 체제를 갖추지 못해 몰락했다는 주장에는 동의하기어렵다. 지금까지 살펴보았듯 몽골제국은 국가로서 필요한 여러 요소를골고루 갖추고 있었다. 그들은 점령지나 외국의 문화와 제도를 받아들이는 데 거리낌이 없었다. 몽골제국이 저지른 잔학 행위를 부정하거나간과해서는 안 되겠지만, 로마, 중국의 통일 왕조들, 유럽의 봉건국가들, 셀주크제국 등 '문명국'이 전쟁을 치르며 저지른 잔학 행위도 만만치 않았다.

나는 몽골제국의 몰락과 몽골화의 실패를 인구지리학적 관점에서설명하고자 한다. 스텝은 그 특성상 인구 부양력이 매우 낮다. 250~500밀리미터에 불과한 연 강수량은 수목이 자라기에도, 농사짓기에도, 집약적인 목축을 하기에도 턱없이 부족하다. 따라서 가축을 키우며 목초지를 찾아 주기적으로 이동하는 유목 생활을 할 수밖에 없다. 그러다보니 유목국가의 인구는 농경국가의 인구보다 월등히 적다. 일례로 아틸라제국은 전성기에도 인구가 30~40만 명에 불과했고, 동원할 수 있는 병력은 5만 명을 채 넘기지 못했다. 몽골제국의 인구도 전성기 기준 100~150만 명 정도에 불과했다.[9] 광대한 영토에 비해 턱없이 적은 인구였다. 이 때문에 몽골제국은 원정을 수행하며 튀르크족, 타타르족 등 '색목인色目人'이라 불린 중앙아시아의 다른 유목 민족들을 병사나 관료로 받아들여야 했다. 그나마 기후변화로 비가 많이 와 스텝의 생산성이 높아져 세계제국을 건설할 수 있었으나, 그래도 인구가 부족한 것은 변함없었다. 게다가 몽골인은 피정복민과 분리된 공간에서 생활했다. 가뜩이나 적은 수의 몽골인이 지리적으로 분산되기까지 하다 보니 거대한 제국의 영토를 몽골화하는 건 불가능에 가까웠다. 오히려 시간이 흐를수록 피정복민에게 동화되거나 그들의 저항을 이기지 못한 채 몰락했을 뿐이다. (이는 몽골제국뿐 아니라 근거지의 자연환경 때문에 태생적으로 인구가 적을 수밖에 없었던 유목 및 반농·반유목 민족 출신 정복 왕조의 공통된 문제이기도 했다.)

—— 팍스 몽골리카가 새로 그린 세계지도

몽골제국의 존재는 그들이 몰락한 뒤에도 세계의 역사와 지정학적 질서에 중대한 영향을 미쳤다. 그 전부터 이루어지던 튀르크족의 이슬람 세계 이주는 몽골제국의 원정을 계기로 한층 가속화되었다. 특히 몽골제국을 따라 아나톨리아반도로 이주한 오스만튀르크족은 그곳에서 힘을 키워 오스만제국을 건설했고, 이 새로운 제국은 14세기 이후 이슬람 세계의 중심지가 되어 유럽 세계와 대치했다. 북쪽으로 이주한 몽골인과 타타르족은 18세기까지 위세를 떨치며 키예프 루스부터 모스크바대공국과 러시아제국까지 현대 러시아의 기원이 되는 나라들을 괴롭히는 한편, 문화적으로 적지 않은 영향을 미쳤다. 실제로 타타르족은 오늘날 러시아에서 그 수가 가장 많은 소수민족이다. 마지막으로 팍스 몽골리카 시대의 영향으로 넓은 세계를 인식하게 된 유럽인들이 15세기 이후 새로운 교역로, 즉 신항로를 찾아 나서면서 근대화의 문을 연 대항해시대가 시작되었다.

한편 이민족들이 세운 금나라와 몽골제국에 밀려났던 한족은 명나라를 건국하며 그들의 전통적인 근거지와 멀리 떨어진 순천부順天府(오늘날 베이징시)를 수도로 삼았다. 이는 북쪽으로 쫓겨나기는 했지만, 여전히 위협적이었던 몽골제국의 잔존 세력을 견제하기 위함이었다. 이처럼 북부 국경 지대에 군사력을 집중한 데다가 남부 해안 지대에서는 왜구까지 기승을 부린 탓에 명나라는 해금海禁 정책을 펴고 대외 교역은 조공무역으로 제한했다. 여진족이 세운 청나라 또한 명나라 부흥 세력이 해외 세력과 연합할 것을 우려해 국경을 걸어 잠갔다. 무엇보다 청나라는 18세기까지만 하더라도 국력이 유럽의 어떤 나라보다 뛰어났기 때문에 무역의 필요성을 느끼지 못한 터라 쇄국 정책을 이어갔다. 이러한 점에서 몽골제국의 팽창과 쇠퇴는 유라시아의 여러 나라와 민족 집단 간의 지정학적 질서를 재편했을 뿐 아니라, 지리상의 발견을 촉진하고 근대화에 따른 동서양의 격차를 벌린 맹아로까지 평가할 수 있다.

8장

무너진 동방의 방파제
오스만제국의 굴기와 동로마제국의 멸망

그리스·로마 문명은 '고대' 문명으로 널리 알려져 있다. 따라서 '중세' 유럽사를 살펴보며 저 두 문명을 떠올리기는 쉽지 않다. 그런데 역사지리학적인 관점에서 보자면, 로마는 중세가 끝날 때까지 존속했다. '비잔티움제국'*이라고도 불리는 동로마제국이 중세 내내 유럽의 동부에서 1000년 넘게 존속하며 그리스·로마 문명을 계승, 발전시켰다. 봉건제가 지배했던 서유럽과 달리 중앙집권제를 고수했던 동로마제국은 찬란한 문화를 꽃피우는 동시에, 사산왕조 페르시아, 이슬람 세력, 몽골제국의

---

* 영미권에서는 동로마제국을 'Byzantine Empire'라고도 표기하는데, 여기서 'Byzantine'은 동로마제국의 수도 콘스탄티노플의 옛 지명인 'Byzantium'의 형용사형이다. 즉 'Byzantine Empire'를 '비잔틴제국'으로 옮기는 것은 마치 'Roman Empire'를 '로만제국'으로 옮기는 것처럼 어색하다. 따라서 '비잔티움제국'이라 표기함이 옳다.

외침에서 서유럽을 지키는 방파제 역할을 했다.

하지만 제4차 십자군 원정을 계기로 급속히 쇠락한 동로마제국은 오스만제국의 대두로 결국 멸망하고 말았다. 이는 한 국가의 멸망을 넘어, 세계지도를 다시 그리게 하고 세계사의 흐름을 크게 바꾼 전환점이었다. 그 중심에 바로 콘스탄티노플이 있었다. 콘스탄티노플은 지리적으로 흑해와 지중해, 아나톨리아반도와 유럽(발칸반도)을 잇는 교통과 무역의 요지라는 점에서 그 가치가 대단했다. 아울러 동로마제국은 엄연히 로마의 후예였으므로, 콘스탄티노플을 정복하는 세력은 로마의 뒤를 잇는다는 정치적 명분도 얻을 수 있었다.

—— 동서에서 몰아치는 쓰나미

479년 서로마제국이 멸망한 뒤에도 동로마제국은 굳건했다. 흑사병의 유행과 이슬람 세력의 발흥 등으로 북아프리카와 아라비아반도의 넓은 영토를 잃었지만, 1204년까지 유럽에서 가장 강대하고 선진적인 국가라는 위상은 절대 흔들리지 않았다. 사실 동로마제국은 무려 세 방면에서 강력한 적들을 상대하고 있었다. 북동쪽의 흑해 연안 스텝 방면에서는 훈족과 불가르족, 페체네그인 등의 유목 민족이, 서쪽의 지중해 방면에서는 게르만족과 노르만족이, 남동쪽의 아라바이반도와 서아시아 방면에서는 사산왕조 페르시아뿐 아니라 우마이야왕조, 아바스왕조, 셀주크제국 등의 이슬람 세력이 동로마제국을 괴롭혔다. 그런데도 동로마제국은 막강한 경제력과 군사력을 바탕으로 강대국의 면모를 유지했다. 그러면서 수백 년에 걸쳐 이슬람 세력의 서진을 저지하고 유럽 세계를 지켜냈다.

정작 동로마제국을 무너뜨린 파도는 서쪽에서 몰아쳤다. 앞서 6장에서 설명했듯 1204년 십자군은 동로마제국을 습격해 멸망시킨 다음 라틴제국을 세웠다. 이로써 동로마제국과 서유럽 국가들 간에 그리고 정교회와 가톨릭교회 간에 불신의 골이 깊어졌다. 이후 동로마제국은 니케아제국, 이피로스공국 등으로 분열되었고, 흑해와 지중해의 해상무역은 베네치아공화국이 주관하게 되었다. 무주공산이 된 발칸반도에는 불가리아제국과 세르비아왕국이 자리 잡았다. 이 두 나라는 경쟁 관계였는데, 특히 1217년 슬라브족의 한 분파인 세르비아족이 세운 세르비아왕국은 14세기 중반 제국으로 군림할 만큼 세력을 키웠다. 이런 상황에서 1261년 부활한 동로마제국은 혼란한 분열상과 몽골제국의 원정 등이 겹쳐 유럽 남동부의 자그마한 나라로 머무는 데 그쳤다. 몽골제국의 킵차크 칸국은 헝가리왕국을 짓밟고 발칸반도 북동부까지 진출했다. 미하일 8세는 막 부활한 동로마제국의 안전을 보장받기 위해 킵차크 칸국에 조공까지 바쳐야 했다. 이 와중에 일 칸국이 아나톨리아반도의 아바스왕조를 멸망시키자 여러 튀르크족이 대거 유입되어 토후국들을 세웠다. 그중 하나가 훗날 오스만제국으로 성장했다.

유럽의 여러 나라는 스러져가는 동로마제국의 영토를 먼저 챙기려고 혈안이었다. 14세기 후반부터 베네치아공화국, 제노바공화국, 피렌체공화국, 아라곤Aragon왕국 등 지중해의 해상 강국들이 발칸반도 서부와 남부 해안 지대를 잠식했다. 특히 이베리아반도 북동부 일대를 근거지 삼은 아라곤왕국은 18세기 스페인왕국에 완전히 흡수되기 전까지 지중해를 주름잡으며 해양제국의 면모를 과시했다. 무엇보다 아라곤왕국 출신 용병들이 동로마제국군의 핵심을 맡았는데, 이들이 각지에서 약탈을 자

도나우강
흑해
콘스탄티노플
지중해

6세기 동로마제국의 영토   ━━━ 1300년 오스만 베이국 영토
1020년 동로마제국의 영토   ━ ━ ━ 1360년 오스만제국 영토
1360년 동로마제국의 영토   ─ ·─ ·─ 1450년 오스만제국 영토

동로마제국의 쇠퇴와 오스만제국의 굴기

동로마제국은 위치상 동쪽의 이슬람 세력과 여러 유목 민족의 외침에서 유럽을 방어하는 역할을
맡았다. 하지만 정작 동로마제국에 치명타를 가한 것은 유럽의 십자군이었다. 13세기 초 십자
군에 공격당한 이후 동로마제국은 급격히 분열했다. 그 틈에 아나톨리아반도의 수많은 토후국
중 하나였던 오스만 베이국이 발칸반도까지 세를 불리며 오스만제국으로 거듭났다. 오스만제국
의 첫 번째 목표는 동로마제국의 심장부 콘스탄티노플이었다. 하여 동로마제국은 멸망 직전인
1450년이 되면 콘스탄티노플과 펠로폰네소스반도 일부만 차지할 정도로 쪼그라들었다.

행해 제국의 수명을 단축했다. 결국 15세기에 이르러 동로마제국은 콘스탄티노플 일대와 발칸반도 남부의 일부 해안 지대 정도만 다스리는 도시국가로 전락했다. '제국'이라는 이름만 남은 채 동방의 위협을 막아낼 힘을 완전히 잃은 것이었다.

—— 오스만제국의 부흥, 아나톨리아반도를 넘어 발칸반도로

아나톨리아반도의 여러 튀르크계 토호 가운데 오스만 1세Osman I (1258~1324?)가 있었다. 이슬람을 받아들인 오스만 1세는 성전을 명분 삼아 아나톨리아반도에서 세력을 키워갔다. 오스만 1세는 피정복지의 재화와 자원을 흡수하는 한편, 보호를 대가로 세금을 걷으며 일개 부족에 불과했던 자신의 세력을 오스만 베이국Beylik으로 키워냈다. 이때 '베이Bey'란 튀르크계 이슬람 국가에서 제후나 지방 장관을 지칭하던 말로, 신분이나 지위가 매우 높은 사람에 대한 경칭으로도 쓰였다. 즉 어느 부족이나 토후국이 베이국으로 발돋움했다는 것은, 그만큼 힘이 강해졌다는 방증이었다. 한편 오스만 1세의 아들로, 오스만 베이국을 물려받은 오르한 가지Orhan Ghazi(1288~1360)는 1326년 동로마제국이 애지중지한 실크로드의 요지 부르사를 점령해 수도로 삼았다.

아나톨리아반도의 여러 토후국은 번영하는 대도시 부르사를 근거지로 세력을 확장하는 오스만 베이국에 복속되었고, 쇠퇴일로를 걷던 동로마제국과 분열된 일 칸국, 불가리아제국, 세르비아왕국은 오스만 베이국의 팽창을 막을 수 없었다. 심지어 동로마제국의 황제 요안니스 6세Johannes VI(1292~1383)는 공동 황제이자 정적인 요안니스 5세Johannes V (1332~1391)와 내전을 치르며, 오르한에게 자기 딸을 줄 테니 도와달라고 요청하기까지 했다. 오르한은 동로마제국의 내분을 틈타 1354년 콘스탄티노플에서 서쪽으로 약 220킬로미터 떨어진 다르다넬스Dardanelles 해협 북안의 갈리폴리Gallipoli반도를 점령했다. 이곳은 훗날 오스만제국이 발칸반도로 진출하는 발판이 되었다.

아울러 오르한은 아바스왕조, 셀주크제국 등의 통치 제도를 받아들여 행정과 법령, 세수 및 화폐 제도 등을 체계적으로 정비하는 한편, 학교를 세우고 교육을 장려해 오스만 베이국이 토후국 중에서 가장 강력한 나라로 거듭나게 했다.

요안니스 6세의 딸과 오르한 사이에서 태어난 무라트 1세Murat I(1326~1389)는 카이로 아바스 왕조의 승인을 받아 1362년 술탄으로 즉위했다. 카이로 아바스 왕조는 이름에서 알 수 있듯 아바스왕조의 후예국이었다. 앞서 설명한 것처럼 아바스왕조는 1258년 몽골제국의 훌라구에게 침공당해 멸망했다. 하지만 마지막 지도자 알무스타심의 가족은 살아남아 맘루크왕조에 1517년까지 보호받으며 정치적 실권이 없는 종교 지도자로서 칼리파의 지위를 유지했다. 이들이 바로 카이로 아바스왕조로, 힘은 잃었어도 이슬람 세계의 정통성을 쥐고 있었다. 즉 무라트 1세가 받은 것은 단순히 '술탄'이라는 지위가 아니라, 이슬람 세계를 이끌어갈 명분이었다.

이로써 공식적으로 기치를 올린 오스만제국은 그 첫 번째 행보로 발칸반도 진출을 본격화했다. 무라트 1세가 1362년 콘스탄티노플에서 북서쪽으로 200킬로미터 정도 떨어진 발칸반도의 에디르네Edirne를 부르사와 함께 공동 수도로 삼은 것이 그 효시였다. 내분과 지나친 경쟁으로 약해진 동로마제국, 불가리아제국, 세르비아제국 등은 오스만제국의 진

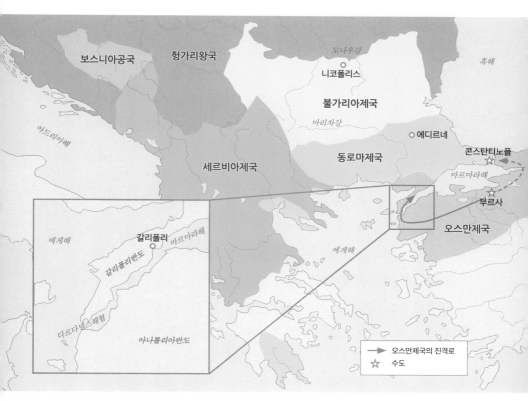

오스만제국의 발칸반도 진출

오스만 베이국이 갈리폴리반도를 통해 발칸반도 진출에 성공하고 5년여가 지난 1360년의 지도다. 이로써 동로마제국 정복의 발판을 마련한 오스만 베이국은 1362년 오스만제국으로 거듭나며, 아나톨리아반도와 발칸반도 일대를 아우르는 새로운 강자로 부상했다. 같은 해 동로마제국으로 깊이 진격해 요지 에디르네를 차지한 오스만제국은 불가리아제국, 세르비아제국, 헝가리왕국 등 주변 세력들마저 평정했다.

출을 제대로 저지하지 못했다. 1371년 오스만제국군은 오늘날 그리스의 최북단 국경을 흐르는 마리차Maritsa강 변에서 세르비아제국군을 격파했다. 이후 세르비아제국은 분열해 공국으로 전락했고, 동로마제국과 불가리아제국은 오스만제국의 봉신국이 되고 말았다. 이후 세르비아공국은 제국 중흥의 깃발을 내걸고 분투했지만, 1456년 오스만제국에 완전히 병합되었다.

무라트 1세는 발칸반도에서 붙잡아 노예로 삼은 그리스도인 포로들로 정예 상비군인 예니체리Yeniçeri를 만들었다. 노예는 기본적으로 '주인에게 예속된 사람'일 뿐이므로, 역사적으로 하는 일의 종류가 매우 다양했다. 가령 지배층의 노예라면, 전문직이나 고위직에 종사하는 경우가 적지 않았다. 이슬람 세계의 노예도 마찬가지였다. 특히 술탄은 기존 기득권과 연결 고리가 없는 무장 조직인 맘루크나 예니체리를 크게 신뢰했고, 그들 또한 오직 술탄에게만 절대복종하며 출세하기 위해 용감하게 싸웠다. 실제로 공을 쌓은 자는 남 부럽지 않은 부와 권력을 누렸다. 비슷한 의미에서, 즉 외척의 발흥을 막고자 오스만제국의 역대 술탄 가운데 다수는 그리스도인 여성 노예의 소생이기도 했다.[1]

예니체리를 통해 황권과 병권을 동시에 강화한 무라트 1세는 이어서 티마르Timar 제도를 도입했다. 무슬림 귀족에게 세습되지 않는 토지의 징세권을 주되 치안 유지와 병력 동원의 의무를 부과하고, 정무나 재판은 술탄이 파견한 관료에게 맡긴다는 내용이었다. 이로써 중앙집권화에 이바지하는 효율적인 지방 통치 체제를 수립했다.

무라트 1세의 뒤를 이어 오스만제국을 통치한 바예지트 1세Bayezit I (1360~1403)는 데브쉬르메Devşirme 제도를 도입해 오스만제국 영내의 그리스도인 가정에서 남자아이를 의무적으로 차출했다. 이렇게 차출된 아이들을 이슬람으로 개종시킨 다음 예니체리로 훈련했고, 나중에는 그중에서 관료도 선발했다. 데브쉬르메 제도는 충성심을 극대화할 뿐 아니라, 포로나 노예 등을 활용하는 방식보다 병력을 효율적으로 관리할 수 있었다. 그 강제성 때문에 반발도 샀지만, 출셋길을 열어주는 성격이 강했던지라 호응하는 그리스도인이 적지 않았다.

예니체리 징집이 완전히 제도화되자 노예 출신 인재들이 카프쿨루Kapıkulu, 즉 '왕의 노예'라는 특수한 계층을 형성했다. 이로써 술탄은 충성심 강한 인재풀을 확보할 수 있었다. 바예지트 1세는 강화된 황권과 병권을 바탕으로 제국의 영토를 무려 세 배 가까이 확장했다. 그는 1390년대 초반 불가리아제국과 세르비아공국을 평정한 다음, 1396년 도나우강 변의 니코폴리스Nicopolis(오늘날 불가리아 드니프로페트로우스크Dnipropetrovska주 니코폴Nikopol시)에서 헝가리왕국을 중심으로 프랑스왕국, 신성로마제국, 베네치아공화국, 제노바공화국, 불가리아제국, 왈라키아Wallakia공국*의 잔존 세력 등이 연합한 니코폴리스 십자군을 섬멸했다. 몽골제국의 침략에 따른 막심한 피해를 회복하지 못한 발칸반도 국가들은 오스만제국의 노도 같은 공세를 이겨내지 못했다. 결과적으로 그리스도교 국가들에 도움받을 여지가 사라진 콘스탄티노플의 함락은 시간문제가 되고 말았다.

---

*   1330년 루마니아인들이 헝가리왕국에서 독립해 세운 나라로, 현대 루마니아의 전신이다.

—— 티무르제국 덕분에 기사회생한 동로마제국

하지만 중앙아시아의 신흥 강국인 티무르제국 덕분에 동로마제국은 얼마 남지 않은 명줄을 연장할 수 있었다. 1402년 바예지트 1세는 아나톨리아반도 중부의 앙카라Ankara에서 티무르와 격돌했다가 참패해 포로로 잡힌 뒤 이듬해 옥사했다. 갑작스럽게 세력을 확장하며 유목 민족의 전통에서 벗어난 오스만제국의 통치에 반감을 품은 아나톨리아반도의 튀르크계 토호들이 몽골제국의 후예를 자처하는 티무르제국의 회유에 넘어간 탓이었다. 이를 기회 삼아 동로마제국은 오스만제국의 봉신국 처지에서 벗어났다.

막대한 병력뿐 아니라 술탄까지 잃은 오스만제국은 후계자 다툼과 수많은 토호의 배신, 세르비아공국, 불가리아* 등 속국의 이탈로 절체절명의 위기에 직면했다. 하지만 메흐메트 1세Mehmed I(1389~1421)가 11년에 걸친 제위 쟁탈전에서 승리하고 1413년 오스만제국의 5대 술탄으로 즉위하면서 중흥의 계기가 마련되었다. 곧 오스만제국은 이탈한 세력들을 다시 규합하며 힘을 모았다.

메흐메트 1세의 후계자 무라트 2세Murat II(1404~1451)는 아나톨리아반도를 대부분 통일한 뒤 여전히 건재한 티무르제국을 피해 지정학적으로 분열된 발칸반도 방면으로 영토 확장을 감행했다. 발칸반도를 지배한다면 흑해와 지중해를 잇는 무역로를 차지할 수 있었고, 오랫동안 이슬람 세계와 대치를 이어오던 유럽으로도 진출할 수 있었기 때문이다. 당시 발

---

* 세르비아제국이 공국의 지위라도 얻은 데 비해, 불가리아제국은 완전히 무너져 오스만제국에 직접 통치받았다. 다만 끝까지 살아남은 잔존 세력이 헝가리왕국 등에 망명해 훗날을 도모했다.

칸반도의 상황은 무라트 2세에게 절호의 기회를 제공했다. 마리차강과 니코폴리스에서 오스만제국에 패배한 이후 동로마제국, 세르비아공국, 불가리아 등은 치명타를 입고 크게 약해진 상태였다. 이런 상황에서 내분마저 심했으니, 불가리아 북쪽에 인접한 왈라키아공국은 수십 년에 걸친 오스만제국과의 항쟁 끝에 지배층이 친오스만파와 반오스만파로 쪼개졌다. 13세기 초 헝가리왕국에서 독립한 보스니아공국은 1377년 왕국이 된 후에도 영토 및 종주권 문제를 놓고 헝가리왕국과 대립했다. 게다가 발칸반도 국가들은 가톨릭교회와 정교회뿐 아니라, 10세기에 정교회 사제 보고밀Bogomil이 창시해 15세기까지 교세를 확장한 보고밀파 등 서로 다른 교파를 신봉했다. 이처럼 힘을 회복하지 못한 데다가 지정학적·종교적으로 분열된 발칸반도는 제국 팽창의 제물이 되었다.

무라트 2세는 즉위 직후 발칸반도 남부를 침공하고 1422년 콘스탄티노플을 공격한 끝에 1424년 동로마제국을 다시 한번 오스만제국의 조공국으로 만들었다. 이는 동유럽 국가들에 중대한 위협으로 여겨졌다. 헝가리왕국은 특히 오스만제국의 위협에 민감하게 반응했다. 발칸반도가 완전히 오스만제국의 손아귀에 들어간다면 지리상으로 가깝기도 하고, 지정학적으로 발칸반도와 유럽의 중간 지대인 헝가리왕국이 그다음 목표가 될 수밖에 없었기 때문이다.

이 때문에 헝가리왕국은 1440년대에 이르러 교황청, 폴란드왕국, 세르비아공국, 왈라키아공국, 알바니아** 등을 규합해 오스만제국

** 원래 동로마제국이 관할하는 지역이었으나, 슬라브족이 유입되며 그 통제력이 많이 약해지자 독립했다. 제8차 십자군 원정의 와중에 잠시 왕국이 세워지기도 했다.

무라트 2세와 참수된 울라슬로 1세

발칸반도에서 벌어진 오스만제국과 유럽
세력의 충돌은, 헝가리왕국의 울라슬로 1세
가 전사하며 결국 오스만제국의 승리로 끝
나고 말았다. 울라슬로 1세는 전투 중에 사
망했으나, 그림은 무라트 2세 앞에서 처형
된 것으로 묘사했다. 16세기에 오스만제국
에서 제작된 그림이다.

의 세력 확장을 저지하기 위한 십자군전쟁을 개시했다. 헝가리왕국
의 왕 울라슬로 1세Ulászló I(1424~1444)*와 명장 후녀디 야노시Hunyadi
János(1406?~1456)가 지휘하는 십자군은 곳곳에서 오스만제국군을 격파
했다. 하지만 무라트 2세는 외교적 수완을 발휘해 세르비아공국을 십자
군에서 이탈시킨 다음, 1444년 불가리아 동부의 바르나Varna에서 십자

---

*   울라슬로 1세는 본래 폴란드왕국의 왕 브와디스와프 3세(Władysław III)였다. 그런데 어린 왕을
    옹립할 처지에 놓인 헝가리왕국의 귀족의회가 브와디스와프 3세를 자신들의 왕으로 옹립함에
    따라 1440년 헝가리왕국의 왕 울라슬로 1세로 즉위했다. 당시 유럽에서는 봉건제의 영향으로
    왕위 계승권을 가진 외국의 군주나 귀족을 자국의 군주로 옹립하는 경우가 적지 않았다.

군을 상대로 대승을 거두었다. 사실 이때도 십자군이 승리할 것처럼 보였다. 하지만 혈기 왕성한 20세의 울라슬로 1세가 후녀디의 만류를 뿌리치고 무리하게 무라트 2세의 본진으로 돌격하다가 전사하면서 전세가 극적으로 바뀌었다. 이후 십자군은 와해했고, 오스만제국의 발칸반도 진출을 저지할 핵심 세력인 헝가리왕국은 고작 네 살이었던 라슬로 5세László V(1440~1457)가 왕좌에 앉으며 무력해졌다. 무라트 2세는 1448년 세르비아공국의 중심지인 코소보에서 후녀디가 지휘하는 헝가리-왈라키아 연합군마저 격파하며 발칸반도에서 오스만제국의 앞길을 막아설 세력을 모두 제거했다. 이로써 동로마제국은 지리적으로 고립되고 말았다.

── 콘스탄티노플에 감도는 전운

오스만제국의 다음 목표는 말할 것도 없이 콘스탄티노플이었다. 앞서 살펴보았듯 콘스탄티노플은 지정학적·지리적 요지였다. 이곳을 정복한다면 오스만제국은 로마의 후예로서 이슬람 세계뿐 아니라 유럽까지 지배할 명분을 얻게 될 터였다. 똑같은 이유로 동로마제국이 콘스탄티노플을 지켜낸다면, 언젠가 발칸반도의 그리스도교 국가들과 힘을 합쳐 오스만제국을 위협할지 모를 일이었다.

특히 1451년 사망한 무라트 2세의 뒤를 이어 오스만제국을 이끌게 된 메흐메트 2세Mehmed II(1432~1481)에게 콘스탄티노플 정복은 매우 절실한 문제였다. 메흐메트 2세는 혈통으로 보나 능력으로 보나 술탄이 되기에 부족함이 없는 인물이었지만, 나이가 어렸다. 사실 그는 이미 1444년 무라트 2세의 양위로 술탄이 되었지만, 너무 어리다며 우려를

표한 대신과 귀족들 때문에 1446년 다시금 부황에게 제위를 돌려준 적이 있었다. 믿음직한 후원자였던 부황을 잃은 메흐메트 2세는 노회한 지배층을 상대로 자신의 역량을 확실하게 입증해야 했다. 선대 술탄들이 이루지 못한 콘스탄티노플 정복에 성공한다면, 자신의 권위와 역량에 의문을 제기할 자는 아무도 없을 터였다.

물론 콘스탄티노플 정복은 오스만제국이 이슬람 세계의 종주국으로 확고하게 자리 잡을 수 있는 명분이기도 했다. 무함마드의 어록인 《하디스 Hadith》에는 콘스탄티노플은 반드시 정복되리라는 문구가 담겨 있었다. 알킨디 Al-Kindi(801~873)를 비롯한 무슬림 학자들은 이를 근거로 콘스탄티노플 정복이 이슬람 세계의 승리로 이어지리라는 주장을 펼치기도 했다. 이슬람 세계에서 콘스탄티노플은 그리스도교 세계로 비유하자면 예루살렘 못지않게 중요한 곳이었다.

콘스탄티노플을 정복해야 할 당위성은 제국 내부에도 있었다. 오스만제국의 뿌리는 아나톨리아반도의 튀르크족 연합체였고, 15세기 중반에 이르러서도 유력 부족은 황권을 견제할 정도로 건재했다. 무라트 2세가 데브쉬르메 제도를 관료 임용에까지 확대한 것도 이들을 견제하기 위함이었다. 일례로 메흐메트 2세의 왕자 시절 스승이자 재상인 할릴 파샤 Halil Pasha(?~1453)는 동로마제국과 베네치아공화국 사이의 교역에 개입해 막대한 이익을 취했기 때문에 콘스탄티노플 정복에 반대했다. 즉 콘스탄티노플과 동로마제국 정복은 기득권의 세력 기반을 약화하고 황권을 강화할 절호의 기회였다.

메흐메트 2세는 즉위 직후 카프쿨루 출신의 측근들을 전격적으로 요직에 앉힘으로써 젊은 술탄을 마음대로 주무르려는 할릴 파샤를 성공적으로 견제했다. 메흐메트 1세의 측근이자 무슬림 학자인 아크솀세딘 Akşemseddin(1372~1459)은 콘스탄티노플 정복이야말로 이슬람 중흥의 계기라고 설파함으로써, 그것이 심판의 날, 즉 세상의 종말로 이어진다고 믿던 사람들의 불안과 저항을 잠재우는 데 성공했다.

　한편 동로마제국의 황제 콘스탄티노스 11세 Konstantinos XI(1405~1453)가 자기 밑으로 망명해 온 오스만제국의 황족이자 술탄의 정적 오르한 첼레비 Orhan Çelebi(1412~1453)의 부양비를 더 주지 않으면 돌려보내겠다고 메흐메트 2세를 협박했다. 오르한의 아버지 술레이만 첼레비 Süleyman Çelebi(1377~1411)는 바예지트 1세의 장남으로, 메흐메트 2세에게는 백조부였다. 그는 1402년 앙카라에서 티무르에게 참패한 결과 1413년까지 이어진 오스만제국의 혼란기에 다른 왕자들과 함께 메흐메트 1세의 술탄 즉위를 거부하고 제위 다툼을 벌였다. 결국 술레이만은 술탄에 오르지 못했지만, 그 혈통은 무시할 수 없었기 때문에, 오르한의 존재는 메흐메트 2세에게 중대한 위협이 될 수밖에 없었다. 이러한 사정을 뻔히 알고 있던 콘스탄티노스 11세의 협박은 사실 동로마제국이 주변국과의 외교에서 자주 사용한 전략이었다. 즉 오스만제국의 분열을 조장하려는 목적이었는데, 세력 격차가 비교하기 어려울 정도로 커졌다는 점이 문제였다. 오르한의 귀국은 내전으로 비화할 수 있는 심각한 일이었으므로, 메흐메트 2세는 콘스탄티노스 11세의 협박을 동로마제국 침공의 구실로 삼았다.

── 참수 요새와 오르반의 거포

메흐메트 2세는 1452년 콘스탄티노플에서 북쪽으로 약 10킬로미터 떨어진 보스포루스Bosporus해협의 서안에 전초기지인 루멜리Rumeli요새를 지었다. 이때 '루멜리'는 '로마'라는 뜻의 오스만어로, 동로마제국을 향한 메흐메트 2세의 열망이 얼마나 강렬했는지 알 수 있는 대목이다. 아울러 특제 무기도 준비했다. 메흐메트 2세는 콘스탄티노플의 삼중 성벽을 무너뜨리기 위해 헝가리왕국의 기술자 오르반Orbán(?~1453)에게 당대 최강의 거포를 주문했다. 오르반은 원래 거포를 동로마제국에 판매하려고 했으나, 극심한 재정난을 겪고 있던 동로마제국은 거포 주조에 드는 비용과 오르반이 요구한 급여를 마련하지 못했다. 그러자 오르반은 자신의 거포를 메흐메트 2세에게 판매했다. 콘스탄티노플을 지킬 무기가 될 오르반의 거포가 콘스탄티노플을 함락할 비장의 무기로 바뀌었던 셈이다. 그 거포는 길이만 8미터에, 운용하는 데 황소 60마리와 사람 2000명이 필요했다. 그만큼 성능도 확실했으니, 270킬로그램짜리 돌을 1.6킬로미터까지 쏘아 보낼 수 있었다. (19세기 이전의 대포는 대부분 고폭탄이 아닌 무거운 구체를 발사했는데, 비싼 금속 대신 저렴한 돌을 포탄으로 사용하는 경우가 많았다.)

자력만으로 오스만제국의 침공에 맞설 능력이 없었던 동로마제국은 외부 세력의 지원조차 제대로 얻지 못했다. 콘스탄티노스 11세와 그 전임 황제인 요안니스 8세Johannes VIII(1392~1448)가 유럽 각국에 도움을 요청했지만, 별다른 소득이 없었다. 바르나와 코소보에서의 패배로 형편이 나빠진 헝가리왕국과 폴란드왕국은 동로마제국에 군사적 지원을 더는 해줄 수 없었다. 신성로마제국은 제위 계승 문제로 혼란했고, 프랑스왕국과 잉글랜드왕국은 백년전쟁 막바지라 국력을 모두 소진한 상태였다. 프랑스왕국의 왕위 계승 문제, 몇몇 지역의 소유권 문제 등이 얽히고설키며 1337년 시작된 백년전쟁은 1453년까지 이어졌다. 프랑스왕국의 승리로 끝나긴 했지만, 서로 잃은 것이 너무나 많아 누군가를 도울 형편이 되지 못했다.

상황이 절박하자 요안니스 8세는 지원군을 보내주면 황제 계승권을 양도한다는 조건까지 내걸었지만, 자국의 문제를 해결하기에도 벅찬 서유럽 국가들이 허울만 남은 동로마제국의 황위를 대가로 병력을 지원할 리 만무했다. 교황령 및 동로마제국에 이권이 있던 베네치아공화국, 제노바공화국 정도가 병력을 지원했는데, 고작 3000명 안팎이었다. 동로마제국군도 수천 명에 지나지 않았다. 즉 다 해서 1만 명을 밑도는 병력만으로 오스만제국의 대군을 감당해야 할 처지였다.

1453년 4월 메흐메트 2세는 오스만제국군 10만 명을 콘스탄티노플로 진격시켰다. 중세의 황혼을 장식할 콘스탄티노플공방전이 드디어 막을 올렸다.

—— 지리적으로 완벽한 천혜의 요새와 삼중 성벽

오스만제국군의 우세가 압도적이기는 해도, 콘스탄티노플은 쉽게 무너지지 않았다. 삼중 성벽뿐 아니라 지형 자체가 방어에 너무나 유리했다. 콘스탄티노플은 보스포루스해협 남쪽 끝의 돌출된 곳에 있었다. 따라서 서쪽 방면만 육지와 연결되어 있었고, 나머지 삼면은 모두 해안이었다. 게다가 모든 면이 견고한 성벽으로 둘러쳐져 있었다. 심지어 동로마제국군은 북쪽 방면의 금각만에 쇠사슬을 설치해 오스만제국 함대가 들어오지 못하게 막았다. 말 그대로 난공불락의 요새였다.

1453년 4월 5일 콘스탄티노플 서쪽 방면에 병력을 집결한 메흐메트

2세는 총공격을 개시했다. 하지만 콘스탄티노플이 함락되면 자신들의 운명 또한 끝장날 것임을 잘 알고 있던 동로마제국군과 시민들은 삼중 성벽을 활용해 결사적으로 싸웠다. 현장에서 동로마제국군을 진두지휘한 콘스탄티노스 11세와 제노바공화국의 용병 대장 조반니 주스티니아니Giovanni Giustiniani(1418~1453)의 군사적 역량도 대단했다. 오르반의 거포는 명중률이 매우 낮은 데다가 장전하는 데 엄청난 시간이 필요해 오스만제국군에 큰 도움이 되지 못했다. 동로마제국군은 포격으로 부서진 성벽을 바로 수리하고 오스만제국군의 공격을 연이어 격퇴하며 서쪽 성벽을 지켜냈다. 고국으로 돌아가면 숙청당할 운명이었던 오르한도 동로마제국군에 종군해 해안 쪽의 성벽을 방어했다. 그 성벽에 가로막혀 오스만제국군은 상륙할 수 없었고, 당대의 함포는 성벽을 허물 만큼 강하지 못했다.

오스만제국은 해상에서도 고전을 거듭했다. 동로마제국과 베네치아공화국, 제노바공화국의 연합함대는 30척을 밑도는 작은 규모였지만, 능력만큼은 상대보다 월등했다. 유럽에서도 손꼽히는 해양 세력들이 뭉친 만큼 전함의 성능, 해상 전술, 지휘관과 선원의 기량 등 모든 면에서 대륙 국가인 오스만제국의 함대를 압도했다. 심지어 4월 20일에는 콘스탄티노플 근해에서 동로마제국과 제노바공화국의 전함 네 척이 오스만제국의 전함 수십 척을 침몰시킨 다음 금각만에 무사히 진입해 병력과 보급품을 고스란히 전달해냈다. 당시 연합함대는 조류를 능숙하게 이용하며 오스만제국 함대를 농락했다. 어처구니없는 패배에 진노한 메흐메트 2세는 제독 발토울루 술레이만Baltaoğlu Süleyman을 추방했다.

콘스탄티노플에서 고전이 이어지자 메흐메트 2세는 전세를 단숨에

오스만제국의 콘스탄티노플 공략

전황이 한눈에 잘 들어온다. 콘스탄티노플 앞에 오스만제국군이 진을 치고 있는데, 전함만 한 크기의 거포들이 눈에 띈다. 그 왼편에서는 전함에 임시로 바퀴를 달아 육로로 옮긴 다음 금각만 안으로 들여보내고 있다. 장 르타베르니에(Jean Le Tavernier, ?~1462), 〈1453년의 콘스탄티노플 포위(Le siège de Constantinople, 1453)〉, 1455.

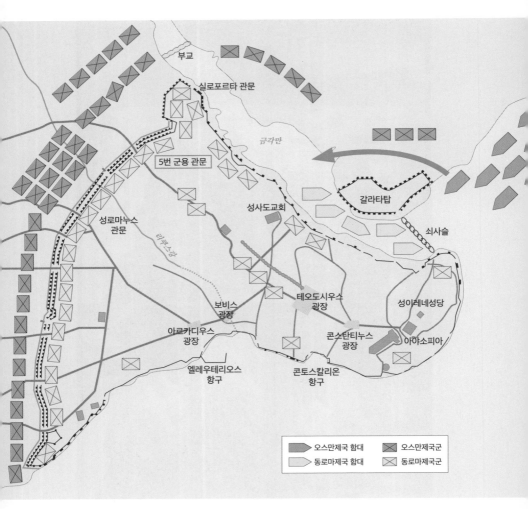

부교

실로포르타 관문

금각만

5번 군용 관문

갈라타탑

성사도교회

성로마누스
관문

리쿠스강

쇠사슬

테오도시우스
광장

보비스
광장

성이레네성당

아르카디우스
광장

콘스탄티누스
광장

아야소피아

엘레우테리오스
항구

콘토스칼리온
항구

■ 오스만제국 함대		⊠ 오스만제국군	
▨ 동로마제국 함대		⊠ 동로마제국군	

콘스탄티노플 공략

콘스탄티노플은 단단한 성벽과 바다로 둘러싸여 있는 만큼 방어에 매우 유리한 곳이었다. 특히 금각만으로 얼마든지 보급받을 수 있어 장기간 농성하는 데도 큰 어려움이 없었다. (당시에는 금각만에 맞닿은 육지에서 포를 쏘아도 전함을 제대로 맞추기 어려웠다.) 이에 메흐메트 2세는 전함에 바퀴를 달아 바다가 아닌 육지로 이동시켜 금각만 안으로 진입시킨다는 기발한 작전을 실행했다. 이 작전이 먹혀들며 콘스탄티노플 방어에 금이 가기 시작했다. 보급이 끊긴 동로마제국군의 기세는 꺾이기 시작했고, 때마침 오스만제국군이 총공격을 감행하자 쪽문인 5번 군용 관문(fifth military gate)(네모)을 내주고 말았다.

뒤집을 만한 기발한 작전을 내놓았다. 동로마제국군의 공격 범위에서 벗어난 금각만 동안의 육지에 목제 궤도와 바퀴 달린 받침대를 설치한 뒤, 그 위에 전함을 올려 금각만 안으로 실어 보낸다는 내용이었다. 얼핏 터무니없어 보이는 이 작전에 따라 오스만제국군은 4월 21일부터 23일까지 70척이 넘는 전함을 금각만 안으로 들여보내는 데 성공했다. 금각만을 지키던 동로마제국군은 기상천외한 방법으로 기습해 온 오스만제국 함대와 금각만 동안에서 지원 포격을 가하는 오스만제국 육군의 협공을 받아 패퇴하고 말았다. 금각만을 잃은 콘스탄티노플은 보급로를 차단당한 채 고립되었다.

그런데도 콘스탄티노플이 함락될 조짐은 보이지 않았다. 동로마제국군의 저항이 너무나 거셌기 때문이다. 그들은 성벽이 포격에 허물어지면 바로 보수하거나 새 성벽을 급조했고, 성벽에 접근하는 공성탑을 불살랐다. 5월이 되자 메흐메트 2세는 콘스탄티노스 11세에게 황제와 시민의 안전을 보장할 테니 항복하라고 권고했지만 먹히지 않았다.

항복 권고가 효과를 거두지 못하고 교착 상태가 계속되자 5월 중순에 이르러 메흐메트 2세는 땅굴을 파 콘스탄티노플 내부로 병력을 진입시킨다는 작전을 세웠다. 하지만 동로마제국군이 불을 지르는 등 격렬히 저항한 탓에 이 또한 수포로 돌아갔다. 상황이 이렇게 되자 할릴 파샤 등이 메흐메트 2세에게 콘스탄티노플에서 철수할 것을 종용했다.

이때 눈부신 활약을 한 이가 바로 아크셈세딘이었다. 그는 674년 아이유브왕조가 동로마제국을 공격했을 때 순교한 무함마드의 친구 아부 아이유브 알안사리Abu Ayyub al-Ansari(?~674)의 유해가 콘스탄티노플 안에 묻혀 있다고 설교하며 병사들의 사기를 고무했다. 아울러《쿠란》의 아랍어를 수비학數祕學(숫자, 문자, 사물, 장소 등의 숨은 의미를 연구하는 학문)으로 분석해 콘스탄티노플 함락은 경전에 기록된 신의 뜻이라고 주장했다. 그 덕분에 오스만제국군은 성전에 임한다는 믿음으로 힘겨운 콘스탄티노플공방전을 계속할 수 있었다.

—— 동로마제국의 장렬한 최후

선전하던 동로마제국군이었지만, 고립된 처지에서 공성전이 이어지자 군민의 사기가 떨어지기 시작했다. 무엇보다 금각만을 잃은 탓에 외부의 지원이 완전히 끊긴 점이 치명적이었다. 서유럽의 지원군은 아무리 기다려도 도착할 기미조차 없었다. 하필 5월 24일에는 월식에 이어 뇌우까지 쏟아져, 궁지에 몰린 동로마제국 군민의 마음을 더욱 혼란스럽게 했다.

5월 26일 메흐메트 2세는 전 병력을 콘스탄티노플 서쪽 방면에 집결했다. 모든 전력을 서쪽 성벽에 쏟아붓겠다는 심산이었다. 고립된 동로마제국군은 피해와 피로가 누적된 데다가 줄어든 병력을 보충하지도 못했다. 오스만제국군의 피해도 만만찮았지만, 상대와 달리 병력과 보급품을 적절히 지원받았다.

5월 29일이 되자 메흐메트 2세는 총공격을 명령했다. 오스만제국군이 보유한 모든 대포가 불을 뿜었고, 수많은 병사가 성벽을 향해 돌진했다. 동로마제국군은 이번에도 선전했지만, 전세는 점차 불리해졌다. 병사들은 피로에 찌든 데다가 그 수마저 줄어 있었고, 손상된 성벽과 급조한 새 성벽은 기존 성벽만큼 튼튼하지 못했다. 오스만제국군의 파상 공세가 계속해서 이어지자 동로마제국군의 저항도 한계를 드러내기 시작했다.

그 와중에 주스티니아니가 중상을 입고 쓰러졌다.(주스티니아니는 6월 1일 숨을 거두었다.) 지휘관이 쓰러지자 동로마제국군은 충격에 휩싸였다. 혼란을 틈타 예니체리들이 성벽 오른편의 쪽문을 열고 성내로 진입하는 데 성공했다. 그들은 성벽 위로 올라가 방어탑에 오스만제국군의 깃발을 올렸다. 그 광경에 사기가 바닥에 떨어진 동로마제국군은 패주하기 시작했다. 콘스탄티노스 11세는 적진으로 돌격해 장렬히 전사했고, 오르한은 오스만제국군에 체포된 뒤 처형당했다. 이로써 무려 1000년이 넘도록 로마의 수도로 자리를 지켜온 콘스탄티노플은 결국 오스만제국의 수중에 떨어지고 말았다.

—— 흑해를 향해 치달리다

콘스탄티노플을 정복한 메흐메트 2세의 명성은 하늘을 찔렀다. 그에게는 정복자라는 뜻의 '파티흐 Fātih'라는 영예로운 칭호가 주어졌다. 발칸반도와 아나톨리아반도를 아우르는 제국의 영토는 완전히 연결되었고, 메흐메트 2세는 로마의 계승자이자 무함마드의 예언을 실현한 자라는 권위를 확보했다. 연장선에서 메흐메트 2세는 할릴 파샤 등의 정적을 적과 내통했다는 혐의를 씌워 숙청함으로써 황권을 크게 강화했다.

메흐메트 2세는 콘스탄티노플을 오스만제국의 새 수도로 삼았다. 옛 로마의 수도이자 동방과 서방을 잇는 콘스탄티노플로의 천도는 오스만제국이 명실상부한 세계제국으로 거듭났음을 천명한 사건이었다. 한편 메흐메트 2세는 전쟁에만 능한 술탄이 아니었다. 콘스탄티노플 함락 직후 수많은 동로마제국인이 살인, 약탈, 강간 등에 시달렸지만, 일단 혼란이 수습된 후에는 그리스도교 신앙이 제한적으로나마 계속해서 허용되었다. 이로써 오스만제국은 일개 토후국의 한계를 넘어섰다. 콘스탄티노폴은 시간이 흐르면서 이슬람 문화에 물들었고, 이름도 이스탄불로 바뀌었다.

동로마제국이라는 방파제를 잃은 유럽은 오스만제국의 침공이라는 쓰나미를 버티지 못했다. 메흐메트 2세는 정복 사업을 계속해 왈라키아공국, 세르비아공국, 보스니아왕국, 크림 칸국 등을 병합함으로써 발칸반도 전역은 물론이고, 흑해 연안의 대부분 지역을 차지했다. 오스만제국의 10대 술탄으로 대제라 불리는 술레이만 1세Süleyman I(1494~1566)의 치세에는 그 영토가 북아프리카, 아라비아반도, 동유럽 등 세 대륙을 아우르며 완전한 세계제국으로 도약했다.

—— 잔해 속에서 움트는 근대의 싹

동로마제국의 멸망과 이어진 오스만제국의 팽창이 유럽과 오스만제국 간의 전면전으로 비화하지는 않았다. 술레이만 1세 사후 오스만제국의 유럽 진출은 한풀 꺾였다. 물론 1571년의 레판토Lepanto해전*과 1683년

---

*   오스만제국이 평화조약을 맺고 있던 베네치아공화국의 영토인 키프로스섬을 침공하면서 시작되었다. 아나톨리아반도 바로 아래 있는 키프로스섬은 이슬람 세계 속에 고립된 그리스도교 섬으로서 그 지정학적 가치가 매우 크다. 또한 동지중해의 무역 거점인 데다가 매우 비옥한 땅에서 설탕, 목화 등을 재배할 수 있어 어느 나라나 눈독 들이는 곳이었다. 결국 1571년 키프로스섬의 영유권을 놓고 레판토(오늘날 그리스 서쪽그리스주 에톨로아카르나니아Aetolia-Acarnania현 나프파크토스Nafpaktos시) 앞바다에서 오스만제국과 스페인왕국, 교황청, 베네치아공화국의 연합함대가 맞붙었다. 해전은 연합함대의 승리로 끝났지만, 그리스도교 국가 간의 내분과 여전히 강력한 오스만제국의 영향력 때문에, 키프로스섬은 오스만제국이 차지하게 되었다.

오스만제국과 기타 이슬람 왕조

동로마제국을 멸망시킨 오스만제국은 17세기 들어 최전성기를 구가했다. 동로마제국의 영토
대부분을 지배했을 뿐 아니라 발칸반도 북쪽의 흑해 일대와 아라비아반도의 홍해 일대까지 세력
을 넓혔다. 그 오른쪽의 사파비왕조 페르시아와 인도반도를 다스린 무굴제국 또한 모두 (티무르
제국에 영향받은) 이슬람 왕조로 동일한 문화권을 형성했으니, 가히 이슬람의 시대였다.

의 제2차 빈공방전* 같은 대규모 군사적 충돌이 없었던 것은 아니지만, 오스만제국은 유럽 대신 1501년 시아파 무슬림들이 세운 사파비왕조 페르시아와 카스피해 방면에 집중했다. 게다가 오스만제국은 지중해 무역으로 이득을 얻고자 베네치아공화국 등과 협력했다. 심지어 프랑스왕국은 숙적인 합스부르크가문을 견제하기 위해 오스만제국과 오랫동안 동맹을 맺기까지 했다. 방파제는 무너졌지만, 그렇다고 쓰나미가 곧바로 유럽을 덮치지는 않았던 셈이다.

그렇다고는 해도 영향이 아예 없지는 않았다. 우선 콘스탄티노플 함락으로 동로마제국의 수많은 지식인과 예술가가 조국을 떠나야 했다. 이 그리스도인들은 유럽 각지로 흩어졌는데, 주요 정착지는 동로마제국과 가까우면서도 바다 때문에 오스만제국의 위협에서 비교적 안전했던 이탈리아반도의 도시국가들, 가령 베네치아공화국, 제노바공화국, 피렌체공화국 등이었다. 이미 13세기 말부터 이들 도시국가를 중심으로 무르익던 르네상스는 동로마제국의 망명자들이 가져온 그리스·로마 문명의 유산 및 동로마제국의 선진적인 문물 덕분에 한층 수준 높은 경지로 나아갈 수 있었다.

---

* 1526년 헝가리왕국이 오스만제국에 멸망하자, 근세 내내 유럽을 호령하게 될 합스부르크가문의 시조로 평가받는 페르디난트 1세(훗날 신성로마제국의 황제)가 혼인으로 그 왕조를 이었다. 당시 페르디난트 1세는 오스트리아대공국을 다스렸는데, 1529년 벌어진 제1차 빈공방전에서 오스만제국의 서유럽 진출을 막아냈다. 시간이 흘러 1683년 합스부르크제국(1648년 이후의 신성로마제국, 자세한 내용은 11장 참조)에서 반란을 일으킨 세력이 수도 빈을 공격해달라고 오스만제국에 요청했다. 하여 곧 제2차 빈공방전이 시작되었다. 오스만제국과 합스부르크제국 도합 20만 명 이상의 병력이 동원된 제2차 빈공방전은 오스만제국의 석패로 막을 내렸다. 이후 오스만제국은 쇠퇴 일로를 걸었다.

한편 오스만제국이 중앙아시아와 유럽 사이에 버티고 서 있었기 때문에, 동로마제국의 멸망 이후 동서 교류는 오스만제국을 반드시 거쳐야만 했다. 오스만제국은 지중해 무역을 장악한 베네치아공화국과 협력해 막대한 부를 축적했다. 다른 유럽 국가들은 이러한 상황이 영 못마땅했다. 결국 15세기 말 이후 스페인왕국과 포르투갈왕국을 필두로 잉글랜드왕국, 프랑스왕국, 네덜란드 등이 신항로 개척에 나서기 시작했다. 그 결과 유럽인들은 신대륙을 발견하고 막대한 양의 귀금속과 향신료를 획득하며 부를 쌓았다. 많은 돈이 유입되는 데다가 장거리 항해가 활발해지니 금융업과 보험업도 발맞추어 성장했다. 장원과 자급자족에 바탕을 둔 중세 유럽의 농업 중심 경제는 서서히 상업과 금융업 중심 경제로 변모하기 시작했다. 팍스 몽골리카 시대 유라시아인들이 어렴풋이 그리기 시작한 세계지도가, 오스만제국을 피해 신항로를 개척한 유럽인들에 의해 정교화되고 구체화되었던 셈이다.

콘스탄티노플 함락과 동로마제국 멸망은 이처럼 신항로 개척과 르네상스 확산이라는 변화를 촉발한 중요한 계기가 되었다. 이 때문에 수많은 역사학자가 콘스탄티노플이 함락된 1453년을 중세의 종점으로 간주한다.[**] 콘스탄티노플의 삼중 성벽이 무너지면서 2000년을 이어온 로마는 역사의 뒤안길로 사라졌지만, 그 잔해 속에서 근대라는 새로운 시대의 싹이 움트기 시작했다.

[**] 중세의 종점에 대해서는 이 외에도 신대륙이 발견된 1492년, 종교개혁이 대대적으로 이루어진 16세기 초반, 삼십년전쟁이 끝나고 베스트팔렌조약이 체결된 1648년 등 다양한 이론(異論)이 존재한다.

9장

실크로드의 부활
티무르제국의 흥망성쇠와 빛나는 유산

유라시아의 끝과 끝을 연결했던 팍스 몽골리카 시대는 1360년대에 종말을 맞이했다. 원나라는 명나라에 중원을 내준 채 몽골로 쫓겨났고, 나머지 세 울루스, 즉 서남아시아의 일 칸국, 유라시아의 킵차크 칸국, 중앙아시아의 차가타이 칸국도 몰락했다. 그렇다면 몽골제국이 안전하게 관리하던 중앙아시아의 동서 교역로는 어떻게 되었을까.

과거의 연구자들은 몽골제국의 분열과 오스만제국의 대두 그리고 신항로 개척으로 실크로드가 결국 몰락했다고 설명했다. 하지만 최근 들어 이러한 관점은 지나치게 서구 중심주의에 입각한 것으로 비판받고 있다.[1] 무엇보다 몽골제국이 몰락한 뒤에도 그 후예를 주장하는 세력이 중앙아시아와 인도반도에서 거대한 제국을 일으켰다. 이로써 중앙아시아의 실크로드는 18세기까지 동서 교류를 담당할 수 있었다. 그 중심에 티무르제국이 있었다. 티무르는 보통 잔혹한 살육자의 이미지로 유명한데, 이 또한 역사의 반쪽만 바라본 것이다. 중앙아시아를 아우르는 제국을 건설하는 과정에서 저지른 잔학 행위와는 별개로, 그는 문화와 예술, 학문에 조예가 깊었다. 실제로 정복지에서 수준 높은 문화를 꽃피웠다. 이로써 티무르제국은 공통된 종교와 균질한 문화를 향유하는 하나의 지리적 공간으로서 '중앙아시아'를 만드는 데 성공했다.

—— 팍스 몽골리카의 황혼기

중앙아시아를 지배한 차가타이 칸국은 14세기 중반에 이르러 분열하기 시작했다. 그 직접적인 원인은 종교였다. 타르마시린 칸Tarmashirin Khan(?~1334)은 이슬람으로 개종한 뒤 알라앗딘Ala-ad-Din으로 이름을 바꾸고 술탄을 자청했다. 이는 고대부터 동서 교류의 요지였던 서부의 트란스옥시아나에서는 호응을 얻었으나, 비교적 지역색이 강했던 동부의 모굴리스탄Moghulistan(오늘날 카자흐스탄 동남부의 스텝)에서는 반발을 샀다. 중앙아시아에 이슬람이 전파된 지 6세기도 더 지났지만, 몽골제국은 본래 텡그리Tengrism교라 불리는 토속신앙과 불교를 신봉했기 때문이다.

'하늘'이라는 뜻의 텡그리교는 조상 숭배를 넘어 샤머니즘과 정령 숭배의 특징을 지닐 만큼 그 역사가 매우 오래되었다. 종교로서는 몽골제국이 형성되는 과정에서 함께 부흥했는데, 체계적인 교리나 조직을 갖추지 못한 데다가 그 지도자가 칭기즈 칸에게 처형당하며 몰락했다. 그러나 토속신앙의 형태로 중앙아시아에 널리 퍼져 이어졌으니, 타르마시린 칸의 행보는 꽤 파격적으로 받아들여졌을 테다. 결국 타르마시린 칸이 종교 문제로 폐위당하면서 차가타이 칸국은 흔들리기 시작했다.

이후 왕권 강화를 시도하던 카잔 칸Qazan Khan(?~1346)이 1346년 튀르크족 출신 귀족들이 일으킨 반란을 진압하던 중 전사하면서 차가타이 칸국은 동서로 분열하고 말았다. 이때 모굴리스탄에 들어선 국가가 바로 모굴리스탄 칸국이다. 모굴리스탄 칸국은 투글루크 티무르Tughluq Timur(1312?~1363)*의 지도 아래 역설적이게도 이슬람을 받아들이며 강성해졌다. 일련의 과정을 겪으며 이슬람이 반감과 저항을 이겨내고 모굴리스탄의 유력자들에게 대대적으로 전파되었기 때문이다. 반면에 트란스옥시아나는 튀르크족 유력자들이 일으킨 봉기로 혼란에 빠졌다.

한편 칭기즈 칸의 방계 후손인 티무르는 트란스옥시아나에 살고 있었다. 팍스 몽골리카 시대에 태어난 그는 몽골인, 튀르크족 등의 혈통이 섞인 혼혈인이기도 했다. 출신 가문인 몽골제국의 명문 오복 바를라스Barlas는 이미 크게 쇠락한 상태였기 때문에, 젊은 티무르는 도적질을 벌이기까지 했다. 이런 상황에서 트란스옥시아나의 분열은 티무르가 날개를 펼 기회로 작용했다.

1360년 투글루크 티무르는 트란스옥시아나마저 통일해 차가타이 칸국의 명맥을 이었다. 이때 그의 휘하에서 탁월한 전공을 세운 티무르는 그 공을 인정받아 자신의 고향인 케슈Kesh(오늘날 우즈베키스탄 카슈카다리야Qashqadaryo주 샤흐리사브즈 Shahrisabz시)의 영주가 되었다. 한편 투글루크 티무르는 일으킨 지 얼마 되지 않은 모굴리스탄 칸국을 오래 비워둘

---

* '티무르'는 튀르크어로 '철인(鐵人)'이라는 뜻이다. 하여 중앙아시아사를 살펴보면 티무르제국의 시조 티무르 외에도 이 이름을 가진 인물들이 제법 있다. 이를 고려해 티무르제국의 시조는 '티무르'라고 표기하고, 그 외 주요 인물인 투글루크 티무르는 전체 이름을 밝혔다.

수 없었다. 이에 귀국길에 오르며 트란스옥시아나 총독으로 자기 아들 일리야스 호자 Ilyas Khoja(?~1368)를 임명했는데, 티무르가 그 자문역을 맡게 되었다. 투글루크 티무르를 위해 종군하다가 부상당해 '절름발이'라는 별명을 얻은 티무르는, 그 대가로 몰락한 명문가의 떠돌이 무사에서 트란스옥시아나의 세력가로 화려하게 발돋움하는 듯했다.

하지만 본인 대신 아이유브 벡칙 Ayyub Begchik 이라는 인물이 일리야스 호자의 보좌관이 되면서 투글루크 티무르의 힘을 빌려 트란스옥시아나를 차지하겠다는 티무르의 야심은 허사가 되었다. 이에 티무르는 투글루크 티무르와의 관계를 끊고 처남인 아미르 후세인 Amir Husayn(?~1370)과 함께 서남아시아 등지에서 용병으로 활동하며 세력을 키웠다. '아미르'는 원래 '사령관', '장군' 등을 뜻하는데, 이슬람 세계에서는 제후나 토호, 영주 등의 호칭으로도 쓰였다. 후세인의 지위가 그리 낮지 않았음을 알 수 있는 대목이다. 두 사람은 1363년 오늘날의 타지키스탄 일대를 흐르는 아무다리야강의 지류 바흐시 Vakhsh 강과 케슈, 사마르칸트 인근의 미탄 Mitan 등지에서 일리야스 호자를 연이어 격파한 다음 타슈켄트까지 진격했다. 이로써 티무르와 후세인은 트란스옥시아나를 수복하고 사마르칸트를 근거지로 삼았다. 티무르에게는 행운이 잇따랐으니, 강력한 적수로 꼽혔던 투글루크 티무르가 같은 해 세상을 떠났다.

일리야스 호자를 축출하는 데 성공했어도, 티무르와 후세인에게는 혈통상 칸으로 즉위할 만한 정통성이 없었다. 따라서 두 사람은 후세인이 찾아낸 차가타이 칸국의 왕족 카불 샤 Kabul Shah(?~1370)를 허수아비 칸으로 옹립한 뒤 실권을 장악했다. 하지만 얼마 지나지 않은 1365년 티무르와 후세인은 트란스옥시아나 수복을 꾀한 일리야스 호자의 역습에 아무다리야강 서쪽까지 패퇴했다. 다행히 이슬람 종교 지도자들에게 감화받은 사마르칸트 주민들이 결사적으로 저항한 데다가 전염병까지 창궐하는 바람에 일리야스 호자는 철수했고, 그 직후 모굴리스탄 칸국을 찬탈한 반역자 카마르웃딘 칸Qamar-ud-din Khan(?~1390)에게 최후를 맞았다. 정리하자면 이슬람 때문에 분열된 차가타이 칸국은 이슬람을 믿는 투글루크 티무르에 의해 통일되었고, 종국에는 티무르가 그 공을 넘겨받게 된 것이었다.

—— 트란스옥시아나를 통일한 티무르

평생의 동지처럼 보였던 티무르와 후세인의 관계는 투글루크 티무르와 일리야스 호자 부자의 죽음 이후 틀어지기 시작했다. 두 사람 모두 트란스옥시아나의 패권을 노렸기 때문이다. 그 와중에 티무르의 아내였던 후세인의 여동생마저 죽으며 둘의 관계는 돌이킬 수 없는 지경까지 치달았다.

트란스옥시아나와 그 남부, 즉 오늘날의 아프가니스탄에 해당하는 지역에 넓은 영지를 가지고 있던 후세인은 수적 우세를 이용해 티무르를 각지에서 연파하고 사마르칸트까지 빼앗았다. 티무르는 또다시 방랑자 신세로 전락했다. 하지만 귀족과 토호들에게 높은 세금을 물리며 권위적으로 군림한 후세인과 달리, 티무르는 무엇이든 잘 베풀며 인심을 샀다. 티무르는 자신의 혈통을 내세우며 몽골인들을 포섭해 세력을 회복한 다음, 1369년 후세인의 본거지인 발흐Balkh를 점령했다. 티무르는 권력을 잃은 후세인을 용서하는 듯했지만, 메카 순례길에 오른 그를 이듬해 기어코 암살했다. 이용 가치가 없어진 카불 샤도 숙청당했다. 티무르는 투글루크 티무르 휘하에서 두각을 나타낸 지 10년 만인 1370년 트란스옥시아나를 완전히 손에 쥐었다.

전통적으로 트란스옥시아나의 칸은 칭기즈 칸의 직계 후손들이 맡았다. 방계였던 티무르는 칸 대신 아미르에 올랐지만, 트란스옥시아나의 실권을 장악하는 데는 아무런 문제가 되지 않았다. 티무르 사후에도 그의 후계자들은 아미르를 세습하며 티무르제국의 어엿한 군주로 군림했다. 또한 티무르제국은 야삭, 케식 등 몽골제국의 법령과 제도를 이어받았으면서도, 문화적으로는 튀르크족부터 아랍인과 인도인까지 중앙아시아에 속한 다양한 세력의 색이 혼합된 특징을 보였다. 연장선에서 티무르는 자신의 제국을 효과적으로 통치하기 위해 이슬람이라는 중앙아시아의 종교까지 활용했다. 이 때문에 티무르제국은 '후 몽골제국'이나 '신 차가타이 칸국' 따위로 불리지 않는다.

—— 확장, 또 확장하는 제국

티무르는 트란스옥시아나의 지배자 정도로는 만족할 수 없는 야심가였다. 비교적 빨리 권력을 잡은 티무르였기에, 정복 전쟁을 벌여 자신의 권위를 드높이고 공신들에게 봉토를 나눠 주며 아직은 빈약한 권력 기반을 공고히 할 필요도 있었다.

물론 티무르제국의 확장은 어느 개인의 야심에서만 비롯된 것이 아니었다. 당시 중앙아시아와 그 인접 지역의 지정학적 상황은 티무르가 칭기즈 칸 같은 정복 군주로 부상하기에 안성맞춤이었다. 우선 몽골제국의 울루스들이 분열하며 몰락의 길을 걷고 있었다. 종주국 원나라는 1368년 명나라에 중원을 내주고 만리장성 북쪽으로 쫓겨났다. 일종의 쿠테타로 모굴리스탄 칸국을 거머쥔 카마르웃딘 칸의 부족한 정통성은 티무르에게 차가타이 칸국을 완벽히 통일한다는 명분을 안겨주었다. 일 칸국은 일찍이 멸망했고, 킵차크 칸국도 모스크바대공국과 기타 동유럽 국가들의 저항에 시달리고 있었다. 14세기 중반의 흑사병 대유행은 몽골인들의 힘을 한층 약화했다. 한때 인도반도의 대부분을 지배하는 데 성공했던 델리 술탄국Delhi Sultanate도 내분에 시달리며 영토가 축소되는 등 쇠퇴기에 접어들었다. 델리 술탄국은 델리를 중심으로 인도반도 북부를 호령한 이슬람 왕국인데, 1206년부터 1526년까지 존속했다. 인도반도 남부의 힌두 왕국들과 경쟁하며 300년 넘게 자리를 지킨 델리 술탄국이 흔들린다면, 인도반도에 권력 공백이 생길 게 틀림없었다. 이런 상황을 빠르게 파악한 티무르는 성전을 명분 삼아 주변 지역에 대한 대대적인 원정을 지속했다. (역설적이게도 티무르가 정복한 지역 가운데 상당수는 이슬람 문화권에 속했다.)

트란스옥시아나의 실질적인 군주가 된 티무르는 카마르웃딘 칸 타도를 내걸고 여러 차례에 걸쳐 모굴리스탄 칸국 원정에 나섰다. 티무르는 계속해서 승리를 거두며 모굴리스탄 칸국의 영토를 잠식했지만, 카마르웃딘 칸의 저항도 만만찮았기에 원정은 십수 년 이상 계속되었다. 카마르웃딘 칸이 종적을 감춘 1390년이 되어서야 티무르는 모굴리스탄 칸국을 완전히 접수할 수 있었다. 티무르는 투글루크 티무르의 또 다른 아들 히즈르 호자Khizr Khoja(1363~1399)를 모굴리스탄 칸국의 칸으로 세운 다음 1397년 그의 딸과 결혼해 동맹을 맺었다. 2년 뒤인 1399년 히즈르 호자가 세상을 떠나자 티무르는 모굴리스탄 칸국의 여러 지역을 또다시 침공해 복속시켰다.

아랍어 지문:

카마르웃딘 칸을 급습한 티무르

티무르의 병사들이 카마르웃딘 칸의 진지를 휘젓고 있다. 티무르와 카마르웃딘 칸의 충돌은 1390년 카마르웃딘 칸이 종적을 감출 때까지 계속되었다. 이후 티무르는 세력 확장에 박차를 가해 서쪽으로는 아라비아반도까지, 동쪽으로는 명나라 목전까지 영토를 넓혔다. 16세기에 무굴제국에서 제작된 그림이다.

차가타이 칸국 통일에 만족하지 않은 티무르는 1379년부터 서쪽의 호라즘을 원정하며 새로운 제국의 등장을 알렸다. 일 칸국 멸망 이후 호라즘에 난입한 여러 토후국은 티무르의 맹공을 버텨내지 못했고, 1381년에 이르러 대부분 티무르제국에 병합되거나 속국이 되었다. 티무르의 다음 목표는 서남아시아였다. 그곳의 여러 나라도 일 칸국 멸망 이후 연합하거나 단결하지 못한 상태였고, 결국 티무르의 침공에 힘없이 무너졌다. 일례로 가장 강력한 세력 중 하나였던 카르트Kart왕조는 1381년 티무르제국군이 쳐들어오자 백성은 물론 왕족들조차 저항을 거부하고 항복하는 바람에 순식간에 멸망했다. 카르트왕조를 정복하고 수도 헤라

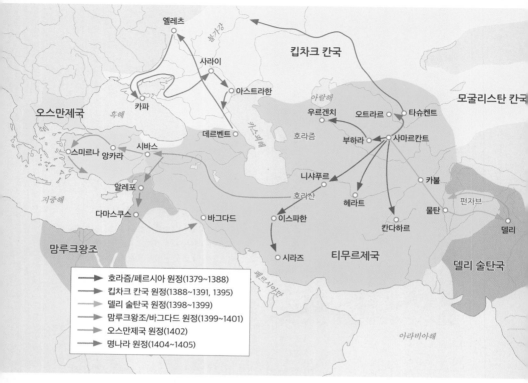

티무르제국이 최대 영토를 확보한 1405년의 지도다. 칭기즈 칸의 후예를 자처한 티무르는 사마르칸트를 거점 삼아 서쪽으로는 아라비아반도와 발칸반도까지, 동쪽으로는 인도반도와 명나라 목전까지 원정에 나섰다.

지도 범례:
- 호라즘/페르시아 원정(1379~1388)
- 킵차크 칸국 원정(1388~1391, 1395)
- 델리 술탄국 원정(1398~1399)
- 맘루크왕조/바그다드 원정(1399~1401)
- 오스만제국 원정(1402)
- 명나라 원정(1404~1405)

지명: 옐레츠, 사라이, 아스트라한, 카파, 데르벤트, 우르겐치, 오트라르, 타슈켄트, 부하라, 사마르칸트, 카불, 물탄, 델리, 니샤푸르, 헤라트, 칸다하르, 이스파한, 시라즈, 시바스, 앙카라, 스미르나, 알레포, 다마스쿠스, 바그다드

권역: 오스만제국, 킵차크 칸국, 모굴리스탄 칸국, 호라즘, 호라산, 맘루크왕조, 티무르제국, 델리 술탄국, 펀자브

수역·지리: 볼가강, 흑해, 카스피해, 아랄해, 지중해, 페르시아만, 아라비아해

티무르의 진격로

티무르제국이 최대 영토를 확보한 1405년의 지도다. 칭기즈 칸의 후예를 자처한 티무르는 사마르칸트를 거점 삼아 서쪽으로는 아라비아반도와 발칸반도까지, 동쪽으로는 인도반도와 명나라 목전까지 원정에 나섰다. 티무르는 점령지에서 행한 잔학 행위로 이름을 떨쳤지만, 수많은 지식인과 예술가, 건축가를 제국의 수도로 끌고 와 티무르 르네상스를 부흥시켰다. 또한 실크로드를 보존하니, 이로써 중앙아시아는 몽골제국 이후에도 지정학적 요지의 지위를 지킬 수 있었다.

트Herat를 빼앗은 티무르는 오늘날 아프가니스탄과 이란 일대에 해당하는 호라산, 이스파한Isfahan, 시라즈Shiraz 등지로 진격을 계속하며 여러 토후국을 정복했다. 1386년부터 10여 년간은 캅카스와 바그다드 일대를 정벌하며 아라비아반도까지 닿았다. 1387년 무렵에 이르러 티무르제국은 옛 차가타이 칸국과 일 칸국 영토의 상당 부분을 지배했다. 자발적으로 항복한 카르트왕조의 헤라트는 무사했지만, 여러 도시가 파괴당했고, 저항하는 자들은 학살당했으며, 예술가와 장인, 학자들은 제국의 수도 사마르칸트로 끌려갔다.

—— 명나라를 눈앞에 두고 멈추다

티무르제국의 팽창은 북서쪽에 인접한 킵차크 칸국과의 분쟁을 불러왔다. 분열된 킵차크 칸국을 통일하고, 독립을 꾀하던 모스크바대공국을 제압한 명군 토크타미시 칸Tokhtamysh Khan(1342~1406)은 원래 티무르와 동맹 관계였다. 하지만 티무르제국이 캅카스 일대까지 영토를 확장하면서 티무르제국과 킵차크 칸국 사이에 영토 분쟁이 발생했다. 게다가 토크타미시 칸도 티무르와 마찬가지로 몽골제국의 후예를 자처하면서 갈등의 골은 한층 깊어졌다. 결국 1387년 토크타미시 칸이 트란스옥시아나를 침공함으로써 티무르제국과 킵차크 칸국 사이의 갈등은 전쟁으로 비화했다. 1389년 1월 티무르제국군은 킵차크 칸국군을 시르다리야강 북쪽으로 쫓아냈지만, 킵차크 칸국군은 강변에 자리 잡은 채 티무르제국의 영토를 계속해서 약탈했다. 결국 티무르는 배후의 위협을 제거하기 위해 대대적인 킵차크 칸국 원정을 감행했고, 1391년 6월 볼가강의 지류인 콘두르차Condurcha강 인근에서 토크타미시 칸을 상대로 압승을 거두었다.

하지만 토크타미시 칸이 맘루크왕조와 동맹까지 맺으며 위협을 본격화하자, 티무르는 1395년 두 번째 킵차크 칸국 원정을 단행했다. 캅카스 산맥을 넘어 그 북쪽의 테레크Terek강 변에서 악전고투 끝에 토크타미시 칸을 꺾은 티무르는 곧장 수도 사라이Sarai(오늘날 러시아 볼고그라드Volgo-grad주 볼고그라드시 남쪽)로 입성한 뒤 그곳의 그리스도인들을 무차별 학살했다. 그 외 주요 도시나 요지들도 모두 파괴했는데, 다만 무슬림이나 몽골인들은 대부분 살려주었다. 이후 킵차크 칸국은 국력 저하와 내분을 이기지 못하고 1502년 완전히 멸망했다.

서남아시아와 캅카스 일대를 석권한 티무르는 인도반도로 창끝을 돌렸다. 기원전부터 중앙아시아와 교류를 이어오던 인도반도 원정은 팍스 몽골리카 시대에 차가타이 칸국이 여러 차례 시도했지만 실패한 터였다. 당시 인도반도는 아시아에서도 손꼽힐 정도로 풍요로운 지역이었기에 티무르는 정벌의 유혹을 거부하기 어려웠다. 14세기 초반 차가타이 칸국의 맹공을 격퇴해낸 델리 술탄국이었지만, 14세기 말이 되면 내분으로 분열된 상태였다. 게다가 델리 술탄국은 이슬람 왕국이었는데도, 힌두교를 신봉하는 사람들도 적지 않았기에, 티무르는 성전이라는 명분까지 얻을 수 있었다. 티무르는 1398년 인도반도 원정을 개시해 델리 술탄국군을 상대로 연승을 거둔 다음, 같은 해 수도 델리에 입성했다. 이듬해까지 이어진 원정에서 티무르는 각지를 약탈, 파괴하고 수많은 힌두교인을 살해하거나 이슬람으로 강제 개종시켰다. 티무르는 델리 술탄국을 멸망시키지는 않았지만, 그들을 속국화해 조공을 받아냈다.

인도반도를 정벌한 티무르는 서남아시아를 넘어 맘루크왕조가 지배하던 레반트 방면으로 원정을 개시했다. 1260년의 몽골제국 침공마저 격퇴한 맘루크왕조는 군사 강국이었을 뿐 아니라 지중해 무역을 통해 막대한 부와 수준 높은 문화를 향유하고 있었다. 하지만 마침 티무르에게 침략당한 14세기 말에는 내분을 겪고 있었다. 티무르는 1400년 술탄 나시르 앗딘 파라지Nasir ad-Din Faraj(1386~1412)가 친히 지휘하는 맘루크왕조군의 기습을 격퇴하고 이듬해 초까지 알레포Aleppo와 다마스쿠스 등 레반트 일대의 주요 도시들을 초토화했다. 이어서 1402년에는 유럽을 공포에 떨게 했던 오스만제국군을 격파하고, 당대의 걸출한 정복자였던 술탄 바예지트 1세를 포로로 잡는 성과까지 올렸다. 그런데 티무르는 이슬람 세계를 완전히 점령하는 대신, 약탈과 파괴를 자행하고는 예술가와 장인, 학자들을 납치한 뒤 철수했다. 몽골제국의 후예라는 정체성이 확고했던 티무르에게 서쪽 땅보다는 동쪽 땅이 더 중요했기 때문이다. 그 덕분에 맘루크왕조는 레반트를 수복했고, 술탄을 잃고 내란에 빠진 오스만제국도 재기할 수 있었다.

티무르의 생애 마지막 원정 대상은 명나라였다. 모굴리스탄 동부에는 모굴리스탄 칸국의 잔존 세력이 여전히 활개 쳤고, 그 너머에는 원나라를 축출한 뒤 세력을 키우며 티무르에게 조공을 요구하기까지 한 명나라가 버티고 있었다. 명나라는 중앙아시아 세력을 견제하고자 자국 북서부의 무슬림들을 추방하는 등 탄압했다. 게다가 해당 지역은 북원의 황권을 이어받을 명분을 가진 오이라트족의 영역과 가까웠다. 따라서 명나라 정벌은 티무르에게 몽골제국의 지배력을 회복하고 이슬람을 보호한다는 정치적·종교적 명분을 보장할 터였다. 명나라 정벌이 성공한다면 티무르는 유라시아 전체를 호령했던 옛 몽골제국과 같은 세계제국의 지배자가 될 것이 확실했다. 이 때문에 티무르는 1404년 명나라 원정을 시작했다. 하지만 이미 70세를 바라보던 고령의 티무르였기에 이듬해 오트라르Otrar(오늘날 카자흐스탄 투르키스탄Turkistan주 투르키스탄시 서쪽)에서 병사하고 말았다. 이로써 30년이 넘도록 이어진 그의 장대한 정복 전쟁은 마침내 종지부를 찍었다.

—— 실크로드를 따라 꽃핀 이슬람 르네상스

35년간 재위하며 거대한 제국을 건설했던 티무르는 잔혹하기 그지없는 정복자였다. 티무르는 바그다드, 다마스쿠스, 사라이, 델리 등 수많은 도시를 약탈했고, 이교도는 물론 무슬림조차 가차 없이 학살했다. 그는 심지어 적군의 해골로 탑을 쌓기까지 했다. 그 잔혹성은 몽골제국 초기와 비교해도 뒤지지 않았다.

하지만 역사는 티무르를 그저 피에 굶주린 학살자로만 기록하지 않는다. 티무르는 중앙아시아에 새로운 문화가 꽃피는 계기를 마련했다. 이슬람 학자들과 토론을 즐길 정도로 지성을 갖추었던 티무르는, 문화와 종교, 학문의 힘을 제대로 인식하고 활용한 지도자였다. 실제로 정복지의 문화와 학문을 받아들이는 데 거리낌이 없었고, 예술가와 장인, 학자들을 초빙하거나 심지어 납치하기까지 하면서 '티무르 르네상스'를 이끌었다. 특히 티무르가 서남아시아에서 사마르칸트로 끌고 온 장인들이 조성한 정원은 15세기 건축 예술의 정수로 평가받는다.

티무르는 공신과 제후들에게 하사할 땅과 포상금을 확보하기 위해 교역 활동에도 적극적이었다. 이 과정에서 인도반도와 중앙아시아를 잇는 무역의 요지였던 카불, 칸다하르 등 오늘날 아프가니스탄에 포함된 여러 도시가 무역 중계지로 번성했다. 아울러 티무르는 치세 후기에 접어들어 역사책 편찬을 장려했다. 그러면서 정복 사업을 신의 뜻에 따라 성취된 위업으로 기록하도록 해, 자신의 권력을 정당화하고 제국의 안정을 도모했다. 한마디로 티무르는 지정학적 판도 변화에 힘입어 세력 확장에 나섰고, 제국을 일으켰으며, 그 틀 안에서 종교와 문화, 정치와 경제를 융성케 함으로써 중앙아시아를 균질한 영역성과 정체성을 지닌 지리적 공간으로 완성했다. 이러한 흐름 안에서 실크로드가 다시 한번 부흥하게 되었다.

티무르 사망 후 그의 막내아들 샤루흐Shahrukh(1377~1447)가 1407년 제위 쟁탈전에서 승리하고 제국의 실권을 차지했다. 자신의 근거지였던 헤라트로 수도를 옮긴 샤루흐는 첫째아들 울루그 베그Ulugh Beg(1394~1449)와 함께 티무르제국의 안정과 영속을 위해 종교와 문화를 한층 더 부흥시켰다. 그는 스스로 칼리파를 칭하며 수니파 이슬람을 장려하는 한편, 이슬람 세계의 교육기관인 마드라사madrasa를 제국 전역에 건설했다. 이로써 티무르제국은 수학과 천문학을 필두로 한 학문 및 세밀화와 캘리그래피 같은 예술을 고도로 발달시킬 수 있었다. 중앙아시아는 물론 이슬람 세계의 중심지로 거듭난 티무르제국 곳곳에는 몽골, 중앙아시아, 인도반도, 서남아시아 등지의 건축 양식이 융합된 세련된 건축물이 들어섰다. 티무르제국의 화려하고 수준 높은 문화와 학문은 실크로드를 따라 전파되며 오스만제국, 무굴제국, 사파비왕조 페르시아의 토대를 마련했고, 심지어 유럽의 르네상스와 과학 발달에도 일정 부분 이바지했다.

이처럼 빛나는 성과를 후세에 알리고 제국의 정통성을 보존하기

티무르 가문의 영묘

사마르칸트에 있는 구르아미르(Gur-e-Amir)다. 가장 아꼈던 손자 무함마드 술탄(Muhammad Sultan, 1375~1403)의 급사를 애도하려는 티무르의 명으로 2년 만에 지어졌다. 티무르 르네상스를 대표하는 건축물인데, 페르시아와 몽골제국, 오스만제국의 건축 양식이 융합되어 중앙아시아 건축 양식의 정수로 평가받는다. '구르아미르'는 '지배자의 무덤'이라는 뜻이다.

위한 역사책 편찬도 꾸준히 장려되었다. 그 결과 1424년 티무르제국의 인문학을 대표하는 명저인 샤라프 알딘 알리 야즈디Sharif al-Din Ali' Yazdi(?~1454)의 《전승기戰勝記, Zafarnāma》가 탄생했다. 이 책은 신과 무함마드에 대한 찬양, 종교적으로 미화한 티무르의 탄생 및 성장기, 트란스옥시아나 통일 이후 진행된 티무르의 정복 전쟁 과정을 소개하는데, 탁월한 문학 작품으로도 평가받는다. 다양한 자료를 취합해 티무르제국에서 이전에 편찬된 역사책들의 오류를 대거 수정, 보완한 데다가, 역사적인 사실을 구체적·객관적으로 담아 그 가치가 높다. 이로써 오늘날 티무르제국의 역사를 연구하는 데 중요한 사료로 인정받고 있다.[2] 당대에《전승

시인이 잠든 곳

이슬람 종교 지도자이자 시인이었던 아흐마드 야사위(Ahmad Yasawi, 1093~1166)의 영묘다. 원래 그의 무덤은 매우 작았는데, 티무르의 명으로 1389년부터 지금의 영묘가 지어지기 시작했다. 다만 티무르 사후 공사가 멈춰 미완성인 채로 남게 되었다. 티무르는 제국의 영광을 높이고 이슬람을 전파하기 위해 이런 건축물 수백 개를 짓게 했다.

기》는 티무르를 신의 은총을 받은 위대한 영웅이자 구세주로 포장함으로써, 티무르제국이 몽골제국에 뿌리를 두는 동시에 차별화되는 독보적인 나라로 인식되는 데 이바지했다.

── 전 세계로 퍼져나간 티무르제국의 유산

중앙아시아에서 화려한 문화의 꽃을 피웠던 티무르제국은 15세기 중반 이후 내분을 거듭하며 쇠퇴하기 시작했다. 티무르가 거대한 제국을 효율적으로 통치하고자 공신과 제후들에게 여러 지방을 나눠 준 것이 화근이었다. 티무르 생전에는 그의 카리스마와 공포 통치로 지방 세력의 발호를 억제할 수 있었지만, 사후에는 수많은 세력이 난립하며 제국의 존망마저 위협하는 사태가 벌어졌다. 그리고 샤루흐나 울루그 베그 등의 후계자들은 그들의 탁월한 문화적·학문적 업적과는 별개로 이러한 제국의 한계를 완전히 극복하지 못했다. 일례로 울루그 베그는 샤루흐에게 후사를 이어받은 지 고작 3년도 지나지 않은 1449년 반역자의 손에 피살되고 말았다. 게다가 캅카스와 아나톨리아반도 동부, 서남아시아 등지에서는 카라 코윤루Qara Qoyunlu, 아크 코윤루Aq Qoyunlu 등의 신생 국들이 티무르제국의 영토를 잠식했다. 카라 코윤루는 헤라트를 중심으로 세력을 키운 시아파 무슬림들이 1374년 건국했다. 이후 티무르제국의 서진을 피해 이집트와 맘루크왕조 등에 망명해 있다가 돌아와 영토를 수복했다. 티무르 사후 제국의 영향력이 얼마나 약해졌는지 알 수 있는 대목이다. 한편 수니파 무슬림들은 1378년 아크 코윤루를 건국했는데, 이 둘의 경쟁은 1469년 아크 코윤루가 카라 코윤루를 복속하며 끝났다. (카라 코윤루는 흑양黑羊왕조, 아크 코윤루는 백양白羊왕조라고도 한다.)

명군으로 칭송받던 7대 아미르인 아부 사이드Abu Sa'id(1424~1469)가 1469년 아크 코윤루를 원정했다가 붙잡혀 처형당하면서 티무르제국은 급격히 기울기 시작했다. 엎친 데 덮친 격으로 15세기 말이 되자 우즈베크인들의 대대적인 침략이 시작되었다. 결국 1507년 티무르제국은 부하라 칸국의 샤이바니 칸에게 수도 헤라트를 함락당하며 멸망했다.

그렇다면 티무르제국의 유산은 어떻게 되었을까. 우즈베크인들은 티무르제국의 문물을 받아들여 나름의 문화를 발달시켰고, 그 덕분에 티무르는 역설적이게도 오늘날 우즈베키스탄에서 민족의 영웅으로 추앙받고 있다. 오스만제국과 오랫동안 대립했던 사파비왕조 페르시아도 티무르제국의 유산에 그 토대를 두었다. 그리고 티무르의 부계 후손이자 칭기즈 칸의 모계 후손인 자히르 웃딘 무함마드 바부르Zahir ud-din Muham-mad Babur(1483~1530)는 인도반도에서 몽골제국과 티무르제국의 뒤를 잇는 강력한 세력인 무굴제국을 건설했다.

—— 인도반도에서 깃발을 올린 무굴제국

티무르와 마찬가지로 몽골제국의 명문가 출신이었던 바부르는 본래 페르가나의 영주였는데, 샤이바니 칸의 침공으로 세력을 잃었다. 1504년 카불로 퇴각한 바부르는 그곳에서 힘을 길러 재기를 도모했지만, 아무다리야강 인근까지 영토를 확장하며 중앙아시아의 패자로 대두한 부하라 칸국에 1510년 또다시 패배했다. 칭기즈 칸에게 나라를 잃은 호라즘제국의 마지막 태자 잘랄 웃딘처럼 갈 곳 없는 신세로 전락한 바부르는 부하라 칸국의 위협을 피해 추종자들을 이끌고 힌두쿠시산맥을 넘어 인도반도 북부로 도주한 뒤 군소 토후국들을 약탈하며 때를 기다렸다. 인도반도 북부는 이미 기원전부터 중앙아시아와 교류를 이어온 곳으로, 티무르 생전에는 조공을 바치기도 했다. 그러면서도 중앙아시아와 거리가 있는 데다가 힌두쿠시산맥 같은 천연 장애물이 존재해 비교적 안전했다. 무엇보다 당시 인도반도는 유라시아를 통틀어 풍요롭기로 손꼽히는 지역이었다. 즉 인도반도 북부는 바부르가 부하라 칸국의 눈길을 피해 재기할 땅으로 안성맞춤이었다.

재기의 꿈을 끝내 이루지 못하고 객사한 잘랄 웃딘과 달리, 바부르는 인도반도의 분열상을 기회로 삼을 수 있었다. 티무르의 원정 이후 쇠퇴를 거듭한 델리 술탄국의 영토는 16세기 초반에 접어들어 인도반도 북부 일대로 축소되었고, 이를 틈타 중·남부에는 수많은 제후나 토호가 술탄이나 왕을 칭하며 할거해 있었다. 게다가 델리 술탄국은 왕권 강화를 시도한 술탄 이브라힘 로디Ibrahim Lodi(1480~1526)와 귀족 세력 간의 갈등으로 혼란한 상태였다. 이러한 세력 구도 속에서 북서부의 펀자브 Punjab 지역을 다스리던 총독 다울라트 칸 로디Daulat Khan Lodi(1458~1526)가 이브라힘 술탄에게 맞서고자 1524년 바부르에게 동맹을 요청했다. 바부르에게 이는 하늘이 내린 기회나 다름없었다.

1526년 4월 바부르는 델리 인근의 파니파트Panipat에서 이브라힘 술탄과 일대 격전을 벌였다. 이브라힘 술탄은 4~10만 명의 병력에 더해 무려 1000마리의 코끼리까지 보유하고 있었다. 반면에 바부르 휘하의 병력은 1만 2000명 정도에 불과했지만, 당시로써는 최첨단 무기인 화포와 화승총 그리고 궁기병을 보유했다. 이처럼 몽골제국의 핵심 병력인 궁기병은 물론이고, 몽골제국이 중국에서 입수해 유용하게 활용했던 화약까지 쓰였으니, 몽골제국이 인도반도를 원정한 것과 다름없었다.

다만 전근대의 화기는 오늘날의 화기와는 비교할 수 없을 정도로 명중률, 사거리, 발사 속도 등이 떨어졌기 때문에 바부르는 궁기병을 함께 활용했다. 하여 파니파트전투에서 바부르는 중앙에 포병과 화승총병을, 좌우익에 궁기병을 배치했다. 전열 전면에는 수적으로 우세한 데다가 코끼리까지 보유한 적군의 돌격을 막아내고자 소가죽을 두른 수레를 쇠사슬로 연결해 방벽처럼 세워두었다. 전투가 시작되자 투석기나 화포를 보유하지 않았던 이브라힘 술탄군은 바부르군의 수레 방벽을 뚫지 못한 채 포위당했다. 그러자 바부르군은 기다렸다는 듯이 포격과 총격을 가했다. 이로써 코끼리 부대를 무력화했다. 이어서 바부르군 좌우익의 궁

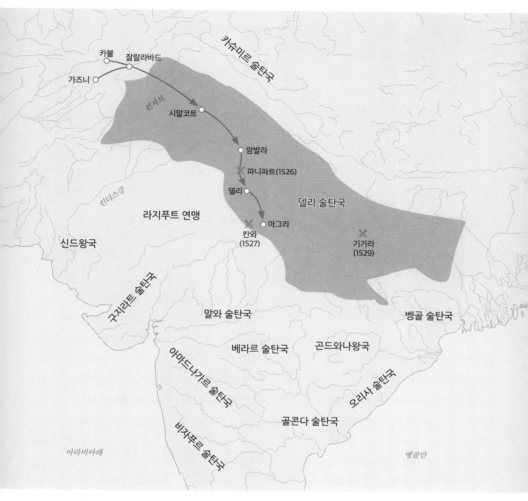

카불
잘랄라바드
가즈니
카슈미르 술탄국
펀자브
시알코트
암발라
파니파트(1526)
델리
델리 술탄국
인더스강
라지푸트 연맹
칸와
(1527)
아그라
기가라
(1529)
신드왕국
구자라트 술탄국
말와 술탄국
벵골 술탄국
베라르 술탄국
곤드와나왕국
아마드나가르 술탄국
오리사 술탄국
골콘다 술탄국
비자푸르 술탄국
아라비아해
벵골만

바부르의 진격로

1526년 인도반도의 세력 판도다. 바부르가 델리 술탄국 깊숙한 곳까지 진격한 것이 눈에 띈다.
칭기즈 칸과 티무르의 피를 모두 이어받은 바부르는 인도반도에서 자신만의 제국을 건설하고자
했다. 마침 인도반도는 수많은 나라로 분열한 상태였고, 가장 강력한 세력이었던 델리 술탄국마
저 내분을 겪고 있었다. 인도반도의 혼란을 기회로 삼은 바부르는 순식간에 델리 술탄국을 무너
뜨리고 무굴제국의 깃발을 올렸다.

파니파트전투
그림 제일 아래쪽을 보면 화승총을 든 채 적을 조준하는 바부르군 병사의 모습이 보인다. 바부르군은 궁기병과 화승총병을 함께 배치해 코끼리를 보유한 아브라힘 술탄군을 무찔렀다. 16세기에 무굴제국에서 제작된 그림이다.

기병이 뛰쳐나가, 고착된 채 진열이 무너진 이브라힘 술탄군의 후방을 교란하며 승리를 견인했다. 파니파트전투에서 이브라힘 술탄이 전사하면서 델리 술탄국은 멸망했고, 그 직후 바부르는 파드샤padshah, 즉 황제로 즉위했다. 이후 300년이 넘도록 존속하며 이슬람과 몽골제국의 유산을 바탕으로 인도반도를 통일하고 막강한 경제력과 군사력을 성취하며 문화적 업적을 이룩한 무굴제국이 깃발을 올리는 순간이었다.

—— 화약과 종교의 힘으로 인도반도를 통일하다
무굴제국 주변의 토호들은 황제로 즉위한 바부르를 순순히 인정하지 않았다. 그중에서도 가장 위협적이었던 자는 펀자브 남쪽 라자스탄Rajasthan 일대에 자리 잡은 마르와르Marwar 왕국의 라나 상가Rana Sanga(1482~1528)였다. 바부르가 무굴제국을 일으키자 라나 상가는 인접한 여러 토호를 결집해 10~20만 명 규모의 대군을 일으켰다. 델리 술탄국의 잔존 세력까지 포섭한 라나 상가의 군사적 능력은 바부르마저 고전할 정도로 뛰어났고, 그 병력의 양과 질 또한 무굴제국보다 우위에 있었다. 하지만 바부르는 1527년 3월 라자스탄의 동쪽 끝 칸와Khanwa에서 파니파트전투 때처럼 수레 방벽과 총포를 활용해 결정적인 승리를 거두었다. 간신히 목숨을 건진 라나 상가는 이듬해 1월 사망했고, 자연스레 그 세력 또한 흩어졌다. 이후에도 바부르는 계속해서 세력을 넓혀갔는데, 1529년 5월 인도반도 북동부의 가가라Ghaghra(오늘날 인도 비하르Bihar주 차프라Chhapra시)에서 벵골 술탄국Bengal Sultanate을 맞닥뜨렸다. 벵골 술탄국은 델리 술탄국의 귀족으로, 갠지스강과 브라마푸트라Brahmaputra강이 만나는 삼각지인 벵골의 총독이었던 샴수딘 일야스 샤Shamsuddin Ilyas Shah(?~1358)가 1352년 독립해 세운 나라였다. 의도하지 않았겠지만, 바부르는 벵골 술탄국을 격파하며 델리 술탄국의 남은 흔적을 일소했다. 이로써 무굴제국은 오늘날의 아프가니스탄 동부부터 방글라데시까지 아우르는 거대한 제국으로 우뚝 설 수 있었다.

하지만 1530년 바부르가 급서하고,* 1540년 2대 황제 후마윤마저 형

---

*   태자 후마윤(Humayun, 1508~1556)이 중병에 걸려 사경을 헤매자, 바부르가 후마윤의 침대를 일곱 바퀴 돌며 신에게 자신이 대신 죽을 테니 아들을 살려달라고 기도했고, 실제로 그리되었다는 전설이 있다.

제들의 반란을 피해 망명 생활을 하게 된 탓에 무굴제국은 일시 힘을 잃었다. 카불로 망명했던 후마윤은 1555년에야 사파비왕조 페르시아의 지원을 받아 제국을 재건할 수 있었다.

후마윤의 아들로 대제라 불리는 아크바르Akbar(1542~1605)는 만사브다르Mansabdar 제도를 도입해 제국의 중앙집권화를 확립하고 국력과 군사력을 크게 강화했다. 이 제도에 따라 지방의 토호나 권력자들은 비상시에 각자 병사들을 끌고 와 황제의 지위 아래 싸워야 했다. 이렇게 협조한 이들에게 중앙정부는 '만사브'라는 군사령관의 지위를 내려주었는데, 만사브는 계급에 따라 10명에서 5000명까지 병사를 거느릴 수 있었다. 이때 만사브가 바로 아래의 10명에게 명령을 하달하면, 각각이 또 자신에게 속한 10명을 지휘하는 방식의 십진법 체계를 따랐으므로, 이를 몽골제국이 활용한 천호제의 연장선으로 보기도 한다.[3]

아울러 아크바르는 제국의 국교인 수니파 이슬람 외에 시아파 이슬람, 힌두교, 그리스도교 등을 믿는 이교도들에게도 관용을 베풀고 심지어 그들의 교리까지 수용함으로써 갈등의 씨앗을 원천 차단했다. 아크바르는 이렇게 기른 힘으로 무굴제국의 영토를 대대적으로 확장했다.

아크바르의 후계자들도 정복 사업과 내정에 두각을 드러내 17세기 무굴제국의 군사력과 경제력은 청나라와 더불어 세계 1, 2위를 다툴 정도가 되었다. 무굴제국의 6대 황제 아우랑제브Aurangzeb(1618~1707)는 자신에게 협력했던 제국 남쪽의 힌두 왕국인 마이소르Mysore왕국 정도를 제외한 인도반도 전역을 정복했다. (이 마이소르왕국조차 18세기 중엽 무굴제국의 장군 하이데르 알리Hyder Ali, 1720?~1782에게 왕위를 찬탈당하며 이슬람 왕국이 되었다.) 이로써 중앙아시아를 무대로 세계사에 한 획을 그

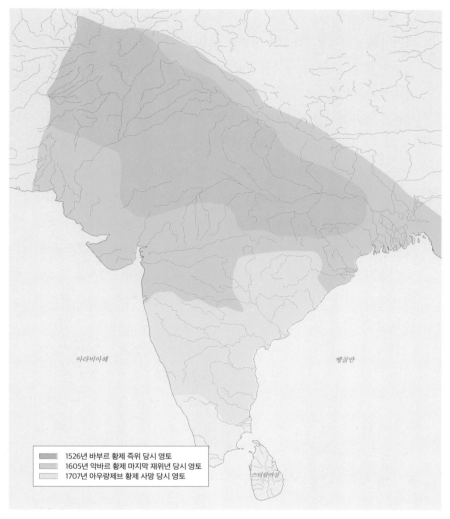

아라비아해

뱅골만

1526년 바부르 황제 즉위 당시 영토
1605년 악바르 황제 마지막 재위년 당시 영토
1707년 아우랑제브 황제 사망 당시 영토

스리랑카섬

무굴제국의 영토 변화

무굴제국은 끊임없이 세력을 확장해, 18세기가 되면 남쪽 끝 일부를 제외한 인도반도 전체를 차지한다. 적수가 없던 무굴제국은 내부에서부터 무너졌다. 제국의 최전성기를 이끌었던 아우랑제브 황제가 1707년에 죽자 곧 반란의 불꽃이 타올랐다. 이를 틈타 바다 건너 찾아온 새로운 정복자 영국이 인도반도에 발을 디디며 무굴제국은 역사의 뒤안길로 사라졌다.

은 거대 제국을 세웠던 칭기즈 칸과 티무르의 후손들은, 고대부터 중앙
아시아와 교류해온 인도반도에서 인도 역사상 최대 판도를 자랑하는 제
국을 건설했다. 티무르제국이 중앙아시아에 대해 그러했던 것처럼 종교
와 문화, 정치와 경제를 융성케 해 광대한 지역을 단일한 영역성과 정체
성으로 묶어낸 무굴제국은 현대 인도의 밑바탕이 되었다.

—— 중앙아시아의 영역성과 정체성

실크로드와 중앙아시아가 인류 문명에 결정적인 영향을 미친 곳임을
부정할 사람은 거의 없을 것이다. 하지만 근대와 실크로드를 연결해보
라고 하면 고개를 갸우뚱할 사람도 적지 않으리라 본다. 실크로드를 따
라 이동하는 대상의 모습은 아무래도 근대보다는 고대나 중세를 떠올리
게 하고, 대항해시대 이후 세계의 무역과 문화 교류는 유럽인들이 개척
한 해상 교역로로 옮겨갔다는 인식 또한 강하기 때문이다.

물론 신항로의 등장과 명나라, 청나라의 해금 정책으로 16세기 이후
실크로드가 동서 교류에서 차지하는 역할은 많이 축소되었다. 하지만
그렇다고 해서 실크로드가 곧바로 쇠퇴했다고 할 수 없다. 18세기까지
무굴제국은 실크로드와 인도양의 해로를 통해 사파비왕조 페르시아, 오
스만제국 등 중앙아시아의 여러 나라와 활발한 교류를 이어갔다. 일례
로 무굴제국과 중앙아시아 나라들 사이의 말 무역은 규모가 굉장했고,
그 중계지였던 카불, 부하라, 히바 등은 크게 번성했다. 무굴제국은 서남
아시아, 아라비아반도의 나라들과는 직물, 목재 등을 교역했고, 이 과정
에서 사파비왕조 페르시아 등과 적극적으로 교류하며 한층 세련된 문화
를 일구기도 했다. 나아가 무굴제국이 유럽에 수출한 면직물은 현지에

서 명품으로 대접받으며 비싼 값에 팔려나갔다.

다만 18세기 이후 무굴제국, 오스만제국, 사파비왕조 페르시아 등의 국력이 쇠퇴하며 실크로드를 통한 동서 교류 또한 예전의 활기를 잃기 시작했다. 바깥 세계로 나가려면 바다를 통해야 했던 서유럽 국가들과 달리, 전형적인 대륙국가로 실크로드를 통한 교역만으로도 적지 않은 이익을 창출했던 무굴제국 등은 신항로 개척에 나설 동기가 부족했다. 게다가 해상무역은 자연재해나 해적의 습격 등에 취약해, 실크로드가 더 안전한 선택지였다. 해로를 통한 무역은 육로를 통한 무역보다 효율적인 한편 훨씬 위험했는데, 역설적으로 바로 이러한 이유 때문에 16세기 이후 유럽 국가들은 금융업, 보험업 등을 발달시킬 수 있었다. 이는 무굴제국 등의 현물 및 현금 기반 경제보다 훨씬 탄력적으로 자금을 조달하고 경제를 운영할 수 있게 해주었다. 이로써 18세기 이후 아시아 국가들은 유럽 국가들에 경제력과 군사력 등을 추월당하게 되었다. 결국 19세기에 이르러 중앙아시아는 러시아제국에, 인도반도는 영국에 지배받게 되며, 실크로드를 통한 동서 교류는 사실상 종말을 맞이했다.

이러한 변화는 바다와 땅이라는 지리적 조건에 영향받은 결과일 뿐, 서구의 상대적 우월함을 증명하는 사례로 볼 수 없다. 기원전부터 동서 교류의 무대였던 중앙아시아와 실크로드는 18세기까지 그 역할을 충실히 수행했다. 요컨대 팍스 몽골리카 시대에 활성화된 실크로드는 몽골제국의 몰락과 함께 끊어지지 않았고, 대신 티무르제국과 무굴제국이라는 후대의 울타리 안에서 근대까지 맥을 이어갔다. 그리고 오늘날 중앙아시아는 천연자원의 보고이자 러시아, 중국, 인도, 유럽 등을 잇는 유라시아의 지정학적 요지로 다시금 주목받고 있다.

WORLD HISTORY UNDER FOOT

3부

민족의 이름으로 그어지는 선
근대 민족국가의 탄생

10장

한·중·일 지정학의 탄생
임진왜란의 다중스케일적 접근

유럽과 중앙아시아, 중국이 지리의 영향으로 충돌과 교류를 반복하며 나름의 영역성과 정체성을 형성하는 사이, 극동의 한반도에는 동아시아 문화권의 한 축을 담당한 나라 조선이 들어섰다. 반도에 자리 잡은 특성상 동아시아에서 대륙 세력과 해양 세력이 부딪힌다면 그 무대는 조선이 될 수밖에 없었다. 그리고 실제로 그 일이 벌어졌으니, 바로 1592년 발발한 임진왜란이다.

조선은 임진왜란으로 쑥대밭이 되었다. 조선을 침공한 일본도, 조선을 지원한 명나라도 상당한 국력을 소모했다. 그런데 각국의 피해 정도와 별개로, 임진왜란은 무엇보다 거대한 스케일의 '동아시아 전쟁'이었다. 우선 일본의 진짜 목적은 조선이 아니라 명나라 정벌이었다. 이런 상황에서 명나라는 조선, 즉 한반도의 지정학적 이점을 내어주지 않고자 대규모 병력을 파견했다. 결국 동아시아 전쟁으로 비화한 임진왜란은 동아시아 전체의 지정학적 변화를 낳았다. 따라서 임진왜란은 조선, 명나라, 일본, 동아시아라는 다양한 스케일을 아우르는 다중스케일적 접근에 따라 해석할 필요가 있다.

—— 신항로 개척으로 세계와 연결되는 동아시아

15세기 말부터 스페인왕국과 포르투갈왕국의 주도로 시작된 신항로 개척은, 16세기 말에 이르러 전 세계 규모의 지정학적 질서에 큰 변화를 초래했다. 대서양과 태평양을 잇는 신항로를 따라 국제무역이 활발해졌기 때문이다. 신대륙에서 채굴된 은은 유럽의 경제 규모를 크게 키웠을 뿐 아니라, 국제무역의 통화로 이용되며 세계 각지로 퍼져나갔다. 14세기와 15세기에 몽골제국이 땅을 통해 유라시아의 동서를 이었다면, 16세기에 신항로는 바다를 통해 전 세계를 연결했다. 이 때문에 16세기를 세계화가 시작된 시기로 보는 학자들도 있다.*

16세기에 스페인왕국과 포르투갈왕국의 상인들은 필리핀을 중계지로 삼아 명나라와 교역을 시작했다. (물론 명나라 조정의 허가가 필요했다.) 유럽의 상인들은 신대륙에서 채굴한 은을 무역 대금으로 명나라에

---

*   Flynn, D. O., and Giraldez, A., "Born again: Globalization's sixteenth-century origins (Asian/global versus European dynamics)," *Pacific Economic Review* Vol. 13 Issue 3, 2008. pp. 360~362. 각 대륙의 지리 탐사가 대부분 마무리되고, 제국주의 국가들이 국제무역 체제를 완성한 19세기에서 세계화의 효시를 찾는 학자들도 있다. 경제지리학에서는 교통과 통신의 발전에 따라 전 지구적인 교류와 상호 의존이 대규모화·일상화된 1990년대부터 세계화가 이루어졌다고 본다. Gress, D. R., "Cooperative research in international studies: Insights from economic geography," *The Social Science Journal* Vol. 48 Issue 1, 2011. pp. 100~106.

지불했다. 마침 동전의 재료인 구리가 부족해지기 시작한 명나라에서 은은 그 가치가 폭등하며 새로운 통화로 자리매김했다.

그런데 은은 일본에서도 대량으로 채굴되었다. 이 은이 명나라로 유입되면서, 일본 또한 국제무역 체제에 편입되었다. 실제로 스페인왕국과 포르투갈왕국의 상인들은 일본과의 교역에 발 벗고 나섰다. 그들은 일본에 유럽산 물품을 팔아 은을 얻은 다음, 이 은으로 명나라의 각종 물품을 사들였다.

당시 일본은 전국시대였으니, 중국의 춘추전국시대와 비슷한 상황이었다. 12세기 이후 일본은 상징적인 군주 천황과 실질적인 통치자 쇼군 그리고 그 아래에서 각 지역을 다스리는 봉건 영주 다이묘의 삼원 지배 체제로 운영되었다. (여기에서 일본의 무가 전통이 드러나는데, 쇼군의 정부를 가리키는 '막부'라는 단어의 원래 뜻도 전장에서 천막幕을 치는 곳府, 즉 '사령부'다.) 그런데 1467년 쇼군의 후계 문제를 둘러싸고 난이 벌어져 막부의 권위가 무너지자 (천황은 이미 허수아비가 된 지 오래이므로) 구심점을 완전히 잃어버린 일본은 군웅할거의 시대, 즉 전국시대를 맞이했다.

전국시대는 오다 노부나가(1534~1582), 도요토미 히데요시(1537 ~1598), 도쿠가와 이에야스(1543~1616)가 일본 전역을 장악하는 16세기 말까지 이어졌다. 150여 년이나 계속되는 혼란기에 다이묘들은 각자도생하기에 바빴고, 경제적 이익과 조총 등의 신무기를 얻고자 그리스도교 포교까지 허락하며 유럽의 상인들과 적극적으로 교역했다. 심지어 그리스도교로 개종하는 다이묘도 있었다.

이렇게 해서 신항로의 개척은 동아시아를 거대한 경제 공동체로 묶었으니, 이는 임진왜란이 일어나는 배경이 되었다.

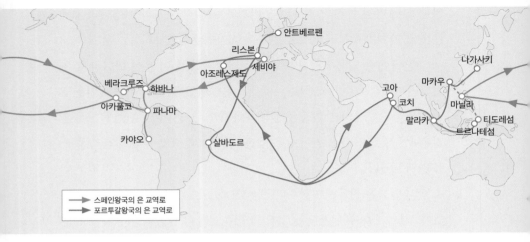

은의 국제 교역로

15세기 말부터 시작된 신항로 개척은 16세기에 이르러 바다를 통해 하나로 연결된 세계를 만들었다. 이 과정을 이끈 두 나라가 바로 스페인왕국과 포르투갈왕국이었다. 그들이 새 시대의 주인공이 될 수 있었던 것은 지리적 이점에 힘입었기 때문이다. 즉 유럽의 서쪽 끝 이베리아반도에 있어, 서쪽으로는 대서양을 건너 아메리카로, 남쪽으로는 아프리카를 돌아 아시아로 가기에 수월했다. 이렇게 개척된 신항로를 타고 흐른 것은 무엇보다 은이었다. 막대한 은이 일본에서 채굴되었고, 이는 중국에서 사치품을 사는 데 사용되었다. 중국산 사치품은 다시 유럽으로 와 비싼 값에 팔렸다. 한편 남미의 식민지에서도 엄청난 양의 은이 채굴되었는데, 이 은은 유럽으로 유입되어 인플레이션을 일으켰다.

—— 해금 정책이 키운 밀수 천하: 명나라 스케일

1368년 원나라를 만리장성 북쪽으로 몰아낸 명나라는 16세기까지 비교적 안정적인 동시에 폐쇄적인 국제 질서를 동아시아에 형성, 유지했다. 그 핵심은 중앙의 명나라가 주변의 나라들을 조공국으로 승인하고, 사대교린事大交鄰의 원칙에 따라 제한적으로 교류하며, 천하의 안녕을 유지하는 데 있었다.

이는 사뭇 명나라 중심의 사대주의적·강압적인 국제 질서처럼 보인다. 하지만 그 실상은 달랐다. 명나라에 조공을 바친 국가들은 엄연히 독립국이었고, 그 왕조는 명나라 황제에게 책봉됨으로써 정당성을 얻었다. 사대교린의 원칙은 그 자체로 국가의 안전을 보장했다. 무엇보다 조공은 수지맞는 장사였다. '천자국' 명나라는 조공을 바친 나라에 그에 상응하는 대가는 물론이고, 사신의 여행 경비와 물자 운송비까지 지급했다. 이 때문에 동아시아 국가들은 명나라에 대한 조공을 굴종은커녕 일종의 권리로까지 인식했다. 1449년 북원이 조공 확대를 요구하며 명나라를 침공한 까닭도 조공 체제의 이러한 특징에서 찾을 수 있다.

한편 명나라는 건국 초기부터 강력한 해금 정책을 폈는데, 왜구의 해안가 침입이 끊이지 않았기 때문이다. 원나라 등 북방의 위협을 가장 먼저 견제해야 했던 명나라는 왜구를 비롯해 해적과 밀수업자의 준동을 막고자 해상무역부터 고기잡이까지, 바다에서 이뤄지는 모든 일을 엄격히 통제했다. 제대로 대처하지 못할 바에는 아예 틀어막자는 의도였다. 이러한 해금 정책은 실제로 왜구 퇴치에 도움을 주었다.

하지만 15세기 중반 이후부터 해금 정책은 명나라의 사회 변화 및 부조리와 맞물리며 힘을 잃었다. 그 시작이 된 사건은 토목土木의 변으로,

1449년 6대 황제인 정통제正統帝(1427~1464)가 북원의 침공을 격퇴하러 갔다가 만리장성의 요새 토목보에서 참패하고 포로로 잡힌 일이었다. 이후 명나라는 북방 방어에 더욱더 전력을 쏟을 수밖에 없었고, 그에 따라 재정 지출이 증가하며 조공의 규모를 줄였다.

그런데 조정의 재정 문제와는 별개로, 명나라의 인구가 증가하고 경제가 발달하는 과정에서 세력을 키운 절강浙江(오늘날 저장성)과 복건福建(오늘날 푸젠성) 일대의 세력가들이 경제적 이익을 극대화하고자 밀무역에 나섰다. 이는 일본 다이묘들의 이해관계와 절묘하게 들어맞았다. 결국 11대 황제인 가정제嘉靖帝(1507~1567)가 다스리던 16세기 초·중반 절강과 복건의 해안 지대는 현지 권력가들과 결탁한 왜구의 침입으로 몸살을 앓았다. 북쪽의 원나라와 더불어 명나라의 대위기를 불러온 왜구는 1560년대 이후 명장 척계광戚繼光(1528~1588) 등이 지휘하는 명나라 군에 소탕되었지만, 이미 명나라의 국력과 경제력을 크게 갉아먹은 뒤였다.

이 일련의 과정이 유럽 상인들의 진출과 맞물리며 동아시아의 기존 국제 질서에 파란을 일으켰다. 앞서 설명했듯이 새로운 국제무역 체제하에서 명나라와 일본 간의 교역량이 자연스레 증가했는데, 명나라는 일본의 은이, 일본은 명나라의 물품이 필요했기 때문이다. 그런데 명나라가 왜구의 준동 등을 이유로 일본과의 교역을 엄격히 제한하자 결국 밀수가 활발해졌다. 이런 과정을 거치며 일본은 명나라의 해금 정책뿐 아니라, 명나라가 주도하는 동아시아 국제 질서 자체에 불만을 품기 시작했다. 대명 무역 수요는 커져만 가는데, 위험하고 불법적인 밀수가 아니고서는 방법이 없었기 때문이다.

—— 남쪽의 왜 대신 북쪽의 오랑캐에 집중하다: 조선 스케일

1392년 탄생한 조선은 사대교린 원칙을 충실히 따르며 200년간 평화를 이어갔다. 이 때문에 조선이라 하면 관념론으로 가득한 성리학만 좇은 채 무를 경시하고 외세에 굴종한 문약한 나라라 여기는 사람이 적지 않은 듯하다.

하지만 조선은 강력한 나라였다. 남쪽으로는 왜구의 거점이었던 쓰시마섬을 정벌해 그 침입을 근절했고, 북쪽으로는 압록강 일대의 여진족을 토벌해 4군郡 6진鎭을 개척하고 주민들을 이주시켜 영토를 확장했다. 명나라를 대국으로 대하며 조공을 바친 동시에, 여진족 등의 상국을 자처해 조공을 받기도 했다. 연장선에서 조선은 명나라와 우호적인 관계를 꾸준히 이어가며 최우방국으로 자리매김했다.

조선은 군사력 증강 또한 게을리하지 않았다. 문신만을 과거로 채용했던 고려와 달리 조선은 무신도 과거로 채용했다. 그러다 보니 문맹조차 될 수 있었던 고려의 무신과 달리, 조선의 무신은 문무를 겸비한 엘리트 지배층이었다. '양반'이라는 말 자체가 문신과 무신, 즉 '문반'과 '무반'을 아우르는 말이다. 물론 무신은 최고위직 승진 등에서 어느 정도 차별받기는 했지만, 엄연히 양반의 한 축을 이루며 지배층으로 우대받았다. 특히 무과는 무술 실력은 물론이고, 수준 높은 유학 및 병법 지식을 시험해 급제하기가 매우 어려웠다.

조선의 최전방인 압록강, 두만강 인근 지역에 주둔한 정예부대는 여진족의 반란이나 침입을 격퇴하며 풍부한 실전 경험을 쌓았다. 화차, 화포, 판옥선 등의 신무기 개발 또한 조선이 이룬 중요한 군사 혁신이었다. 특히 판옥선은 임진왜란에서 크게 활약하며 조선을 대표하는 무기가 되

었다. 조선 초기의 주력 전함인 맹선猛船은 화물선인 조운선을 개조해 만들었기 때문에 전투력이 떨어졌다. 하여 조선 중기에 판재版를 덧대고 누각樓을 설치해 전투에 더욱 적합한 전함을 개발했으니, 이것이 바로 판옥선이다.

하지만 15세기를 넘어서며 조선은 중대한 모순과 맞닥뜨리게 되었다. 우선 수양대군(세조)(1417~1468)이 조카 단종(1441~1457)을 몰아내고자 그 측근들을 살해한 1453년의 계유정난, 신하들이 연산군(1476~1506)을 몰아내고 성종(1457~1494)의 둘째 아들인 진성대군(중종)(1488~1544)을 새 왕으로 세운 1506년의 중종반정 등이 이어지며 정변을 주도한 대가로 권력을 얻은 공신들이 훈구파라는 기득권층을 형성했다. 그 와중에 성종, 중종 등이 훈구파를 견제하고자 기용한 성리학자 출신 관료들이 사림파를 이루며 급진적인 개혁을 시도했다. 그러자 훈구파가 기득권을 지키기 위해 사화, 즉 사림파를 대대적으로 숙청하는 일이 반복되면서 조선의 정치와 사회는 혼란에 빠졌다. 사림파는 훈구파가 내분과 숙청 등으로 몰락한 선조(1552~1608) 재위기에야 비로소 안정된 입지를 다질 수 있었다.

수십 년간 이어진 사화로 사림파는 원리주의 성향이 매우 강해졌다. 연장선에서 이들은 조선을 명나라와 더불어 성리학의 정통을 고수하는 중화 세계관의 중요한 축으로 인식했다. 이러한 생각은 자연스레 조선의 외교에 반영되었다. 그들이 명나라와의 우호 및 친선에 거의 모든 역량을 쏟아부으면서 일본 등 다른 나라와의 외교는 그만큼 등한시될 수밖에 없었다.

한편 조선은 임진왜란 발발 이전에 일본의 조선 침공 가능성을 파악했

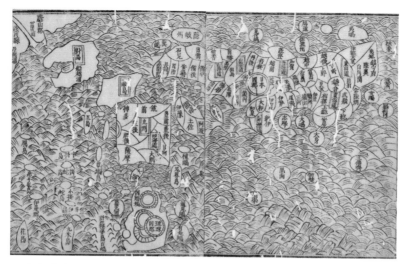

조선이 살핀 일본

조선은 건국 초부터 일본에 사신을 보냈다. 밀접한 관계는 아니었지만, 이웃 국가와 관계 맺는 걸 기본적인 도리로 여겼고, 또한 혹시 모를 일본의 군사적 굴기를 미리 파악하고 대비하기 위해서였다. 하지만 정작 임진왜란은 막지 못했으니, 아쉬울 따름이다. 세종 때인 1443년 신숙주(1417~1475)가 사신으로 일본을 방문하고 돌아와 간행한 《해동제국기(海東諸國紀)》에 실린 〈해동제국총도(海東諸國總圖)〉다.

다. 널리 알려진 바와 같이 1590년 일본에 사신으로 파견된 황윤길黃允吉 (1536~1592)은 귀국 후 선조에게 일본의 침공 조짐이 보이니 대비해야 한다고 보고했다. 다만 이때 함께 파견된 김성일金誠一(1538~1593)은 일본의 침공 조짐이 보이지 않는다고 보고했고, 선조는 그의 의견을 채택했다. 일본보다는 명나라와의 관계 그리고 여진족의 위협을 중시했던 조선 지배층의 인식이 반영된 결과였다고 볼 수 있다.[1] (여담으로 김성일은 임진왜란 발발 이후 많은 군공을 세웠다.)

기회는 한 번 더 있었다. 이듬해 쓰시마번 다이묘인 소 요시토시宗義

智(1568~1615)가 선조에게 일본의 침공이 임박했다는 정보를 전달했다. 쓰시마번은 조선과 일본 간 무역 거점이었으므로, 어떻게든 전쟁을 막고자 한 소 요시토시의 고육지책이었다. 이에 조선은 해안 방어 태세를 점검하고 수군 전력을 강화하는 등 나름대로 조치를 취했다. 이순신(1545~1598)의 거북선 건조와 총통 제작 등도 이러한 견지에서 이해할 만하다.

하지만 조선은 일본의 침공을 20만 명 규모의 대군을 동원한 대대적인 전면전이 아닌, 왜구의 준동 정도로만 예측했다. 이이(1536~1584)의 십만양병설이 기각된 까닭도 조선이 당파 싸움과 공리공론에 빠져서, 또는 무를 천시해 국방을 소홀히 한 결과라기보다는, 명나라를 중심으로 한 동아시아 국제 질서 속에서 일본이 있는 남쪽 대신 여진족이 있는 북쪽에 안보의 초점을 맞춘 결과라고 볼 수 있다.[2]

—— 전국 통일로 우뚝 선 동아시아의 신흥 강국: 일본 스케일

한편 전국시대 일본은 끊이지 않는 내분으로 혼란한 상황이었다. (물론 섬나라라는 지리적 이점 때문에 외세의 침공만큼은 겪지 않았다.) 다이묘들은 자기 영지에서 왕처럼 군림했지만, 다스리는 지역의 경제와 방위를 스스로 책임져야 한다는 부담도 만만찮았고, 막부의 통제력이 약해져 서로 싸우는 난세에는 이러한 부담이 더욱 커질 수밖에 없었다. 일본 서부의 섬들을 포함한 번들과 화산성 토질로 농사짓기에 불리했던 사쓰마薩摩번(오늘날 가고시마鹿児島현 서부 일대) 등의 다이묘들은 형편이 특히 어려웠다. 그렇다 보니 이들은 병력을 동원해 밀무역을 하거나 조선과 명나라의 해안 지대를 약탈했다. 왜구라 불린 그들은 실제로는 다이묘의 정규군이었던 셈이다.

　이처럼 호전적인 환경에 신항로는 기름을 부었다. 신항로 개척으로 동아시아의 해상무역이 활성화되고, 이때 통화로 쓰인 은의 공급처로 부상한 일본은 경제적으로 크게 성장했다. 또한 유럽의 상인들에게 입수한 조총은 일본의 군사력을 극대화했다. 무엇보다 일본의 지도층은 동아시아라는 테두리를 넘어선 넓은 세계의 존재를 알게 되었다.

　전국시대의 막부로 유명무실했던 무로마치室町막부를 폐하고 혼란을 수습해가던 오다가 측근 아케치 미쓰히데明智光秀(1528~1582)의 반란으로 후계자인 장남과 함께 급서한 뒤,* 일본의 실권은 그의 또 다른 측근 도요토미에게 넘어갔다. 사실 도요토미는 출신이 매우 한미하고 외모마저 볼품없어 '원숭이'라고 불릴 정도로 무시당하던 인물이었다. 도요토미가 진짜 이름도 아니었다. 본명은 기노시타 도키치로木下藤吉郎였는데, 농민에게나 어울리는 이름이었다. 다만 출신이 무색하게 도요토미는 눈치가 빠른 데다가 지략과 담대함, 인망을 모으는 매력까지 겸비해 오다 휘하에서 고위 무사로 빠르게 승진했다. 그러면서 좀 더 격식 있는 이름인 하시바 히데요시羽柴秀吉로 개명했다. 이후 오다의 죽음이라는, 아무도 예측하지 못한 상황에서 도요토미는 대범한 방법으로 순식간에 권력을 차지했다. 어린아이였던 오다의 손자를 꼭두각시 삼은 뒤, 그를 보호한다는 구실로 오다의 다른 아들들과 경쟁자들을 배제, 또는 숙청한 것이었다. 이후 4년이 지난 1586년 일본 조정의 최고위직으로 천황의 대리

---

*　아케치의 반란은 워낙 예기치 않게 일어난 데다가 동기가 미심쩍어 오늘날 역사학자 사이에서도 논란의 대상이다.

연결되는 세계

일본에 도착한 포르투갈 상선의 모습을 담았다. 백인 상인들과 흑인 시종들, 그들의 이국적인 복장 등이 눈에 띈다. 일본인들은 16세기부터 본격적으로 시작된 남만(南蠻)무역을 통해 조총으로 대표되는 서구 문물을 받아들이는 동시에, 세계관 자체를 넓히는 경험을 했다. 가노 나이젠(狩野内膳, 1570~1616), 〈남만인도래도(南蛮人渡来図)〉, 1600년경.

인인 간파쿠關白에 스스로 취임하면서 도요토미라는 성을 사용하기 시작했다.

그런데 전국시대는 조정이 아닌 무가가 실권을 장악한 때였으므로, 간파쿠는 일종의 명예직에 불과했다. (다만 도요토미가 간파쿠의 자리에 오르며, 이후 어느 정도 영향력을 행사하는 자리가 되었다.) 이를 도요토미가 모를 리 없었다. 그런데도 새 막부를 열 수 있는 쇼군 대신 간파쿠의 자리를 선택한 것은, 평민 출신인 탓에 정통성과 권위가 부족했기 때문이다. 당시 일본에서 쇼군은 무가의 시조인 미나모토노 요리토모源賴朝 (1147~1199)의 후손만이 될 수 있었다. 하여 막부의 창시자들은 종종 혈통을 위조해 쇼군에 올랐지만, 도요토미는 그런 편법조차 쓸 수 없을 정도로 출신이 한미했다. (실제로 도요토미 이후 권력을 차지한 도쿠가와는 혈통을 위조해 쇼군의 자리에 올라 에도막부의 문을 열었다.) 물론 언제나처럼 출신이 도요토미의 발목을 잡을 수는 없었다. 그는 결국 일본 열도를 구성하는 4대 섬 중 외지인 북쪽의 홋카이도를 제외한 규슈, 시코쿠, 혼슈를 복속하며 전국 통일에 성공했다. 이때가 1589년이었으니, 권력을 차지한 지 10년도 채 지나지 않은 때였다.

—— 도요토미의 확고한 야심, 무사들의 불안한 충심

도요토미는 전국 통일 전부터 명나라를 정복하고 천자가 되겠노라는 야심을 표출했다고 알려져 있다. 그는 심지어 포르투갈왕국이 현지 토후국에서 빼앗은 인도반도 서부의 고아Goa 지역 총독이 1591년 그리스도교 개종 및 수용을 요구하자, 이를 거부하며 머지않아 명나라를 정복한 뒤 인도반도를 방문하면 그때 만나서 이야기하자고 도발했을 정도

임진왜란의 시작

가운데 검은 옷을 입은 이가 도요토미다. 좌우의 다이묘들과 조선 정벌을 결의하고 있다. 당시 도요토미에게 조선 정벌은 본인의 권력을 확고히 하기 위한 묘책이었다. 스기오카 요시토시(月岡芳年, 1839~1892), 〈조선정벌대평정도(朝鮮征伐大平定圖)〉, 1877.

다. 그런데 이는 도요토미 개인의 야망이나 망상 정도로 치부할 일이 아니었다. 앞서 언급했듯 신항로 개척과 동아시아 해상무역 활성화로 일본인은 거대한 부와 군사력을 얻었을 뿐 아니라, 세계관 자체에 변화를 겪었다. 명나라는 이제 일본인의 심상지도에서 더는 범접할 수 없는 절대강자가 아니었다.

여기에 더해 도요토미 정권의 등장은 언뜻 보기에는 일본의 태평성대를 불러올 듯했지만, 실상은 달랐다. 도요토미 정권의 수립에 공을 세운 다이묘와 무사들이 넘쳐났지만, 이들에게 나눠 줄 땅이나 부는 한정되어 있었다. 도요토미는 혈기 왕성하고 야심만만한 그들을 진정시키기 위해 극도로 호사스러운 다도茶道를 장려하기도 했다. 요업窯業이 발달하지 않았던 임진왜란 이전 일본에서 도자기로 만든 다기는 어지간한 다

이묘에게조차 부담스러운 사치품이었다. 최고급 다기는 심지어 성城과
도 맞바꿀 정도였다. 하지만 이런 사치와 향락도 다이묘와 무사들의 끓
는 피를 식힐 수는 없었다.

한편 도요토미 정권은 내부적으로도 중대한 취약점이 있었다. 일단
도요토미의 출신이 너무나 비천했다. 갑작스레 출세한 탓에 대대로 자신
을 섬겨온 충심 깊은 가신도 얼마 없었다. 즉 도요토미의 권력 기반은 생
각 이상으로 부실했다. 그는 심지어 경쟁자 도쿠가와를 힘으로 굴복시키
지 못해, 간파쿠로 취임할 때조차 그를 간신히 설득해야 했다. 수많은 다
이묘가 겉으로는 도요토미에게 충성했지만, 그의 권력이나 카리스마에
조금이라도 균열이 생긴다면 언제든지 반기를 들 가능성이 농후했다.

따라서 전국시대를 거치며 세계 최강의 지상군을 보유하게 된 일본
은 이제 그 힘을 밖으로 분출해야 하는 상황이 되었다. 이에 따라 도요토
미는 바다 건너 조선을 가로질러 명나라를 정벌하려는 계획을 실천에
옮기기 시작했다.

—— 왜구가 아닌 왜군을 맞닥뜨리게 된 조선

1592년 5월 23일 고니시 유키나가小西行長(1558~1600) 휘하의 선발대
1만 8700명이 부산진 앞바다에 모습을 드러내며 임진왜란이 시작되었
다. 부산 첨절제사僉節制使(지방군 사령관) 정발鄭撥(1553~1592)과 동래 도
호부사都護府使(지방 수령) 송상헌宋象賢(1551~1592) 등은 분전했지만 일
본군의 침공을 막아내지 못한 채 수백 명에 불과한 휘하 장병과 더불어
장렬히 전사했다. 왜구의 준동을 넘어선, 최대 병력 20만 명에 달하는
왜군의 대대적인 침공을 예측하지 못한 데 따른 결과였다.

부산과 동래를 어렵사리 점령한 일본군은 조선군의 별다른 저항을 받지 않은 채 오늘날 경상북도 문경시와 충청북도 괴산군 사이의 조령鳥嶺까지 파죽지세로 진격했다. 조선군이 도망가거나 부족했던 것은 아니고, 방어 전략이 바뀌었기 때문이다. 조선 초기의 방어 전략은 진관鎭管 체제로, 요지마다 설치된 진과 관문에 병력을 배치하는 방식이었다. 그런데 진관 체제는 병력이 분산 배치된 탓에 각개 격파당할 위험이 컸고, 실제로 1555년의 을묘왜변乙卯倭變 때 이러한 문제로 전라도 일대가 수천 명의 왜구에게 유린당하기도 했다. 이에 따라 선조 재위기에 무신 이일李鎰(1538~1601)이 제승방략制勝方略이라는 새로운 방어 전략을 수립했다. 전쟁이 발발하면 신속히 대규모 병력을 소집한 뒤 적을 전장으로 유인해 섬멸한다는 내용이었다.

제승방략은 이론은 좋았으나, 실제로 적용하기에 쉽지 않았다. 첫째, 제승방략이 효과를 발휘하려면 평시 병력의 훈련 및 관리가 충실하게 이루어져야 했고, 유사시 병력 동원 또한 신속하고 효율적으로 이루어져야 했다. 그런데 16세기 말 조선군의 현실은 그러지 못했다. 둘째, 제승방략은 지휘관이 예하 부대를 상시 훈련하는 대신 유사시에만 중앙에서 파견되었다. 따라서 지휘관이 병력을 장악하고 전장을 파악할 여유가 부족했다. 이는 1592년 6월 신립申砬(1546~1592)이 지휘한 조선군의 주력이 일본군에 참패하는 중요한 요인으로 작용했다. 북방에서 조선 최정예 기병대를 이끌고 여진족의 반란과 침략을 수도 없이 격퇴한 명장 신립이었지만, 탄금대彈琴臺라는 익숙하지 않은 전장에서 자신과 호흡을 제대로 맞춰보지 못한 신병 위주의 병력을 이끈 결과 졸전을 펼치고 말았다. 배수진을 치고 기병 돌격을 감행한 신립이 실전 경험이 풍부한 데다가 조총으로 무장한 일본군에 참패하자 선조는 전의를 잃은 채 한양을 버리고 의주로 도주했다. 개전 3주 만에 한양을 잃은 조선의 운명은 문자 그대로 풍전등화였다.

—— 동아시아 국제 질서 수호를 위해 참전한 명나라

임진왜란은 단순히 조선과 일본 사이의 전쟁으로 국한할 수 없다. 동아시아 스케일로 확대해보면 이는 명나라 중심의 국제 질서를 근본부터 뒤흔드는 거대한 도전이었다. 일본이 정말 조선을 넘어 명나라까지 침공한다면, 명나라는 동아시아를 주도하는 천자국의 위상을 잃어버릴 수 있었다. 그렇게 된다면 북쪽의 북원이나 여진족까지 명나라를 유린할 터였다. 이에 따라 13대 황제 만력제萬曆帝(1563~1620)는 순망치한脣亡齒寒, 즉 입술이 없으면 이가 시리다는 명분 아래 대규모 병력을 조선에 파견했다.

16세기 말의 명나라는 비록 수많은 사회적 부조리와 모순으로 가득했으나, 엄연히 동아시아의 중심국이자 최강국이었다. 이런 명나라와의 전면전은 일본 전체의 국력을 총동원한다고 하더라도 버거운 일이었다. 당시 일본군이 전국시대로 단련된 정예부대였다고는 하나, 명나라의 군사력은 그 이상이었다. 200년 가까이 북원 및 여진족과 전투를 거듭해왔던 명나라군은, 남부 해안 지대에서 왜구를 퇴치하며 일본군을 상대할 전술까지 개발한 상태였다. 일본과 명나라의 인구와 경제력 차이도 비교할 수준이 아니었다. 명나라의 참전에 따라 임진왜란이 동아시아 스케일의 전쟁으로 확대되면서, 일본은 자국의 역량을 압도하는 거대한 적과 싸워야 하는 난국에 빠졌다.

더욱이 도요토미는 명목상 일본을 통일했으나 다이묘들을 완전히 장악한 상태도 아니어서, 일본의 모든 역량을 전쟁에 쏟아붓지도 못했다. 일례로 도쿠가와는 영지의 치안을 이유로 끝끝내 조선에 출병하지 않았으며, 도요토미와 갈등 관계에 있던 다이묘 다테 마사무네伊達政宗 (1567~1636)는 조선에 출병하기는 했지만, 병력 손실을 꺼려 전투에 소극적으로 임했다.

조선과의 문화적인 차이도 일본에 난관으로 작용했다. 오랫동안 봉건제가 이어진 데다가 막부의 권위마저 유명무실해진 전국시대 일본에서, 다이묘의 항복과 영지의 점령은 같은 의미였다. 하지만 고도로 중앙집권화된 조선은 달랐다. 영토를 아무리 빼앗겨도 통치 체제의 정점에 있는 임금이 항복하지 않는 한 패배한 것이 아니었다. 게다가 조선인에게 임금과 조정에 대한 충효보다 높은 가치는 없었다. 선조가 의주로 도주한 뒤에도 수많은 조선인은 말도 풍습도 다른 일본인에게 복종하는 대신 충효를 기치로 의병을 일으켜 일본군의 후방을 끊임없이 교란했다. 더욱이 임진왜란은 조선의 정치와 행정 체계에 큰 타격을 가했지만, 완전히 무너뜨리지는 못했다. 이순신을 비롯한 조선 수군은 전쟁 초기의 혼란 속에서도 승전을 이어갔고, 전황이 어느 정도 수습된 뒤에는 조선 육군도 태세를 정비하고 병력을 재편한 뒤 명군과 연합해 전투에 뛰어들었다.

이때 남해의 제해권은 임진왜란의 향방에 큰 영향을 미쳤다. 일본군은 남해를 통한 보급 및 병력 보충이 원활해야 전쟁을 계속할 수 있었다. 그런데 이순신이 지휘하는 조선 수군의 활약 때문에 일본군의 보급로가 크게 무너졌다. 게다가 튼튼한 소나무 재질에 대량의 화포를 탑재할 수 있도록 설계된 조선의 전함 판옥선은 상대적으로 무른 삼나무로 만든 데다가 화포 탑재 능력도 크게 떨어져 원거리 포격전 대신 접근전 위주로 싸워야 했던 일본의 전함 세키부네關船를 압도했다. 또한 판옥선은 배의 바닥이 평평해 섬과 암초가 많은 남해에서도 자유자재로 방향을 바꿀 수 있어, 상황에 알맞게 다양한 전술을 펼칠 수 있었다. 이는 근본적으로 강력한 중앙집권 국가였던 조선이 일사불란하게 조선술, 화포 제조술 등에 힘을 쏟은 결과로 볼 수 있다. 게다가 일본은 전국시대를 거치며 거의 지상전만을 치렀기 때문에 해전에 능숙하지 못했다. 따라서 이순신의 눈부신 전과는 그의 천재적인 군사적 능력과 군인으로서의 올곧은 품성뿐 아니라, 조선 수군의 우수성과 일본 수군의 미숙함에 힘입은 부분도 크다고 보아야 할 것이다.

보급로를 교란당한 일본군은 물자와 병력 부족에 시달리며 고전했다. 1593년부터 전쟁은 교착 상태에 접어들었고, 조선-명나라와 일본 사이에 강화조약 협상이 여러 차례 시도되었다. 만력제가 도요토미를 일본 왕으로 책봉하는 것을 조건으로 하는 종전안도 나왔으나, 도요토미가 조선 영토 할양 및 명나라와 일본 간 무역의 대대적인 확대 등 무리한 요구를 고집해 결국 결렬되었다. 이로써 1597년 정유재란丁酉再亂이 발발했다. 12만 명 이상의 일본군이 전라도에서 조선-명나라 연합군을 연달아 격파하고 충청도까지 진격했으나, 명량해전에서 일본 수군이 이순신에게 패해 북상하지 못한 데다가 육지에서도 반격당하며 전쟁은 또다시 지지부진해졌다.

1598년 9월 도요토미가 병사하자 일본군은 조선에서 철수하기 시작했다. 다이묘와 무사들에게 시급한 과제는 조선과의 전쟁이 아니라, 도

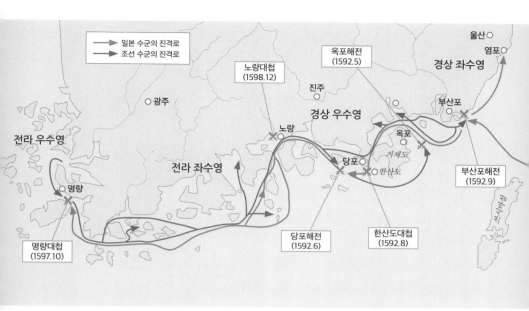

임진왜란

임진왜란 당시 일본의 전략은 명쾌했다. 육군은 부산에서 한양까지 내쳐 달리고, 수군은 남해를 끼고 돌아 서해를 따라 북상하며 보급로를 유지한다는 것이었다. 전쟁 초기 일본 육군은 계획대로 작전을 수행했으나, 수군은 생각지 못한 암초를 만났으니, 바로 이순신이었다. 이순신은 섬이 많고 해안선이 복잡한 남해의 지형을 이용해 곳곳에서 일본 수군을 격파했다. 이로써 보급로가 차단된 일본 육군은 그 힘이 빨리 소진되고 말았다.

임진왜란의 황혼

왜교성(倭橋城)전투와 노량해전이 실감 나게 묘사되어 있다. 도요토미 병사 후 조선을 빠져나
가는 일본군을 조명연합군이 거세게 밀어붙이는 중이다. 임진왜란 동안 일본은 부산과 남해
안 일대에 성을 쌓았는데, 이를 왜성이라고 한다. 왜교성전투는 그중 순천왜성 일대에서 벌어
진 전투로, 명나라 육군은 왜성을 직접 치고 조선 수군은 바다에서 일본군을 공략했으니, 이
것이 바로 노량해전이다. 노량해전은 독특한 지형지물과 물때를 잘 이용해 승리를 거둔 전투
였다. 19세기에 조선에서 제작된 〈정왜기공도병(征倭紀功圖屛)〉이다.

요토미 사후 자신들의 영지와 정치적 입지를 지키는 일이었다. 이에 따라 7년에 걸친 전쟁이 막을 내렸다. 이후 동아시아의 국제 질서는 큰 변화를 맞게 되었다.

—— 임진왜란과 기후변화가 앞당긴 멸망: 명나라 스케일

부정부패 및 통치 체제 문란이라는 내부의 부조리와 북원 및 북방 유목 민족들과의 거듭된 전쟁이라는 외부의 위협으로 악화한 명나라의 재정은 임진왜란 탓에 거의 소진되었다. 또한 전쟁이 오랜 기간 계속된 데다가 비대해진 병권이 왕권을 위협할까 봐 우려한 선조가 조선군을 키우기보다는 명나라군이 전투를 주도하도록 유도함으로써, 명나라의 국력 손실은 한층 빨라졌다.

더 큰 문제는 임진왜란 무렵 시작된 기후변화였다. 15세기 말부터 전 세계가 소빙하기에 접어들면서, 동아시아의 여름 평균 기온이 1도가량 떨어졌다. 이 정도의 변화만으로도 작물의 생육이 크게 달라지므로, 기근이 초래될 가능성이 매우 커진다. 문제는 그 시기가 임진왜란 직후였다는 점이다. 이미 지칠 대로 지친 명나라에 이는 사형 선고와 다름없었다. 결국 17세기에 이르러 기근과 빈곤, 사회적 혼란을 참지 못한 농민들이 각지에서 민란을 일으켰다.

1620년대 말부터 명나라의 농민반란은 농민뿐 아니라 빈민과 탈영한 군인, 급여를 받지 못한 관리 등까지 참여하며 규모가 커졌다. 그러다가 1628년 병사 출신의 왕가윤王嘉胤(?~1631)이 지도자 역할을 맡아 수많은 세력을 규합하며 체계를 갖춘 진정한 반란군이 모습을 드러냈다. 왕가윤은 이듬해 관군과의 전투에서 전사했지만, 이미 유능한 부하들을 많이 길러낸 뒤였으니, 그중 한 명이 바로 이자성李自成(1606~1645)이었다. 이후 10여 년간 이어진 관군의 집요한 공격으로 반란군은 거의 와해했으나, 이자성은 끝까지 살아남았다.

명나라의 이러한 혼란상은 16세기 후반부터 여진족을 결집해 만주에서 세력을 키워왔던 누르하치(1559~1626)에게 절호의 기회가 되었다. 임진왜란이 한창일 때 조용히 숨을 죽이며 힘을 모았던 누르하치는 1616년 후금을 세우고 명나라 원정을 시작했다. 후금군은 약해지기 시작한 명나라군을 열심히 괴롭혔으나 압도하지는 못했고, 심지어 1626년에는 누르하치가 명나라군과의 전투에서 전사하기까지 했다. 하지만 꾸준히 힘을 키운 끝에 1636년 국호를 청나라로 바꾸고는 다시 한번 대대적인 침공에 나섰다. 명나라와 청나라가 국운을 걸고 맞붙은 바로 그틈에 이자성과 반란군은 재기에 성공했다. 이후 기세를 올린 반란군은 명나라를 몰아쳐 1644년 수도 순천부까지 장악했으니, 이를 이자성의 난이라고 한다.

이렇게 명나라가 스러지자 청나라는 망국의 정예부대와 장수들의 귀순을 받아들이며 다시 한번 힘을 키웠다. 직후 누르하치의 손자 순치제順治帝(1638~1661)가 이자성 토벌을 명분 삼아 순천부를 점령했다. 이로써 천하를 완전히 손에 넣은 순치제는 명나라의 마지막 황제 숭정제崇禎帝(1611~1644)의 제사를 지내며 청나라의 다스림을 공식화했다. 제아무리 이자성이라도 이처럼 강성해진 청나라를 상대할 순 없었고, 결국 1645년 스스로 목숨을 끊었다.

모든 혼란이 수습된 후에도 정성공鄭成功(1624~1662) 같은 명나라 잔당 세력이 타이완과 일부 해안 지대를 근거지 삼아 저항을 계속했기 때문에, 청나라는 명나라 이상으로 강력한 해금 정책을 펼쳤다. 그러면서도 몽골, 티베트고원, 타림분지 등 유라시아 내륙 방면으로는 영토를 계속 확장해 현대 중국의 영역성을 구체화했다. 바다를 막고 땅을 크게 넓힌 청나라의 행보는, 현대 동아시아의 지정학적 질서가 만들어진 시발점이었을 뿐 아니라, 19세기 이후 해상무역을 통한 문물 교류로 경제력과 기술력이 비약적으로 발전한 서구 열강에 추월당하는 계기가 되고 말았다.

—— 전란의 상처에서 솟아난 근대 민족국가의 씨앗: 조선 스케일

만력제는 임진왜란 이후 조선에서 나라를 구한 은인으로 높이 칭송받았다. 비록 명나라군이 저지른 일탈 행위가 적지 않았지만, 대체적으로 대명 감정은 꽤 호의적이었다. 관우의 혼령이 유비의 환생인 만력제와 장비의 환생인 선조를 이어주어 조선을 구했다는 내용의 고전소설 《임진록》은 이러한 분위기를 잘 보여준다. 실제로 임진왜란 이후 명나라군을 따라 관우를 신봉하는 도교 신앙이 한반도에 확산하기도 했다. 하지만 현실은 녹록지 않았다. 7년간 전 국토가 전장으로 변한 조선은 인구가 격감하고 농지가 황폐해짐에 따라 경제력이 크게 약해졌다. 그런 와중에 기후변화까지 엄습하면서 조선은 극심한 고난을 겪을 수밖에 없었다.

청나라의 발흥은 임진왜란으로 피폐해진 조선에 더욱 큰 위기를 불러왔다. 명나라 정벌을 시도하던 청나라는 후방의 위협을 제거하고자 조선을 견제하기 시작했고, 이는 1636년 병자호란으로 비화했다. 임진왜란 이후 사림파의 계파 중 서인 세력이 권력 투쟁 과정에서 광해군

(1575~1641)을 몰아내고 선조의 손자인 능양군(인조)(1595~1649)을 왕위에 앉힌 인조반정, 인조반정의 공신인 이괄李适(1587~1624)이 처우에 불만을 품고 일으킨 역모 등이 이어지며 국력을 소진할 대로 소진한 조선은 청나라에 제대로 저항 한번 하지 못하고, 굴욕적으로 항복할 수밖에 없었다.

임진왜란과 병자호란, 명·청 교체로 조선에는 소小중화 사상이 강하게 자리 잡기 시작했다. 명나라가 멸망하고 '오랑캐' 왕조 청나라가 중국을 지배하게 되었으므로, 조선이 중화 문명과 성리학의 중심지라는 생각이었다. 큰 전쟁을 거치면서 충효 관념 또한 더욱더 강조되었다. 이는 성리학적 가부장제가 확립되고 여성의 지위가 제한되는 결과를 낳기도 했지만, 동시에 조선이 나름의 분명한 영역성과 정체성을 가진 민족국가로 발전해가는 계기로도 작용했다.

—— 에도막부의 등장과 중앙집권화: 일본 스케일

임진왜란의 종전은 도요토미 정권의 붕괴 그리고 일본 내 세력 균형의 대대적인 변화로 이어졌다. 호색한이었던 도요토미는 현명하기로 이름났던 정실부인 외에 수많은 첩을 들였으나, 60세가 되어서야 겨우 한 첩에게서 아들 도요토미 히데요리豊臣秀頼(1593~1615)를 얻었다. 도요토미는 늦둥이 아들의 입지를 다진다는 명목으로 (그 전에 후계자로 내세웠던) 조카이자 양자인 도요토미 히데쓰구豊臣秀次(1568~1595)와 그의 수많은 측실, 측근을 대대적으로 숙청해버렸다. 후계자가 너무 어린 데다가 도요토미 히데쓰구의 숙청으로 인심까지 잃은 탓에, 가뜩이나 취약한 도요토미 정권의 권력 기반은 더욱 흔들릴 수밖에 없었다. 도요토미

본인도 이를 잘 알았는지, 그는 자기 사후에도 충신인 이시다 미쓰나리石田三成(1560~1600)를 중심으로 하는 가신단이 어린 아들을 보좌하도록 조치했다.

문제는 임진왜란으로 입은 손실 때문에 불만이 컸던 가토 기요마사加藤淸政(1562~1612), 후쿠시마 마사노리福島正則(1561~1624) 등의 무사 세력과 이시다를 중심으로 한 문관 세력 간의 알력이 심하다는 것이었다. 도쿠가와는 이 기회를 놓치지 않고 무사 세력과 도요토미 정권에 반감을 품고 있던 다이묘들을 포섭해 세력을 키웠다. 도쿠가와는 1600년 일본의 동서를 잇는 요지인 세키가하라關ヶ原에서 이시다를 격파한 다음 그를 따르던 고니시 등마저 숙청하고 1603년 에도막부를 창설했다. 1615년에는 이미 실권을 잃은 도요토미 히데요리까지 숙청해 일본을 완전히 통일했다.

에도막부는 봉건제를 유지하되, 다이묘나 무사들의 반란을 억제하기 위해 강력한 독재 체제를 확립했다. 이에 따라 초기에는 수많은 이가 사소한 이유로 숙청당했고, 다이묘의 군사력과 무사의 특권에도 제약이 가해졌다. 이러한 중앙집권화에 크게 이바지한 것이 임진왜란을 거치며 일본에 전해진 성리학이었다. 충효를 절대시하는 성리학은 일본에 이미 뿌리내린 불교나 조상숭배와 자연숭배 관념이 뒤섞인 전통 신앙 신토神道 등에 비해 막부의 권력 강화에 매우 유리했으므로, 에도막부는 성리학을 적극적으로 장려했다. 명령을 받으면 할복자살도 마다하지 않을 정도로 주군에게 절대복종하는 일본 무사의 이미지는, 사실 바로 이때 성리학의 영향으로 만들어진 무사도의 산물이다. 이전 전국시대의 무사들은 이해관계를 충족하기 위해서라면 이합집산은 물론이고, 배신과 반역도 거리낌 없이 저질렀다. 마지막으로 역시 임진왜란을 거치며 일본으로 건너간 조선의 도자기 제작 기술 등은 경제와 문화 발전에 크게 이바지했다.

대외적으로 임진왜란은 일본과 명나라의 관계를 완전히 파탄 내는 결과를 불러왔다. 이는 역설적이게도 일본과 조선이 가까워지는 결과를 낳았다. 중국에 조공할 여지가 완전히 사라지자 에도막부는 조선에 관계 회복과 무역 개시를 요청했다. 대신 조선을 상국으로 대하겠다고 조건을 걸었다. 명·청 교체로 유사시 청나라를 견제할 동맹이 절실히 필요했던 조선은 도요토미 정권을 타도하고 수립된 에도막부의 요청을 흔쾌히 수락했다. 이로써 한일 교류사의 한 장을 장식한 통신사가 파견되기 시작했다.

이와 더불어 청나라의 해금 정책은 일본이 바다로 세력을 확장하는 계기로도 작용했다. 명나라 중심의 질서가 흔들리고 동아시아의 바다가 무주공산으로 변한 틈을 타 일본은 1609년 오늘날 오키나와제도 일대를 다스린 류큐왕국을 속국으로 만들었다. 류큐왕국은 명나라에 조공을 바치고 동아시아의 해상 중계무역을 담당하며 독자적인 문화를 발전시킨 세력이었다. 그런데 일본은 류큐왕국을 속국으로 만든 뒤 사탕수수 재배 등을 강요하며 착취했다. 다만 청나라가 개입할지 모르므로 류큐왕국을 완전히 복속하는 대신 속국으로 남겨두었다. (류큐왕국이 일본에 완전히 병합되어 멸망한 때는 에도막부를 무너뜨리고 진정한 근대국가의 기틀을 마련한 메이지유신 이후인 1879년이었다.) 아울러 체제 안정을 위해 쇄국 정책을 고수하기는 했지만, 규슈 서부의 항구도시 나가사키를 통해 네덜란드와 교류를 이어갔다. 이러한 변화를 바탕으로 일본은 그들만의 독자적인 문화를 발전시키며 나름의 영역성과 정체성을 쌓아갈 수 있었다.

11장

신의 땅에서 국가의 땅으로
삼십년전쟁과 베스트팔렌조약

"하와이는 미국 땅, 대마도는 일본 땅, 독도는 우리 땅." 한국인이라면 한 번쯤은 들어봤을 노래 〈독도는 우리 땅〉의 가사 중 일부다. 이 가사는 국가가 자국의 영토를 외국에 간섭받지 않고 지배하며 다스릴 권리인 영토주권 개념을 아주 간명하게 설명하고 있다. 오늘날 영토가 수시로 바뀌거나 영토주권을 내팽개친 국가를 제대로 된 국가로 인정할 사람은 아무도 없을 것이다.

그런데 영토주권 개념은 사실 근대의 산물이다. 과거에는 정복 전쟁, 왕위 계승, 영지 상속 등 다양한 이유로 국가의 영토가 바뀌는 일이 적지 않았다. 국가만이 영토를 배타적으로 지배한다는 생각도 옛사람들에게는 생경했다. 이러한 경향은 가톨릭교회와 봉건제가 지배했던 중세 서유럽에서 특히 강했다. 당시 땅은 신의 것이었고, 국가는 신과 교황이 여러 군주와 영주에게 통치를 위임한 곳이었다. 당연히 그들의 이합집산에 따라 영토가 수시로 바뀔 수밖에 없었다.

영토에 관한 이러한 인식이 달라지게 된 계기는 무엇이었을까. 영토주권 그리고 이에 토대한 근대 민족국가의 형성 과정에 대해서는 여러 견해가 존재한다. 하지만 적어도 서양사를 놓고 본다면, 그 계기는 1648년 체결된 베스트팔렌조약이었다. 그리고 이는 종교개혁이 초래한 삼십년전쟁의 결과물이었다.

삼십년전쟁은 비록 가톨릭 세력과 개신교 세력이 맞붙은 전쟁이었지만, 그 이면에는 각종 경제적·정치적 이해관계가 얽히고설켜 있었다. 어떤 부분에서는 종교보다 얼마나 많은 부와 영토를 차지할지가 중요했다. 실제로 전쟁의 주요 목표 중 하나가 '발트해-북해-영국해협'을 잇는 무역로의 차지였고, 이를 위해 두 세력이 손잡거나, 같은 세력 내에서 반목하는 등 이합집산이 끊이지 않았다. 이 과정에서 각 세력은 '종교'보다 중요한 '국익'의 가치, '종교'에 좌우되지 않는 '주권'의 가치에 눈뜨게 되었으니, 이 모든 과정이 곧 근대 민족국가로 나아가기 위한 일종의 예행연습이었다.

—— 서유럽의 흔들리는 종교 질서

가톨릭 신앙은 중세 서유럽 세계를 지배했던 최고의 가치였지만, 정작 가톨릭교회는 중세 내내 군주, 영주들과 대립하며 어려움에 시달렸다. 봉건혁명으로 힘을 얻은 세속의 권력자들은 신앙의 경건함을 내세우면서도 현실의 이권과 영향력 때문에 가톨릭교회와 마찰을 빚는 일이 잦았다. 가톨릭교회 성직자의 서임권을 둘러싼 대립, 황제나 군주를 폐위시킬 수 있는 권한이 교황에게 있는지를 놓고 벌어진 갈등 등이 이를 잘 보여준다.

물론 그렇다고 해서 세속의 권력이 하늘의 권력을 함부로 대할 수 있는 것은 아니었다. 무엇보다 가톨릭교회의 성직자는 유럽 사회의 최고 엘리트였다. 문맹률이 극도로 높았고 제지술과 인쇄술이 발달하지 않아 성서를 구하기가 극히 어려웠던 당시에는 성직자를 통해야만 신앙생활을 할 수 있었다. 그런데 특권을 유지하고 교황령을 통치하며 세속의 일에 관여하려면 막대한 자금이 필요하다는 현실적인 이유 때문에, 타락하는 성직자들이 생겨났다. 그 정점은 면벌부*의 대량 발행이었다. 면벌부는 사실 11세기 무렵에도 십자군전쟁의 경비와 전사자 가족에게 건넬 위로금을 마련할 목적으로 발행된 적이 있었다. 하지만 점점 그 도가 지나쳐 교황 레오 10세Leo X(1475~1521)는 교황청의 부채 탕감과 재원 확보를 위해 값비싼 면벌부를 대량으로 발행했고, 이를 평신도들에게 강매하기까지 했다.

한편 정치적 수완이 탁월했던 교황 알렉산데르 6세Alexander VI(1431~1503)는 여러 사생아 가운데 군사적·정치적 역량이 출중했던 체사레 보르자Cesare Borgia(1475~1507)를 앞세워 수많은 세력이 분할 점령한 이탈리아반도를 통일하고자 전쟁을 일으켰다. 교황들의 이러한 행태는 군주, 영주 등 세속의 권력과 대립하는 한편, 중세가 저물고 르네상스 시대가 시작되는 시대, 즉 신성이 힘을 잃어가는 때에 가톨릭교회가 겪은 어

---

* 흔히 '면죄부'라고 불리지만, 인간을 씻을 수 없는 원죄를 가진 존재로 간주하는 그리스도교의 교리를 고려하면 '면벌부'가 더욱 타당한 명칭이다.

려움의 결과로 보아야 한다.

이런 와중에 서유럽에서는 그리스도의 원래 가르침을 따라 가톨릭교회를 개혁해야 한다는 움직임이 일었다. 대표적인 인물로는 12세기 프랑스왕국에서 활동한 성직자 페트루스 발데스Petrus Valdes(1140~1218)와 오늘날 체코 서부에 들어선 보헤미아왕국의 성직자 얀 후스Jan Hus(1369~1415) 등이 있었다. 이들은 당연히 가톨릭교회의 탄압을 받았는데, 심지어 후스는 신성로마제국 황제에게 안전을 보장받아 참석한 종교회의에서 다른 성직자들에게 구금당한 뒤 종교재판을 받고 화형당했다. 이후 발데스를 따르던 발도파Waldensians는 비밀리에 신앙생활을 이어 갔고, 후스를 따르던 후스파는 자신들을 박해하던 세력에 대항해 1419년 후스전쟁을 일으켜 종교의 자유를 쟁취했다. 그러나 발도파나 후스파는 전 유럽의 범위에서 정치적·종교적 영향을 미치지는 못했기 때문에, 본격적인 종교개혁이라고 할 수 없다.

16세기가 되면 상황이 다시 한번 달라진다. 십자군전쟁의 실패, 흑사병의 대유행, 각국 군주들의 권력 강화 등으로 가톨릭교회에 대한 불신이 커졌다. 이런 상황에서 도시와 과학기술의 발달은 종교개혁의 불씨를 지폈다. 특히 도시는 상공업의 중심지로 부를 축적해 정예 용병들을 고용하고 자치정부를 꾸릴 수 있었기 때문에 군주나 영주, 가톨릭교회의 간섭에서 비교적 자유로웠다. 실제로 도시는 종교개혁의 보금자리 구실을 했다.

한편 개신교는 가톨릭보다 왕이나 귀족 같은 지배계급과의 유착이 덜했고, 특히 장 칼뱅(1509~1564)이 주창한 칼뱅주의는 모든 직업이 신의 소명을 따르는 거룩한 일이라는 직업소명설을 주장했다. 그러다 보

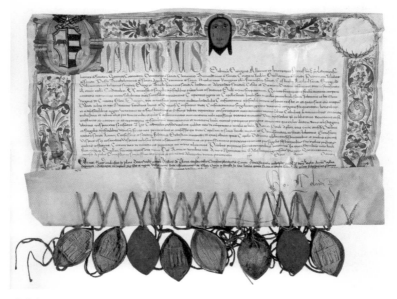

면벌부

면벌부 발행은 십자군 원정의 실패, 세속 권력과의 충돌 등으로 약해진 가톨릭교회의 입지를 결정적으로 뒤흔들었다. 이에 반발하며 〈면벌부의 능력과 효용성에 관한 토론(Disputation zur Klärung der Kraft der Ablässe)〉, 즉 〈95개조 반박문〉을 발표한 루터를 시작으로 종교개혁의 불꽃이 타올랐다. 사진은 폴란드왕국의 '축복받은 성모 마리아의 가정 교회(Kościół Wniebowzięcia Najświętszej Maryi Panny)'에서 발행했던 면벌부다. 면벌부의 형태는 매우 다양했다.

니 경제적 성취에도 불구하고 평민이라는 신분 때문에 차별받던 도시 상공업자들에게 큰 지지를 받았다. 연장선에서 면벌부를 강력히 비판하고 (가톨릭교회의 가르침에 부합하는 공덕을 쌓아서가 아니라) 오직 믿음만으로 구원을 얻을 수 있다고 주장한 마르틴 루터(1483~1546)도 많은 추종자를 거느렸다. 이 둘이 이끈 종교개혁은 종이의 전파와 요하네스 구텐베르크(1400~1468)의 활판 인쇄술 개발 덕분에 평신도들도 성서를 손에 넣을 수 있게 되며 가톨릭교회의 권위가 더욱 약해짐에 따라, 들불처럼 전 유럽으로 퍼져갔다.

한편 가톨릭교회는 종교개혁이라는 거대한 도전에 맞서 대대적인 개혁과 내부 정화 운동에 착수했다. 1545년부터 1563년까지 세 차례에 걸쳐 진행된 트리엔트Trient종교회의에서 가톨릭의 교리를 분명히 하는 한편, 예수회, 카푸친Capuchin작은형제회 등 엄한 규율을 가진 수도회를 창설해 개신교의 확산을 저지하기 위한 반종교개혁 운동도 벌여갔다. 개신교가 루터파, 칼뱅파 등 여러 종파로 분열하고 대립하는 사이 가톨릭교회는 교황을 정점으로 하는 강력하고 체계적인 조직을 앞세워 효율적으로 개혁을 추진할 수 있었다. 그렇지만 이는 가톨릭교회 자체의 붕괴를 막았을 뿐, 종교개혁으로 비롯된 분열과 대립의 큰 파도는 막아내지 못했다.

—— 정치적·경제적 이해관계로 점철된 종교개혁

종교개혁이 퍼져나간 16세기 유럽은 가톨릭교도와 개신교도 그리고 여러 종파로 나뉜 개신교도 간의 다툼과 항쟁으로 들끓었다. 갈등의 골은 매우 깊어서 그들은 상대를 이단으로 몰아붙이며 학살을 자행했다. 그 대표적인 방법이 이단 심문과 마녀재판이었다. 원래 중세 유럽에서 이단 심문과 마녀재판은 일종의 극약 처방으로서 대단히 신중하게 진행되었다. 자칫 애꿎은 희생자를 만들고 사회 불안을 초래할 수 있기 때문이었다. 하지만 종교개혁으로 유럽 사회가 큰 혼란에 빠지면서 남발되기 시작했다.

이 시기 신성로마제국과 스페인왕국을 다스렸던 합스부르크가문은 친가톨릭 세력으로, 개신교 세력 축출과 전 유럽을 지배하는 보편제국 건설을 추구했다. 신성로마제국의 황제와 스페인왕국의 왕을 겸임했던 카를 5세Karl V(1500~1558)가 두 나라를 각각 동생 페르디난트 1세 Ferdinand I(1503~1564)와 아들 펠리페 2세Felipe II(1527~1598)에게 물려주면서 합스부르크가문은 분열한 듯 보였지만, 실제로는 한 나라에 가까울 정도로 공고한 동맹 관계를 유지했다.

한편 서유럽에서는 합스부르크가문과 교황의 간섭에서 벗어나기 위해 개신교를 받아들이는 군주들이 늘어갔다. 잉글랜드왕국의 헨리 8세 Henry VIII(1491~1547)가 대표적인 인물로, 당시 그는 아들을 낳지 못한다는 이유로 아내 캐서린Catherine(1485~1536)과 이혼하기를 원했다. 그런데 캐서린은 카를 5세의 이모였다. 합스부르크가문의 영향력을 공고히 하려는 일종의 정략결혼이었던 셈인데, 당연히 카를 5세로서는 이 이혼을 받아들일 수 없었다. 하여 이혼의 허락 여부를 결정할 교황 클레멘스 7세Clemens VII(1478~1534)에게 압력을 행사했다. 마침 교황은 카를 5세에게 대항해 전쟁을 일으켰다가 패배한 상태여서, 그 뜻을 따를 수밖에 없었다. 상황이 이렇게 흘러가자 헨리 8세는 영국 왕을 수장으로 하는 개신교 종파인 성공회를 세워 합스부르크가문 및 교황과 절연하는 초강수를 두었다.

스웨덴왕국도 가톨릭이 아닌 루터파 개신교를 국교로 삼았다. 스페인왕국의 상공업 중심지였던 네덜란드가 1568년부터 독립 전쟁을 시작한 것도 개신교 확산과 무관하지 않았다. 이처럼 가톨릭과 개신교의 대립은, 실상 다양한 경제적·정치적 이해관계의 충돌이었다.

이로써 16세기 중반부터 유럽 각지에서 종교전쟁이 발발하나, 17세

학살당하는 위그노

위그노전쟁이 한창이던 1572년 프랑스의 가톨릭교도들이 개신교도인 위그노들을 학살하는 사건이 벌어졌다. 예수의 열두 제자 중 한 명인 바르톨로메오(Bartholomaeus)의 축일에 시작되었다고 해 '성바르톨로메오 축일의 학살'로 불린다. 표면적으로는 종교를 둘러싼 갈등이었으나, 이면에는 권력자들의 암투가 도사리고 있었다. 프랑수아 뒤부아(François Dubois, 1529~1584), 〈성바르톨로메오 축일의 학살(La masacre de San Bartolomé)〉, 1572~1584.

기에 이르러 어느 정도 수습되었다. 예를 들어 프랑스왕국에서 벌어진 위그노Huguenot전쟁은 종교의 자유를 인정함으로써 종식되었다. 당시 프랑스왕국은 일찍이 중앙집권화를 이뤄 신분제가 공고했던 만큼 차별받는다는 생각에 불만을 품은 상공업자가 많았다. 이런 상황에서 유입된 칼뱅파 개신교는 상공업자는 물론이고, 농민, 왕실에 반감이 강한 일부 귀족 등 수많은 프랑스인에게 큰 호응을 얻었다. 프랑스왕국에서 위그노로 불린 이들의 세력이 커지자 가톨릭교도들은 기득권에 대한 위협으로 받아들였고, 결국 1562년 위그노전쟁이 발발했다. 전쟁이 30년 이상

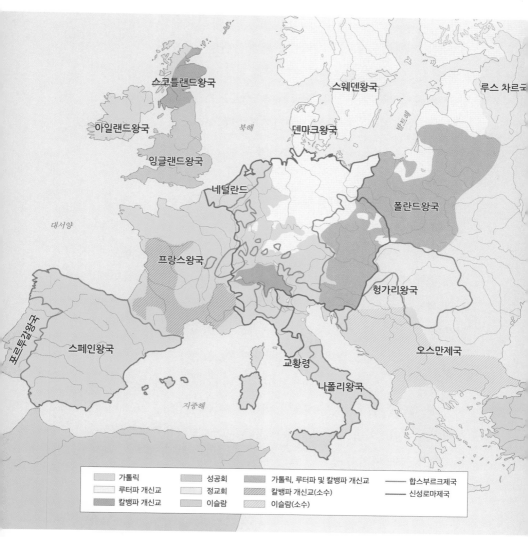

가톨릭	성공회	가톨릭, 루터파 및 칼뱅파 개신교	——— 합스부르크제국
루터파 개신교	정교회	칼뱅파 개신교(소수)	——— 신성로마제국
칼뱅파 개신교	이슬람	이슬람(소수)	

유럽의 종교 지도

개신교가 크게 확산한 16세기 중반의 모습이다. 북유럽 국가들, 잉글랜드왕국과 스코틀랜드왕
국, 프랑스왕국을 중심으로 개신교가 퍼져 있음을 알 수 있다. 원래 평등주의가 강했던 북유럽
국가들은 모두가 신 앞에 동등하다는 루터파 개신교를 큰 거부감 없이 받아들였다. 잉글랜드왕
국은 성공회를 세웠고, 프랑스왕국에는 상공업자들을 중심으로 칼뱅파 개신교가 유입되었다.
프랑스왕국의 칼뱅파 개신교, 즉 위그노는 이후 탄압을 피해 네덜란드로 대거 이주했다.

계속되자 앙리 4세Henri IV(1553~1610)는 1598년 가톨릭 외 칼뱅파 개신
교까지 인정하는 낭트Nantes칙령을 반포해 사태를 수습했다.

이처럼 크고 작은 소란을 겪으며 유럽 북부의 잉글랜드왕국, 스웨덴
왕국, 덴마크왕국 등은 개신교 국가가 되었고, 가톨릭교회와 합스부르
크가문의 지배력이 공고했던 스페인왕국, 보헤미아왕국, 오스트리아대
공국, 이탈리아반도 지역 등은 가톨릭이 대세인 곳으로 남았다.

── 종교전쟁의 불씨를 품은 분열된 땅, 독일왕국

문제는 독일왕국이었다. 유럽의 중앙부에 있는 독일왕국은 신성로마
제국의 다스림을 받기는 했어도 명목상 하나의 나라였는데, 실제로는
크게 분열 중이었다. 이는 신성로마제국의 영향이 컸다. 신성로마제국
의 황제들은 로마의 계승자이자 그리스도교 세계의 보호자라는 명분을
앞세워 대외 원정, 특히 이탈리아반도 원정에 많은 공을 들였다. 하지만
그들은 이탈리아반도를 완전히 지배하지 못했고, 이 과정에서 내치를
등한시함에 따라 황제의 실권이 오히려 약해졌다. 그렇다 보니 프랑스
왕국, 스페인왕국, 잉글랜드왕국 등의 군주가 휘하의 영주들을 서서히
통합하며 통일국가를 만들어갔던 것과 달리, 신성로마제국의 황제가 다
스리는 땅에는 여전히 봉건제 질서가 강고했다. 유럽 전역에 막강한 영
향력을 휘둘렀던 합스부르크가문이었지만, 이런 이유로 근거지인 오스
트리아대공국과 헝가리왕국 일부, 보헤미아왕국 정도만 비교적 확고하
게 지배했을 뿐, 독일왕국은 온전하게 다스리지 못했다.

종교개혁은 분열된 독일왕국의 대립과 갈등에 기름을 부었다. 신성
로마제국은 가톨릭을 보호한다는 구실을 통해 황권 강화를 시도했다.

이는 봉건적 특권을 유지하려는 독일왕국 내의 여러 영주뿐 아니라, 상공업이 발달한 독일왕국에서 부와 자유를 누리던 여러 도시의 저항을 불러왔다. 그들은 교황과 황제의 간섭에서 벗어나고자 개신교로 개종했다. 1531년 루터파 개신교를 신봉하는 영주들은 슈말칼덴Schmalkalden동맹을 결성해 가톨릭을 강요하는 신성로마제국의 황제 카를 5세에게 반기를 들었다. 슈말칼덴동맹은 신성로마제국의 막강한 군대 앞에 고전했지만 끈질기게 저항했고, 가톨릭의 교세가 강한 프랑스왕국 등이 적의 적은 아군이라는 이유로 이들을 지원했다. 결국 1555년 카를 5세는 영주들이 자유롭게 가톨릭과 루터파 개신교를 선택할 수 있도록 한 아우크스부르크Augsburg화의를 통해 전쟁을 끝낼 수밖에 없었다.

그런데 16세기 후반이 되자 이번에는 칼뱅파 개신교가 독일왕국 각지에 확산하면서 평화에 또다시 금이 가기 시작했다. 아우크스부르크화의가 루터파 개신교 이외의 개신교 종파에 대한 선택권을 인정하지 않았기 때문이다. 루터파 개신교와 칼뱅파 개신교는 교리가 다른 만큼 서로 간에 적개심이 강했다. 독일왕국의 여러 영주는 이권 확보와 권력 강화를 위해 서로 다른 종파를 신봉하며 이합집산하고 대립했다.

독일왕국 밖의 상황도 크게 다르지 않았다. 우선 잉글랜드왕국, 스웨덴왕국, 덴마크왕국 그리고 스페인왕국과 항쟁을 이어가던 네덜란드 등의 신흥 개신교 국가들이 계속해서 세력을 키워가고 있었다. 한편 당시 유럽의 최강 세력이었던 합스부르크가문은 독일왕국을 확실하게 지배함은 물론이고, 네덜란드의 독립 의지를 꺾어 스페인왕국의 휘하에 두고자 했다. 이는 단순한 영토 확장의 차원을 넘어, 가톨릭의 대리자이자 보호자인 신성로마제국이 유럽 전역을 통치하는 중세의 지정학적 질서를 회복하려는 시도였다. 한편 프랑스왕국의 부르봉Bourbon 왕조와 교황청은 유럽의 대표적인 가톨릭 세력이었지만, 이들에게는 개신교의 확산보다도 합스부르크가문의 세력 확대가 더욱 심각한 문제였다.

그 와중인 1606년 독일왕국 남부의 도나우뵈르트Donauwörth에서 가톨릭교도와 개신교도가 충돌했다. 이듬해 신성로마제국의 황제 루돌프 2세 Rudolf II(1552~1623)는 가톨릭 보호를 이유로 바이에른Bayern 공작* 막시밀리안 1세Maximilian I(1597~1623)에게 도나우뵈르트를 점령하게 했다. 이에 위기의식을 느낀 독일왕국의 개신교 영주들은 오늘날 독일 남서부의 라인란트팔츠Rheinland-Pfalz주 남부 일대를 다스린 팔츠선제후국의 선제후 프리드리히 5세Friedrich V(1596~1632)를 중심으로 1608년 연합을 맺었다. 신성로마제국은 원칙상 선거를 통해 황제를 선출했는데, 선거권을 가진 제후를 선選제후라 불렀다. 신성로마제국에서 황제와 왕 다음가는 권위를 지녔던 선제후가 개신교 영주들의 연합을 이끈 꼴이었으니, 가톨릭 세력은 크게 놀랐다. 이에 가톨릭 영주들도 이듬해 막시밀리안 1세를 중심으로 연합을 맺었다. 이때 합스부르크가문에 속했던 스페인왕국은 가톨릭 영주들의 연합을, 프랑스왕국, 잉글랜드왕국, 네덜란드는 개신교 영주들의 연합을 지원했다. 이로써 아우크스부르크화의로 봉합하지 못했던 독일왕국의 종교전쟁은 유럽 전역을 아우르는 대전으로 비화하기 시작했다.

---

* 1506년 독일왕국에 속한 바이에른공국에 장자상속제가 확립되면서, 영지를 물려받지 못하게 된 영주 가문의 일족에게 내린 작위다.

—— 집시의 땅에서 삼십년전쟁이 시작되다

삼십년전쟁의 직접적인 발단이 된 사건은 독일왕국이 아닌 신성로마제국의 상공업 중심지이자 14~15세기의 수도 프라하가 있던 보헤미아왕국에서 일어났다. 후스파의 발상지인 보헤미아왕국에는 가톨릭교도와 개신교도가 섞여 살아가고 있었다.

신성로마제국의 황제 페르디난트 1세의 손자로, 1617년 보헤미아왕국의 왕이 된 페르디난트 2세Ferdinand II(1578~1637)는 개신교도의 권리를 보장한 루돌프 2세의 칙령을 철회하고 그들을 탄압했다. 애초에 합스부르크가문은 종교개혁에 반대하는 입장이었지만, 아우크스부르크화의로 어쩔 수 없이 루터파 개신교를 인정한 터였는데, 페르디난트 2세가 왕권 강화와 개신교도의 재산을 노려 이를 뒤집은 것이었다. 투른Thurn 백작** 인드르지흐 마티야시Jindřich Matyáš(1567~1640)를 비롯한 개신교도 귀족들은 이에 반발해 1618년 페르디난트 2세의 자문관 세 명을 프라하 성의 창밖으로 집어 던졌다. 직후 30인으로 구성된 집행위원회를 조직해 예수회를 추방하고 프리드리히 5세를 보헤미아왕국의 새로운 왕으로 추대했다.

페르디난트 2세는 보헤미아왕국에서 일어난 반란을 제대로 수습하지 못했지만, 이듬해인 1619년 신성로마제국의 황제로 즉위했다. 황제가 된 그는 보헤미아왕국과 팔츠선제후국을 중심으로 하는 개신교 영주들의 반란을 뿌리 뽑기 위해 합스부르크가문이 지배하고 있었던 스페인

** 투른은 12세기부터 14세기까지 밀라노를 다스렸던 귀족 가문 델라 토레(Della Torre)의 독일어 표현이다. 16세기 초반 신성로마제국 황제에 의해 백작의 지위를 얻었다.

프라하 창밖 투척 사건
성난 개신교도 귀족들이 왕의 자문관들을 창밖으로 던져버리고 있다. 사람을 건물 밖으로 집어 던져 죽인다는 게 당시에도 꽤 충격적인 일이어서 화제가 되었다. 이 사건은 삼십년전쟁의 예고편이었다. 당시 발행된 《바르하프테신문(Wahrhafte Zeitung)》에 실린 삽화다.

왕국 그리고 바이에른공국과 동맹을 맺었다. 이로써 1618년 프라하에서 시작된 삼십년전쟁의 불씨가 마침내 거세게 타오르기 시작했다.

프리드리히 5세는 네덜란드, 스웨덴왕국, 덴마크왕국, 베네치아공화국 등에서 보헤미아왕국의 왕으로 승인받았지만, 그렇다고 해서 개신교 영주들을 대대적으로 결집할 만한 카리스마와 정치적 역량은 발휘하지 못했다. 심지어 일부 동맹국은 합스부르크가문과 무역을 통해 경제적으로 엮이는 등 이해관계가 상충하다 보니, 긴밀히 결속하지 못했다. 그들에게는 개신교냐 가톨릭이냐 하는 문제보다 눈앞의 경제적 이익이 중요했다. 이 때문에 프리드리히 5세는 인망을 잃고, 재정난과 병력 부족에 시달렸다.

반면에 페르디난트 2세는 막시밀리안 1세의 도움을 받아 개신교 영주들과 맞서 싸울 힘을 축적했다. 1620년 11월 막시밀리안 1세 휘하의 장군으로 '갑옷을 입은 수도사'라 불릴 정도로 가톨릭 신앙이 깊었던 틸리Tilly 백작 요한 체르클라에스Johann t'Serclaes(1559~1632)가 지휘하는 황제군(신성로마제국군) 2만 5000명은, 프라하 인근의 요지 빌라 호라Bílá hora에서 안할트베른부르크Anhalt-Bernburg 대공 크리스티안 1세Christian I(1568~1630) 및 마티야시가 이끄는 개신교 연합군 2만 1000명과 격돌했다.* 개신교 연합군은 고지의 요새를 차지하는 등 지리적 이점을 확보했지만, 지휘 계통을 확립하지 못한 데다가 병력의 질적 수준도 떨어졌다. 이를 간파한 체르클라에스는 전력을 집중해 기습적으로 적의 정면을 두들기며 결국 압승을 거두었다.

빌라 호라 전투 이후 프리드리히 5세는 네덜란드로 망명했고, 프라하를 점령한 페르디난트 2세는 개신교 연합을 주도한 귀족 27명을 처형했다. 보헤미아왕국의 개신교도들은 끈질기게 저항했지만 연패했고, 피란길에 오른 사람만 15만 명에 달했다. 신성로마제국의 황제로서 절대권력을 꿈꾸었던 페르디난트 2세는 체르클라에스 그리고 전쟁이라는 호기를 틈타 거대한 용병 부대를 꾸린 명장 알브레히트 폰발렌슈타인Albrecht von Wallenstein(1583~1634)의 군사적 재능에 힘입어 1620년대 중반에는 독일왕국의 대부분을 손에 넣었다. 합스부르크가문의 보편제국 건설이라는 야망은 실현을 눈앞에 둔 듯했다.

---

* 틸리는 당시 네덜란드의 니벨(Nivelles, 오늘날 벨기에 일대)에 있던 성의 이름이다. 안할트베른부르크는 오늘날 독일 작센안할트(Sachsen-Anhalt)주에 있던 안할트공국의 일부다. 안할트공국은 명문 아스카니아(Askanier)가문이 다스렸는데, 13세기 이후 여러 영지로 분할 상속된 상태였다.

—— 종교가 중요하지 않은 종교전쟁

하지만 유럽의 지정학적 상황은 합스부르크가문이 보편제국을 건설하도록 내버려두지 않았다. 유럽의 또 다른 강자이자 가톨릭 국가인 프랑스왕국은 끊임없이 합스부르크가문을 견제했다. 프랑스왕국의 재상 겸 추기경이었던 리슐리외Richelieu(1585~1642)*가 루이 13세를 보좌하며 삼십년전쟁 내내 독일왕국의 개신교 세력을 지원했던 까닭도 바로 여기에 있었다. 북유럽의 강자로 대두하고 있던 스웨덴왕국도 합스부르크가문의 보편제국 건설이라는 야망을 저지하려 했다. 해상 강국으로 떠오르고 있던 잉글랜드왕국 또한 합스부르크가문이 독일왕국을 완전히 지배하는 것을 좌시할 수 없었다. 스페인왕국을 상대로 독립 전쟁 중이었던 네덜란드는 당연히 합스부르크가문의 독일왕국 장악을 저지해야 했다. 아울러 독일왕국 북쪽에 인접한 덴마크왕국은 신성로마제국의 세력 확장에 직접적인 위협을 느꼈다.

승승장구하는 것처럼 보였던 신성로마제국 내부에서도 여러 문제가 불거졌다. 뿌리 깊은 봉건제의 잔재와 독일왕국의 분열상 때문에 페르디난트 2세는 막시밀리안 1세, 폰발렌슈타인 등을 명령에 죽고 사는 직속 상비군의 지휘관이 아닌 동맹자처럼 대해야 했다. 게다가 네덜란드의 독립 의지 분쇄를 우선시했던 스페인왕국과 독일왕국의 완전한 지배

---

* 본명은 아르망 장 뒤플레시(Armand Jean du Plessis)로, '리슐리외'는 오늘날 프랑스 앵드르에루아르(Indre-et-Loire)주에 있던 그의 영지 이름이다. 리슐리외는 알렉상드르 뒤마(Alexandre Dumas, 1802~1870)의 소설《삼총사》에서 마치 악인처럼 묘사되지만, 실제로는 루이 13세(Louis XIII, 1601~1643)를 중심으로 보좌해 프랑스왕국을 유럽의 최강국으로 발돋움시키고 절대왕정의 기반을 다진 명재상이자 위인이었다.

를 노렸던 신성로마제국의 이해관계 상충 또한 무시하기 어려웠다. 아울러 전쟁이 길어지며 보헤미아왕국의 상공업이 황폐해지고 말았다.

이런 상황에서 막대한 부가 흐르는, 발트해부터 북해를 지나 영국해협을 통과한 다음 스페인왕국까지 이어지는 무역로를 어느 세력이 차지하는지가 중요해졌다. 합스부르크가문이 스페인령 네덜란드(오늘날 벨기에)에서 시작해 독일왕국과 스페인왕국으로 연결되는 반쪽짜리 무역로를 구축했지만, 잉글랜드왕국의 강력한 해군에 교란당하기 일쑤였다. 그 틈에 무역로를 완전히 복원해 발트해에서 경제적 지배력을 공고히 하고자 한 덴마크왕국의 왕 크리스티안 4세Christian IV(1577~1648)가 1625년 독일왕국의 개신교 영주였던 브라운슈바이크뤼네부르크Braun-schweig-Wolfenbüttel 공작** 크리스티안Christian(1599~1626) 및 유명한 용병부대 지휘관이었던 에른스트 폰만스펠트Ernst von Mansfeld(1580~1626)와 동맹을 맺고 삼십년전쟁에 개입했다. 이로써 삼십년전쟁은 국제전으로 비화했다.

하지만 덴마크왕국의 역량만으로는 전세를 뒤집을 수는 없었다. 프랑스왕국에서는 1610년 앙리 4세가 광신적인 가톨릭교도의 손에 암살당하는 등 낭트칙령이 반포된 뒤에도 가톨릭교도와 위그노 간의 갈등이 완전히 사그라지지 않았다. 그 뒤를 이은 루이 13세는 왕권 강화를 위해 세를 불려가던 위그노를 탄압했고, 이에 위그노는 프랑스왕국에서 완전

** 브라운슈바이크뤼네부르크는 오늘날 독일 니더작센(Niedersachsen)주 브라운슈바이크시 일대에 있었던 공국이다. 원래 벨프(Welf)가문의 땅이었으므로, 그들을 브라운슈바이크뤼네부르크 공작으로 불렀다.

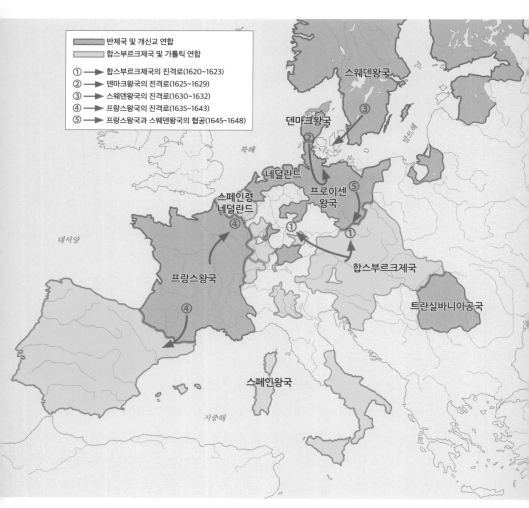

삼십년전쟁

각국의 종교적 갈등에 더불어 이면의 온갖 정치적·경제적 이해관계가 얽히고설켜 삼십년전쟁이 벌어졌다. 삼십년전쟁은 기본적으로 종교전쟁이지만, 그렇다고 해서 각국을 '개신교 대 가톨릭'으로 구분할 수 없다. 가령 프랑스왕국은 전통적인 가톨릭 국가로 위그노를 탄압한 역사까지 있었지만, 종교가 같은 합스부르크가문을 견제하고자 개신교 세력을 도왔다.

히 독립하고자 1625년 반란을 일으켰다. 이 때문에 프랑스왕국은 삼십년전쟁에 개입할 여력이 없었다. 한편 잉글랜드왕국은 합스부르크가문 견제를 위해 프랑스왕국과 동맹을 체결하려 했으나 실패한 후, 프랑스왕국 견제로 목표를 바꿔 위그노를 지원하느라 삼십년전쟁에 거의 영향을 미치지 못했다. 아울러 크리스티안과 폰만스펠트 등은 병력이 가장 많았던 크리스티안 4세를 맹주로 받들기는 했지만, 기본적으로 외세인 그와 알력이 끊이지 않았다.

1626년 4월 발렌슈타인과 체르클라에스가 지휘하는 황제군이 독일왕국 중부 안할트베른부르크의 중심 도시 데사우Dessau에서 덴마크왕국-개신교 연합군을 격파했다. 크리스티안 4세와 크리스티안, 폰만스펠트는 황제군을 기습하려 했지만, 유기적인 의사소통과 협력을 하지 못한 채 각개 격파당했다. 이어진 여러 전투에서도 황제군은 덴마크왕국-개신교 연합군을 상대로 연승을 거두었고, 크리스티안과 폰만스펠트는 전사하고 말았다. 덴마크왕국은 심지어 본토까지 유린당하는 지경에 이르렀다. 결국 1629년 크리스티안 4세는 신성로마제국의 국사에 덴마크왕국이 개입하지 않는 것을 내용으로 하는 강화조약을 맺었다.

—— 독일왕국을 구원한 북방의 사자

덴마크왕국-개신교 연합군을 상대로 연승을 거둔 페르디난트 2세는 1630년 발트해 연안까지 진출했다. 하지만 신성로마제국이 완벽히 승리를 거둔 것은 아니었다. 우선 네덜란드 수복을 최우선 목표로 삼았던 스페인왕국이 재정난 때문에 페르디난트 2세를 지원하는 데 어려움을 겪었다. 당시 스페인왕국은 겉으로 보기에 서쪽으로는 신대륙을, 동쪽으로는 필리핀을 거느린 유럽의 최강국이었다. 하지만 실상은 빛 좋은 개살구 처지였는데, 신대륙에서 유입되는 막대한 부를 활용해 산업구조를 혁신하는 데 실패했기 때문이다. 해외 식민지에서 일확천금을 얻는 일에만 몰두한 스페인인들은 자국 내의 상공업에 종사하기보다는 해외로만 진출했고, 왕실은 왕실대로 막대한 부를 전쟁과 사치에 소모했다. 상공업이 발달한 네덜란드를 영유하다 보니 국내 산업을 육성할 동기도 적었다. 은행, 주식회사 등 근대적인 자본주의 제도가 아직 자리 잡지 못했기에 해외에서 유입된 자원과 재화로 새로운 부를 창출하는 데도 한계가 있었다. 이런 상황에서 전쟁과 사치에 흘러 들어가는 비용이 해외에서 유입되는 막대한 부로도 감당하기 어려울 정도가 되었고, 네덜란드마저 1567년부터 독립 의지를 불태웠다. 이 때문에 스페인왕국은 극심한 재정난에 시달리고 있었으니, 합스부르크가문의 한쪽 날개가 꺾였던 셈이다.

그 외 신성로마제국을 지지한 영주들은 각자의 이권 때문에 페르디난트 2세와 대립했고, 또 눈부신 전공으로 거물이 된 발렌슈타인을 견제했다. 이 때문에 발렌슈타인을 사령관으로 삼아 황제 직속의 강력한 상비군을 양성하려던 페르디난트 2세의 계획은 실패했다. 거듭된 전쟁으로 신성로마제국 또한 재정난에 봉착하면서, 급료를 제때 받지 못한 수많은 용병이 점령지에서 일탈 행위를 일삼기도 했다. 1629년에는 발트해 연안의 항구도시들이 발렌슈타인의 강압적인 점령지 정책 그리고 돈줄이었던 해상무역을 위축시킬 가능성이 컸던 페르디난트 2세의 운하 건설 계획에 불만을 품고 스웨덴왕국과 동맹을 맺었다. 이런 상황에서 1630년의 전황은 신성로마제국이 우세를 점하되, 교착된 상태로 빠져

들었다.

1630년 스웨덴왕국의 왕 구스타브 2세Gustav II(1594~1632)가 지휘하는 병력이 개신교 연합군의 편에 서서 삼십년전쟁에 개입했다. 발트해 무역을 바탕으로 북유럽의 강국으로 부상한 스웨덴왕국은 한발 더 나아가 전체 유럽을 주도하는 패권국으로 부상하려는 야심을 품고 있었다.

더욱이 스웨덴왕국은 인구는 적었지만, 군사력이 매우 강했다. '북방의 사자'라는 별명으로 불린 명장이자 혁신적인 군사 개혁가였던 구스타브 2세는 징병제를 선구적으로 도입해 인구 대비 거대한 규모의 상비군을 일찍부터 확보했다. 엄격하고 체계적으로 훈련받아 전문화된 장교단의 지휘하에 일사불란하게 움직이는 스웨덴왕국군은, 당시까지 전쟁의 주역이었던 용병보다 충성심도, 전투력도 모두 월등했다.

한편 프랑스왕국의 리슐리외는 합스부르크가문을 견제하기 위해 1631년부터 스웨덴왕국에 군비를 지원했다. 농업과 상공업의 발달 덕분에 유럽에서도 손꼽히는 경제 대국이었던 프랑스왕국의 지원은 경제 규모가 비교적 작았던 스웨덴왕국이 과감하게 삼십년전쟁에 개입하는 결정적인 계기가 되었다.

개신교 영주와 도시들은 구스타브 2세를 중심으로 결집했다. 체르클라에스는 약탈로 보급 문제도 해결하고 개신교 연합군에 본보기도 보일 의도로 1631년 5월 요지인 마그데부르크Magdeburg를 함락한 다음 3만 명에 가까운 개신교도를 학살했으나, 이는 자신과 황제군의 악명만 높이는 부작용을 낳았다. 구스타브 2세가 친히 지휘하는 정예 스웨덴왕국군은 용병 위주의 황제군을 각지에서 격파했다. 체르클라에스는 1631년 9월 독일왕국 중부에 펼쳐진 브라이텐펠트Breitenfeld평원에서 스웨덴왕국군

구스타브 2세

브라이텐펠트평원에서 체르클라에스의 황제군을 격파하고 있는 모습이다. 구스타브 2세는
현대적인 상비군 제도를 도입하는 등 스웨덴왕국을 강국으로 만들어 오늘날에도 현지에서
'대왕'으로 불린다. 요한 야코프 발터(Johann Jakob Walter, 1604~1677), 〈브라이텐펠트전투의 아
돌프 2세(Gustavus Adolphus of Sweden at the Battle of Breitenfeld)〉, 1631~1677.

에 참패한 뒤 이듬해 부상 후유증으로 사망했다. 발렌슈타인도 스웨덴왕
국군을 상대로 패배를 거듭했다. 다만 1632년 11월 라이프치히 남서쪽
의 뤼첸Lützen에서 벌어진 전투 중에 무리한 돌격을 감행한 구스타브 2세
가 유탄에 맞아 전사해 페르디난트 2세는 전쟁의 주도권을 완전히 빼앗
길 위기에서 간신히 벗어날 수 있었다.

── 개신교도의 마지막 희망이 된 가톨릭 국가

신성로마제국과 스웨덴왕국이 모두 큰 상처를 입은 1632년 겨울을

즈음해, 교황과 네덜란드의 오라녀Oranje 공작* 프레데릭 헨드릭Frederik Hendrik(1584~1647), 스페인령 네덜란드 총독이자 오스트리아대공국의 대공비 이사벨 클라라 에우헤니아Isabel Clara Eugenia(1566~1633) 등이 전쟁을 끝내고자 나섰다. 헨드릭은 이복형의 사망으로 오라녀공국과 네덜란드 다섯 개 지방을 물려받은 인물로, 평생 네덜란드 독립을 위해 싸웠다. 에우헤니아는 그가 다스리는 지역을 보아도 알 수 있듯 합스부르크가문의 핵심 인물 중 한 명이었다. 즉 충돌하는 두 세력 모두에서 중재자들이 나선 것이었다. 신성로마제국에서 막강한 권력을 손에 넣은 발렌슈타인도 더 이상의 손실을 피하고 자신의 권력을 유지하고자 스웨덴왕국과 독단적으로 강화조약을 협상했다.

하지만 유럽의 지정학적 질서는 삼십년전쟁의 종전을 허용하지 않았다. 리슐리외는 전쟁을 지속해 합스부르크가문의 세력을 최대한 약화하고, 프랑스왕국 동쪽 국경에 인접한 라인강 일대의 스페인왕국 영토를 빼앗고자 했다. 만일 신성로마제국이 독일왕국을 완전히 장악한다면 프랑스왕국의 입지는 위태로워질 게 뻔했다. 합스부르크가문 휘하의 스페인왕국과 독일왕국에 포위당하는 형국이었기 때문이다. 그러니 종교를 따질 상황이 아니었다. 구스타브 2세의 딸로 어린 나이에 여왕이 된 크리스티나Christina(1626~1689)를 보좌해 스웨덴왕국의 국정을 이끌던 명재상 악셀 옥센스티에르나Axel Oxenstierna(1583~1654)도 별다른 소득을 거두지 못한 상황에서 전쟁을 끝낼 생각이 없었다. 펠리페 4세Felipe IV

---

* 오라녀는 프랑스왕국 남부에 있던 공국으로, 아비뇽 북쪽의 오랑주(Orange)를 중심 도시로 삼았다. 원래는 백국이었는데, 12세기 중반 신성로마제국 황제에 의해 공국이 되었다.

(1605~1665)를 보좌하며 스페인왕국의 국정을 주도하던 재상 가스파르 데구스만Gaspar de Guzmán(1587~1645)도 네덜란드를 완전히 지배하고, 연장선에서 합스부르크가문의 세력을 극대화하고자 전쟁을 계속하려 했다. 이 와중에 발렌슈타인은 스웨덴왕국과 강화조약을 협상했다는 이유로 페르디난트 2세에게 반역자로 몰렸고, 끝내 1634년 황제가 보낸 자객의 손에 암살당했다. 결국 1633년 이후에도 독일왕국에서는 전쟁이 계속되었고, 스페인왕국군의 지원으로 전력을 보강한 황제군은 개신교 연합군에 역습을 시도했다.

1634년 9월 독일왕국 남부의 뇌르틀링겐Nördlingen에서 신성로마제국의 황태자 페르디난트 에른스트Ferdinand Ernst(페르디난트 3세 Ferdinand III)(1608~1657)와 스페인령 네덜란드의 신임 총독 겸 추기경 페르난도 데 아우스트리아Fernando de Austria(1609~1641)가 지휘하는 신성로마제국-스페인왕국 연합군은 북방의 사자를 잃은 탓에 기강이 해이해지고 사기가 떨어진 데다가 다른 개신교 영주들과 불화까지 빚은 스웨덴왕국군을 상대로 대승을 거두었다. 이로써 개신교 연합군은 패망할 위기에 처했다.

하지만 독일왕국 서쪽에 개신교 영주들의 마지막 희망이 빛나고 있었으니, 역설적이게도 가톨릭 국가인 프랑스왕국이었다. 덴마크왕국이 전쟁에서 이탈한 데 이어, 스웨덴왕국마저 큰 피해를 입고 철수할 조짐을 보이자, 리슐리외는 루이 13세를 설득해 1634년 개신교 영주들과 동맹을 맺고 프랑스왕국의 참전을 결의했다. 마침 프랑스왕국은 위그노의 반란 등 내부적인 문제를 정리한 터였다. 1635년 프랑스왕국군은 네덜란드로 진격해 스페인왕국을 몰아내고 헨드릭과 함께 신성로마제국-스페인왕국 연합군의 해상 보급로를 교란했다. 이에 스페인왕국군이 프랑스왕국 본토를 침공했지만, 루이 13세가 진두지휘하는 프랑스왕국군은 보급 문제에 시달리던 스페인왕국군을 손쉽게 격퇴했다. 1635년부터 1639년까지 프랑스왕국군은 스페인왕국과 신성로마제국을 잇던 라인강 일대에서 연승을 거두었다. 이로써 스페인왕국과 신성로마제국 간의 협력에 중대한 차질이 빚어졌다.

—— 누구도 승리하지 못한 싸움과 베스트팔렌조약

때마침 신성로마제국과 스웨덴왕국에 큰 정치적 변화가 찾아왔다. 우선 1637년 페르디난트 2세가 사망하며 페르디난트 3세가 신성로마제국의 새 황제로 즉위했다. 20년 가까이 이어진 전란으로 독일왕국이 피폐해질 대로 피폐해진 상황에서, 페르디난트 3세는 부황과 달리 전쟁의 종식을 원했다. 아울러 이 무렵 스웨덴왕국의 옥센스티에르나는 구스타브 2세 사망 이후 문란해진 국정을 바로잡고 어린 크리스티나의 권위를 확고히 세웠다. 이로써 뇌르틀링겐전투 이후 지리멸렬해진 스웨덴왕국은 부활할 수 있었다.

하지만 프랑스왕국, 스페인왕국, 스웨덴왕국, 네덜란드 등 유럽 각국의 이해관계가 얽히고설킨 탓에 종전은 쉽사리 성사되지 못했다. 설상가상으로 기나긴 전란이 가져온 굶주림과 빈곤에 지친 독일왕국의 농민들이 각지에서 반란을 일으켰고, 이는 황제군에 큰 타격을 가했다. 다시 힘을 모은 스웨덴왕국군은 이를 기회 삼아 각지에서 황제군을 격파했고, 1637년에는 네덜란드군이 스페인령 네덜란드로 통하는 요지인 브레다Breda를 함락했다. 아울러 제독 마르턴 트롬프Maarten Tromp(1598~1653)가 지휘하는 네덜란드 해군은 1639년 스페인령 네덜

브레다공성전

개신교 세력이 브레다를 함락하기 위해 전열을 가다듬고 있다. 당시 브레다 일대의 지리와 성곽 등이 한눈에 들어온다. 브레다가 함락당하며 가톨릭 세력은 패색이 짙어졌다. 페터르 스나이어르스(Peter Snayers, 1592~1666), 〈브레다공성전의 이사벨라 대공비(The Archduchess Isabella at the Siege of Breda)〉, 1628.

란드 근해에서 스페인왕국 해군과 맞붙어 적함 70척을 격침, 또는 나포하는 대승을 거두었다. 이로써 스페인령 네덜란드를 중계지 삼아 스페인왕국과 신성로마제국을 잇던 해상 보급로는 붕괴하고 말았다. 곧이어 개신교 연합군이 라인강 유역과 네덜란드, 발트해 연안을 잇는 전선을 장악하면서 스페인왕국과 신성로마제국은 지리적으로 분단되었다.

스페인왕국은 엎친 데 덮친 격으로 내홍에도 시달렸다. 1640년에는 포르투갈백국이 왕국으로 독립했고,* 합스부르크가문과 관계가 좋지 못했던 아라곤왕국의 카탈루냐마저 독립을 주장하며 반란을 일으켰다. 1643년 5월에는 오늘날 프랑스와 룩셈부르크의 접경지대인 아르덴의 로크루아Rocroi에서 스페인왕국군 2만 7000명이 삼림과 늪지대가 발달한 지형을 활용해 기병대를 교묘히 운영한 앙갱Enghien 공작** 루이 2세 Louis II(1621~1686) 휘하의 프랑스군 2만 3000명에게 격파당했다. 로크루아전투 이후 스페인왕국은 삼십년전쟁에서 사실상 이탈했다. 리슐리외 또한 무리한 전면전 대신 외교전을 펼치는 한편, 관료들과 군대의 기강을 다잡고 국력과 군사력을 정비하는 데 집중했다. 1642년 세상을 떠난 그의 유지는 후배 격인 재상 겸 추기경 흐텔Rethel 공작*** 쥘 마자랭 Jules Mazarin(1602~1661)이 이었다.

페르디난트 3세는 스웨덴왕국과 단독으로 강화조약을 맺음으로써 개신교 연합군의 분열을 유도해 전쟁을 끝내려 했지만, 이미 승기를 잃은 데다가 리슐리외의 능수능란한 외교술에 가로막혀 실패했다. 페르디난트 3세가 1641년 제안한 종전 협상도 아무런 소득을 거두지 못했다. 1642년 10월에는 브라이텐펠트평원에서 스웨덴왕국군 2만 명이 황제군 2만 6000명을 상대로 대승을 거두기까지 했다. 당시 황제군에는 역

---

* 포르투갈왕국은 국왕 세바스티앙 1세(Sebastião I, 1554~1578)가 후계자를 남기지 못하고 급서하자, 1580년 스페인왕국에 병합당하며 포르투갈백국이 된 상태였다.

** 앙갱은 프랑스 브루봉왕조에서 갈라져 나온 콩데(Condé)가문이 다스린 공국이다. 오늘날 벨기에 에노(Hainaut)주에 속해 있다.

*** 흐텔은 아르덴에 있던 공국이다. 이 공국을 다스린 흐텔 가문은 십자군전쟁으로 크게 대두했는데, 보두앵 2세가 대표적인 인물이었다.

습할 여력이 남아 있지 않았다. 외국에서 전쟁을 수행한 프랑스왕국, 스웨덴왕국 등과 달리, 신성로마제국은 본토라 할 수 있는 독일왕국과 보헤미아왕국에서 오랜 기간 전쟁을 치렀기 때문이다. 독일왕국에서는 수백만 명에 달하는 사람이 목숨을 잃거나 유랑민, 또는 도적으로 전락했고, 굶주림을 이기지 못해 가족을 잡아먹는 일까지 속출할 정도였다. 민심은 물론 경제적 기반까지 잃은 황제는 군자금 조달조차 애먹는 상황에 직면했다.

페르디난트 3세는 전쟁을 종결짓기 위해 1643년 6월부터 프랑스왕국, 스웨덴왕국과 강화조약 협상을 시도했다. 하지만 황제와 가톨릭 영주들은 발렌슈타인에 대한 견제와 숙청에서 보았듯 수세에 몰린 상황에서도 이권 다툼을 계속했고, 스페인왕국과 신성로마제국의 분리를 노리는 프랑스왕국 및 또 다른 강대국의 출현을 견제하려는 네덜란드 간의 알력 또한 무시할 수 없었다. 다만 1644년 9월 친정을 시작한 크리스티나가 국정 안정을 위해 종전을 꾀하면서 12월부터 강화조약 협상이 본격화했다.

독일왕국의 뮌스터Münster에서 시작된 협의는 합의점을 찾지 못한 채 몇 년을 끌었다. 각국은 더 많은 전쟁 보상금과 영토를 차지하기 위해 대립했고, 협의가 지지부진한 가운데 독일왕국에서는 전란이 계속되었다. 가령 1645년 2월 스웨덴왕국군이 프라하 인근의 얀코프Jankov에서 황제군의 한 축이었던 바이에른공국군을 격파했고, 1648년에는 프랑스왕국-스웨덴왕국 연합군이 프라하를 포위하기에 이르렀다. 신성로마제국의 패색이 짙어진 가운데, 페르디난트 3세는 1648년 5월 15일 뮌스터에서 프랑스왕국과, 10월 24일 오스나브뤼크Osnabrück에서 스웨덴왕국을 비롯한 개신교 국가들과 강화조약을 맺었다. 두 도시가 베스트팔렌(오늘날 독일 노르트라인베스트팔렌Nordrhein-Westfalen주 동부 일대)에 있었기 때문에, 이들 강화조약을 아울러 베스트팔렌조약이라 부른다.

── 국민, 영토, 주권 개념의 탄생

베스트팔렌조약은 군주들에게 여러 개신교 종파를 선택할 자유를 보장했고, 가톨릭교회의 재산과 영지는 1624년을 기준으로 되돌린다고 명시했다. 비록 종교의 자유가 개개인이 아닌 소수의 권력자에게만 주어졌지만, 이로써 유럽은 종교전쟁의 파란에서 벗어나 안정을 찾아갔다. 삼십년전쟁 당시 가톨릭을 수호한 합스부르크가문의 영역이었던 남유럽과 독일왕국 남부, 오스트리아대공국 일대는 오늘날에도 가톨릭 문화권으로, 개신교 연합군으로 함께 싸웠던 북유럽과 독일왕국 북부, 네덜란드 등은 개신교 문화권으로 이어지고 있다. 즉 삼십년전쟁은 유럽 종교 지도의 밑그림을 완성한 사건이었다.

물론 베스트팔렌조약은 단순히 종교와 관련된 조약으로 그치지 않았다. 베스트팔렌조약에 따라 군주가 자기 '영토' 내의 개신교 종파를 선택하게 됨으로써, 이는 곧 각국의 경계를 더욱 명확하게 드러내고 그 영역성과 정체성을 강화하는 계기가 되었다. 아울러 종교 문제를 교황이나 신성로마제국 황제가 아닌 군주가 일임하게 되면서, 주권 개념 또한 더욱 확고해졌다. 물론 베스트팔렌조약 체결 직후 모든 유럽 국가가 중세적인 요소를 모조리 떨쳐버리고 하루아침에 근대 민족국가로 급변한 것은 아니었다. 하지만 베스트팔렌조약 체결이 영토와 주권 개념에 토대한 근대 민족국가의 등장에 중요한 역할을 했음은 부인할 수 없다.

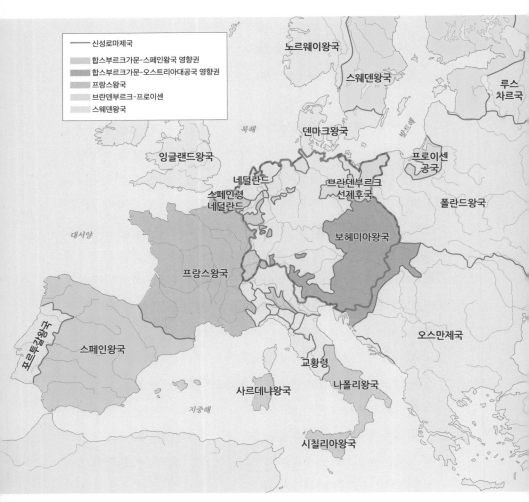

베스트팔렌조약 이후 유럽

1648년 베스트팔렌조약이 체결된 후의 모습이다. 신성로마제국의 땅이었던 곳에 새로운 국경
선들이 그어진 것을 알 수 있다. 베스트팔렌조약은 각국의 군주가 국경 안의 종교를 선택할 수
있도록 했다. 이로써 영토와 주권 개념이 뿌리내리기 시작했다.

한편 중세와 르네상스 시대에 발휘한 강력한 정치력을 잃은 교황은 유럽 전역의 영적 지배자에서 가톨릭교회의 지도자로 격하되었다. 아울러 영토주권을 확보한 독일왕국의 수많은 제후국이 그 이름만 신성로마제국의 봉신국일 뿐 실제로는 독립국이나 다름없는 영방領邦국가가 되면서, 신성로마제국의 힘은 유명무실해졌다. 게다가 세계제국 스페인왕국이 신성로마제국과 지리적으로 완전히 분단된 데다가, 삼십년전쟁을 계기로 몰락함으로써, 유럽의 보편제국을 꿈꾼 합스부르크가문의 야심 또한 빛이 바랬다. 베스트팔렌조약 이후 네덜란드를 완전히 상실하고 프랑스왕국과의 경쟁에서 밀려난 스페인왕국은 유럽의 주도권을 상실한 채 18세기에는 프랑스왕국의 부르봉왕조에 왕위마저 넘겨주고 말았다. 한편 합스부르크가문은 지배할 힘도 명분도 잃은 독일왕국 대신, 헝가리왕국 등 동유럽 일대로 눈을 돌리기 시작했다. 합스부르크가문은 신성로마제국의 황제 자리를 보존하기는 했지만, 실제로는 근거지인 오스트리아대공국의 대공 그리고 헝가리왕국, 보헤미아왕국, 크로아티아왕국 등의 속국 왕을 겸하는 정도였다. 이 때문에 베스트팔렌조약 이후의 신성로마제국은 합스부르크제국으로도 불린다.

베스트팔렌조약으로 완전한 독립을 쟁취한 네덜란드는 잉글랜드왕국과 더불어 세계 각지에 무역선을 보내고 식민지를 건설하며 바다 위의 경제 네트워크를 한층 조밀하게 짰다. 한마디로 세계가 하나로 묶이기 시작하면서, 세계화의 또 다른 싹이 트기 시작했다. 또한 원양 항해가 활성화된 덕분에 과학기술과 지도 제작 기술 그리고 무역에 필요한 은행업, 보험업 등의 금융업이 함께 발달하면서, 유럽은 근대라는 새로운 시대로 재빠르게 나아갈 수 있었다.

라인강 인근의 스페인왕국 영토를 차지하는 등 국력을 키우며 중앙집권 체제의 기틀을 다진 프랑스는 17세기 후반에 이르러 유럽의 군사, 정치, 문화, 학문 발전을 주도하는 최강국이 되었다. 스웨덴왕국은 발트해를 장악하며 18세기 러시아제국이 부상할 때까지 북유럽과 동유럽의 패자로 군림했다. 한편 독일왕국은 삼십년전쟁으로 국토가 초토화되고 300개가 넘는 영방국가로 분열했지만, 1872년 군사 대국 프로이센왕국의 주도로 통일에 성공해 늦게나마 근대 민족국가로 발돋움했다.

17세기 후반 이후 유럽은 프랑스왕국, 잉글랜드왕국, 네덜란드, 합스부르크제국, 스웨덴왕국 등이 각축전을 벌이는 영역으로 변모해갔다. 그 결과 유럽 각국은 국민과 영토, 주권을 가진 근대 민족국가로 발전했다. 이후 유럽의 위세가 절정에 달한 19세기에 근대 민족국가 개념은 전 세계로 수출되었다. 오늘날 근대 민족국가들이 세계지도를 가득 채우고 있는 것은 바로 삼십년전쟁을 매듭지은 베스트팔렌조약 때문이다.

12장

민주주의와 민족주의의 지정학
프랑스혁명과 나폴레옹전쟁

민주주의와 민족주의가 필요 없다거나, 존재하지 않는다고 할 사람은 없을 것이다. 민주주의는 오늘날 가장 기본적이면서도 보편적인 가치다. (심지어 독재국가, 또는 전혀 다른 이념을 내세우는 국가들조차 민주주의적인 형식을 갖추고자 한다.) 민족주의 또한, 극단적이거나 과도한 민족중심주의로 변질하지 않는다면, 근대 민족국가가 건전하게 유지되도록 하는 중요한 요소다.

그런데 현대적인 민주주의와 민족주의는 사실 역사가 그리 길지 않다. 물론 고대 그리스의 아테네가 민주정을 실시했고, 전근대 유럽에는 언어나 혈연에 기초한 민족의식이 널리 퍼져 있었다. 하지만 자유주의에 기초한 현대적인 민주주의 그리고 민족과 국가, 국민을 동일시하는 민족주의의 역사는 아주 길게 잡아도 2~3세기에 지나지 않는다. 상호 작용하며 발전해간 민주주의와 민족주의는, 미국과 프랑스에서 일어난 혁명과 전쟁을 통해 전 세계로 퍼져나갔다.

왜 하필 미국과 프랑스였을까. 앞 장에서 살펴보았듯 삼십년전쟁과 베스트팔렌조약을 거치며 유럽의 지정학적 질서는 꽤 현대적인 모습을 갖추게 되었다. 특히 영토 개념이 뚜렷한 근대 민족국가의 등장은 그 질서를 한층 공고히 했다. 그런 상황에서 유럽 열강은 정치적·경제적 영향력을 다툴 새로운 공간으로서 '신세계' 미국에 주목했다. 흥미로운 점은 바로 그 신세계에서 유럽의 절대주의를 대신할 민주주의와 민족주의의 씨앗이, 유럽의 계몽주의에 영향받아 자라났다는 것이다. 그렇게 맺은 신세계의 열매는 프랑스를 통해 다시 유럽으로 역수입되었다. 한마디로 사상의 지정학 또한 재편되었던 셈인데, 이는 현실에서의 혁명과 전쟁을 통해 유럽의 지정학적 질서를 다시 한번 뒤흔들었다.

—— 프랑스왕국의 기세를 꺾은 칠년전쟁

베스트팔렌조약 체결 후 유럽은 절대왕정이 지배하는 민족국가들의 국경선을 따라 재편되었다. 분명하게 경계 지어진 영토를 다스릴 주권은 민족국가에, 그 민족국가를 다스릴 권력은 군주에게 있었다. 이때 군주들은 권력 유지와 귀족 견제를 위해 상공업과 전문 지식을 바탕으로 부와 사회적 영향력을 축적한 상류층 시민계급, 즉 부르주아지와 협력하기도 했다. 마르크스주의의 영향으로 보통 부르주아지를 자본가 정도로 생각하는데, 그 원래 뜻은 '성bourg안에 사는 사람'이었다. 즉 중세 후기부터 성벽에 둘러싸인 도시에 모여 살며, 평민이면서도 큰 부와 사회적 영향력 확보에 성공한 상공업자, 전문직 종사자 등을 가리키는 말이었다.

물론 부르주아지와 어떤 관계였든 "짐이 곧 국가다"라는 프랑스왕국의 왕 루이 14세Louis XIV(1638~1715)의 발언이 시사하듯, 기본적으로 유럽의 군주들은 왕권은 신이 내린다는 왕권신수설을 바탕으로 절대적인 권력을 행사했다. 17세기 중후반 이후 확산한 관료제와 상비군 제도는 강력한 왕권을 뒷받침할 체계적인 행정력과 무력을 제공했다. 물론 예외가 없지는 않았다. 1707년 잉글랜드왕국과 스코틀랜드왕국이 합병하며 탄생한 그레이트브리튼왕국, 즉 영국은 이미 13세기 초반에 〈마그나 카르타Magna Carta〉를 공표해 왕권을 제한했다. 〈마그나 카르타〉는 1215년 잉글랜드왕국의 왕 존John(1166~1216)의 실정에 불만을 품은 귀족들이 런던 시민의 지지를 등에 업고 그를 협박해 서명을 강요한 문서였다. 귀족의 권한을 보장하고 왕의 의지를 법률로 제한할 수 있도록 규정한 이 문서는, 17세기 이후 의회가 왕실을 견제하며 입헌군주제를 수립할 수 있도록 해준 역사적 근거로 작용하면서 오늘날 영국 헌법의 기초를 다졌다. 하지만 영국이 특이한 경우였고, 프랑스왕국, 합스부르크제국, 프로이센왕국, 러시아제국, 스페인왕국 등 대다수의 유럽 국가는 절대왕정 체제였다. 유럽의 절대군주들은 권력 강화와 영토 확보를 위해 숱한 전쟁을 이어갔다.

절대왕정 시대 유럽 각국의 대립과 갈등은 1756년 시작된 칠년전쟁으로 폭발했다. 그 계기는 오늘날 폴란드 남서부와 체코 북동부에 걸쳐 있는 지역인 슐레지엔Schlesien의 영유권 다툼이었다. 슐레지엔은 본래 합스부르크제국의 땅이었다. 그런데 남자 형제가 없었던 제국의 공주 마리아 테레지아Maria Theresia(1717~1780)가 왕위를 계승하며 실질적인 통치자로 즉위하자, 프로이센왕국의 프리드리히 2세Friedrich II (1712~1786)가 남성만 왕위를 계승하게 한 중세 프랑크왕국의 살리카Salica법을 구실로 1740년 오스트리아왕위계승전쟁을 일으켜 슐레지엔을 빼앗았다. 프랑크족 중에서도 강력했던 살리Salian족의 이름을 딴 살리카법은 게르만족의 관습법을 성문화한 것이었다. 딸에게 토지(즉 작위)를 주지 못하게 했는데, 현실성이 떨어졌기 때문에 100년도 안 되어 사문화되었다. 상식적으로 아들이 없다는 이유만으로 딸을 놔두고 먼 친척에게 재산을 물려줄 사람은 없었기 때문이다. 이처럼 시대와 상식을 모두 거스르는 법까지 가져와 전쟁의 명분으로 삼았으니, 절대왕정 시대 군주들의 권력욕과 영토욕이 얼마나 컸는지 알 수 있는 대목이다.

프리드리히 2세에 맞서 테레지아 또한 슐레지엔 수복을 위해 전쟁을 일으켰고, 유럽 각국이 이해관계에 따라 프로이센왕국이나 합스부르크제국과 손잡으며 국제전으로 비화했다. 신흥 강국 프로이센왕국을 견제하려는 프랑스왕국과 러시아제국, 스페인왕국 등은 합스부르크제국 편에 섰다. 세계 각지에서 프랑스왕국과 대립하던 영국은 동맹국 포르투갈왕국과 함께 프로이센왕국 편에 섰다.

칠년전쟁은 유럽을 넘어 전 세계로 무대를 확장했다. 영국과 프랑스왕국의 식민지 경쟁이 활발하던 북아메리카에서는 각국의 군대가 원주민 부족들까지 동맹으로 포섭해 전투를 이어갔다. 인도반도에서는 영국동인도회사와 프랑스동인도회사-무굴제국 연합이, 남아메리카에서는 스페인왕국과 포르투갈왕국이 전투를 벌였다.

칠년전쟁은 프로이센왕국-영국 연합의 승리로 끝났다. 전쟁에서 패배한 프랑스왕국은 북아메리카에서 퀘벡 등의 식민지를 잃었고, 인도반

영국, 프로이센왕국, 포르투갈왕국 연합

프랑스왕국, 합스부르크제국, 러시아제국, 스페인왕국 연합

칠년전쟁

칠년전쟁은 최초의 세계대전이라 불릴 만했다. 합스부르크제국과 프로이센왕국이 있는 유럽은
물론이거니와, 전쟁에 휘말린 유럽 각국의 전 세계 식민지로 전화가 옮겨붙었기 때문이다. 이
때문에 전쟁의 승패와 상관없이 유럽 각국은 재정난에 시달리게 되었고, 이는 북아메리카의 영
국 식민지에서 새로운 자유의 씨앗이 움틀 여지를 만들었다.

도에서도 철수해야 했다. 무엇보다 막대한 전비를 지출한 탓에 재정난이 걷잡을 수 없을 정도로 악화했다. 프로이센왕국은 유럽의 강국으로 확실하게 자리매김했다. 영국은 북아메리카의 광대한 프랑스령 및 스페인령 식민지를 빼앗으며 세력을 크게 확장했지만, 한편으로는 막대한 전비 지출로 재정 악화에 시달려야 했다. 아울러 칠년전쟁에 참전한 북아메리카 식민지의 영국인들은 전공을 세운 만큼 발언권을 키웠고, 함께 싸운 덕분에 일치단결했다. 칠년전쟁의 이러한 결과는 18세기 후반 유럽과 아메리카 두 대륙에서 거대한 혁명이 일어나는 지정학적 밑그림으로 작용하게 되었다.

—— 절대왕정을 뿌리부터 흔드는 계몽주의와 자유주의

17세기 이후 유럽에서는 거대한 정신적 변화가 일어나고 있었다. 르네상스는 예술뿐 아니라 학문과 과학 분야에서도 자유로운 연구를 촉진했다. 그 기폭제는 무엇보다 해상무역의 발달이었다. 원양 항해 덕분에 조선술, 항해술, 지도 제작술 등이 자연스럽게 발달했을 뿐 아니라, 더 넓은 세계를 경험하며 새로운 지식까지 축적되었다. 게다가 해상무역이 활발해지며 발전한 무역업과 금융업은 다른 온갖 분야에 돈이 흘러들도록 했다.

각국이 각축전을 벌이던 유럽의 지정학적 상황은 '과학혁명'이라고 불릴 정도로 과학기술 발전을 크게 자극했다. 국가 간의 경쟁과 전쟁에서 승리하려면 과학기술 발전이 필수적이었기 때문이다. 한편 상공업을 통해 부를 축적하고 발언권을 키운 부르주아지는 귀족을 견제하려는 왕과 손잡고 힘을 키워갔다. 이처럼 보편제국의 황제가 사라지고 각국의 군주들이 병존하는 상황에서 시민계급까지 부상하다 보니, 절대왕정 시대였는데도 학문의 자유는 역설적으로 확대되었다.

과학기술 발전은 인문학 발전으로 이어졌다. 유럽의 지식인들은 과학기술 발전에 힘입어 신 중심이 아닌 인간 중심으로 세상을 바라보기 시작했다. 유럽의 지식인과 부르주아지들은 인간의 보편적인 권리와 평등, 자유와 개성을 강조하는 자유주의 사상을 발전시켰다. 그러면서 인간 이성에 대한 무한한 신뢰를 바탕으로 옛 시대의 비합리성, 미신, 권위주의, 악습 등을 타파하고, 합리적이고 과학적인 세상이 되도록 사람들을 계몽해야 한다는 계몽주의가 등장했다. 유럽의 계몽주의자와 자유주의자들은 국가를 절대군주의 소유물이 아닌, 수많은 국민이 안전을 보장받고자 힘 있는 엘리트 집단인 군주, 귀족 등의 지배층과 맺은 계약의 결과물로 보는 사회계약론을 설파했다.

절대왕정 시대가 절정에 달했던 18세기는 계몽주의와 자유주의가 급속히 확산한 시기이기도 했다. 심지어 프로이센왕국의 절대왕정을 확립한 프리드리히 2세는 '계몽군주'를 자처하며, '관용의 정신'을 강조한 계몽주의자 볼테르(1694~1778) 등에게 가르침을 청할 정도였다. 이처럼 절대왕정에 반하는 사상인 계몽주의와 자유주의는 18세기에 이르러 절대군주조차 흠모하는 사상으로 자리매김했다. 비유하자면 사상의 차원에서도 지정학적 재편이 이루어진 꼴이었다.

── 북아메리카에서 울려 퍼지는 자유의 외침

1607년 버지니아 식민지Colony of Virginia의 제임스타운Jamestown을 시작으로, 영국인들은 북아메리카 동부 해안에 다수의 식민지를 건설했다.

이들 식민지는 성공회에 만족하지 못한 청교도,* 농촌에서 삶의 터전을 잃은 농민 그리고 신대륙에서 한몫 잡아보려는 노동자 등 가지각색의 이유로 영국을 떠난 사람들로 가득했다. 영국 정부도 스페인왕국, 프랑스왕국, 네덜란드 등과의 경쟁에서 지지 않고 부와 영토를 확대하기 위해 식민지 건설을 장려했다.

북아메리카로 이주한 영국인들은 원주민들과 교류하고 때로는 충돌하면서 차근차근 세력을 키워갔다. 그들은 담배와 옥수수를 경작하고 애팔래치아Appalachia산맥의 풍부한 철광석과 석탄을 이용해 제철 산업을 발달시키면서, 본국인 영국은 물론이고 유럽 각국과 교류해 부를 축적했다. 영국의 북아메리카 식민지들이 번성하자 전란과 빈곤에 지친 독일왕국과 아일랜드왕국 사람들도 유입되기 시작했다.

칠년전쟁에서 조지 워싱턴(1732~1799)을 비롯한 식민지인들은 민병대를 조직하거나 영국군에 자원입대해 영국을 위해 싸웠다. 승전국 영국은 프랑스왕국과 스페인왕국의 식민지였던 퀘벡, 플로리다 등을 획득함으로써, 18세기 후반에는 애팔래치아산맥 동쪽의 대부분을 장악할 수 있었다.

문제는 전쟁이 끝난 뒤였다. 영국은 칠년전쟁을 치르느라 짊어진 막대한 부채를 탕감하기 위해 북아메리카 식민지에 온갖 구실로 갖은 세금을 매겼다. 전쟁에서 용감히 싸운 식민지인들은 합당한 보상을 받기

---

* 성공회는 정치적 목적이 다분히 개입된 채 성립되었기 때문에 루터파 개신교, 칼뱅파 개신교 등 다른 개신교 종파보다 가톨릭과의 차이가 작다. 실제로 성공회는 19세기 초·중반까지 영국 왕실의 영향을 강하게 받았다.

버지니아 식민지

버지니아 식민지 지도다. 지도에 이름이 적힌 포와탄(Powhatan)족은 여러 원주민 부족으로 구성된 토착 세력으로, 영국인 이주민들과 끊임없이 충돌했다. 제임스타운 건설을 책임진 잉글랜드왕국의 군인 존 스미스(John Smith, 1579/1580~1631)가 1606년 제작했다.

는커녕 무거운 세금에 시달린 탓에 영국 정부에 대한 반감이 상당했다. 애초에 식민지인들은 대부분 본국의 부조리를 피해 이주한 사람들이었고, 영국과 지리적으로 멀리 떨어져 있어 사실상 자치정부를 꾸린 상태였다. 이 때문에 그들은 영국 정부와 왕실에 대한 충성심이나 소속감이 상대적으로 약했다. 그런 마당에 계몽주의와 자유주의까지 확산하면서, 식민지인들의 영국에 대한 반감은 하루가 다르게 커졌다. "대표 없이 과세 없다"라는 유명한 구호가 바로 이때 탄생했는데, 1770년 3월에는 영국군과 식민지인들 간의 우발적 충돌로 사망자가 발생한 보스턴학살사건이 벌어지기도 했다.

그 무렵 영국 정부는 과잉 생산한 차의 재고 누적으로 파산 위기에 처한 영국동인도회사에 북아메리카 식민지에 차를 면세 수출할 특권을 주었다. 이로써 싼값에 차가 유통되다 보니 경쟁력을 잃고 손해를 본 식민지 상인들은 분노했고, 나머지 식민지인들도 이를 자신들에 대한 차별로 받아들이며 차 불매운동을 벌였다. 이 와중에 원주민으로 변장한 식민지인들이 1773년 12월 매사추세츠만 식민지Massachusetts Bay Colony의 보스턴 항구에 정박한 영국동인도회사 무역선에 잠입해 차 상자를 바다로 내던진 보스턴차사건이 벌어졌다. 영국은 보스턴 항구를 폐쇄하고 매사추세츠만 식민지의 자치권을 박탈하는 등 보복 조치를 단행했는데, 그 결과 식민지인들의 반발이 걷잡을 수 없을 정도로 커지고 말았다.

—— 〈미국독립선언문〉의 정신

상황이 심각해지자 1774년 9월 13개 식민지 대표들이 펜실베이니아 식민지Province of Pennsylvania의 필라델피아에 모여 제1차 대륙회의를 열었다. 이 자리에서 영국 왕실을 존중하되 식민지를 자치령이 아닌 자치정부로 승격하고, 영국 상품 불매운동을 지속하며, 영국의 군사적 개입에 대비해 군사력을 확보한다는 결의가 채택되었다. 이듬해 4월에는 미국 독립혁명의 첫 총성이 울렸다. 보스턴에 주둔한 영국군 사령관 토머스 게이지Thomas Gage(1718~1787)는 그 북쪽의 렉싱턴Lexington에 숨어든 반란자 존 핸콕John Hancock(1737~1793)과 새뮤얼 애덤스Samuel Adams(1722~1803)를 체포하고 인근의 콩코드Concord에 진을 친 민병대를 해산하기 위해 휘하 부대를 출동시켰다. 하지만 1500여 명 규모의 영국 군은 그보다 배 가까이 많은 민병대를 당해낼 수 없었고, 오히려 300여 명의 사상자만 발생했다. 이로써 영국과 북아메리카 식민지 사이의 갈등은 결국 전쟁으로 비화하고 말았다.

렉싱턴-콩코드전투 다음 달인 1775년 5월 제2차 대륙회의가 열렸다. 그 자리에서 토머스 제퍼슨(1743~1826), 벤저민 프랭클린(1706~1790), 존 애덤스John Adams(1735~1826), 새뮤얼 애덤스, 핸콕 등 식민지 대표들은 영국의 탄압에 맞설 대륙 육군Continental Army을 조직하고 워싱턴을 사령관으로 임명했다. 이듬해 7월에는 제퍼슨, 프랭클린, 존 애덤스가 작성한 〈미국독립선언문Declaration of Independence〉이 발표되었다. 영국의 계몽주의자 존 로크(1632~1704)의 사회계약론을 바탕으로 쓰인 〈미국독립선언문〉은 인간의 평등과 자유, 생명의 존엄과 행복 추구권을 강조했다. 또한 이를 토대로 영국의 압제를 거부하고, 식민지가 연방제에 기초한 민주공화국으로 독립할 것을 천명했다. 〈미국독립선언문〉은 오늘날 미국 헌법으로 이어졌을 뿐 아니라, 현대 민주주의 확립에도 지대한 영향을 미쳤다.

미국의 독립 의지가 분명해지자 본격적인 전쟁이 시작되었다. 영국은 미국의 독립을 저지하기 위해 윌리엄 하우William Howe(1729~1814)가 지휘하는 3만 2000명의 병력을 투입했다. 당시 미국의 중심지였던 북부를 남부와 분단한 다음 고사시킨다는 작전을 세운 하우는 1776년 뉴욕을, 1777년 필라델피아를 점령했다.

초반의 승기에도 불구하고, 전쟁은 영국군에 유리하게 흘러가지 않았다. 일단 영국이 대륙 육군을 일개 지방 반란군 정도로 간주한 탓에, 하우는 비교적 작은 규모의 2선급 병력만을 지휘해야 했다. 거친 개척 생활에 단련된 데다가 칠년전쟁으로 실전 경험까지 축적한 미국인들은 삼림과 늪지대 등 미개척지를 십분 활용해 유격전을 벌였다. 아울러 프랑스왕국의 라파예트Lafayette 후작* 질베르 뒤모티에Gilbert du Motier(1757~1834)를 비롯한 유럽의 계몽주의자들은 〈미국독립선언문〉의 이상에 고무되어 대륙 육군에 자발적으로 힘을 보탰다.

1777년 9월부터 10월까지 뉴욕 북쪽에서 치러진 새러토가Saratoga 전투에서 호레이쇼 게이츠Horatio Gates(1727~1806)가 지휘하는 1만 5000명의 대륙 육군은 존 버고인John Burgoyne(1722~1792) 휘하의 영국군 7000명을 상대로 승리를 거두었다. 지리에 익숙한 대륙 육군은 가장 먼저 보급로를 교란하며 버고인의 부대를 고립시켰다. 보급 부족에 시달리며 고군분투하던 버고인은 결국 게이츠에게 항복하고 말았다. 새러토가전투 이듬해 하우는 헨리 클린턴Henry Clinton(1730~1795)에게 자리를 내주고 물러났다.

—— 프랑스왕국의 지원과 미국의 승리

새러토가전투는 미국인들과 대륙 육군의 사기를 크게 높였을 뿐 아니라, 미국독립전쟁을 둘러싼 유럽의 지정학적 구도까지 뒤흔들었다. 우선 미국의 역량을 인정한 프랑스왕국이 칠년전쟁의 패배를 설욕하고 영국을 견제하기 위해 미국 편에 서서 참전했다. 프랑스왕국과 더불어

---

* 라파예트는 프랑스 오베르뉴 출신의 귀족 가문이다. 동명의 지역을 다스렸는데, 초기에는 'La Fayette'와 'Lafayette'가 혼용되었다.

스페인왕국, 네덜란드도 미국 편에 섰다. 프랑스왕국 해군은 영국 해군을 견제하며 영국과 북아메리카를 잇는 해상 보급로를 위협했다. 그 덕분에 미국은 해군력이 극히 미약하다는 약점을 극복할 수 있었고, 우세한 해군력을 동원해 미국을 고사시키겠다는 영국의 전략에 차질이 빚어졌다. 민병대의 비중이 컸던 대륙 육군의 전력 또한 프랑스왕국군의 참전에 힘입어 비약적으로 증강될 수 있었다.

새러토가전투 이후 영국은 미국 남부의 왕당파를 포섭해 미국인들을 분열시키려고 했지만, 성공하지 못했다. 전쟁이 미국 전역으로 확대된 데다가 대륙 육군이 승기를 잡으면서, 미국인 대다수가 영국 왕의 백성에서 미국독립전쟁에 찬동하는 시민으로 변모했기 때문이다. (이때 영국에 협조한 왕당파는 전쟁이 끝나고 영국령 캐나다로 대거 이주했다.)

1778년 이후 미국 남부에서 클린턴 휘하의 장군 찰스 콘월리스Charles Cornwallis(1738~1805)가 지휘하는 영국군과 대륙 육군이 일진일퇴의 공방을 이어갔다. 영국군은 전면전에서 몇 차례의 승리를 거두었지만, 대륙 육군과 민병대의 유격전에 시달리며 끊임없이 후방을 교란당하는 등 전력을 소모해갔다. 그러던 중 1780년 8월 사우스캐롤라이나주의 캠던Camden에서 콘월리스가 게이츠 휘하의 대륙 육군 남부군을 격파하며 전세를 뒤집는 듯했다. 하지만 이후에도 게이츠 대신 남부군을 지휘한 워싱턴과 너새니얼 그린Nathanael Greene(1742~1786)이 전면전을 회피한 채 유격전을 벌이며 영국군의 전력을 계속해서 갉아먹었다. 콘월리스는 1781년 3월 노스캐롤라이나주의 길퍼드 법원 청사Guilford Court House 인근에서 그린을 격퇴하기는 했지만, 그도 큰 손실을 입은 탓에 버지니아주 남동쪽의 요크타운Yorktown에 주둔하며 숨을 고를 수밖에 없었다. 요

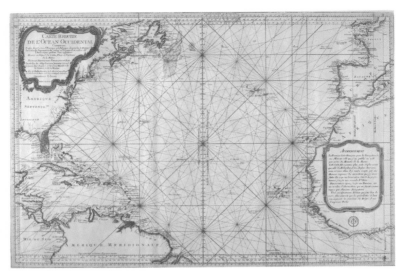

대서양 지도

미국독립전쟁은 영국과 프랑스가 대서양의 패권을 놓고 다툰 전쟁이기도 했다. 실제로 영국 해군과 프랑스 해군은 프랑스 앞바다부터 지브롤터해협, 카리브해까지 대서양 곳곳에서 전투를 벌였다. 18세기 유럽을 대표한 지도 제작자 중 한 명인 자크니콜라 벨린(Jacques-Nicolas Bellin, 1703~1772)이 프랑스 해군을 위해 만든 지도다.

크강 하구에 있는 요크타운은 체서피크Chesapeake만을 통해 대서양과 이어지는 요지였다.

1781년 5월 워싱턴은 프랑스왕국군 사령관 로샹보Rochambeau 백작* 장바티스트 드비뫼르Jean-Baptiste de Vimeur(1725~1807)와 머리를 맞대고 뉴욕을 탈환함으로써 전쟁을 승리로 이끈다는 작전을 수립했다. 그러려

───────

＊　로샹보는 오늘날 프랑스 앵드르에루아르(Indre-et-Loire)주 투르(Tours)시 일대에 해당하는 투렌(Touraine) 출신의 귀족 가문이다.

면 요크타운에 주둔한 콘월리스의 병력을 격파해야 했다. 워싱턴과 그린의 남부군, 드비뫼르의 프랑스왕국군 그리고 뒤모티에의 부대를 합한 2만 명의 병력이 1781년 9월 요크타운에 도착해 영국군 진지를 포위했다. 병력과 물자를 싣고 요크타운으로 향하던 영국 해군은 이미 몇 주 앞서 프랑수아 조제프 폴 드그라세François Joseph Paul de Grasse(1722~1788)가 지휘하는 프랑스왕국 해군에 패퇴한 상태였다. 이로써 요크타운은 완전히 고립되었다.

콘월리스는 분전했지만, 고립된 상태에서 두 배가 넘는 적을 상대하기에는 한계가 뚜렷했다. 뉴욕에서 클린턴이 지원군을 파견했지만, 요크타운까지의 거리는 400킬로미터가 넘었다. 그동안 미국-프랑스왕국 연합군은 요크타운에 공세를 퍼부었고, 콘월리스의 역습은 번번이 실패했다. 고립된 상황에서 물자까지 소진해 저항할 여력을 완전히 잃은 콘월리스는 10월 항복했다. 이로써 미국독립전쟁의 실질적인 마지막 전투였던 요크타운전투는 미국의 승리로 끝났다.

—— 인류 역사상 최초의 민주공화국

요크타운전투 이후에도 전쟁은 이어졌지만, 영국 내에서 전쟁 회의론을 주장하는 목소리가 커진 상황이었다. 이에 영국은 강화조약 협상을 시작했다. 프랑스왕국이 영국의 출혈을 강요하기 위해 전쟁을 장기화할 것을 우려한 미국의 지도자들은 하루빨리 강화조약을 맺어 독립하고자 했다. 1783년 9월 체결된 파리조약을 통해 미국은 플로리다를 스페인왕국에 반환하는 조건으로 미시시피강 동쪽의 영토를 확실히 보장받으며 완전히 독립했다.

미국의 탄생은 단순히 식민지의 독립이나 신생국의 등장 정도로 치부할 일이 아니었다. 미국은 1787년 제정된 헌법을 통해 국민주권과 삼권분립의 원칙을 보장하고 국민의 손으로 국가원수를 선출하는 인류 역사상 최초의 근대적 민주공화국*이었다. 그런 점에서 미국은 사실상 특권층에게만 정치 참여가 보장되고 삼권분립 같은 근대적 민주주의 원칙이 없었던 고대 그리스의 아테네, 중세 베네치아공화국 등과 달랐다. 유럽에서 태동하고 성장한 자유주의와 계몽주의는 대서양 건너 미국에서 그 첫 결실을 보았다. 이렇게 해서 당대 유럽의 지정학적 질서를 주도했던 사상인 절대주의는, 민주주의와 공화주의, 자유주의와 민족주의라는 새로운 도전자들과 맞닥뜨리게 되었다. 이들 사상의 대립과 경쟁은 이어질 세계의 지정학적 질서 변화에도 큰 영향을 미쳤다.

독립 이후 미국은 영토 확장에 집중해 19세기 동안 영토를 대대적으로 넓히며 국력을 키웠다. 1803년에는 재정난 때문에 북아메리카 식민지를 돌볼 여력이 없었던 프랑스에서 거대한 루이지애나를 매입했다. 이어서 스페인왕국에서 플로리다를 매입하고, 19세기 중반에는 새로 독립한 멕시코에서 캘리포니아와 텍사스를 빼앗는 한편, 관계가 개선된 영국에서 오리건 등을 매입했다. 1867년에는 러시아제국에서 알래스카

---

*　공화주의와 민주주의는 비슷해 보이지만, 실제로는 다른 개념이다. 공화주의는 세습 군주가 아닌 선출된 국가원수가 다스리는 체제에 관한 정치사상이고, 민주주의란 인간의 자유와 평등, 참정권과 삼권분립 등에 바탕을 둔 정치사상이다. 일례로 고대 로마, 중세와 근대 초기의 제노바공화국 및 베네치아공화국 등은 공화국이지만 민주공화국이라 부르기는 어렵다. 이들은 특권층인 시민에게만 참정권을 부여했고, 근대적 민주주의의 원칙 또한 준수하지 않았기 때문이다. 연장선에서 민주주의와 거리가 멀었던 나치 독일, 소련 등은 엄연히 공화국이다. 반면에 오늘날에도 군주제를 유지하는 영국, 네덜란드, 스웨덴 등은 대표적인 민주주의 국가다.

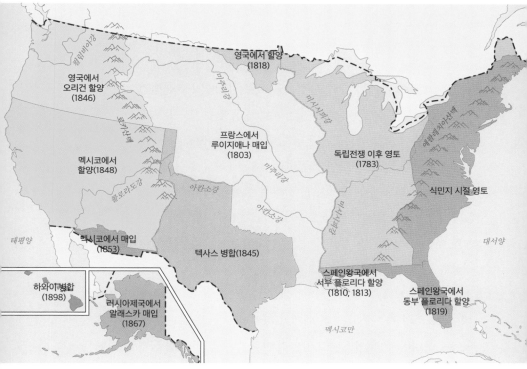

미국의 영토 확장

1783년 독립한 미국은 18~19세기 내내 영토 확장에 매진했다. 동쪽에서 서쪽으로 진행되었기 때문에 이를 서부 개척 시대라고 한다. 이로써 미국은 대서양과 태평양을 모두 아우르는 대륙 규모의 거대한 나라가 되었다. 풍부한 천연자원은 물론이고, 바다를 통해 세계 각지와 빠르게 연결되는 지리적 이점에 힘입어 20세기에 미국은 세계 제일의 패권국으로 발돋움했다를 매입했고, 1898년에는 하와이까지 병합했다. 대서양 연안의 13개 주에서 시작한 미국은 태평양 연안까지 아우르는 50개 주의 거대한 나라가 되었다.

20세기에 이르러 미국은 유례없는 수준의 농업 생산성과 자원 매장량, 태평양과 대서양을 통해 전 세계로 진출할 수 있는 독보적인 지리적 이점 덕분에 최강국으로 발돋움했다. 영토의 규모로 보자면 러시아, 중국 등도 못지않지만, 땅이 제공하는 온갖 자원의 풍성함 그리고 태평양과 대서양 모두에 연해 있다는 지리적 이점은 미국에 비견할 나라가 없다. 제2차 세계대전에서 민주주의 국가들이 승리할 수 있었던 비결은 오직 이러한 지리적 이점을 갖춘 미국의 압도적인 국력 덕분이라고 설명하는 연구가 있을 정도다.[1]

미국이 국제 질서를 주도하는 초강대국으로 자리매김하면서, 미국식 민주주의와 자본주의가 전 세계로 퍼져나갔다. 1990년대 초반 냉전 질서가 무너진 뒤에는 소련의 영향력 아래 있던 옛 동유럽 국가들 또한 미국 주도의 국제 질서에 편입되었다.

물론 미국 중심의 국제 질서를 현대판 패권주의, 제국주의 등으로 비판하는 견해도 적지 않다. 그리고 최근에는 중국, 러시아 등이 미국의 위상에 도전하고 있기도 하다. 하지만 20세기 이후의 국제 질서에서 미국의 위상 자체를 부인할 수는 없다. 이는 미국의 지리적 이점 그리고 미국 땅에서 꽃핀 근대적 민주주의와 절대 무관하지 않다.

—— 감옥 문을 열어젖히며 시작된 프랑스혁명
한편 베스트팔렌조약 체결 이후 안정을 찾은 듯한 유럽의 지정학적 질서도 18세기 후반 들어 흔들리고 있었다. 그 시발점은 흥미롭게도 유럽 최강국으로 불린 프랑스왕국이었다. 당시 프랑스왕국은 겉으로 보이는 모습과 달리 오랜 경제적·사회적 모순에 시달리고 있었다. 그 기원은 루이 14세 재위기로 거슬러 올라간다. '태양왕'으로 불리며 유럽의 절대왕정 시대를 대표했던 루이 14세였지만, 왕권 강화와 프랑스왕국의 영향력 증대를 위해 숱한 전쟁을 벌이고 베르사유궁전을 짓는 등 사치를 일삼은 탓에 재정난을 크게 악화시켰다. 또한 유럽의 절대왕정 국가 중에서도 손꼽힐 정도였던 강력한 왕권과 공고한 신분제는 그 자체로 프랑스왕국 내부의 모순이 개선되지 못하게 막는 걸림돌이 되었다. 이로써 프랑스왕국은 경쟁국인 영국, 네덜란드에 비해 금융업과 시장경제 발달이 늦으며 뒤처지고 말았다.[2]

기후도 프랑스왕국의 쇠락에 영향을 미쳤다. 소빙하기에 접어든 유럽의 농업 생산성이 떨어지면서, 프랑스왕국의 상황은 더욱 나빠졌다. 귀족들이야 아래 계급을 쥐어짜 세련된 상류층 문화를 이어갈 수 있었지만, 높은 세금과 소작료에 시달리고 기후변화로 농사까지 망친 농민과 서민들의 삶은 갈수록 피폐해졌다. 이런 상황에서 칠년전쟁과 미국 독립전쟁에 참전하며 프랑스왕국의 재정난은 악화 일로에 빠져들었다.

그렇다고 오해하면 안 되는 것이, 프랑스왕국은 영국이나 네덜란드보다 상대적으로 부족했을 뿐 신대륙에서 얻은 막대한 부를 산업구조 혁신에 사용하지 않고 강대국 지위를 상실한 스페인왕국과는 달랐다는 점이다. 일단 프랑스왕국에서는 상공업을 담당한 부르주아지가 착실히 성장하고 있었다. 이런저런 문제가 끊이지 않았지만, 기본적으로 국력과 경제 규모가 컸으니 당연한 귀결이었다. 게다가 학문과 문화가 발달했던 프랑스왕국은 장자크 루소(1712~1778), 볼테르 등 계몽주의를 대표하는 사상가와 학자들을 다수 배출했다. 전문 지식과 부로 사회적 영향력을 키워가는 시민계급, 계몽의 빛을 밝히는 지식인, 여전히 고통받는 민중이 한데 모인 프랑스왕국은 시민혁명의 싹이 움틀 만한 훌륭한 터전이 되었다.

당시 프랑스왕국을 다스렸던 루이 16세Louis XVI(1754~1793)와 왕후 마리 앙투아네트(1755~1793)는 당대의 군주치고는 검소한 생활을 한 데다가 감자 보급에 나서는 등 빈민 구제에도 나름대로 노력을 기울였다. 하지만 과도한 전쟁과 사치, 재정난이라는 프랑스왕국의 뿌리 깊은 문제를 해결하기에는 한계가 뚜렷했다. 18세기 후반 미국독립전쟁을 대대적으로 지원하는 바람에 재정난이 한층 악화하자, 루이 16세는 면세 특권을 누리던 귀족들에게 세금을 걷어 문제를 타개하려 했다. 하지만 귀족들의 거센 반발에 가로막혀 성과를 거두지 못했다.

루이 16세는 최후의 수단으로 1789년 5월 프랑스왕국의 의회인 삼부회États généraux를 무려 175년 만에 소집했다. 그런데 삼부회는 신분제를 토대로 만들어졌기 때문에 프랑스왕국 전체 인구의 4퍼센트에 불과했던 성직자(제1신분)와 귀족(제2신분)이 평민(제3신분)에 비해 과대 대표되었다. 인구 비례와 상관없이 신분별로 300석의 의석을 배분했기 때문이다. 그나마 루이 16세가 평민의 의석을 600석으로 늘려주기는 했지만, 이는 모든 신분의 불만만 키우는 부작용을 낳고 말았다.[3] 결국 평민 대표단은 같은 해 6월 국민의회Assemblée nationale를 창설하고, 베르사유궁전 근처의 테니스 코트에 모여 헌법 제정과 사회 질서 회복을 요구했다. 이어서 7월 파리 시민들이 정치범 수용소로 쓰이던 바스티유감옥을 습

함락당하는 바스티유감옥
원래 요새로 만들어진 바스티유감옥의 폭넓은 해자와 도개교 같은 방어 시설이 눈에 띈다. 성
난 민중의 바스티유감옥 습격은 이틀간 이어졌는데, 늙고 병든 군인 80여 명으로 구성된 수비
대는 이를 방어해내지 못했다. 인근에 살던 와인 상인 클로드 숄라(Claude Cholat)가 소란이 벌
어지는 순간을 포착해 생생히 그려냈다.

격하자, 프랑스왕국 전역에서 민중 봉기의 불꽃이 타올랐다. 루이 16세
에게는 이를 진압할 여력이 없었고, 결국 프랑스왕국의 권력은 국민의
회로 넘어갔으니, 이것이 바로 프랑스혁명이다.

1789년 8월 국민의회는 뒤모티에와 에마뉘엘 시에예스Emmanuel
Sieyès(1748~1836)가 작성한 〈인간과 시민의 권리 선언Déclaration des droits de
l'Homme et du citoyen〉, 즉 〈프랑스인권선언〉을 발표했다. 자유, 평등, 우애를
권력이나 종교 등에 침해받지 않는 인간의 천부적이고 보편적인 권리로
규정한 〈프랑스인권선언〉은 프랑스혁명, 나아가 현대 민주주의의 바탕

을 이루었다. 이어서 1791년 최초의 헌법이 제정되며 프랑스는 왕국에서 입헌군주국으로 변모했다.

—— 내우외환의 위기에 흔들리는 혁명정부

혁명정부의 앞길은 순탄치 않았다. 혁명정부는 프랑스왕국의 재정난을 물려받은 탓에 민생 해결에 어려움을 겪었다. 게다가 1791년의 헌법은 도시나 특정 지역에 1년 이상 거주하며 일정 액수 이상의 세금을 내는 등의 자격을 갖춘 '능동적 시민'에게만 참정권을 부여하는 등의 한계가 있었다. 이는 부르주아지와 서민계급 사이의 갈등으로 이어졌다. 게다가 프랑스혁명으로 숙청당한 귀족들은 혁명정부 타도와 왕정복고를 노리고 있었다.

1791년 6월 루이 16세 일가가 앙투아네트의 친정인 합스부르크제국으로 도주하려다가 발각되어 체포당하는 사건이 벌어졌다. 이로써 입헌군주제와 온건한 개혁을 주장하던 푀양Feuillant파 등 부르주아지 세력 대신 자코뱅Jacobin파 등 서민계급 중심의 급진파가 힘을 얻었다.* 1792년 4월 국민의회는 외세의 개입에 의한 왕정복고를 차단하기 위해 합스부르크제국과 프로이센왕국에 전쟁을 선포했다. 같은 해 9월 입헌군주제를 폐지하고 공화제를 채택한 국민의회는 명칭도 국민공회Convention nationale로 바꾸고 조직을 개편했다. 루이 16세와 앙투아네트는 각각 1793년 1월 21일과 10월 16일 단두대에서 처형당했다. 막시밀리앙 드로베스피

---

* '푀양'과 '자코뱅' 모두 각 세력이 회합을 가졌던 파리의 수도원들 이름이다.

에르(1758~1794), 조르주 당통(1759~1794) 등이 이끄는 자코뱅파 내 급진파는 루이 16세의 처형을 구실로 파리 민중을 선동해 자코뱅파 내 온건파인 지롱드Gironde파**를 숙청하고 국민공회의 권력을 장악했다.

혁명정부의 선전포고와 루이 16세 부부의 처형은 전 유럽 왕실을 전율케 했다. 1793년 영국, 합스부르크제국, 프로이센왕국, 스페인왕국 등은 프랑스혁명을 저지하고자 제1차 대對프랑스동맹을 결성하고 프랑스를 침공했다. 이로써 프랑스혁명은 프랑스 국내의 문제를 넘어, 유럽 전체의 지정학적 질서를 재편하는 계기가 되었다.

유럽 열강이 프랑스를 옥죄자 혁명정부는 총동원령을 내렸다. 여기에 더해 각지에서 의용군이 몰려들어 프랑스군의 병력 규모는 무려 75만 명까지 불어났다. 마르세유 일대에서 온 의용군의 군가로, 오늘날 프랑스 국가이기도 한 〈라마르세예즈La Marseillaise〉의 가사는 당시 프랑스군의 사기충천한 모습을 잘 보여준다. "일어나라, 조국의 아들딸아! 영광의 날이 왔노라. 우리에게 대항하는 압제자의 피 묻은 깃발이 일어났다. 들리는가. 들판을 메운 흉포한 적군의 고함이. 적군이 우리 지척까지 와서 우리 처자식의 목숨을 앗아가려 한다. 시민이여, 무기를 들어라! 대오를 갖추어라! 전진하라! 전진하라! 적들의 더러운 피로 우리 땅의 밭고랑을 적시자!"

국민이 들고일어난 프랑스혁명의 정신을 지킨다는 프랑스군의 사기는 대프랑스동맹군과는 비교할 수 없을 정도로 높았지만, 수많은 귀족

** 지롱드주 출신 인사가 많아서 붙여진 이름이다.

출신 장교단이 대거 숙청당해 전법에 능한 이가 부족하다는 점은 큰 문제였다. 하지만 나폴레옹 보나파르트(1769~1821)를 비롯한 혁명파 장교들과 앙드레 마세나André Masséna(1758~1817) 등의 평민 출신 장교들이 역량을 발휘했다. 특히 후자의 경우 신분제에 영향받은 부르봉왕조의 군대에서 평민 출신이라는 이유만으로 장교가 못 되었을 뿐, 실력은 뛰어난 군인들이라 마음껏 활약을 펼쳤다. 마침 대프랑스동맹 사이의 내분까지 겹치며 프랑스는 외세의 침공을 격퇴할 수 있었다. 이처럼 프랑스혁명과 이어진 전쟁을 거치면서 부르봉왕조의 땅이었던 프랑스는 그 국민과 민족의 땅으로 거듭나기 시작했다.

혁명정부는 단합된 국민의 힘 덕분에 외세의 위협을 어느 정도 극복했지만, 내적으로 심각한 분열을 겪고 있었다. 부르주아지와 서민계급의 깊어진 갈등 그리고 자코뱅파 지도자들의 알력과 권력 투쟁은 처형과 암살, 숙청이 난무하는 공포정치를 불러왔다. 드로베스피에르는 왕당파나 반역자는 물론이고, 정적이나 단순히 부르봉왕조를 위해 일했던 사람들까지 반혁명 분자로 몰아 단두대에 세웠다. 1794년 4월 동지이자 경쟁자였던 당통마저 부정부패 혐의를 씌워 처형한 드로베스피에르는, 7월 극단적인 공포정치에 질린 동지들에게 탄핵당한 뒤 단두대에서 최후를 맞이했다. 이후 1795년 헌법이 개정되며 혁명정부는 다섯 명의 총재가 통치하는 총재정부Directoire 형태로 재편되었다. 이로써 혼란은 일단락된 듯 보였다. 하지만 프랑스는 계속해서 흔들리고 있었고, 유럽 열강은 자신들에게 유리한 쪽으로 지정학적 질서를 재편하고자 호시탐탐 프랑스를 노리고 있었다.

—— 혁명 정신을 배신한 황제 나폴레옹

총재정부는 정쟁을 거듭하는 와중에 수차례 쿠데타마저 벌어지며 민생 문제 해결에 무기력한 모습을 보였지만, 프랑스군은 자국의 반혁명군과 외국 군대를 성공적으로 격퇴했다. 1796년에는 이탈리아반도 북부와 라인강 원정에 성공함으로써 합스부르크제국을 대프랑스동맹에서 이탈하게 하는 큰 성과를 올렸다. 그러자 프랑스 국민은 총재정부 대신 군부를 신뢰하기 시작했다.

이때 두각을 드러낸 인물이 바로 나폴레옹이었다. 코르시카섬의 귀족 가문 출신이었던 나폴레옹은 프랑스군 장교로 임관할 수 있었지만, 본토 출신이 아니라는 이유만으로 소외당하는 처지였다. 이는 사관생도 시절부터 뛰어난 군사적 능력을 보여준 나폴레옹에게 불합리한 처우였다. 초임 장교 시절부터 당시로서는 급진적인 사상이었던 공화주의에 심취하고 프랑스혁명에 경도된 까닭도 이러한 상황과 무관하지 않았다.

프랑스혁명 뒤에도 숙청을 면하고 군대에 남은 나폴레옹은 탁월한 군사적 재능을 발휘해 대프랑스동맹군과 영국군의 침공을 연이어 격퇴하는 등 전공을 쌓았고, 로베스피에르에게 연줄을 대는 등 정치적 수완도 발휘했다. 그 덕분에 1793년 왕당파의 반란을 진압한 공로를 인정받아 고작 24세의 나이로 장군이 되었고, 1796년 이탈리아반도 원정에 성공해 프랑스의 국민적 영웅으로 떠올랐다.

1798년 나폴레옹은 총재정부의 명령을 받아 오스만령 이집트 원정에 나섰다. 지중해와 인도반도를 잇는 경유지인 이집트를 프랑스의 식민지로 만들어 영국을 고립시키려는 목적이었다. 나폴레옹은 원정 초반 이집트군을 상대로 어렵지 않게 연승을 거두었다. 하지만 같은 해 8월 호레이쇼 넬슨(1758~1805)이 지휘하는 영국 해군이 이집트 알렉산드리아 동쪽의 아부키르Abu Qir만에 정박한 프랑스 해군을 섬멸하면서, 나폴레옹은 영국-오스만제국 연합군을 상대로 수세에 몰리기 시작했다. 곧이어 러시아까지 가담한 제2차 대프랑스동맹이 체결되자 프랑스 자체가 위기에 처했다.

바로 이때 나폴레옹은 대담한 정치적 승부수를 띄웠다. 나폴레옹은 원정군 대다수를 이집트에 남겨둔 채 1799년 비밀리에 귀국한 다음,* 같은 해 11월 쿠데타를 일으켜 총재정부를 해산하고 세 명의 통령이 통치하는 통령정부Consulat를 세우면서 스스로 제1통령에 취임했다. 이듬해 5월 나폴레옹은 합스부르크제국에 포위당한 제노바공화국을 신속히 구원하기 위해 알프스산맥을 넘는 군사적 모험을 단행했다. 제노바공화국은 원래 합스부르크가문의 영향권 아래 있었는데, 1796년 나폴레옹의 이탈리아반도 원정으로 프랑스의 손에 떨어진 상태였다. 그런데 1800년 들어 상황이 급박하게 돌아가자 나폴레옹은 마세나를 제노바공화국에 파견하며 수단과 방법을 가리지 말고 자신이 도착하기 전까지 사수하라고 명했다.

마세나는 '승리의 여신이 가장 아끼는 아이'라고 불릴 정도로 나폴레옹 못지않은 명장이었는데, 4월 6일 제노바공화국에 갇힌 이후 병사들을 독려하며 6월 4일까지 시간을 끌었다. 결국 그는 항복하고 말았지만, 나폴레옹이 거의 때맞춰 도착하며 반전의 계기가 마련되었다. 실제로 6월

---

* 이집트에 남은 프랑스 원정군은 몇 번 더 큰 승리를 거두기도 했지만, 끝내 고립되어 1801년 영국군에 항복하고 말았다.

프랑스라는 공포

‘자유(freedom)’와 ‘평화(peace)’를 노래하는 영국과 ‘보편적 파괴(universal destruction)’를 부르짖는 프랑스의 대비가 눈에 띈다. 프랑스혁명부터 나폴레옹 등장까지 일련의 과정을 바라보는 유럽 국가들의 일반적인 인식이 엿보인다. 1803년 영국에서 발표된 〈새 애국가(A New Patriotic Song)〉라는 노래 악보에 삽입된 삽화다.

14일 나폴레옹이 이탈리아반도 북부의 마렝고Marengo평원에서 합스부르크제국군과 맞붙어 누구도 예상 못 한 승리를 거두자 제2차 대프랑스동맹은 순식간에 와해했다. 마세나로서는 전투에서는 패배했지만 전쟁에서는 승리한 꼴이었다. 이후 1804년 나폴레옹은 국민투표로 당당히 황제가 되었다.

나폴레옹의 황제 즉위는 일견 프랑스혁명에 대한 배신이었다. 쿠데타로 정권을 잡은 그가 결국 국민의 피와 땀으로 이룩한 공화국을 제국으로 돌려놨으니 말이다. 실제로 프랑스혁명은 대개 나폴레옹이 쿠데타로 제1통령에 취임한 1799년 끝났다고 여겨진다.[4]

—— 혁명 정신을 유럽 곳곳에 전파한 나폴레옹전쟁

나폴레옹의 황제 즉위는 단순한 군사독재나 왕정복고로 여기기 어려운 점도 많다. 혁명으로 민족의식을 고양한 프랑스 국민의 지지를 받아 권력을 얻은 나폴레옹은, 옛 부르봉왕조의 절대군주와는 다른 방식으로 통치할 수밖에 없었다. 일례로 나폴레옹은 제1통령 시절 편찬을 시작한 《프랑스 민법전 Code civil》에 따라 제국을 통치했다. 《프랑스 민법전》은 개인의 자유와 평등, 존엄성을 보장하고 사유재산을 인정하는 등 근대적인 내용이 많았다. 실제로 오늘날의 프랑스 헌법으로 이어져 내려오고 있다. 또한 나폴레옹이 1805년 편성한 대大육군 Grande Armée은 부르봉왕조의 군대와 달리 신분 고하를 막론하고 능력에 따라 선발된 장교단이 엄격하면서도 효율적으로 통제하는 군대였다. 관료제도 귀족 중심의 조직에서 벗어나, 혈연이 아닌 능력을 따져 선발된 관료들이 담당하는 근대적인 형태로 진일보했다. 이처럼 근대에 접어들며 탄생한 새로운 사상들은 유럽 국가들의 정체와 지정학적 질서에 계속해서 영향을 미치고 있었다.

나폴레옹은 유럽 각지에서 제3~5차 대프랑스동맹군을 격파하며 스페인왕국, 프로이센왕국, 이탈리아반도의 여러 나라 등을 속국으로 삼았다. 신성로마제국은 1806년 완전히 무너졌고, 독일왕국을 구성하던 영방국가들은 라인 Rhein 동맹이라는 이름으로 프랑스의 속국이 되었다. 이는 단순한 정복 전쟁이 아니었다. 프랑스혁명의 정신을 바탕으로 유

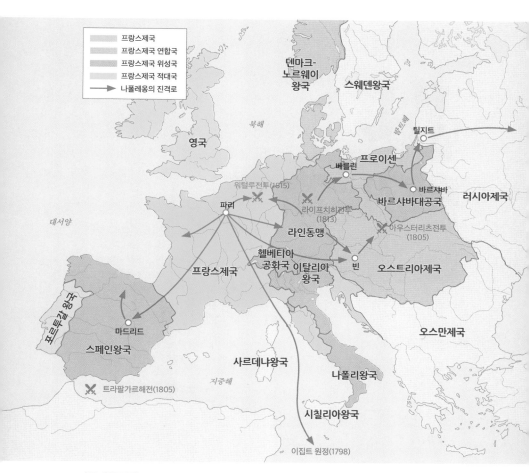

나폴레옹전쟁

제국 시절 프랑스의 거침없는 행보를 잘 보여준다. 연합국과 위성국까지 합하면 사실상 영국을
제외한 전 유럽이 나폴레옹의 발아래 있는 것과 마찬가지였다.(다만 오스트리아제국과 프로이센왕
국은 원래 프랑스에 적대했다가 각각 아우스터리츠전투, 예나-아우어슈테트전투에 패배하며 굴복했다.
하지만 이후 프랑스가 러시아 원정에 실패하자 다시 등을 돌렸다.) 나폴레옹은 보편제국을 건설하려는
야망을 품었는데, 역설적으로 정작 그가 유럽 곳곳에 심은 것은 자유와 평등, 존엄이라는 프랑
스혁명의 정신이었다.

대륙봉쇄령

나폴레옹이 영국해협을 밟으려다가 영국을 의인화한 인물 존 불(John Bull)에게 발을 잘리고 있다. 그림이 풍자하듯 나폴레옹의 대륙봉쇄령은 완전히 실패하며 자충수가 되고 말았다. 1803년에 영국에서 제작된 그림이다.

럽을 통합하려는 더욱 거대한 시도였다.[5] 요컨대 두 세기 전의 합스부르크가문이 가톨릭과 신성로마제국이라는 옛 이념을 앞세워 보편제국을 건설하려 했다면, 나폴레옹은 프랑스혁명이 불러온 새로운 사상을 앞세워 보편제국을 건설하려 했던 셈이다. 나폴레옹이 의도했든 안 했든 그는 유럽의 지정학적 질서를 완전히 재편했다. 이는 단순히 국경을 새로 긋는 차원을 넘어, 사상적 측면에서 완전히 새로운 '세계'를 불러오는 차원의 문제였다.

하지만 1805년 스페인왕국 남서쪽의 트라팔가르곶 근해에서 프랑스-스페인왕국 연합함대가 넬슨이 지휘하는 영국 함대에 패배함으로써 나폴레옹의 보편제국 건설 계획에 차질이 빚어졌다. 그러자 나폴레옹은 대륙봉쇄령을 내려 바닷길을 막아 영국을 고사시키는 동시에 프랑스를 중심으로 유럽 경제를 통합하려 했다.

나폴레옹의 야심이 너무 컸던 탓일까. 그의 계획은 성공하지 못했다. 프랑스군은 비록 자유와 평등, 우애의 기치를 내걸기는 했지만, 속국 처지에서는 엄연히 침략자였다. 나폴레옹이 내세운 프랑스혁명의 기치와는 별개로, 프랑스군은 각지에서 전쟁범죄를 저지르기도 했다. 또한 나폴레옹이 전쟁을 신속히 수행하고자 보급품은 현지에서 조달하도록 명령한 탓에 점령지 주민들의 반감이 매우 컸다. 특히 스페인인들은 웰링턴Wellington 공작* 아서 웰즐리Arthur Wellesley(1769~1852)가 지휘하는 영국군의 지원하에 산악이 발달한 자국의 지형을 활용해 유격전을 벌이며 프랑스군을 끊임없이 괴롭혔다. 바로 여기에서 '유격대'나 '유격전'을 뜻하는 단어인 '게릴라'가 탄생했다. 이 단어는 '전쟁'이라는 뜻의 스페인어 'guerra'와 '작다'는 뜻의 접미사 '~illa'가 결합해 탄생한 조어로, 원래는 나폴레옹전쟁 당시 활약한 스페인인 유격대를 가리켰다.

한편 나폴레옹과 프랑스군을 향한 저항과는 별개로, 프랑스혁명의 정신만큼은 여전히 영향력을 잃지 않았다. 프로이센왕국에서는 철학자 요한 피히테Johann Fichte(1762~1814)가 〈독일 국민에게 고함Reden an die deutschen Nation〉이라는 제목의 강연문을 배포해 민족의 단결을 고취했고, 그 군부는 참모본부 설치와 예비군 창설 등을 골자로 한 대대적인 군사개혁에 돌입했다. 이 과정에서 스페인왕국, 독일왕국 등의 유럽 각국에

---

* 웰링턴은 오늘날 영국 서머싯(Somerset)주의 작은 도시다. 웰즐리가 작위를 받을 때 마침 이곳 영지의 주인이 없어, 그는 첫 번째 웰링턴 공작이 되었다.

자유주의와 민족주의가 자연스럽게 퍼져나갔다. 즉 프랑스를 거부하더라도 프랑스혁명의 정신은 수용할 수밖에 없었던 셈이다. 이것이야말로 나폴레옹전쟁의 진정한 유산이었다. 프랑스의 흥망성쇠와는 별개로, 나폴레옹은 진정한 의미에서 근대 민족국가의 씨앗을 유럽에 뿌리고, 그럼으로써 유럽의 지정학적 질서를 완전히 재편했다.

물론 현실에서 나폴레옹은 서서히 몰락하고 있었다. 우선 대륙봉쇄령은 프랑스의 경제를 갉아먹었을 뿐 아니라 정치적 입지마저 흔들었다. 전 유럽의 무역이 끊기고 물류가 마비되면서 수많은 나라가 프랑스에 책임을 물었기 때문이다. 한편 프랑스혁명의 혼란과 이어진 나폴레옹전쟁 때문에 프랑스는 왕국 시절부터 이어진 재정난을 여전히 해결하지 못한 상태였다. 결과적으로 대륙봉쇄령은 이미 산업혁명을 시작한 데다가 제해권을 장악한 영국이 아닌, 유럽 대륙에 큰 피해를 입혔다.

나폴레옹은 1812년 대륙봉쇄령 위반을 빌미 삼아 65만 명 규모의 대군을 이끌고 러시아를 침공했다. 러시아군 사령관 미하일 쿠투조프Mikhail Kutuzov(1745~1813)는 강대한 프랑스군에 무리하게 맞서는 대신 후퇴하며 내륙 깊숙이 끌어들였다. 그러면서 모스크바를 초토화해 현지에서 물자를 충당했던 프랑스군의 보급 체계를 마비시켰다. 프랑스군은 극심한 기아와 혹한에 시달리며 무너졌다. 엎친 데 덮친 격으로 1813년 나폴레옹은 제6차 대프랑스동맹군에 거듭 패배한 끝에, 이듬해 퇴위당하고 코르시카섬 근해의 엘바섬으로 유배당했다. 나폴레옹은 1815년 3월 엘바섬을 탈출해 황제로 복귀했지만, 그해 6월 네덜란드의 워털루에서 영국의 웰즐리와 프로이센왕국의 게프하르트 폰블뤼허Gebhard von Blücher(1742~1819)가 지휘하는 제7차 대프랑스동맹군에 패배한 뒤 남대서양의 고도 세인트헬레나섬으로 또다시 유배당하고 말았다. 이로써 전 유럽을 뒤흔들었던 나폴레옹전쟁은 막을 내렸다.

── 근대 민족국가의 탄생

1814년부터 1815년까지 합스부르크제국의 수도 빈에서는 제국의 재상 클레멘스 폰메테르니히Klemens von Metternich(1773~1859)의 주도로, 유럽을 프랑스혁명 이전으로 되돌리기 위한 빈회의가 열렸다. 이에 따라 프랑스는 제국에서 다시 왕국으로 변모했으니, 부르봉왕조의 루이 18세Louis XVIII(1755~1824)가 즉위했다. 곧이어 영국, 러시아제국, 프랑스왕국, 합스부르크제국, 프로이센왕국의 5대 강국이 모여 자유주의 확산과 혁명을 저지하고 절대왕정을 유지하기 위해 상호 협력한다는 빈체제를 구축했다.

하지만 빈체제는 프랑스혁명과 나폴레옹전쟁이 가져온 변화를 되돌리지 못했다. 혁명을 통해 자유를 맛보고 민족의식을 고양한 프랑스인들은 부르봉왕조의 탄압에도 불구하고 시민혁명을 이어간 끝에 1848년 또다시 왕을 내쫓고 공화국을 세웠다. 오랫동안 분열되었던 독일왕국과 이탈리아반도도 나폴레옹전쟁 이후 고양된 민족주의를 바탕으로 각각 1872년과 1870년에 통일을 완수해 근대 민족국가로 거듭났다. 합스부르크제국도 시대의 흐름을 거스르지 못하고 1867년 헝가리왕국 등 비독일계 민족 집단의 자치를 허용하면서 오스트리아-헝가리제국으로 재탄생했다. 그리스왕국, 세르비아공국, 벨기에 등도 나폴레옹전쟁 이후 고양된 민족주의의 영향으로 독립했고, 옛 폴란드왕국 지역에서도 독립운동이 끈질기게 이어졌다. 동유럽의 전통적인 강국이었던 폴란드왕국은 16세기 들어 또 다른 강국인 리투아니아대공국*과 통일하며 힘을 극대화했다. 이후 200여 년간 영광의 시기를 누렸는데, 정치 혼란과 경제 악화로 순식간에 무너지며 프로이센왕국, 러시아제국, 오스트리아-헝가리제국에 분할 통치당하는 수모를 겪게 되었다. 한때 동유럽을 호령했던 기억 때문인지 폴란드인들의 독립 의지는 다른 어느 민족보다 강력했다.

프랑스혁명과 나폴레옹전쟁은 아메리카의 지도까지 바꿔놓았다. 우선 17세기 말 프랑스왕국에 점령된 후 설탕과 커피 생산지로 수탈당하던 식민지 아이티의 흑인 노예들이 프랑스혁명에 영향받아 혁명을 일으켜 1804년 공화국으로 독립했다. 이어서 나폴레옹전쟁 중이던 1810년 무렵부터 스페인왕국 및 포르투갈왕국의 라틴아메리카 식민지들이 일제히 독립운동을 벌였다. 나폴레옹전쟁으로 약해진 스페인왕국은 이를 막지 못했고, 결국 이들 식민지는 1820년을 전후로 독립했다. 심지어 포르투갈왕국의 황태자는 1822년 스스로 브라질 황제 페드루 1세Pedro I (1798~1834)로 즉위하며 브라질의 독립을 선언했다.

나폴레옹전쟁이 끝난 뒤에도 유럽과 라틴아메리카 각지에서는 왕정과 독재, 권위주의적 체제가 이어졌다. 간신히 독립하거나 공화국을 수립하거나 자유주의 개혁을 이룬 나라에서도 민주주의 미성숙, 구체제로

---

* 동유럽 국가들의 기원이 대개 슬라브족인 것과 달리 발트족이 뭉쳐 세운 나라다. 13세기 십자군의 침공을 막아내며 나라의 꼴을 갖추기 시작했다. 이후 십자군이나 몽골제국처럼 철저히 상대를 철저히 파괴하는 대신, 현지 문화를 존중하고 세금을 적게 부과하는 식으로 '협조'를 구하며 세력을 순식간에 넓혀갔다. 하지만 15세기부터 모스크바대공국과 그 후예국인 루스 차르국과 충돌한 끝에 폴란드왕국과 손잡게 되었다.

의 회귀를 바라는 수구 세력의 준동 때문에 혼란이 빚어지는 경우가 많았다. 하지만 이러한 과정을 거치면서 유럽 각국은 절대왕정의 잔재를 씻어내고, 근대 민족국가의 정체성을 확립하며 민주주의 질서를 조금씩 다져갔다. 군주제나 권위주의적 체제를 유지한 나라들도 절대왕정 시대와 달리 신분제의 완화나 철폐, 완전한 종교의 자유 인정, 노동운동과 노동조합 조직 허용 등 자유주의적 정책을 어느 정도 받아들일 수밖에 없었다. 그 신호탄은 바로 미국독립전쟁 그리고 프랑스혁명과 나폴레옹전쟁이었다.

신냉전의 역사지리학

18세기 말부터 유럽에서는 미국독립전쟁과 프랑스혁명의 영향으로 자유주의와 민주주의가 확산하기 시작했다. 이와 더불어 영국에서 일어난 산업혁명은 서양 세계의 경제력을 크게 신장하며 산업자본주의의 군불을 지폈다. 산업혁명은 15세기 이후 바다로 눈을 돌린 유럽 국가들이 원양 항해와 대규모 해상무역에 매진하는 가운데, 자연스럽게 과학기술, 금융업 등이 빠르게 발달한 결과였다.[1]

19세기 중·후반에 이르러 민족주의와 자유주의는 유럽에 온전히 뿌리내렸고, 그 덕분에 오랫동안 분열을 이어오던 여러 지역, 또는 나라가 통일을 이룩하고 강대국으로 발돋움했다. 가령 독일왕국은 신성로마제국이 실권을 잃은 후 크게 라인동맹과 프로이센왕국으로 나뉘었다가 1872년 독일제국으로 통일되었다. (단 프로이센왕국은 이후에도 연방 형식으로 존속했다.) 이탈리아반도는 그 북부와 사르데냐섬을 다스렸던 사르데냐왕국이 1861년 이탈리아왕국을 천명한 후 1870년 완전히 통일되었다. 이후 두 나라는 큰 전쟁들에 연루되며 세계사의 향방을 크게 바꾸었다. 한편 미국은 세계 최강의 자리를 놓고 영국과 다투는 강대국으로 자리매김했다. 산업화와 자본주의의 진전 덕분에 서양 세계의 경제력은 비약적으로 팽창했다. 바다가 아닌 유라시아 내륙에 집중해 18세기까지 세계 최강국의 지위를 고수하던 청나라와 무굴제국은, 내부적인 혼란과 분열을 거듭하며 서양 세계에 경제력과 군사력을 완전히 추월당하고 말았다.

아울러 철도, 전기, 축음기, 전신, 증기선 같은 새로운 발명품이 연달아 등장하면서, 서양인의 삶에는 일대 혁신이 일어났다. 과학기술의 발전이 인류 문명을 영원한 진보와 발전으로 이끌어주리라는 믿음이 퍼졌던 이 시대를, 프랑스어로 '아름다운 시대'라는 뜻의 '벨 에포크Belle Époque'라 부른다.

—— 아름다운 시절의 그림자

벨 에포크의 영광과 화려함은 일부 지역의 소수만이 누릴 수 있는 것이었다. 19세기 서구 열강이 누렸던 풍요는, 아시아와 아프리카 국가들을 식민지로 삼아 자원을 착취하고 자국이 생산한 재화를 비싸게 강매하는 제국주의 체제를 통해 만들어졌다. 국가 이전 부족 수준의 공동체만 존재했던 지역이나 약소국은 물론이고, 청나라와 무굴제국조차 서구 열강의 식민지로 전락하거나 그들에게 이권을 빼앗긴 채 내정간섭을 당했다. 당연히 이들에게 19세기 중·후반은 외세에 조국을 빼앗기고 압제에 시달린 끔찍한 시절이었을 뿐이다. 물론 서구 열강에서도 벨 에포크의 영광을 누릴 수 있었던 이들은 소수의 상류층뿐이었고, 대부분의 노

동자는 자본가와 기업인의 극심한 착취와 학대 그리고 극도의 빈곤에
시달렸다.

　아울러 서구 열강은 19세기 내내 세계 각지에서 식민지 쟁탈전을 벌
였다. 그 대표적인 사례는 영국과 러시아제국 간의 패권 다툼인 그레이
트 게임이었다.[2] 해양 세력인 영국이 세계 최강의 해군과 세계 최고 수
준의 경제력을 바탕으로 아프리카, 인도반도, 동남아시아, 오스트레일
리아, 뉴질랜드 등지에 광대한 식민지를 건설하는 동안, 대륙 세력인 러
시아제국은 중앙아시아를 온전히 장악하고 태평양에 진출하기 위해 군
항軍港도시 블라디보스토크를 건설했다. 러시아제국이 쇠퇴해가는 오
스만제국을 압박해 흑해를 장악하려 하자, 1853년 영국은 프랑스,* 사르
데냐왕국까지 끌어들여 크림전쟁을 일으켰다. 크림전쟁에서 패배한 러
시아제국은 남진을 멈출 수밖에 없었다. 이후 한숨 돌린 러시아제국은
1877년 기어이 러시아-튀르크전쟁을 일으켜 오스만제국을 무릎 꿇렸
다. 그 결과 발칸반도의 슬라브계 국가인 세르비아공국(1882년 이후 세
르비아왕국), 루마니아왕국, 몬테네그로공국이 오스만제국에서 독립함
으로써, 러시아제국은 흑해와 발칸반도에서의 이권을 확보하는 데 성
공했다. 한편 아프리카에서 착착 식민지를 넓혀가던 영국과 프랑스는
1898년 파쇼다Fashoda (오늘날 남수단 서나일Western Nile주 코도크Kodok시)에

---

* 당시 프랑스는 제2제국 시절이었다. 1848년 들어선 제2공화국은 정치적 혼란과 폭동으로 혼
란했고, 이에 제1제국 시절의 향수를 간직한 이들의 몰표로 나폴레옹의 조카 루이나폴레옹 보
나파르트(Louis-Napoleon Bonaparte, 1808~1873)가 대통령으로 선출되었다. 그는 1851년 친위
쿠데타를 일으켜 의회를 해산하고, 1852년 스스로 황제 나폴레옹 3세가 되어 제2제국의 시작
을 알렸다. 그는 '강력한 프랑스'를 내세우며 대내적으로는 각종 혼란을 잠재우고, 대외적으로
는 제국주의적 확장 정책을 펼쳤다. 제2제국은 1870년 제3공화국으로 대체되었다.

서 전쟁 직전까지 갔다가 프랑스의 양보로 간신히 충돌을 피했다. 이탈리아왕국도 아프리카 식민지 확보 문제로 프랑스와 심한 갈등을 겪었다. 1888년 독일제국의 황제로 즉위한 빌헬름 2세Wilhelm II(1859~1941)가 대규모 해군을 건설하고 노골적인 팽창주의를 표방하면서, 서양 세계의 지정학적 질서는 한층 불안해졌다. 독일제국은 이미 1882년에 영국과 프랑스를 견제하고자, 같은 게르만계 국가이자 최우선 우방국인 오스트리아-헝가리제국 그리고 프랑스와 갈등을 빚던 이탈리아왕국과 삼국동맹을 맺은 터였다.

── 레벤스라움과 심장 지대

바로 이때, 즉 서구 열강이 제국주의의 기치 아래 전 세계를 무대로 영토와 식민지 확장에 열을 올리던 19세기 후반부터 20세기 초반의 시대를 잘 함축한 용어가 바로 레벤스라움Lebensraum과 심장 지대Heartland다. 독일제국의 지정학자 프리드리히 라첼Friedrich Ratzel(1844~1904)이 독일어로 '삶', '생활' 등을 뜻하는 'Leben'과 '공간'을 뜻하는 'Raum'을 조합해 만든 '레벤스라움'은 국가나 민족 집단이 인구를 부양하면서 국력을 키우는 데 꼭 필요한 영토를 말한다. 이 개념은 20세기 초·중반까지 서구 지정학계를 풍미했는데, 많은 지정학자가 국가나 민족 집단을 레벤스라움과 불가분의 관계에 있는 일종의 유기체로 간주하며 그 흥망은 레벤스라움의 확보 여부에 달려 있다고 주장했다.[3] 현대적인 지정학과 지리학 연구의 선구로 평가받는 레벤스라움 개념은 문화의 교류와 융합을 인정하는 등 무차별적인 팽창주의를 옹호하기만 한 것은 아니었지만, 본질적으로 제국주의적인 성격이 다분했다.

한편 1904년 영국의 지정학자 해퍼드 매킨더Halford Mackinder (1861 ~1947)는 심장 지대 이론을 발표했다. 즉 자원이 풍부하고 교통이 편리한 동시에 (아랄해로 흘러드는 아무다리야강과 시르다리야강처럼) 내해와 연결된 하천이 발달해 해양 세력이 침투할 수 없는 유라시아 내륙 지대를 심장 지대(추축 지대Pivot Zone)로 정의하고, 이곳을 확보하는 세력이 세계의 패권을 쥔다는 것이었다. 심장 지대 이론은 한 세기가 더 지난 오늘날에도 지정학 연구에 인용되고 있는데, 이처럼 그 뿌리가 제국주의 시대에 뻗어 있다.

—— 제국의 시대와 폭발하는 세계

서구 열강의 지정학적 대립과 갈등은 20세기에 접어들며 폭발하기 시작했다. 1904년 발발해 동아시아를 뜨겁게 달군 '제0차 세계대전' 러일전쟁이 그 신호탄이었다.[4] 당시 영국은 그레이트 게임에서 러시아제국을 확실하게 제압하기 위해, 미국은 스페인왕국에서 빼앗은 필리핀의 영유권을 국제사회에서 인정받기 위해, 열강의 일원으로 확고히 자리 매김하려는 일본제국을 대대적으로 지원했다. 러시아제국은 일본제국과 비교할 수 없을 정도의 강국이었지만, 군대의 주력을 유럽 방면에 배치해야 했던 데다가 군부와 지도층의 부정부패, 극심한 사회 갈등 등 내부적으로도 혼란했던 탓에 고전을 이어갔다. 특히 발트함대를 중심으로 편성한 제2태평양함대가 영국의 방해 때문에 제때 전장에 도착하지 못했다. 제2태평양함대는 발트해에 있었는데, 동아시아로 가려면 지중해를 거쳐 수에즈운하를 통과한 다음 홍해를 지나 인도양으로 빠지는 게 가장 빠른 길이었다. 그런데 당시 영국이 통제하던 수에즈운하 이용을 거부당하며 할 수 없이 아프리카를 빙 돌아서 가야 했다. 그렇게 피로가 누적된 끝에 1905년 쓰시마해전에서 제2태평양함대는 제대로 싸워보지도 못한 채 전멸했고, 이로써 러시아제국은 그레이트 게임에서 패배하고 말았다.

1910년대에 접어들어 서구 열강의 대립은 발칸반도로 옮겨갔다. 프로이센왕국에 독일왕국 통일의 주도권을 내준 오스트리아-헝가리제국 그리고 러일전쟁으로 태평양 진출이 좌절된 러시아제국이 모두 발칸반도를 팽창의 거점으로 삼으면서 충돌한 것이었다.[5] 그러던 중 1914년 오스트리아-헝가리령 보스니아 헤르체고비나를 방문한 제위 계승자 프란츠 페르디난트Franz Ferdinand(1853~1914) 대공이 세르비아왕국군 과격파 장교단의 사주를 받은 현지의 세르비아계 극단주의자에게 총격을 받아 사망하는 사라예보사건이 일어났다. 보스니아 헤르체고비나는 가톨릭교도와 무슬림, 세르비아계 주민이 섞여 살던 곳으로, 중세 세르비아제국의 부활을 꿈꾸던 세르비아왕국이 노리던 곳이었다. 하필 당시 세르비아왕국군은 1903년 국왕을 시해할 정도로 극단적인 민족주의에 사로잡힌 과격파 장교단이 장악한 상태였다. 게다가 보스니아 헤르체고비나의 세르비아계 주민들이 오스트리아-헝가리제국의 지배에 불만이 컸으니, 사실 비극이 일어나는 것은 시간문제였다.[6]

오스트리아-헝가리제국이 사라예보사건을 구실로 세르비아왕국에 거액의 배상금을 요구하고 내정간섭을 시도하자, 발칸반도에서 상대의 영향력 확대를 견제한 러시아제국이 범슬라브주의를 명분 삼아 세르비아왕국을 지원했다. 러시아제국이 세르비아왕국과 더불어 오스트리아-헝가리제국을 상대로 전쟁을 선포하자, 독일제국은 삼국동맹 그리고 범게르만주의를 내세우며 오스트리아-헝가리제국 편에 서서 러시아제국에 전쟁을 선포했다. 한편 러일전쟁 이후 적대할 이유가 사라지자 1907년 러시아제국을 포섭해 삼국협상을 맺은 영국과 프랑스까지 독일제국을 견제하기 위해 전쟁에 뛰어들면서, 1914년 7월 제1차 세계대전이 발발했다. 전 세계를 전화에 휩싸이게 한 이 전쟁은, 식민지 확보에 열을 올리던 서구 열강의 대립과 갈등이라는 전 세계 스케일, 범슬라브주의와 범게르만주의의 충돌이라는 이념(민족주의) 스케일, 삼국동맹대 삼국협상의 충돌이라는 유럽의 지정학적 스케일, 제국주의적·민족주의적 충돌이라는 발칸반도 스케일 등 여러 스케일을 아우르는 충돌들을 도화선 삼아 터져버린 참화였다.

—— 인류 최초의 세계대전

전쟁의 막이 오름과 동시에, 독일제국군은 전력을 다해 벨기에 방면으로 진격했다. 프랑스와 러시아제국이라는 두 강적에 동서로 포위당한 독일제국은 1905년 참모총장 알프레트 폰슐리펜Alfred von Schlieffen(1833~1913)의 지휘 아래 두 나라와 동시에 전쟁을 수행할 계획을 수립했다. 폰슐리펜은 병력의 질적 수준이 뛰어나고 산업과 기반 시설이 발달했지만, 국토가 작고 종심이 얕은 프랑스 그리고 병력의 수는 많아도 질적 수준이 다소 떨어지고, 국토가 광대한 만큼 종심이 깊은 러시아제국의 공간적 특징을 눈여겨보았다. 이에 폰슐리펜은 전쟁이 일어나면 자국의 동부 영토를 과감히 포기하는 대신 전 병력의 90퍼센트를 (산지가 발달한 프랑스와의 국경 지대가 아닌) 평야가 발달한 중립국 네덜란드, 벨기에 쪽으로 우회시켜 프랑스를 침공, 조기에 파리를 함락한 다음, 신속히 회군해 먼 거리를 행군해 온 러시아제국군을 격파한다는 작전을 세웠다. 폰슐리펜의 이름을 따 슐리펜계획이라 불리는 이 작전에 따라, 독일제국군은 약체인 네덜란드와 벨기에를 통과한 다음 프랑스를 신속하게 무너뜨리려고 시도했다.

그런데 예상과 달리 벨기에군이 독일제국군에 결사적으로 저항했고, 동쪽에서는 러시아제국군이 빠른 속도로 진격해 왔다. 슐리펜계획은 처음부터 어그러지기 시작했다. 실제로 전쟁이 벌어지고 한 달 만에 독일제국군은 프로이센왕국의 동부 영토인 타넨베르크Tannenberg, 즉 오늘날 폴란드 동북부 일대에서 엄청난 규모의 러시아제국군을 상대해야 했다. 그만큼 러시아제국군의 진격 속도가 빨랐던 것인데, 독일제국군은 대승을 거두나 벨기에군이 분전한 데다가 타넨베르크전투로 전력 일부를 동부전선으로 차출한 탓에 프랑스 공격은 지지부진했다. 이후 서부전선에서는 독일제국군과 프랑스군의 지루한 참호전이 몇 년 동안이나 계속되었다. 기관총과 철조망, 현대적인 대포라는 대량 살상이 가능한 무기 체계가 등장했지만, 이를 극복할 수단은 미비한 데 따른 결과였다. 독일제국군, 프랑스군, 영국군 지휘관들은 수많은 병사에게 기관총으로 중무장한 적군의 철조망 진지로 무작정 돌격하라는 명령을 반복했고, 수백만 명이 넘는 젊은이가 무의미하게 쓰러져갔다. 당대에 등장한 전투기와 전차의 성능은 참호전의 양상을 뒤집을 정도가 아니었고, 특히 본격적인 전차는 전쟁이 끝날 무렵에나 등장했다.

한편 삼국동맹과 삼국협상 외의 나라들도 제1차 세계대전에 뛰어들었다. 1914년 8월에는 일본이 삼국협상에 가담해 산둥반도의 독일제국 조차지를 점령했다. 같은 해 11월에는 러시아를 견제하기 위해 독일제국과 동맹을 맺었던 오스만제국이, 인도받을 예정이었던 전함 두 척을 무단으로 압류한 영국의 행태에 분개해 삼국동맹에 가담했다. 삼국동맹의 일원이었지만 애초에 오스트리아-헝가리제국과 영토를 둘러싸고 갈등을 빚었던 이탈리아왕국은 중립을 지키다가, 1915년 11월 원하는 오스트리아-헝가리제국의 영토를 주겠다는 영국과 프랑스의 회유에 넘어가 삼국협상에 가담했다. 이로써 제1차 세계대전은 유럽의 전쟁이 아닌 명실상부한 세계대전으로 규모가 커졌다. 이때 삼국협상과 여기에 가담한 국가들을 연합국으로, 삼국동맹과 여기에 가담한 국가들을 동맹국이라 한다.

전쟁이 길어지면서 참전국들은 경제적으로 어려움을 겪었는데, 특히 동맹국의 처지가 매우 나빴다. 연합국과 비교하면 식민지가 적은 데다가 제해권마저 빼앗긴 탓에 물자 확보가 어려웠기 때문이다. 독일제국 해군은 잠수함을 활용해 연합국의 해상 보급로를 차단하려고 시도했지만, 역부족이었다. 1915년 5월에는 미국 여객선 루시타니아Lusitania호를 격침해 미국인 승객만 100명 이상 사망하게 함으로써, 그때까지 중립을 표방하던 미국의 원성을 사기도 했다. 1916년 겨울부터 독일제국군은 빵과 고기 대신 순무로 끼니를 때우는 심각한 식량난에 봉착했고, 나중에는 최전방의 정예부대조차 순무를 먹는 지경에 이르렀다. 영국과 프랑스도 사정이 조금 나았을 뿐, 한계에 다다른 상태였다. 심지어 프랑스는 1917년 실시한 무리한 대공세가 실패해 패망할 위기에 내몰렸다가, 신임 총사령관 필리프 페탱Philippe Pétain(1856~1951)이 대대적인 군사 개혁을 시행한 덕분에 간신히 기사회생했다. 한편 러시아제국은 1917년 3월의 시민혁명으로 무너졌고, 그해 11월 블라디미르 레닌(1870~1924)

이 지도하는 볼셰비키의 공산혁명이 성공하며 세계 최초의 공산국가인 소련이 탄생했다.* 소련은 독일제국과 항복에 가까운 정전협정을 맺으며 연합국에서 이탈했다.

독일제국은 식량난과 물자 부족에 시달린 끝에, 연합국과 교역하는 중립국 선박까지 격침한다는 무제한 잠수함 작전을 수행했다. 그런데 이는 가뜩이나 루시타니아호 침몰 사건으로 독일제국에 대한 감정이 나빴던 그리고 연합국과의 무역을 통해 톡톡한 이익을 보고 있던 미국을 제대로 자극했다. 1917년 4월 미국은 독일제국에 전쟁을 선포하고는 막대한 물자와 병력을 유럽에 보냈다. 이미 세계 최강국으로 부상한 미국의 참전은 전쟁을 이어갈 능력이 고갈된 연합국에는 하늘이 내린 기회였고, 마찬가지로 전쟁 수행 능력이 바닥을 드러내다시피 한 독일제국에는 청천벽력이나 다름없었다.[7] 실제로 이듬해 9월부터 11월까지 동맹국은 하나둘씩 항복하기 시작했다. 이윽고 11월 3일 독일제국 북부의 군항도시 킬Kiel에서 계속된 전쟁에 지친 수병들이 폭동을 일으켰고, 이는 독일제국 전역으로 퍼져갔다. 독일제국은 결국 11월 11일 항복했다. 이로써 4년이 넘도록 이어지면서 군인과 민간인을 합쳐 3000만 명에 달하는 목숨을 앗아간 제1차 세계대전은 막을 내렸다.

—— 과거의 영광을 찾아서
제1차 세계대전의 종전은 온전한 세계 평화로 이어지지 못했다. 일반

---

* 　두 혁명은 당시 사용된 러시아력에 따라 보통 '2월 혁명'과 '10월 혁명'으로 불린다.

적으로 알려진 바와 달리 민족의 자결도 제대로 보장되지 못했다. 그저 패전국인 오스트리아–헝가리제국, 러시아제국, 오스만제국이 해체되면서 그들의 지배 아래 있던 민족들이 이런저런 나라를 세웠을 뿐이다. 독일제국 또한 몰락하며 연합국이 그 식민지를 차지하고 지배했다. 일례로 제1차 세계대전 당시 마하트마 간디(1869~1948)를 비롯한 수많은 인도인은 자치권 확대를 위해 영국군에 자원입대해 용감히 싸웠지만, 그들의 꿈은 좌절되었다. 식민지 조선의 민족 자결도 물거품이 되었으니, 일본제국이 연합국 소속이었기 때문이다. 즉 제국주의를 앞세운 서구 열강의 대립과 갈등이 폭발한 제1차 세계대전은 패전국과 공산혁명으로 무너진 제국들만을 지도에서 지웠을 뿐, 기존의 지정학적 질서에는 별다른 변화를 가져오지 못했다.

1929년 자본주의의 누적된 모순이 대공황으로 비화하면서 세계 경제는 극심한 불황에 시달렸다. 그나마 미국, 영국, 프랑스 등은 견실하고 안정된 정치적·경제적 기반, 광대한 식민지 등을 활용해 대공황에 어느 정도 대처할 수 있었다. 하지만 제1차 세계대전의 패전이 남긴 불안과 갈등에 시달리던 독일(바이마르공화국) 그리고 열강이기는 하나 경제력과 산업 수준이 상대적으로 뒤처졌던 일본제국과 이탈리아왕국은 여력이 없었다. 이 세 나라는 공통적으로 민주주의 경험마저 부족했다. 그런 가운데 카리스마를 발휘하며 초법적인 권력을 휘두르는 지도자가 독재를 통해 공산주의를 타도하고 어려움에 빠진 민족의 영광을 되살린다는 내용의 전체주의 정치사상인 파시즘[8]이 대중의 지지를 받게 되었다. 세계 최초의 파시즘 국가는 이탈리아왕국이었는데, 1919년 쿠데타를 일으킨 국가파시스트당 Partito Nazionale Fascista의 당수 베니토 무솔리니

(1883~1945)를 공산주의 확산을 경계한 국왕 비토리오 이마누엘레 3세 Vittorio Emanuele III(1869~1947)가 수상으로 임명했다. 천재적인 웅변 및 선동 능력, 테러 및 선거 조작 등에 능했던 국가파시스트당의 조직력을 바탕으로 국민을 휘어잡고 반대파를 제거하는 데 성공한 무솔리니는, 이로써 이탈리아왕국을 수상 개인, 또는 국가파시스트당 일당이 독재하는 나라로 만들었다.

이어서 1933년에는 독일의 국가사회주의독일노동자당Nationalsozialis-tische Deutsche Arbeiterpartei, 즉 나치의 지도자 아돌프 히틀러(1889~1945)가 선거를 통해 정권을 잡으면서, 독일 또한 파시즘의 분파인 나치즘이 지배하는 파시즘 국가가 되었다. 나치즘은 극단적인 인종주의 및 이에 따라 왜곡된 레벤스라움을 특징으로 한다. 즉 독일이 번영하고 발전하려면 동유럽의 광대한 땅에서 독일 민족의 순수성을 해치는 유대인, 슬라브족 등의 '열등 민족'을 절멸한 다음, 그곳을 차지해 온전한 독일의 레벤스라움으로 삼아야 한다는 것이었다.⁹ 이러한 점에서 나치즘은 파시즘보다도 훨씬 악질적이지만, 수많은 독일 국민은 독일의 부흥과 독일 민족의 영광을 부르짖는 히틀러와 나치를 열광적으로 지지하며 권력을 주었다. 히틀러는 마치 무솔리니처럼 반대파와 정적을 나치 휘하의 폭력 집단을 동원해 제거한 다음, 국민을 선동해 '합법적'으로 절대적인 독재 체제를 확립했다.

일본제국에서도 비슷한 일이 벌어졌다. 경제난이 심해지는 가운데, 러일전쟁에서 승리하고 한반도를 병탄한 다음 만주를 침략해 괴뢰국 만주국까지 세운 '유능한' 군부가 '무능한' 정치인과 기업인을 제치고 나라를 바로 세워야 한다는 여론이 퍼져갔다. 이러한 여론은 천황제 파시즘으로 이어졌으니, 1930년대 중·후반 군부독재 체제를 확립한 일본제국은 대동아공영권大東亞共榮圈, 즉 일본이 아시아 국가들을 서구 열강의 식민 지배에서 해방한 뒤 그 단결과 공존을 주도해야 한다는 슬로건을 내세웠다. 물론 그 실체는 중국과 동남아시아 침략을 정당화하는 구실일 뿐이었다.

나치 독일은 민족주의를 교묘히 악용해 1938년 오스트리아를, 그다음 해 체코슬로바키아를 무혈 병합하는 데 성공했다. 두 나라 모두 제1차 세계대전에서 패배한 오스트리아-헝가리제국이 쪼개지며 탄생한 신생국이었다. 그중 세력이 가장 컸던 독일계 오스트리아공화국은 1919년 공화제를 채택했지만(오스트리아 제1공화국), 1934년 파시즘이 유입되었다. 이후 연방국 시절의 파시즘은 나치와 결이 달랐지만, 권력 투쟁 결과 오스트리아 나치당이 집권하며 결국 나치 독일에 병합되었다. 체코슬로바키아의 경우 제1공화국과 제2공화국 시대를 거쳐 나치 독일에 병합되었다.

—— 다시 한번 불타는 세계

손쉽게 레벤스라움을 넓힌 나치 독일은, 1939년 9월 소련과 불가침 조약을 체결한 뒤 폴란드를 동서에서 들이쳐 한 달여 만에 병합했다. 이로써 제2차 세계대전이 막을 올렸다. 나치 독일은 1940년 초반 북해와 발트해의 요지인 노르웨이, 덴마크를 병합한 다음, 같은 해 5월 10일 프랑스를 전격적으로 침공했다. 프랑스는 유럽을 대표하는 군사 대국이었고, 국경 지대에 마지노선이라는 강력한 요새 체계까지 두었지만, 공군의 집중 지원을 받는 나치 독일군의 대규모 전차 부대가 그 후방을 신속히 우회해 프랑스군 주력을 포위, 와해함으로써 침공 40여 일 만인 6월 22일 결국 항복하고 말았다.

　나치 독일은 이어서 독일 민족의 레벤스라움으로 삼아야 할 소련 침공을 개시했다. 불가침조약은 나치 독일군의 진격 앞에 휴지 조각이 되었다. 1941년 6월 22일 바르바로사Barbarossa 작전*을 발동한 나치 독일군은 소련의 광대한 영토를 장악하며 모스크바를 20킬로미터가량 앞둔 지점까지 진격했다. 소련군의 인명 피해 규모는 무려 1000만 명에 달했다. 소련군의 졸전은 1930년대에 스탈린이 벌인 대숙청으로 유능한 장교들을 잃은 탓이 컸다. 하지만 프랑스와 달리 국토가 길고 거대해 종심이 깊었던 소련은 군수공장 등을 후방으로 이전한 뒤, 일본제국과 체결한 소련-일본중립조약을 믿고 태평양 방면 주둔군까지 차출하며 저항을 계속했다. 반면 나치 독일군의 보급로는 길어졌고, 손실도 누적되어 갔다. 그동안 스탈린은 소련군의 체질을 착실히 개선해냈다.

　1941년 12월 소련군은 대대적인 역습을 감행해 이미 공세종말점(공세를 유지할 능력이 바닥난 지점)에 도달한 나치 독일군의 전선을 무너뜨렸다. 이듬해 6월 나치 독일군은 청색 작전Fall Blau을 발동, 석유를 포함한 각종 지하자원의 요지인 캅카스를 목표로 진격해 기대 이상의 성과를 올렸다. 하지만 전과에 취한 히틀러가 병력을 무리하게 쪼개 스탈린그라드(오늘날 러시아 볼고그라드Volgograd주 볼고그라드시)까지 점령하라

＊　'바르바로사'는 신성로마제국의 황제였던 프리드리히 1세의 별명인 '붉은 수염'의 이탈리아어 표현이다. 이 작전명에 대해서는, 소련 침공을 프리드리히 1세의 동방 원정에 빗댄 것이라는 의견, 붉은 수염이 소련의 이오시프 스탈린(1879~1953)을 가리킨다는 의견, 당시 나치 독일군이 색이 들어간 암호문을 많이 사용한 것의 연장선이라는 의견이 있다.

는 명령을 내리며 파국이 시작되었다. 나치 독일군은 1942년 8월부터 넉 달여간 진행된 스탈린그라드전투에서 무려 30만 명의 병력을 잃으며 참패했을 뿐 아니라 캅카스에서도 물러나야 했다.

한편 1941년 12월 일본제국이 진주만을 공습해 미 해군 태평양함대에 치명타를 가함으로써, 태평양전쟁이 발발했다. 소련과의 중립조약으로 배후의 위협을 덜어낸 일본제국군은 제2차 세계대전으로 본국의 지원이 끊기다시피 한 영국, 프랑스, 네덜란드의 동남아시아 식민지 그리고 전쟁 준비에 미미했던 미국의 필리핀 식민지를 순식간에 점령했다. 하지만 이후 절치부심한 미 해군은 태평양 이곳저곳에서 벌어진 해전에서 차근차근 승리를 거두었다. 우선 1942년 5월 벌어진 산호해해전으로 일본제국의 오스트레일리아 진출을 저지했고, 6월 벌어진 미드웨이해전에서는 일본제국 해군의 항모 전단을 섬멸했다. 이후 8월 남태평양의 요지였던 과달카날섬에서 벌어진 전투마저 승리한 미 해군은 압도적인 전력으로 일본제국의 힘을 소진시켰다.

한편 스탈린의 독재에 시달리던 소련인과 서구 열강에 식민 지배를 당해왔던 동남아시아인은, 전쟁 초반에 나치 독일군과 일본제국군을 해방군으로 여기며 환영하기까지 했다. 하지만 정작 나치 독일군에 소련인은 독일 민족의 레벤스라움에서 제거해야 할 열등 민족일 뿐이었고, 일본제국도 겉으로만 대동아공영권을 내세웠을 뿐 동남아시아인을 서구 열강 이상으로 착취하고 학대했다. 나치 독일군의 만행을 목도한 소련인들은 붉은 군대에 자원입대하거나 빨치산이 되었고, 상당수의 동남아시아인도 미군과 영국군에 협조하며 게릴라전에 나섰다.

—— 파시즘의 종말, 요원한 평화

1943년 가을 이후 파시즘 세력, 즉 추축국은 완연히 수세에 몰렸다. 1942년 11월 당시 프랑스령이었던 모로코와 알제리에 상륙한 미군은, 이듬해 5월 북아프리카의 추축국 군대에 항복을 받아낸 뒤 시칠리아섬을 넘어 이탈리아반도로 진격했다. 이탈리아왕국은 1943년 9월 8일 연합국에 항복했고, 실각한 무솔리니는 이탈리아반도 북부에 수립된 나치 독일의 괴뢰국인 이탈리아사회공화국으로 피신, 그곳의 국가원수가 되었다. 마침 1943년 가을부터 소련군의 역습에 연이어 점령지를 내어주며 전선을 뒤로 물리던 나치 독일군은, 이듬해 6월 소련군이 발동한 바그라티온Bagration작전*에 무너지며 바르바로사작전 이후 얻은 소련 영토의 대부분을 상실했고, 산유국 루마니아왕국 등의 동맹국마저 잃고 말았다. 루마니아왕국은 원래 추축국이었으나, 소련군이 들이닥치자 당시 왕이었던 미하이 1세Mihai I(1921~2017)가 군부를 축출하고 연합국에 붙었다. 하지만 종전 후 추축국으로 분류되며 소련의 위성국이 되었다.

한편 미군이 주도하는 연합군은 이탈리아사회공화국과 알프스산맥에 가로막혀 프랑스로의 북진에 어려움을 겪고 있었다. 이에 1944년 6월 프랑스 서북부의 노르망디 해안에 전격적으로 상륙한 뒤 8월 파리에 입성해 프랑스를 해방했다. 이로써 나치 독일은 동쪽의 소련군과 서쪽의 연합군에 동시에 공격받는 위기에 빠졌다. 1945년 4월 30일 히틀러가 소련군에 포위당한 베를린의 지하 벙커에서 자살하고, 나치 독일군이 5

---

* 나폴레옹전쟁 때 러시아제국군을 이끌었던 표트르 바그라티온(Pyotr Bagration, 1765~1812) 장군의 이름을 땄다.

월 7일 연합군에, (모스크바 시각으로) 이튿날 소련군에 항복하면서 유럽에서의 제2차 세계대전은 종지부를 찍었다.

태평양전쟁의 종전은 이보다 좀 더 오래 걸렸다. 우선 전쟁을 치르며 미국 경제는 군수산업의 성장 덕분에 유례없는 정도로 팽창했다.[10] 이로써 1943년 이후 미국과 일본제국의 군사력 격차는 비교할 수 없을 정도로 벌어졌고, 특히 일본제국의 해군 및 항공 전력은 1944년 후반 이후 사실상 소멸하다시피 했다. 1945년 미군은 일본열도를 공격하기 위해 상륙 거점인 오키나와섬과 이오섬을 공격해 점령했다. 하지만 일본제국군이 결사적으로 저항하는 바람에 미군은 예상을 훨씬 뛰어넘는 손실을 보았고, 1945년 8월에는 소련이 동아시아에서의 영향력 확보를 위해 일본제국과의 중립조약을 파기한 뒤 만주국을 무너뜨리고 한반도 북부까지 진격했다. 미국은 자국의 손실을 최소화하고 소련이 한반도를 넘어 일본열도까지 장악하는 일을 막기 위해, 1945년 7월부터 8월까지 히로시마와 나가사키에 원자폭탄을 투하했다. 결국 1945년 8월 15일 히로히토(1901~1989) 일왕이 무조건 항복을 선언했고, 9월 2일에는 일본제국 대표단이 항복 문서에 정식으로 서명했다. 이로써 수천만 명의 목숨을 앗아간 제2차 세계대전은 완전히 막을 내렸다.

이후 파시즘이라는 극단적인 정치사상은 세계지도에서 모습을 감췄다. 서구 열강의 식민지들도 전쟁이 끝남과 동시에 하나둘 독립하더니, 1960년대에 이르러서는 대부분이 독립을 성취했다. 제국주의가 주도하던 지정학적 질서는 제2차 세계대전의 종전을 계기로 비로소 막을 내렸다.

하지만 이 또한 세계가 평화와 화합의 시대로 접어들었음을 의미하는 것은 아니었다. 사실 식민지들의 독립은 오랜 전쟁으로 식민모국이 약화한 데다가 독립국 간의 자유무역에 기반을 둔 미국 주도의 새로운 자본주의 질서가 대두한 결과에 가까웠다. 무엇보다 최대 3000만 명에 달하는 막대한 인명 피해를 감수하면서 나치 독일과 싸웠던 소련은 이를 구실로 1940년대 후반 동독을 포함한 동유럽을 공산화해 위성국으로 삼는 데 성공했다. 이어서 1949년에는 중국마저 공산화되었고, 소련이 핵무기 개발에 성공했다. 공산권이 눈덩이처럼 세력을 불리자, 미국과 서유럽 국가들은 1949년 NATO라는 집단안전보장 체제를 창설했다. 그러자 소련 또한 맞대응할 요량으로 1955년 바르샤바조약기구 Warsaw Treaty Organization를 조직했다. 그 결과 세계의 지정학적 질서는 미국과 소련, 자본주의 진영과 공산주의 진영이 핵무기를 앞세워 대립하는 냉전 체제로 완전히 재편되었다. 파시즘이 불러온 거대한 전쟁은, 냉전이라는 또 다른 지정학적 갈등으로 이어지고 말았다.

—— 대리전의 지정학 1 : 한국전쟁

냉전기에는 세계대전이 일어날 뻔한 위기가 여러 차례 있었으나, 실제로 일어나지는 않았다. 인류가 현명해지고 성숙해져서가 아니라, 전 세계의 공멸을 불러올 핵전쟁에 대한 두려움 때문이었다. 하지만 미국과 소련 간의 대리전은 일어났다. 남북으로 분단된 채 자본주의 진영과 공산주의 진영이 공간적으로 맞닿은 지정학적 최전선인 한반도의 한국전쟁과 인도차이나반도의 베트남전쟁이 그 무대였다.

1945년 8월 초 소련군이 한반도 북부에 진주하자, 이를 견제하려는 미군이 한반도 남부에 주둔했다. 이로써 한반도는 해방 직후 남북으로 갈라졌다. 1948년에는 한반도 남부와 북부에 대한민국과 조선민주주의

인민공화국이라는 별개의 정부가 각각 수립됨으로써, 남북한은 완전히 분단되었다. 1949년에는 중국의 공산화와 소련의 핵무기 개발에 더해 북한군의 전력을 과소평가한 미국이 주한미군을 철수하는 등, 북한이 남침하기에 유리한 지정학적 조건이 형성되었다. 실제로 1950년 6월 25일 북한이 남침을 감행하면서 한국전쟁이 일어났다.

북한군은 한국전쟁 초반 국군을 낙동강 전선까지 밀어붙이며 연승을 이어갔다. 하지만 김일성(1912~1994)의 기대와 달리, 농지개혁을 이미 시행한 대한민국은 북한에 호응해 공산혁명이 일어날 만한 곳이 아니었다. 민간인 학살과 '의용군'이라는 구실로 무차별 징집을 일삼은 북한군은 민심까지 잃었다. 아울러 1947년부터 1954년까지 제주도를 뒤흔든 4·3민주항쟁, 1948년의 여순사건 같은 비극과 부조리가 이어지기는 했어도, 그 정당성이나 윤리적인 문제와는 상관없이 이승만 정권은 국정과 국군을 장악하는 데 성공했다.[11] 이로써 국민을 선동해 북한에 호응하며 공산혁명을 주도하려 했던 대한민국 내부의 공산주의 세력(남조선노동당)은 이미 전쟁 전부터 세력이 약해진 상태였다. 게다가 한반도의 공산화를 저지하고자 미국 주도하에 결성된 국제연합UN군이 본격적으로 참전하고 국군도 재편성되면서, 북한군은 낙동강 전선에 고착된 채 전력을 소모해갔다. 1950년 9월 인천상륙작전이 성공함에 따라 북한군은 사실상 와해했고, 국군과 UN군은 1950년 말 압록강까지 진격했다.

북한의 소멸은 중국, 소련에 지정학적 완충지를 잃는 위기였다. 이에 따라 중국은 '중국인민지원군(중공군)'이라는 이름으로 대규모 정규군을 한반도에 보냈다. 이로써 한국전쟁은 소위 자유 진영과 공산 진영 간의 대리전으로 확대되었다. 3년이 넘도록 이어진 전쟁은 1953년 7월 23일

체결된 휴전협정으로 일단락되었다. 하지만 한국전쟁의 후유증은 여전하다. 휴전 이후 대한민국은 군사 문화에 바탕을 둔 권위주의적인 정치와 군사독재로 몸살을 앓았다. 동시에 공산주의 확산을 저지하려는 미국의 대대적인 원조와 극심한 가난에서 벗어나려는 국민의 강인한 의지 덕분에, 대한민국은 1960년대와 1970년대를 지나면서 눈부신 경제성장을 이룩했다. 하지만 남북한의 대치는 군사독재를 정당화하는 데 악용되었고, 대한민국의 온전한 민주화는 1987년 6월의 민주 항쟁 이후에야 조금씩 진전되었다. 반면에 북한은 1970년 주체사상이라는 이름 아래 김일성 개인숭배에 초점을 맞춘 극단적인 독재국가가 되었고, 1990년대 이후 세계 최빈국으로 전락한 뒤에도 해당 기조를 유지한 채 한반도를 여전히 냉전이 지배하는 공간으로 묶어놓고 있다.

—— 대리전의 지정학 2: 베트남전쟁

한편 베트남은 1954년 프랑스에서 독립한 뒤, 호찌민(1890~1969)이 이끄는 공산주의 성향의 베트남독립동맹회(베트민越盟)가 지배하는 베트남민주공화국(북베트남)과 친미 성향의 베트남공화국(남베트남)으로 분단되었다. 이는 동남아시아로의 공산주의 확산을 경계한 미국이 개입한 결과였다. 그런데 남베트남은 정치인들이 국정과 군부를 장악하고 민심을 얻는 데 실패하면서, 부정부패와 사회적 갈등이 갈수록 심해졌다. 아울러 베트남과 인접한 라오스, 캄보디아에서도 공산주의 세력이 힘을 얻으며, 인도차이나반도를 넘어 동남아시아 전역에 공산주의가 확산할 수 있는 지정학적 환경이 조성되었다. 이처럼 긴장감이 고조되는 와중인 1964년 통킹만에서 북베트남 어뢰정이 미 해군 구축함을 공격했다는 구실로 미국이 북베트남에 전쟁을 선포했다. 이로써 수렁과 같은 베트남전쟁이 시작되었다.

미국은 압도적인 공군력으로 북베트남에 대대적인 폭격을 가하며 조기 종전을 꾀했다. 하지만 북베트남의 지형과 기후 때문에 폭격은 기대한 만큼의 효과를 내지 못했다. 열대우림이 우거진 데다가 우기에 많은 비가 내리는 북베트남의 자연환경은 폭격의 정확성을 떨어뜨렸다. 목표를 비껴간 폭탄이 민가를 덮치는 일까지 이어졌다. 엎친 데 덮친 격으로 일부 미군 부대가 민간인 학살을 자행한 탓에 미국 국내는 물론이고, 전 세계적으로 베트남전쟁에 대한 비판과 비난 여론이 거세게 일었다. 물론 북베트남은 이런 상황을 '사악한 외세' 및 그들의 '앞잡이'인 남베트남과 맞서 싸우는 정의로운 북베트남군의 이미지를 만드는 데 아주 요긴하게 써먹었다.

남베트남 국내의 문제도 심각했다. 우선 정치인들의 무능과 부정부패 문제가 끊이지 않았다. 이를 잘 알고 있던 북베트남은 남베트남에 침투한 공산주의 무장 세력인 베트콩(남베트남 민족해방전선)을 동원해 남베트남을 안에서부터 무너뜨리려고 했다. 그때를 1968년 1월 30일, 즉 베트남의 최대 명절인 구정(설)으로 정했으니, 곧 '구정 공세'라 한다. 같은 해 9월 미군이 베트콩을 소탕하며 구정 공세는 끝났지만, 이 과정에서 남베트남의 사회적 혼란이 한층 심해진 데다가 미군과 남베트남군이 고전하는 모습을 본 미국인들의 반전 여론이 크게 고조되었다.

한반도와 다른 베트남의 지리 또한 미군에 매우 불리하게 작용했다. 한반도는 동서 폭이 비교적 좁고(동부에는 험준한 태백산맥마저 있다), 삼면이 바다로 둘러싸인 반도다. 이 덕분에 전쟁 초반의 인천상륙작전으로 북한군을 무력화할 수 있었고, 중공군의 대공세를 수차례나 잘 막아낼 수 있었다. 반면에 베트남은 공산주의 세력이 강해지고 있던 라오스, 캄보디아와 기나긴 국경을 맞대고 있었다. 북베트남은 한반도의 휴전선보다 훨씬 긴 이 국경선을 '호찌민루트'라는 이름의 보급로로 유용하게 활용했다. 한마디로 전선이 늘어난 꼴이었는데, 이는 최대 54만 명에 달했던 미군으로서도 감당하기 힘든 규모였다.[12] 대한민국, 오스트레일리아, 뉴질랜드 등 미국의 동맹국들도 베트남전쟁에 참전했지만, 이들만으로는 전쟁의 향방을 뒤집을 수 없었다.

게다가 중국과 소련은 미국이 베트남과 인도차이나반도를 장악하지 못하도록, 북베트남에 전투기와 지대공미사일 등을 제공했다. 소련제 전투기는 전자 장비의 성능과 항속거리가 떨어졌지만, 미사일 만능주의에 빠져 기동성을 경시한 미군 전투기보다 민첩하게 비행할 수 있었다. 미군 전투기의 미사일은 기술적 한계 때문에 신뢰성마저 부족했다. 폭격 임무를 맡은 미군 전폭기들은 잽싸게 기동하는 소련제 전투기와 기습적으로 날아오는 지대공미사일에 큰 피해를 보았다.

전쟁이 길어지고 반전 여론까지 심화하는 가운데, 1969년 미국 대통령 리처드 닉슨(1913~1994)이 닉슨독트린을 발표했다. 한마디로 미국의 동맹국이라도 자기 문제는 스스로 해결하도록 한 것인데, 연장선에서 베트남전쟁에서도 미군은 지상전보다는 폭격 임무에 집중하도록 했다. 그러자 부패한 데다가 미군에 의존하는 바가 컸던 남베트남군은 북베트남군을 상대로 졸전을 이어갔다. 1973년 1월 파리협정이 체결되면서 베트남전쟁의 종전이 공식적으로 선언되었지만, 북베트남은 남베트남을 포기할 생각이 없었다.

더욱이 이 무렵 일어난 두 가지 사건으로 미국은 베트남에 신경 쓸 여력을 잃었다. 우선 1973년 10월 이집트와 시리아가 이스라엘을 침공하며 제4차 중동전쟁이 벌어지자, 아랍 산유국들이 이스라엘을 지원하는 서양 국가들을 압박하고자 원유 생산을 감산해 석유 가격을 올렸다. 이를 제1차 오일쇼크라 하는데, 미국도 큰 피해를 입었다. (제2차 오일쇼크는 1979년 이란의 친미 전제군주 정권이 혁명으로 무너지며 벌어졌다.) 다음으로 1972년 닉슨 행정부가 베트남전쟁에 반대하는 민주당 당사에 도청기를 설치하려다가 발각된 워터게이트사건이 벌어졌다. 이로써 미국인들은 닉슨 행정부에 대한 신뢰를 크게 잃었고, 자연스레 베트남전쟁은 미국의 의제에서 벗어났다. 결국 1974년 1월 북베트남은 파리협정을 파기하고 남베트남을 침공했다. 같은 해 8월 워터게이트사건의 여파로 사임한 닉슨의 뒤를 이어 미국 대통령이 된 제럴드 포드(1913~2006)가 남베트남 지원을 거부하는 가운데, 1975년 4월 30일 북베트남군이 남베트남의 수도 사이공Saigon(오늘날 호찌민시)을 점령하면서 베트남전쟁은 막을 내렸다.

　베트남전쟁은 인도차이나반도 전역이 공산화되는 계기가 되었다. 미국은 막대한 군비를 투입한 전쟁에서 패한 데다가 오일쇼크까지 겪은 탓에 경제난에 시달렸고, 이는 자본주의 세계 전체가 흔들리는 결과를 낳았다. 그러면서 복지 등 공공 분야의 지출을 최소화하고 경쟁과 민영화를 통해 경제성장을 촉진하는 자본주의 사상인 신자유주의가 힘을 얻었다. 실제로 1980년대 미국과 영국의 경제정책에 반영된 신자유주의는 이후 오늘날까지 세계경제를 지배하고 있다. 전 세계적인 규모의 반전운동에 불을 지피며 정치의 진보화를 이끌었던 베트남전쟁은, 역설적으로 세계경제의 보수화를 낳았다.

미국과 달리 대한민국에서 베트남전쟁은, 한국전쟁의 상흔을 완전히 회복하지 못했던 국민에게 자유세계를 지킨 십자군전쟁으로 칭송받았다.* 한편 김일성은 남베트남의 붕괴를 바라보면서 대한민국에 무장간첩을 침투시키는 등의 도발을 감행했고, 심지어 청와대에까지 무장간첩을 보냈다. 여기에 더불어 닉슨독트린까지 발표되자, 미국을 믿기 힘들다고 판단한 박정희(1917~1979)는 공산주의가 스며들지 못하도록 새마을운동을 시행하는 한편, 자주국방에 박차를 가했다. 이는 대한민국의 경제성장과 국방력 강화에 일정 부분 이바지했다. 하지만 그 과정에서 박정희는 1972년 10월 유신헌법을 발표하며 헌정 쿠데타를 감행해 대한민국을 완전한 독재국가로 만들었다. 박정희 정권이 원래 권위주의적인 성격이 강했다고 하더라도, 그 전에는 엄연히 국민의 직접선거를 통해 집권한 터였다. 하지만 유신헌법은 이를 완전히 부정했다. 요컨대 베트남전쟁은 세계의 지정학적 질서뿐 아니라, 한반도의 정치와 경제, 사회에도 중대한 영향을 미쳤다.

── NATO와 EU의 미필적 고의?

1991년 12월 소련이 해체되며 냉전은 끝났다. 사람들은 늘 핵전쟁의 가능성에 떨어야 했던 냉전의 종식에 환호하고 기뻐했다. 영국의 유명

---

*   최근에는 박정희 정권을 비롯한 군사정권의 베트남전쟁 참전용사에 대한 부당한 대우, 베트남전쟁에서 일부 국군 부대가 저지른 전쟁범죄 등에 대한 문제 제기와 비판도 이루어지고 있다. 조서연, 〈영화 〈하얀 전쟁〉과 진보적 남성 민족 주체의 베트남전쟁 기억 만들기〉, 《한국극예술연구》 제64집, 2019, 230~236쪽.

록밴드 스콜피언스Scorpions는 냉전 종식이 기정사실화된 1990년 〈Wind of Change〉를 발표하며 다음과 같이 노래했다. "세계는 가까워지고 있어요. 당신은 세계가 형제처럼 다가갈 수 있다고 생각해본 적이 있나요."

냉전 종식 이후 미국이 주도한 신자유주의적 성격의 세계화는, 실제로 핵전쟁의 위험을 줄이고 경제의 양적 발전을 가져왔다. 하지만 빈부격차, 환경 파괴 같은 부작용이 심화하기도 했다. 게다가 냉전 이후 새로 독립한 옛 유고슬라비아의 구성국들은 1990년 후반부터 2000년대 초반까지 피비린내 나는 내전을 벌였고,* 러시아를 비롯한 옛 소련의 구성국들도 자본주의와 민주주의를 제대로 소화하지 못한 채 경제적·사회적 혼란에 시달렸다. 한편 냉전 시대 미국과 더불어 세계를 양분했던 초강대국의 후신 격인 러시아는, 소련에 비해 국력이 크게 떨어졌다. 더군다나 바르샤바조약기구가 해체되며 동유럽의 위성국들이 대거 NATO에 가입하자, 완충지를 잃은 채 지정학적으로 NATO와 EU를 힘들게 막아내는 불리한 형국에까지 놓였다.

그런데 2000년대 들어 중국의 굴기가 본격화되고, 러시아도 1999년 푸틴이 대통령으로 취임한 이후 국력을 회복하기 시작하면서, 미국이 주도하는 국제 질서가 또다시 변화하기 시작했다. 특히 강한 러시아를 표방하며 소련 시절을 그리워하는 러시아 국민의 대대적인 지지를 얻는

---

* 유고슬라비아는 제1차 세계대전의 결과로 탄생한 나라다. 발칸반도의 남슬라브족이 뭉쳐 탄생했는데, 그들은 '남슬라브족'이라는 태생만 같았을 뿐 역사적으로 수많은 세력에 속하며 독립적인 종교와 문화를 형성했기에 유기적으로 화합하지 못했다. 즉 사실상 서로 다른 민족이었다. 그러다가 소련 붕괴 후 수많은 동유럽 국가가 독립하는 분위기에 편승해 유고슬라비아를 이루던 각 세력 또한 독립을 주장하며 크고 작은 내전이 벌어졌다.

데 성공한 푸틴은, 2008년 노골적인 친서방 행보를 보이던 조지아를 침공하며 팽창주의 기조를 본격화했다. 냉전 종식 이후 대대적인 군축을 시행한 데다가 러시아에 천연가스를 공급받던 EU는 이를 수수방관했고, 푸틴의 권력 기반은 더욱 단단해졌다. 이제는 모두가 알게 되었지만, 러시아의 다음 목표는 크림반도 그리고 우크라이나였다.

세계적인 곡창지대이자 석탄 등의 지하자원이 풍부하고 흑해와도 맞닿아 있는 우크라이나는, 러시아의 안보에 매우 중요한 땅이다. 우선 흑해는 러시아가 지중해로 진출할 수 있도록 하는 지정학적 요지다. 그런데 우크라이나가 독립한 탓에 러시아의 흑해 진출은 제한되었다. 러시아 해군은 흑해함대 기지가 있는 크림반도의 세바스토폴을 우크라이나 정부에 임차해서 쓰는 형편이었다. 아울러 우크라이나와 모스크바, 상트페테르부르크 등 러시아의 심장부 사이에는 평야가 발달해 있다. 즉 우크라이나는 지정학적·군사지리학적으로 러시아의 핵심 지역을 직격할 수 있는 땅이다.

동시에 우크라이나는 사실상 분단된 나라이기도 하다.[13] 우선 18세기 이후 러시아제국에 직접 지배받은 동부는, 특히 19세기 중반 돈바스 일대에 제국 최대 규모의 산업 단지가 들어선 이후 소련 때까지 중공업 중심지 역할을 했다. 자연스레 해당 지역은 이주해 온 러시아인이 많아지며 강한 친러 성향을 띠게 되었다. 반면에 러시아제국에 간접 지배를 받고 소련 수립 이전에는 러시아령도 아니었던 그리고 1930년대 스탈린의 농업정책 실패로 수백만 명이 굶어 죽기까지 했던 서부는 친서방·반러 성향이 강하게 자리 잡았다.

문제는 2000년대 이후 우크라이나에 친서방 정권이 수립되기 시작했다는 점이다. 만약 우크라이나가 NATO와 EU 편에 선다면, 러시아는 지정학적 완충지를 잃은 채 중대한 위기에 몰릴 수밖에 없었다. 그런데 2013년 우크라이나에서 친러 성향의 대통령 빅토르 야누코비치Viktor Yanykovych의 실정과 권위주의적 행보에 반발한 시민들이 민주화를 요구하며 시위를 벌였다. 서부를 거점 삼아 번져나간 시위는 유로마이단Euro-maidan이라 불렸는데, '마이단'은 우크라이나어로 '광장'을 뜻한다. 즉 '유로마이단'은 '유럽의 광장'이란 뜻으로, EU 가입을 요구한다고 해서 붙여진 신조어였다. 결국 이듬해 2월 야누코비치는 의회에서 탄핵당한 뒤 러시아로 망명했다. 그 와중에 친러 성향이 강한 우크라이나 동부에서는 러시아의 직간접적인 개입하에 분리·독립을 요구하는 반유로마이단 시위가 불붙었다.

—— 러시아의 선택

푸틴은 이 틈을 놓치지 않았다. 러시아군 특수부대를 비밀리에 크림반도에 잠입시켜 친러 분리주의자들을 선동하고 민병대를 조직했다. 결국 2014년 3월 러시아군에 완전히 장악당한 크림반도에서는 러시아 귀속 여부를 묻는 국민투표가 시행되었다. 크림반도, 나아가 우크라이나 전역을 러시아가 확실하게 장악하려는 의도였다. 애초에 우크라이나 땅도 아니었다가 1954년 소련 서기장 니키타 흐루쇼프(1894~1971)의 정치적인 계산으로 우크라이나령이 된 크림반도는 본래 친러 성향이 매우 강한 지역이었던 만큼, 주민 대다수는 러시아 귀속을 선택했다. (일각에서는 러시아가 일방적으로 진행한 국민투표이므로 정당성이 없고, 결과마저도 조작된 것이라고 주장했다.) 이로써 크림반도는 러시아에 병합되었다.

직후 돈바스의 도네츠크주와 루한스크주의 친러 분리주의자들 또한 러시아의 지원 아래 민병대를 조직해 우크라이나에서 이탈했다. 우크라이나로서는 이러한 움직임을 좌시할 수 없었으니, 결국 2014년 돈바스전쟁이 발발했다.

하지만 크림반도 사태 때와 달리, 돈바스전쟁은 러시아와 민병대의 압승으로 끝나지 않았다. 크림반도가 순식간에, 또 무력하게 러시아에 병합되자 경각심을 느낀 우크라이나의 친서방 세력이 힘을 키웠고, 우크라이나 정부 또한 국방력 강화에 힘쓰며 민병대, 나아가 러시아군과 싸울 준비를 해온 상태였기 때문이다. 돈바스전쟁은 우크라이나 경제에 큰 손실을 안겨주었지만, 우크라이나군이 실전 경험을 축적하며 한층 강해지는 계기로도 작용했다. 이로써 친러 분리주의자들을 이용해 우크라이나를 장악하려던 푸틴의 계획은 어그러졌다.

그러자 푸틴의 행보는 오히려 더욱 과감해졌다. 그가 2022년 2월 우크라이나를 전면적으로 침공함으로써, 러우전쟁의 막이 올랐다. 하지만 예상과 달리 러시아군은 졸전을 거듭하고 있다. 세계 2위 규모인 러시아군은 사실 세계 10위 안팎 규모의 러시아 경제와 비교하면 과도할 정도로 비대하다. 그러다 보니 무기와 장비는 노후화되고, 병력의 질적 수준도 떨어질 수밖에 없다. 게다가 우크라이나의 군사력은 러시아보다 약할 뿐이지 결코 약소한 수준이 아니고, 돈바스전쟁을 통해 실전 경험까지 축적한 상태다. 또한 미국과 EU가 러시아의 우크라이나 장악을 막기 위해 대대적인 군사 지원을 하고 있다. 서방에서 지원받은 우수한 무기로 무장한 우크라이나군은 규모가 크지만 내부적인 문제가 적지 않은 데다가 무기와 장비의 노후화도 심한 러시아군에 큰 피해를 입히는 중이다. 물론 우크라이나도 막대한 인명과 재산 피해를 입고 있지만, 2023년에 접어들며 러시아 영토에 역습을 가할 정도로 사기가 높다.

물론 예상외의 우크라이나군의 선전과 러시아군의 졸전을 근거로, 러우전쟁에서 러시아가 패배할 것이라고 단정할 수는 없다. 러시아는 중국, 이란, 튀르키예 등 반미 성향이 강하거나 자국의 영향을 많이 받은 국가들을 포섭해 전쟁을 이어가는 동시에, 미국 주도의 국제 질서에 반발하며 신냉전 체제 수립을 재촉하고 있다.[14] 요컨대 러우전쟁의 향방과는 별개로, 세계의 지정학적 질서는 또다시 신냉전이라는 갈등과 대립의 국면으로 재편되고 있는 셈이다. 따지고 보면 제2차 세계대전 당시 소련은 나치 독일보다도 몇 배나 많은 병력과 장비를 잃었지만, 결국에는 승전국이 되어 미국과 대립하는 냉전 시대의 초강대국으로 자리매김하지 않았던가.

문명이 탄생한 이래 역사와 세계를 재단해온 지정학은, 그 세부적인 사항이 달라졌을 뿐 21세기에도 중대한 영향을 미치고 있다. 냉전이 끝난 뒤 세계가 다툼과 적대를 그만두고 형제처럼, 친구처럼 가까워지리라는 사람들의 바람과 달리, 각지의 국가와 민족 집단 사이에서 영역과 영토를 둘러싼 전쟁과 분쟁이 이어져왔다. 그리고 21세기가 시작된 지 20년도 더 지난 2023년에는, 신냉전이라는 새로운 갈등의 지정학적 질서가 고개를 들고 있다.

주

1부 탄생, 충돌, 분열하는 공간: 동서 문명의 기틀을 다진 전쟁들

1장 서구 문명의 근거지, 지중해 세계의 탄생: 페르시아전쟁

1 톰 홀랜드, 이순호 옮김,《페르시아 전쟁》, 책과함께, 2006, 142~155쪽.

2 Gongaki, K., Preka-Papadema, P., Kalachanis, K., and Antonopoulos, P., "Astronomical calculation of the dating the historical battles of Marathon, Thermopylae and Salamis based on Herodotus' Description," *Scientific Culture* Vol. 7 Issue 2, 2021, pp. 81~100.

3 Bongers, A., and Torres, J. L., "A bottleneck combat model: An application to the Battle of Thermopylae," *Operational Research* Vol. 21, 2019.

2장 중국 통일과 동아시아 문명의 개화: 초한전쟁

1 柴田昇,《漢帝國成立前史: 秦末反亂と楚漢戰爭》, 白帝社, 2018, 156~158쪽.

2 이동민,《초한전쟁: 역사적 대전환으로의 지리적 접근》, 흐름, 2022, 217~262쪽.

3장 유럽 문명의 바탕이 된 로마의 굴기: 포에니전쟁과 갈리아전쟁

1 Brevik, E. C., Homburg, J. A., and Sandor, J. A., "Soils, climate, and ancient civilizations," In *Climate Changes Impacts on Soil Processes and Ecosystem Properties*, Eds. W. R. Horwath, and Y. Kuzyakov, Elsevier, 2018, pp. 9~10.

2 Lazenby, J. F., *The First Punic War: A Military History*, Routledge, 2016, pp. 125~126, 146.

3   Belfiglio, V. J., "Discordibus culturis in antiquitate," *World Wide Journal of Multidisciplinary Research and Development* Vol. 3 Issue 8, 2017, p. 230.

4   Hoyos, D., "Crossing the durance with Hannibal and Livy: The route to the pass," *KLIO* Vol. 88 Issue 2, 2006, pp. 416~439.

4장 기후변화와 분열하는 유럽: 훈족의 서진과 서로마제국의 멸망

1   Eisma, D., "Agriculture on the Mongolian steppe," *The Silk Road* Vol. 12, 2012, pp. 129~131.

2   Su, Y., Fang, X.-Q., and Yin, J., "Impact of climate change on fluctuations of grain harvest in China from the Western Han Dynasty to the Five Dynasties," *Science China: Earth Sciences* Vol. 57 Issue 7, 2014, p. 1708.

3   이동민, 《초한전쟁: 역사적 대전환으로의 지리적 접근》, 흠영, 2022, 400~401쪽.

4   Sun, M., "The Han Dynasty-Xiongnu relationship in the early Western Han Dynasty: The peace between the enemis," *Advances in Social Science, Education and Humanities Research* Vol. 586, 2021, pp. 714~715.

5   김종성, 〈한나라는 어떻게 흉노를 몰아냈나〉, 《민족21》 제141권, 2012, 167쪽.

6   Eisma, D., op. cit., p. 124.

7   McCormick, M., Büntgen, U., Cane, M. A., Cook, E. R., Harper, K., Huybers, P., Litt, T., Manning, S. W., Mayewski, P. A., More, A. F. M., Nicolussi, K., & Tegel, W., "Climate change during and after the Roman Empire: Reconstructing the past from scientific and historical evidence," *Journal of Interdisciplinary History* Vol. 43 Issue 2, 2012, pp. 190~192.

8   Ibid.

9   Decker, M. J., "Approaches to the environmental history of Late Antiquity, part II: Climate change and the end of the Roman Empire," *History Compass* Vol. 15 Issue 10, 2017, p. 3.

10 McCormick, M. et al., op. cit., pp. 176~180.

11 Decker, M. J., op. cit., p. 2.

12 McCormick, M. et al., op. cit., p. 185.

13 Ibid., pp. 186~187.

14 Ibid., p. 189.

15 아자 카트, 오숙은·이재만 옮김,《문명과 전쟁》, 교유서가, 2017, 509쪽.

16 재레드 다이아몬드, 김진준 옮김,《총 균 쇠》, 문학사상사, 2012, 482~497쪽.

2부 교차하는 길: 이슬람 문명과 실크로드

5장 실크로드가 바꾼 중앙아시아의 색: 불교에서 이슬람으로

1 Zhang, D. D., Zhang, J., Lee, H. F., and H. Y.-Q., "Climate change and war frequency in Eastern China over the last millennium," *Human Ecology* Vol. 35, 2007, p. 404.

2 서영교,〈白村江戰鬪 이전 倭國의 遣唐使-唐의 서북방 정세변화를 중심으로〉,《영남학》제67권, 2018, 16쪽.

3 지배선,〈고구려 인 고선지 (1)-대토번 정벌을 중심으로〉,《동방학지》제110권, 2000,

4 정수일,〈고선지의 석국(石國)원정 현장 고증〉,《경기도의 고구려 문화유산》, 경기도박물관, 2007, 253~260쪽.

6장 길을 둘러싼 두 신성함의 대립: 십자군전쟁의 다중스케일적 접근

1 이동민,〈제1차 십자군 전쟁에 대한 다중스케일적 재해석〉,《한국지리학회지》제12권 제1호, 2023, 162쪽.

7장 팍스 몽골리카와 실크로드의 부흥: 기후와 인구로 보는 몽골제국 팽창사

1 김호동,《몽골제국과 세계사의 탄생》, 돌베개, 2010, 84~86쪽.

2 Pederson, N., Hessl, A. E., Baatarbileg, N. Anchukaitis, K. J., and di Cosmo, N., "Pluvials, droughts, the Mongol Empire, and modern Mongolia," *Proceedings of the National Academy of Sciences* Vol. 111 Issue 12, 2014. p. 4376.

3   Ru, S. H., "Forging a pure military identity: The rise of Jurchen heritage in Northeast Asia (15th – 17th Century)," *Journal of Historical Sociology* Vol. 33 Issue 4, 2020, pp. 633~634.

4   Pederson, N. et al., op. cit., pp. 4376~4377.

5   박원길, 〈금나라의 북방방어선과 타타르부〉, 《몽골학》 제35호, 2013, 34쪽.

6   Munkh-Erdene, L., "Where did the Mongol Empire come from? Medieval Mongol ideas of people, state and empire," *Inner Asia* Vol. 13 Issue 2, 2011, pp. 223~224.

7   김호동, 앞의 책, 178~181쪽.

8   Smith, J. M., "Dietary decadence and dynastic decline in the Mongol Empire," *Journal of Asian History* Vol. 34 Issue 1, 2000, pp. 37~49.

9   티모시 메이, 권용철 옮김, 《칭기스의 교환: 몽골 제국과 세계화의 시작》, 사계절, 2020, 321~322쪽.

8장 무너진 동방의 방파제: 오스만제국의 굴기와 동로마제국의 멸망

1   오가사와라 히로유키, 노경아 옮김, 《오스만 제국: 찬란한 600년의 기록》, 까치, 2020, 57~64쪽.

9장 실크로드의 부활: 티무르제국의 흥망성쇠와 빛나는 유산

1   이지은, 〈중앙아시아-인도 교류사: 16-18세기 교류의 연속성과 현대적 함의〉, 《남아시아연구》 제19권 제1호, 2013, 192~194쪽.

2   이주연, 〈티무르朝의 史書, 야즈디 撰 『勝戰記』(Zafar-nāma)의 譯註〉, 서울대학교 대학원 박사학위논문, 2020, 23~55쪽.

3   이주엽, 《몽골제국의 후예들: 티무르제국부터 러시아까지, 몽골제국 이후의 중앙유라시아사》, 책과함께, 2020, 79쪽.

3부 민족의 이름으로 그어지는 선: 근대 민족국가의 탄생

10장 한·중·일 지정학의 탄생: 임진왜란의 다중스케일적 접근

1 한명기, 〈임진왜란 직전 동아시아 정세〉, 《한일관계사연구》 제43권, 2012, 208~209쪽.

2 민덕기, 〈이율곡의 십만양병설은 임진왜란용이 될 수 없다: 동북방의 여진 정세와 관련하여〉, 《한일관계사연구》 제41권, 2012, 170~178쪽.

12장 민주주의와 민족주의의 지정학: 프랑스혁명과 나폴레옹전쟁

1 아자 가트, 오은숙·이재만 옮김, 《문명과 전쟁》, 교유서가, 2017, 729~731쪽.

2 위의 책, 623~643쪽.

3 Popkin, J. D., *A Short History of the French Revolution* (Sixth Edition), Routledge, 2016, pp. 23~25.

4 Yepremyan, T., "Napoleonic paradigm of European integration: Theory and History," *Napolonica. La Revue* Vol. 39, 2021, p. 37.

5 op. cit., pp. 47~53.

에필로그 │ 신냉전의 역사지리학

1 아자 가트, 오숙은·이재만 옮김, 《문명과 전쟁》, 교유서가, 2017, 623~672쪽.

2 Yapp, M., "The legend of the Great Game," *Proceedings of the British Academy* Vol. 111, 2001, pp. 180~182.

3 Abrahamsson, C., "On the genealogy of Lebensraum," *Geographical Helvetica* Vol. 68, 2013, pp. 39~43.

4 Kowner, R., "Between a colonial clash and World War Zero," In *The Impact of the Russo-Japanese War*, Ed. R. Kowner, Routledge, 2006, pp. 1~22.

5 크리스토퍼 클라크, 이재만 옮김, 《몽유병자들: 1914년 유럽은 어떻게 전쟁에 이르게 되었는가》, 책과함께, 2017, 402~461쪽.

6 위의 책, 543~605쪽.

7 존 키건, 유병진 옮김, 《세계전쟁사》, 까치, 2018, 508~509쪽.

8 Paxton, R. O., "Comparisons and definitions," In *The Oxford Handbook of Fascism*, Ed. Bosworth, R. J. B., 2012, Oxford University Press, pp. 547~558.

9 Giaccaria, P., and Minca, C., "Life in space, space in life: Nazi topographies, geographical imiginations, and Lebensraum," *Holocaust Studies* Vol. 22 Issue 2~3, 2016, pp. 151~164.

10 존 키건, 앞의 책, 444~445쪽.

11 존 메릴, 이종찬·김충남 옮김, 《새롭게 밝혀낸 한국전쟁의 기원과 진실》, 두산동아, 2004, 168~173쪽.

12 Linantud, J., "Pressure and protection: Cold War nation-building in South Korea, South Vietnam, Philippines and Thailand," *Geopolitics* Vol. 13, 2008, p. 640.

13 이동민, 〈대러시아 관계에 있어 우크라이나의 지정학적 분열에 대한 다중스케일적 접근-드니프로강은 어떻게 우크라이나를 지정학적으로 분단했는가?〉, 《문화역사지리》 제34권 제3호, 2022, 72~83쪽.

14 Friedman, B., and Sela, O., "Sino-American relations and the 'new cold war': A useful analogy for the Middle East?," *Global Policy* Vol. 14 Issue 1, 2023, pp. 46~51.

참고문헌

국문 문헌

- 가이우스 율리우스 카이사르, 천병희 옮김, 《갈리아 원정기》, 도서출판 숲, 2012.
- 게오르크 오스트로고르스키, 한정숙·김경연 옮김, 《비잔티움 제국사 324-1453》, 까치, 2014.
- 공원국, 《인문학자 공원국의 유목문명 기행: 신화부터 역사까지, 처음 읽는 유목문명 이야기》, 위즈덤하우스, 2021.
- 구선영, 〈국제관계 형성의 기점으로서의 베스트팔렌 신화 재고: 각국의 역사적 문맥에 배태된 다양한 주권 개념 형성에 관한 시론〉, 《국제정치논총》 제59권 제2호, 2019, 7~50쪽.
- 금재원, 〈秦漢帝國 수도 권역 변천의 하부구조-秦嶺과 黃河 교통망을 중심으로〉, 《동양사학연구》 제149권, 2019, 1~42쪽.
- 김경나, 〈몽골제국의 카라코룸 유물로 본 초원길의 동서교역〉, 《아시아리뷰》 제8권 제2호, 2019, 193~213쪽.
- 김광억, 〈(현지 문화) 중국 | 다민족 국가인 중국 이해하기〉, 《친디아 저널》 제5권, 2007, 42~43쪽.
- 김능우·박용진 편역, 《기독교인이 본 십자군, 무슬림이 본 십자군: 십자군 관련 동시대 유럽어 사료, 아랍어 사료 번역》, 서울대학교출판문화원, 2020.
- 김문기, 〈17세기 중국과 조선의 기근과 국제적 곡물유통〉, 《역사와경계》 제85권, 2012, 323~367쪽.
- 김영진, 〈초기 중국의 통일국가 형성 기제에 대한 이론적 고찰: 권력규모의 관점〉, 《한국정치학회보》 제47권 제1호, 2013, 221~242쪽.

- 김인화, 〈아케메네스조 다리우스 1세의 왕권 이념 형성과 그 표상에 대한 분석〉,《서양고대사연구》제38권, 2014. 37~72쪽.
- 김재철, 〈나폴레옹 전쟁수행의 전략적 평가―용병·군수·기술·사회적 차원을 중심으로〉,《군사발전연구》제8권 제2호, 2014, 127~146쪽.
- 김재홍,《30년 전쟁: 유럽 최후의 종교전쟁》, 21세기북스, 2012.
- 김종성, 〈한나라는 어떻게 흉노를 몰아냈나〉,《민족21》제141권, 2012, 162~167쪽.
- 김준석, 〈17세기 중반 유럽 국제관계의 변화에 관한 연구〉,《국제정치논총》제52권 제3호, 2012, 111~139쪽.
- 김지오, 〈티무르 제국 정치적 정체성의 변화〉,《중앙아시아연구》제21권 제1호, 2016, 95~115쪽.
- 김채수, 〈실크로드와 고원(高原)〉,《일본문화학보》제46권, 2010, 363~390쪽.
- 김호동, 〈칭기스 칸의 자제분봉(子弟分封)에 대한 재검토―『집사(集史)』〈천호일람(千戶一覽)〉의 분석을 중심으로〉,《중앙아시아연구》제9권, 2004, 29~65쪽.
- 김호동,《몽골제국과 세계사의 탄생》, 돌베개, 2010.
- 남영우·곽수정, 〈고대도시 長安城의 입지적 의미와 도시구조〉,《한국도시지리학회지》제14권 제1호, 2001, 1~16쪽.
- 남종국, 〈비잔티움 제국의 몰락과 지중해 향신료 무역〉,《해항도시문화교섭학》제18권, 2018, 147~181쪽.
- 디트마르 파이퍼·요하네스 잘츠베델 엮음, 이은미 옮김,《만들어진 제국, 로마: 그들은 어떻게 세계의 중심이 되었는가》, 21세기북스, 2018.
- 라시드 앗 딘, 김호동 역주,《칭기스칸기: 라시드 앗 딘의 집사 2》, 사계절, 2003.
- 라시드 앗 딘, 김호동 역주,《칸의 후예들: 라시드 앗 딘의 집사 3》, 사계절, 2005.
- 르네 그루세, 김호동·유원수·정재훈 옮김,《유라시아 유목제국사》, 사계절, 1998.
- 매슈 닐, 박진서 옮김,《로마, 약탈과 패배로 쓴 역사: 갈리아에서 나치까지》, 마티, 2019.
- 메도루마 슌, 안행순 옮김,《오키나와의 눈물: 아쿠타카와상 수상 작가 메도루마 슌이 전하는 오키나와 '전후' 제로년》, 논형, 2013.

- 문혜경, 〈고전기 아테네에서 중무장보병의 전시 동원체제〉, 《역사와 담론》 제81권, 2017, 275~302쪽.
- 민덕기, 〈동아시아 해금정책의 변화와 해양 경계에서의 분쟁〉, 《한일관계사연구》 제42권, 2012, 189~223쪽.
- 민덕기, 〈이율곡의 십만양병설은 임진왜란용이 될 수 없다: 동북방의 여진 정세와 관련하여〉, 《한일관계사연구》 제41권, 2012, 155~182쪽.
- 박영배, 《켈트인, 그 종족과 문화》, 지식산업사, 2018.
- 박원길, 〈금나라의 북방방어선과 타타르부〉, 《몽골학》 제35호, 2013, 1~46쪽.
- 반고, 노돈기·이리충 엮음, 김하나 옮김, 《한서: 반고의 인물열전》, 팩컴북스, 2013.
- 배은숙, 〈로마-갈리아 전쟁에서 로마군 공성전의 전술사적 의미〉, 《군사》 제111권, 2019, 259~290쪽.
- 사마천, 소준섭 옮김, 《사기(上): 가장 나쁜 정치란 백성과 다투는 것이다》, 서해문집, 2008.
- 사마천, 소준섭 옮김, 《사기(下): 사리로 인하여 공의를 해치지 않는다》, 서해문집, 2008.
- 사마천, 신동준 옮김, 《완역 사기 본기: 오제부터 한무제까지 제왕의 역사》, 위즈덤하우스, 2015.
- 서강대학교 국제한국학센터 기획, 정두희·이경순 엮음, 《임진왜란 동아시아 삼국전쟁》, 휴머니스트, 2007.
- 서영교, 〈白村江戰鬪 이전 倭國의 遣唐使-唐의 서북방 정세변화를 중심으로〉, 《영남학》 제67권, 2018, 7~37쪽.
- 송언근, 〈답사 코스 개발을 통한 역사적 주제의 시·공간적 접근-이순신 장군 해전지 답사 코스 개발을 사례로〉, 《한국지리환경교육학회지》 제24권 제4호, 2016, 131~149쪽.
- 송인주, 〈이순신 프로젝트와 역사교실수업〉, 《역사교육논집》 제46권, 2011, 93~126쪽.
- 신동준, 《사서로 읽는 항우와 유방: 초한지제의 흥망을 『사기』, 『한서』, 『자치통감』으

로 파헤치다》, 인간사랑, 2019.

- C. V. 웨지우드, 남경태 옮김, 《30년 전쟁: 오늘의 유럽을 낳은 최초의 영토 전쟁 1618~1648》, 휴머니스트, 2011.
- 아민 말루프, 김미선 옮김, 《아랍인의 눈으로 본 십자군 전쟁》, 아침이슬, 2002.
- 아자 가트, 오숙은·이재만 옮김, 《문명과 전쟁》, 교유서가, 2017.
- 알렉산더 미카베리즈, 최파일 옮김, 《나폴레옹 세계사: 나폴레옹 전쟁은 어떻게 세계 지도를 다시 그렸는가》, 책과함께, 2022.
- 앙드레 클로, 배영란·이주영 옮김, 《술레이만 시대의 오스만 제국: 터키 황금시대의 정복전쟁과 사회문화》, W미디어, 2016.
- 앨런 브링클리, 황혜성·조지형·이영효·손세호·김연진·김덕호 옮김, 《있는 그대로의 미국사 1: 미국의 탄생–식민지 시기부터 노예제도 시기까지》, 휴머니스트, 2011.
- S. 프레더릭 스타, 이은정 옮김, 《잃어버린 계몽의 시대: 중앙아시아의 황금기, 아랍 정복부터 티무르 시대까지》, 길(도서출판), 2021.
- 오가사와라 히로유키, 노경아 옮김, 《오스만 제국: 찬란한 600년의 기록》, 까치, 2020.
- 오흥식, 〈청동기 시대 그리스로의 이주민과 '헬레네스' 개념〉, *HOMO MIGRANS* Vol.5·6, 2012, 37~54쪽.
- 유원수 역주, 《몽골 비사》, 사계절, 2004.
- 윤성익, 《명대 왜구의 연구》, 경인문화사, 2008.
- 윤희윤, 〈중세 이슬람 도서관 연구〉, 《한국도서관·정보학회지》 제50권 제3호, 2019, 1~22쪽.
- 은은기, 〈프랑스 혁명에 대한 이해〉, 《계명사학》 제22권, 2011, 139~159쪽.
- 이동민, 〈대러시아 관계에 있어 우크라이나의 지정학적 분열에 대한 다중스케일적 접근: 드니프로강은 어떻게 우크라이나를 지정학적으로 분단했는가?〉, 《문화역사지리》 제34권 제3호, 2022, 72~83쪽.
- 이동민, 〈일본 문학에 재현된 조선계 도공의 고향에 대한 문화지리학적 접근–시바 료타로의 소설 『고향을 어이 잊으리까(故郷忘じがたく候)』를 중심으로〉, 《문화역사지리》 제31권 제1호, 2019, 98~115쪽.

- 이동민, 〈제1차 십자군 전쟁에 대한 다중스케일적 재해석〉, 《한국지리학회지》 제12권 제1호, 2023, 161~180쪽.
- 이동민, 〈중국 초한전쟁기(기원전 206-기원전 202) 정형 전투(井陘之戰)에 대한 군사지리학적 재해석〉, 《한국지리학회지》 제11권 제1호, 2022, 121~135쪽.
- 이동민, 《초한전쟁: 역사적 대전환으로의 지리적 접근》, 흠영, 2022.
- 이븐 할둔, 김호동 옮김, 《역사서설: 아랍, 이슬람, 문명》, 까치, 2003.
- 이연승, 〈중국의 고대 역법의 사상적 특징과 문화적 의미〉, 《중국과 중국학》, 제1권 제1호, 2003, 83~84쪽.
- 이영림·주경철·최갑수, 《근대 유럽의 형성: 16-18세기》, 까치, 2011.
- 이용재, 〈나폴레옹 전쟁: '총력전' 시대의 서막인가〉, 《프랑스사 연구》 제34호, 2016, 55~83쪽.
- 이주연, 〈티무르朝의 史書, 야즈디 撰『勝戰記』(Ẓafar-nāma)의 譯註〉, 서울대학교 대학원 박사학위논문, 2020.
- 이주엽, 《몽골제국의 후예들: 티무르제국부터 러시아까지, 몽골제국 이후의 중앙유라시아사》, 책과함께, 2020.
- 이지은, 〈중앙아시아-인도 교류사: 16-18세기 교류의 연속성과 현대적 함의〉, 《남아시아연구》 제19권 제1호, 2013, 191~216쪽.
- 이진선, 〈唐 初期 西域 羈縻府州의 지역적 고찰〉, 《동국사학》 제66호, 2019, 227~268쪽.
- 이희수, 〈이슬람 문화형성에서 사산조 페르시아의 역할과 동아시아와의 교류〉, 《한국중동학회논총》 제30권 제1호, 2009, 1~31쪽.
- 이희철, 《튀르크인 이야기: 흉노·돌궐·위구르·셀주크·오스만 제국에 이르기까지》, 리수, 2017.
- 인드로 몬타넬리, 김정하 옮김, 《로마 제국사》, 까치, 1998.
- 임형백, 〈고대 인종적 민족 공동체와 근대 영토적 민족 공동체의 갈등: 그리스와 소아시아 및 아프리카 관계를 중심으로〉, 《다문화와 평화》 제12권 제3호, 2018, 25~56쪽.
- 장병남, 〈壬·丙 兩亂과 17세기 小說史〉, 《우리문학연구》 제21권, 2007, 193~225쪽.

- 재레드 다이아몬드, 김진준 옮김,《총 균 쇠》, 문학사상사, 2013.
- 정수일,〈고선지의 석국(石國)원정 현장 고증〉,《경기도의 고구려 문화유산》, 경기도 박물관, 2007, 243~273쪽.
- 정수일,《문명 교류사 연구》, 사계절, 2002.
- 정수일,《실크로드학》, 창작과비평사, 2001.
- 조서연,〈영화〈하얀 전쟁〉과 진보적 남성 민족 주체의 베트남전쟁 기억 만들기〉,《한국극예술연구》제64집, 2019, 225~271쪽.
- 조영헌,〈明 後期 月港 開港과 壬辰倭亂〉,《史叢》제90호, 2017, 83~126쪽.
- 주경철,《대항해 시대: 해상 팽창과 근대 세계의 형성》, 서울대학교출판부, 2008.
- 주채영,〈임진전쟁과 한국 민족담론의 출현-JaHyun K. Haboush, 2016, The Great East Asian War and the Birth of the Korean Nation (New York: Columbia University Press)의 비평논문〉,《韓國史學史學報》제35집, 2017, 233~262쪽.
- 존 메릴, 이종찬·김충남 옮김,《새롭게 밝혀낸 한국전쟁의 기원과 진실》, 두산동아, 2004, 168~173쪽.
- 존 키건, 유병진 옮김,《세계전쟁사》, 2018, 까치, 444~445, 508~509쪽.
- 지배선,〈고구려 인 고선지 (1)-대토번 정벌을 중심으로〉,《동방학지》제110권, 2000, 221~327쪽.
- 지배선,〈고구려 인 고선지 (2)-대 아랍전쟁을 중심으로〉,《동방학지》제112권, 2001, 219~330쪽.
- 차전환,〈포에니 전쟁: 카르타고 문명의 몰락〉,《서양고대사연구》제35권, 2013, 77~110쪽.
- 크리스토퍼 백워드, 이강한·류형석 옮김,《중앙유라시아 세계사: 프랑스에서 고구려까지》, 소와당, 2014.
- 크리스토퍼 클라크, 이재만 옮김,《몽유병자들: 1914년 유럽은 어떻게 전쟁에 이르게 되었는가?》, 책과함께, 2017, 402~461쪽.
- 타밈 안사리, 류한원 옮김,《이슬람의 눈으로 본 세계사》, 뿌리와이파리, 2011.
- 테리 G. 조든-비치코프·벨라 비치코바 조든, 김종규 옮김,《유럽: 문화지역의 형성과

정과 지역구조》, 시그마프레스, 2007.

- 티모시 메이, 권용철 옮김, 《칭기스의 교환: 몽골 제국과 세계화의 시작》, 사계절, 2020.
- 패트릭 하워스, 김훈 옮김, 《훈족의 왕 아틸라》, 가람기획, 2002.
- 푸블리우스 코르넬리우스 타키투스, 천병희 옮김, 《게르마니아》, 도서출판 숲, 2012.
- 프리츠 하이켈하임, 김덕수 옮김, 《로마사》, 현대지성사, 1999.
- 피터 프랭코판, 이종인 옮김, 《동방의 부름: 십자군전쟁은 어떻게 시작되었는가》, 책과함께, 2018.
- 한명기, 〈임진왜란 직전 동아시아 정세〉, 《한일관계사연구》 제43권, 2012, 175~214쪽.
- 한스 오퍼만, 안미현 옮김, 《카이사르》, 한길사, 1997.
- 한지선, 〈15세기 명·티무르제국 간의 조공무역과 인도양 교역 네트워크-중국 문헌 자료에 나타난 세계화의 단상〉, 《명청사연구》 제54권, 2020, 1~38쪽.
- 한지연, 〈고대 실크로드 경제권의 변화와 대승불교의 발전〉, 《원불교사상과종교문화》 제64집, 2015, 429~450쪽.
- 허인섭, 〈초기 중국불교의 성격 이해를 위한 쿠샨제국 시대 전후 중앙아시아의 종교적 상황과 불교 특성 고찰〉, 《불교학연구》 제32권, 2012, 191~243쪽.
- 헤로도토스, 천병희 옮김, 《역사》, 도서출판 숲, 2009.
- 홍용진, 〈4세기 말~6세기 중반 게르만족의 대이동: 침입인가, 이주인가?〉, *HOMO MIGRANS* Vol.8, 2013, 5~20쪽.
- 홍용진, 〈침략과 이주: 제1차 십자군과 예루살렘 왕국〉, *HOMO MIGRANS* Vol.10, 2014, 55~68쪽.
- 황진태·박배균, 〈구미공단 형성의 다중스케일적 과정에 대한 연구: 1969-73년 구미공단 제1단지 조성과정을 사례로〉, 《한국경제지리학회지》 제17권 제1호, 2014, 1~27쪽.

외국어 문헌

- Abrahamsson, C., "On the genealogy of Lebensraum," *Geographical Helvetica* Vol. 68,

2013, pp. 37~44.

- Ágoston, G., "The Ottoman Empire and Europe," In *The Oxford Handbook of Early Modern European History, 1350-1750 (Volume II: Cultures and Power)*, Ed. H. Scott, Oxford University Press, 2015, pp. 612~637.

- Angold, M., "Turning point in history: The fall of Constantinople," *Byzantinoslavica: Revue Internationale des Etudes Byzantines* Vol. 71, 2013, pp. 11~30.

- Anoonshahr, A., "Mughal, Mongols, and Mongrels: The challenge of aristocracy and the rise of the Mughal stat in the Tarikh-i Rashaldi," *Journal of Early Modern History* Vol. 18, 2014, pp. 559~577.

- Baker, O. R., "Wanted: A date with Herodotus," *Athens Journal of History* Vol 8 Issue 3, 2022, pp. 215~234.

- Barnes, G. L., *Archaeology of East Asia: The Rise of Civilization in China, Korea and Japan*, Oxbow Books, 2015.

- Barrett, S., "The necessity of a multiscalar analysis of climate justice," *Progress in Human Geography* Vol. 37 Issue 2, 2013, pp. 215~233.

- Bayliss, A. J., *The Spartans*, Oxford University Press, 2020.

- Belfiglio, V. J., "Discordibus culturis in antiquitate," *World Wide Journal of Multidisciplinary Research and Development* Vol. 3 Issue 8, 2017, pp. 227~234.

- Bianchi, R. V., "Euro-Med Heritage: Culture, capital and trade liberalisation – implications for the Mediterranean city," *Journal of Mediterranean Studies* Vol. 15 Issue 2, 2005, pp. 283~318.

- Blaufarb, R., "The Western question: The geopolitics of Latin American independence," *The American Historical Review* Vol. 112 Issue 3, 2007, pp. 742~763.

- Blaydes, L., and Chaney, E., "The Feudal Revolution and Europe's rise: Political divergence of the Christian West and the Muslim world before 1500 CE," *American Political Science Review* Vol. 107 Issue 1, 2013, pp. 16~34.

- Blaydes, L., and Paik, C., "The impact of Holy Land Crusades on state formation:

War mobilization, trade integration, and political development in Medieval Europe," *International Organization* Vol. 70, 2016, pp. 551~586.

- Bongers, A., and Torres, J. L., "A bottleneck combat model: an application to the Battle of Thermopylae," *Operational Research*, 2019.

- Brevik, E. C., Homburg, J. A., and Sandor, J. A., "Soils, climate, and ancient civilizations," In *Climate Changes Impacts on Soil Processes and Ecosystem Properties*, Eds. W. R. Horwath, and Y. Kuzyakov, Elsevier, 2018. pp. 1~28.

- Brice, L. L., *New Approaches to Greek and Roman Warfare*, Wiley & Sons, 2012.

- Buchsenschutz, O., Gruel, K., and Lejars, T., "The golden age of the Celtic aristocracy in the third and fourth centuries BC," *Annales, Histoire, Sciences Sociale(English Edition)* Vol. 67 Issue 2, 2012, pp. 185~215.

- Burkhardt, J., "The Thirty Years' War," In *A Companion to the Reformation World*, Ed. R. P. Hsia, Blackwell, 2004, pp. 272~290.

- Burnett, A. N., "Revisiting Humanism and the Urban Reformation," *Lutheran Quarterly* Vol. 35 Issue 4, 2021, pp. 373~400.

- Centeno, M. A., *Blood and Debt: War and the Nation-State in Latin America*, Pennsylvania State University Press, 2002.

- Chabane, I., and Cherifi, A., "The Sino-Arab political relations during the T'ang Dynasty (618-907AD)," *Al Naciriya: Journal of Sociological and Historical Studies* Vol. 10 Issue 2, 2019, pp. 863~883.

- Chartrand, R., *Spanish Guerrillas in the Peninsular War 1808 – 14*, Bloomsbury Publishing, 2013.

- Che, P., and Lan, J., "Climate change along the Silk Road and its influence on Scythian cultural expansion and rise of the Mongol Empire," *Sustainability* Vol. 13, 2021, p. 2530.

- Collins, J. M., *Military Geography for Professionals and the Public*, Franklin Classics, 2018.

- Curta, F., "The early Slavs in the northern and eastern Adriatic region: A critical approach," *Archeologia Medievale* Vol. 37, 2010, pp. 307~329.

- Daly, G., *The Experience of Battle in the Second Punic War*, Routledge, 2002.

- Davis, S., and Davis, J. L., "Greeks, Venice, and the Ottoman Empire," *Hesperia Supplements* Vol. 40, 2007, pp. 25~31.

- Decker, M. J., "Approaches to the environmental history of Late Antiquity, part II: Climate change and the end of the Roman Empire," *History Compass* Vol. 15 Issue 10, 2017, e12425.

- Dietz, S., "Buddhism in Gandhara," In *The Spread of Buddhism*, Eds. A. Heirman, and S.P. Bumbacher, Brill, 2007, pp. 49~74.

- Dijkink, G., "When geopolitics and relition fuse: A historical perspective," *Geopolitics* Vol. 11, 2006, pp. 192~208.

- Docter, R., "Carthage and its hinterland," *Iberia Archaeologica* Vol. 13, 2009, pp. 179~189.

- Egro, D., "The place of Albanian lands in the Balkan geopolitics during the Ottoman invasion (the 14th – 15th Centuries)," *Studia Albanica* Vol. 38 Issue 1, 2005, pp. 79~92.

- Eisma, D., "Agriculture on the Mongolian steppe," *The Silk Road* Vol. 12, 2012, pp. 123~135.

- Erdy, M., "An overview of the Xiongnu type cauldron finds of Eurasia in three media, with historical observations," In *Archaeology of the Steppes*, Ed. B. Genito, Instituto Universitario Orientale, 1994, pp. 379~438.

- Fan, K. W., "Climate change and dynastic cycles in Chinese history: A review essay," *Climate Change* Vol. 101, 2010, pp. 565~573.

- Fleck, R. K., and Hanssen, F. A., "How tyranny paved the way to democracy: The democratic transition in ancient Greece," *The Journal of Law and Economics* Vol. 56 Issue 2, 2013, pp. 389~416.

- Flynn, D. O., and Giraldez, A., "Born again: Globalization's sixteenth–century origins (Asian/global versus European dynamics)," *Pacific Economic Revie* Vol. 13 Issue 3, 2008, pp. 359~387.

- Friedman, B., and Sela, O., "Sino-American relations and the 'new cold war': A useful analogy for the Middle East?," *Global Policy* Vol. 14 Issue 1, 2023, pp. 46~57.

- Fronda, M. P., "Hannibal: Tactics, strategy, and geostrategy," In *A companion to the Punic Wars*, Ed. D. H. DPhil, Wiley Blackwell, 2011, pp. 242~259.

- Giaccaria, P., and Minca, C., "Life in space, space in life: Nazi topographies, geographical imiginations, and Lebensraum," *Holocaust Studies* Vol. 22 Issue 2~3, 2016, pp. 151~171.

- Gongaki, K., Preka-Papadema, P., Kalachanis, K., and Antonopoulos, P., "Astronomical calculation of the dating the historical battles of Marathon, Thermopylae and Salamis based on Herodotus' Description," *Scientific Culture* Vol. 7 Issue 2, 2021, pp. 81~100.

- Gress, D. R., "Cooperative research in international studies: Insights from economic geography," *The Social Science Journal* Vol. 48 Issue 1, 2011, pp. 94~111.

- Halsall, G., "Two worlds become one: A 'counter-intuitive' view of the Roman Empire and 'Germanic' migration," *German History* Vol. 32 Issue 4, 2014, pp. 515~532.

- Hamm, B., "The urban reformation in the Holy Roman Empire," In *Handbook of European History 1400-1600: Late Middle Ages, Renaissance and Reformation*, Eds. T. Brady, H. T. Oberman, and J. T. Tracy, Brill, 1995, pp. 193~227.

- Hasegawa, M., "War, supply lines, and society in the Sino-Korean borderland of the late sixteenth century," *Late Imperial China* Vol. 37 Issue 1, 2016, pp. 109~152.

- Heather, P., "The Huns and the end of Roman Empire in Western Europe," *English Historical Review* Vol. 110 Issue 435, 1995, pp. 4~41.

- Holcombe, C., *The Genesis of East Asia, 221 B.C.-A.D. 907*, University of Hawaii Press, 2001.

- Holland, T., *Persian Fire: The First World Empire and the Battle for the West*, Little, Brown, 2005(이순호 옮김, 《페르시아 전쟁》, 책과함께, 2006).

- Hoyos, D., "Crossing the durance with Hannibal and Livy: The route to the pass," *KLIO* Vol. 88 Issue 2, 2006, pp. 408~465.

- Jansen, M. B., *The Making of Modern Japan*, Harvard University Press, 2002(김우영·강인황·허형주·이정 옮김,《현대 일본을 찾아서 1, 2》, 이산, 2006).

- Kelly, T., "Persian propaganda: A neglected factor in Xerxes's invasion of Greece and Herodotus," *Iranica Antiqua* Vol. 38, 2003, pp. 173~219.

- Kim, T.-S., "The renaissance revisited: From a silk road perspective," *Acta Via Serica* Vol. 3 Issue 1, 2018, pp. 11~25.

- Kowner, R., "Between a colonial clash and World War Zero," In *The Impact of the Russo-Japanese War*, Ed. R. Kowner, Routledge, 2006, pp. 1~25.

- Krieger, G. J., "Major general Nathanael Greene: Study in leadership culminating at the Guilford Courthouse," *Journal of Military and Strategic Studies* Vol. 20 Issue 3, 2021, pp. 25~84.

- Lamer, H., *Greece Reinvented: Transformations of Byzantine Hellenism in Renaissance Italy*, Brill, 2015.

- Laruelle, M., and Peyrouse, S., *Globalizing Central Asia: Geopolitics and the Challenges of Economic Development*, Routledge, 2015.

- Latham, A. A., "Theorizing the crusades: Identity, Institutions, and religious war in medieval Latin Christendom," *International Studies Quarterly* Vol. 55, 2011, pp. 223~243.

- Linantud, J., "Pressure and protection: Cold War nation-building in South Korea, South Vietnam, Philippines and Thailand," *Geopolitics* Vol. 13, 2008, pp. 635~656.

- Lazenby, J. F., *The First Punic War: A Military History*, Routledge, 2016, pp. 125~126, 146.

- Mac Sweeney, N., "Seperating fact from fiction in the Ionian migration," *Hesperia* Vol. 86, 2017, pp. 379~421.

- McCormic, M., Büntgen, U., Cane, M. A., Cook, E. R., Harper, K., Huybers,P., Litt, T., Manning, S. W., Mayewski, P. A., More, A. F. M., Nicolussi, K., & Tegel, W., "Climate change during and after the Roman Empire: Reconstructing the past from scientific and historical evidence," *Journal of Interdisciplinary History* Vol. 43 Issue 2, 2012, pp. 169~220.

- Megoran, N., "Toward a geography of peace: Pacific geopoliltics and evangelical Christian Crusade apologies," *Transactions of the Institute of British Geographers* Vol. 35, 2010, pp. 382~398.

- Melville, C., "Visualizing Tamerlane: Hitory and its image," *Iran: Journal of British Institute of Persian Studies* Vol. 57 Issue 1, 2019, pp. 83~106.

- Moisés, R. P., "The rise of Spanish Real," *Sigma: Journal of Political and International Studies* Vol. 23 Issue 5, 2005, pp. 69~89.

- Morgan, D., "The decline and fall of the Mongol Empire," *Journal of the Royal Asiatic Society* Vol. 19 Issue 4, 2009, pp. 427~437.

- Moyer, P. B., "America's geographic revolution," *Reviews in American History* Vol. 40 Issue 4, 2012, pp. 544~549.

- Munkh-Erdene, L., "Where did the Mongol Empire come from? Medieval Mongol ideas of people, state and empire," *Inner Asia* Vol. 13 Issue 2, 2011, pp. 211~237.

- Nath, P., "Through the lens of war: Akbar's sieges (1567-69) and Mughal Empire-building in early modern North India," *South Asia: Journal of South Asian Studies* Vol. 41 Issue 2, 2018, pp. 245~258

- Nguyen, Q. H., Michal, V., Julia, K., Elena, R., & Tatyana, C., "Religion, culture and Vietnam seen from a cultural-religious point of view," *European Journal of Science and Theology* Vol. 4, 2020, pp. 137~149.

- Nicol, D. M., *The Immortal Emperor: The Life and Legend of Constantine Palaiologos, Last Emperor of the Romans*, Cambridge University Press, 1992.

- Nikolov, A., "Byzantium and the Mongol world: Contacts and interaction (from Batu to Tamerlane)," In *Routledge Handbook of the Mongols and Cental Eastern Europe: Political, Economic, and Cultural Relations*, Eds. A. V. Maiorov, and R. Hautala, Routledge, 2021, pp. 191~211.

- Olson, D. W., Doescher, R. L., and Olson, M. S. "The Moon and the Marathon," *Sky & Telescope* Vol. 108 Issue 3, 2004, pp. 24~41.

- Outram, Q., "The socio-economic relations of warfare and military mortality crises of the Thirty Years' War," *Medical History* Vol. 45, 2001, pp. 151~184.

- Pálosfalvi, T., *From Nicopolis to Mohács: A History of Ottoman-Hungarian Warfare, 1389-1526*, Brill, 2018.

- Papalas, A. J., "The Battle of Marathon and the Persian navy," *The Mariner's Mirror* Vol. 104 Issue 4, 2018, pp. 388~401.

- Paxton, R. O., "Comparisons and definitions," In *The Oxford Handbook of Fascism*, Ed. Bosworth, R. J. B., Oxford University Press, 2012, pp. 546~565.

- Pederson, N., Hessl, A. E., Baatarbileg, N. Anchukaitis, K. J., and di Cosmo, N., "Pluvials, droughts, the Mongol Empire, and modern Mongolia," *Proceedings of the National Academy of Sciences* Vol. 111 Issue 12, 2014, pp. 4375~4379.

- Pennington, D., *Europe in the Seventeenth Century*, Routledge, 2015.

- Pinto, O. L. V., "Connecting worlds, connecting narratives: global history, periodisation and the year 751 CE," *Esboços: Histórias em Contextos Globais* Vol. 26 Issue 42, 2019, pp. 255~269.

- Plokhy, S., *The Origins of the Slavic Nations: Premodern Identities in Russia, Ukraine, and Belarus*, Cambridge University Press, 2006.

- Popkin, J. D., *A Short History of the French Revolution* (Sixth Edition), Routledge, 2016, pp. 23~25.

- Rehman, I., "Raison d'etat: Richelieu's grand strategy during the Thirty Years' War," *Texas National Security Review* Vol. 2 Issue 3, 2019, pp. 38~75.

- Riches, D., "Early modern military reform and the connection between Sweden and Brandenburg-Prussia," *Scandinavian Studies* Vol. 77 Issue 3, 2005, pp. 347~364.

- Roy, K., "Horses, guns and governments: A comparative study of military transition in the Manchu, Mughal, Ottoman and Safavid empires, circa 1400 to circa 1750,"

International Area Studies Review Vol. 15 Issue 2, 2012, pp. 99~121.

- Ru, S. H., "Forging a pure military identity: The rise of Jurchen heritage in Northeast Asia (15th – 17th Century)," *Journal of Historical Sociology* Vol. 33 Issue 4, 2020, pp. 628~643.

- Rung, E., "Athens and the Achaemenid Persian Empire in 508/7 BC: Prologue to the conflict," *Mediterranean Journal of Social Sciences* Vol. 6 Issue 3, 2015, pp. 257~262.

- Selmier, W. T., "The Belt and Road Initiative and the influence of Islamic economies," *Economic and Political Studies* Vol. 6 Issue 3, 2018, pp. 257~277.

- Smith, J. M., "Dietary decadence and dynastic decline in the Mongol Empire," *Journal of Asian History*, Vol. 34 Issue 1, 2000, pp. 35~52.

- Sternberg, T., "Investigating the presumed causal links between drought and dzud in Mongolia," *Natural Hazards* Vol. 92, 2018, S27~S43.

- Stites, R., *The Four Horsemen: Riding to Liberty in Post-Napoleonic Europe*. Oxford, Oxford University Press, 2014.

- Strauss, B., *The Battle of Salamis: The Naval Encounter That Saved Greece – and Western*, Simon & Schuster, 2004(이순호 옮김, 《살라미스 해전: 세계의 역사를 바꾼 전쟁》, 갈라파고스, 2006).

- Su, Y., Fang, X.-Q., and Yin, J., "Impact of climate change on fluctuations of grain harvest in China from the Western Han Dynasty to the Five Dynasties," *Science China: Earth Sciences* Vol. 57 Issue 7, 2014, pp. 1701~1712.

- Sun, M., "The Han Dynasty-Xiongnu relationship in the early Western Han Dynasty: The peace between the enemis," *Advances in Social Science, Education and Humanities Research* Vol. 586, 2021, pp. 714~715.

- Sutherland, N. M., "The Origins of the Thirty Years War and the structure of European politics," *English Historical Review* Vol. 107 Issue 424, 1992, pp. 587~625.

- Tortella, G., *Catalonia in Spain: History and Myth*, Springer, 2017.

- Tremml-Werner, B., *Spain, China, and Japan in Manila, 1571-1644: Local Comparisons and Global Connections*, Amsterdam University Press, 2015.

- Turaevich, H. T., "From the history of economic relations between Central Asia and India (XV-XVII centuries)," *Central Asian Journal of Social Sciences and History* Vol. 2 Issue 5, 2021, pp. 22~25.

- Van der Veer, J. A. G., "The Battle of Marathon: A topographical survey," *Mnemosyne* Vol. 35 Issue 3, 1982, pp. 290~321.

- Venier, P., "The geographical pivot of history and early twentith century geopolitical culture," *The Geographical Journal* Vol. 170 Issue 4, 2004, pp. 330~336.

- Vouvalidis, K., Syrides, G., Pavlopoulos, K., Pechlivanidou, S., Tsourlos, P., and Papakonstantinou, M. F., "Palaeogeographical reconstruction of the battle terrain in Ancient Thermopylae, Greece," *Geodinamica Acta* Vol. 23 Issue 5~6, 2010, pp. 241~253.

- Wood, E. M., *Liberty and Property: A Social History of Western Political Thought from the Renaissance to Enlightenment*, Verso Books, 2012.

- Yapp, M., "The legend of the Great Game," *Proceedings of the British Academy* Vol. 111, 2001, pp. 179~198.

- Yepremyan, T., "Napoleonic paradigm of European integration: Theory and History," *Napolonica. La Revue* Vol. 39, 2021, pp. 35~53.

- Zhang, D. D., Zhang, J., Lee, H. F., and H. Y.-Q., "Climate change and war frequency in Eastern China over the last millennium," *Human Ecology* Vol. 35, 2007, pp. 403~414.

- 檀上寛,〈明朝の対外政策と東アジアの国際秩序: 朝貢体制の構造的理解に向けて〉,《史林》第92巻 第4号, 2009, 635~669쪽.

- 渡邉英幸,〈秦律の夏と臣邦〉,《東洋史研究》第66巻 第2号, 2007, 161~193쪽.

- 藤田勝久,〈秦漢帝国の成立と秦・楚の社会: 張家山漢簡と『史記』研究〉,《愛媛大学法文学部論集: 人文学科編》第15号, 2003, 1~36쪽.

- 松島隆真,〈陳渉から劉邦へ: 秦末楚漢の国際秩序〉,《史林》第97巻 第2号, 2014, 273~307쪽.

- 柴田昇,《漢帝國成立前史: 秦末反亂と楚漢戰爭》, 白帝社, 2018.
- 原口彩奈,〈項羽集団と劉邦集団: 秦楚漢の歴史〉,《蒼翠》第8号, 2007, 58~78쪽.
- 田中優子,〈江戸時代出現まで〉,《国際日本学》第7号, 2009, 51~86쪽.
- 陳力,〈前漢王朝建立時における劉邦集団の戦闘経過について(上): 劉邦集団内部 の政治的派閥の形成を中心に〉,《阪南論集 人文·社會科學編》第47巻 第2号, 2012, 79~93쪽.
- 陳力,〈前漢王朝建立時における劉邦集団の戦闘経過について(下): 劉邦集団内部 の政治的派閥の形成を中心に〉,《阪南論集 人文·社會科學編》第55巻 第2号, 2020, 53~70쪽.

찾아보기

말밑의 세계사

페르시아전쟁부터 프랑스혁명까지, 역사를 움직인 위대한 지리의 순간들

초판 1쇄 발행 2023년 8월 30일
초판 2쇄 발행 2023년 10월 11일

지은이 이동민
펴낸이 이승현

출판2 본부장 박태근
지적인 독자 팀장 송두나
편집 김광연
디자인 조은덕

펴낸곳 ㈜위즈덤하우스   **출판등록** 2000년 5월 23일 제13-1071호
주소 서울특별시 마포구 양화로 19 합정오피스빌딩 17층
전화 02) 2179-5600   **홈페이지** www.wisdomhouse.co.kr

ⓒ 이동민, 2023

ISBN 979-11-6812-608-4 03900